KB244831

옮긴이 민족문학사연구소 한문분과
임형택(林熒澤)　성균관대학교 대동문화연구원장. 한문교육과 교수.
고연희(高蓮姬)　미국 시카고대학교 객원연구원.
김상일(金相日)　동국대학교 국어국문학과 교수
김승룡(金承龍)　부산대학교 한문학과 교수
김용태(金龍泰)　성균관대학교 강사
김진균(金鎭均)　성균관대학교 대동문화연구원 연구교수
김채식(金埰植)　성균관대학교 박물관 학예사
손혜리(孫惠莉)　경북대학교 영남문화연구원 연구교수
송혁기(宋赫基)　단국대학교 동양학연구소 연구교수
신상필(申相弼)　성균관대학교 동아시아학술원 연구교수
신익철(申翼澈)　한국학중앙연구원 교수
심은경(沈銀京)　이화여자대학교 국어국문학과 박사과정 수료
우응순(禹應順)　고려대학교 민족문화연구원 연구교수
이지양(李知洋)　부산대학교 인문과학연구소 전임연구원
이현일(李炫壹)　한양대학교 강사
정은진(丁殷鎭)　성균관대학교 강사
정환국(鄭煥局)　동국대학교 국어국문학과 교수
한영규(韓榮奎)　성균관대학교 대동문화연구원 연구교수

삼명시화三溟詩話

1판 1쇄 인쇄 2006년 10월 20일
1판 1쇄 발행 2006년 10월 30일

지은이 / 강준흠(姜浚欽)
옮긴이 / 민족문학사연구소 한문분과
펴낸이 / 박성모
펴낸곳 / 소명출판
출판고문 / 김호영
등록 / 제13-522호
주소 / 137-878 서울시 서초구 서초동 1621-18 (란빌딩 1층)
대표전화 / (02) 585-7840
팩시밀리 / (02) 585-7848
somyong@korea.com / www.somyong.com

값 32,000원

ISBN 89-5626-226-8 93810

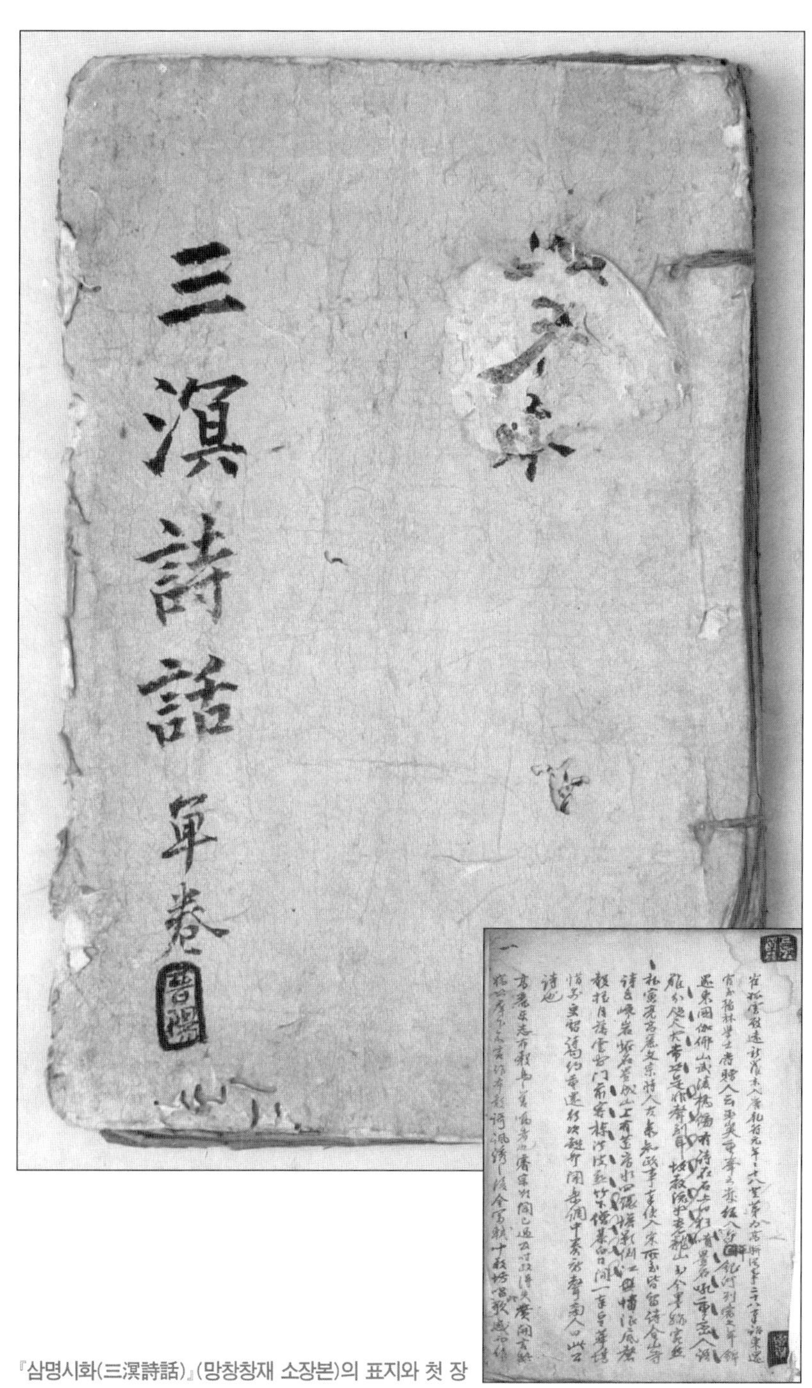

『삼명시화(三溟詩話)』(망창창재 소장본)의 표지와 첫 장

강준흠의 문집인 『삼명유고(三溟遺稿)』(규장각 소장본)
현재 온전히 전하는 것은 시집 부분이다.

三溟詩集一編

宅邊古松甚奇　丙午

落落浮城市亭亭有歲年根先瑩老石枝故近靑天
細模三秋雨寒承萬戶閶主人書滿屋淸夜靜堆眠

上平皐姜持平　硯龕

人以同宗誼情松半面溪溶卽固白首火客少黃金
岳氣凉逼淨天時早亦陰眼前兆烏過何處得儕林

自必陵歸寄社中

林木近凉夜山樓過雨初翁來接復途輝玉響循餘
聚散同春夢光陰訂故書諸君談笑地想得此孤居

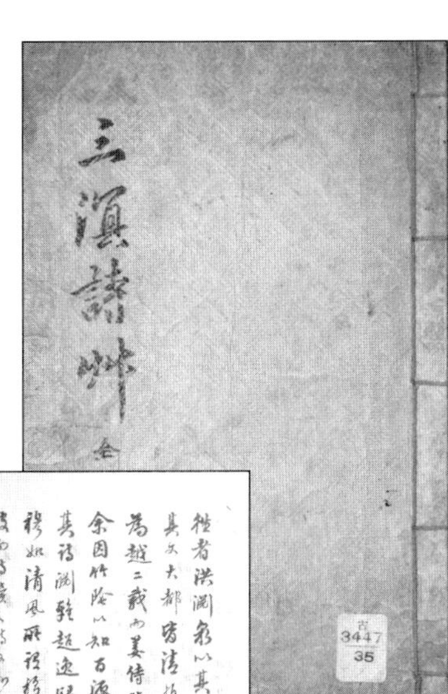

비란지費蘭墀의 서문

강준흠의 『삼명시초(三溟詩艸)』(규장각 소장본)
순조 5년1805 고부사告赴使의 서장관書壯官으로 연경燕京에
갈 때, 자신의 시를 뽑아 가지고 간 것으로 보인다. 책
앞쪽에 중국인 비란지費蘭墀의 서문이 있고, 각각의 시
위에는 평이 적혀 있다.

『삼명시초』 첫 장

六經輪滿腹名價聳身初
聖主方知士今人罕讀書園林供倚枕
門巷似懸車已矣吾誰与春明舊跡
虛
六載同官誼存亡屬暮齡　禁庭
無車優家塾有傳經漢上經寒
食周南滯客星隻難違一莫何處
石林青
　晉山姜浚欽舞拜延乾

臨川含盃莫唱陽關曲此別殊非少壯年
　＼輓申判尹絢
六經輪滿腹名價聳身初聖主方知士今人罕讀書
園林供倚枕門巷似懸車已矣吾誰與春明舊跡虛
　＼其二
六載同官誼存亡屬暮齡禁庭無曩優家塾有傳經
漢上經寒食周南滯客星隻難違一莫何處石林青
　＼別松留徐稚晦憙浮
驪橋一路坦如天仗鐵寒帷政少年粉黛掃空鈴索
下笙歌迎導板輿前紫烟瀑布殼松岳白露園陵冷

강준흠이 신현(申絢)을 애도하는 시 위는 친필(개인 소장)이며, 아래는 『삼명시집＝溟詩集』에 실린 같은 작품이다. 신현과는 함께 문과에 급제하여 규장각 초계문신에 뽑힌 인연이 있다.

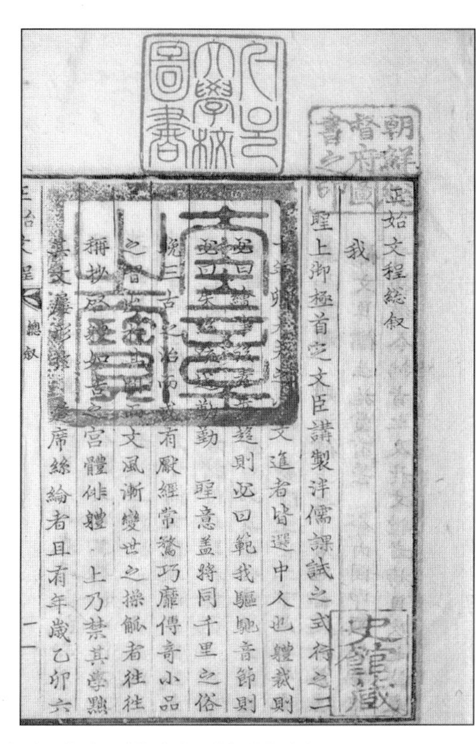

『정시문정(正始文程)』에 실린 강준흠의 「의활여야오십운배율(意豁如也五十韻排律)」
『정시문정』은 정조正祖가 문풍을 바로잡기 위해 간행한 책이다.

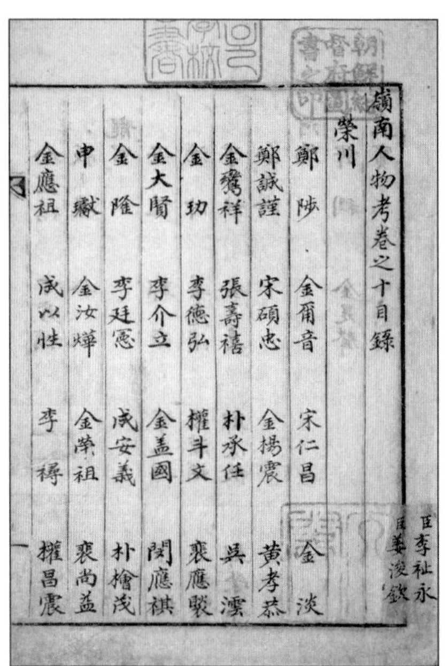

『영남인물고(嶺南人物考)』(규장각 소장본)
영천榮川 등지의 인물의 사적을 기록한 부분을
이지영李祉永과 공동으로 집필하였다.

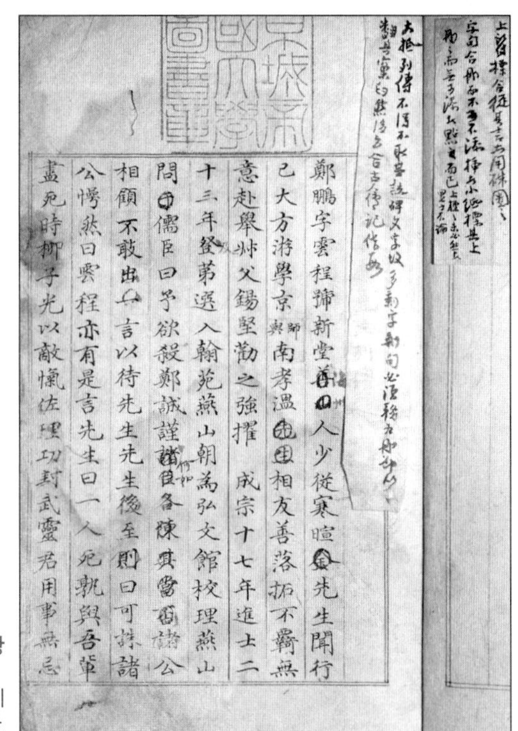

『동국선현전(東國先賢傳)』(규장
각 소장본)
우리나라 역대 인물의 저술로 군데
군데 첨지를 달아 수정한 초고이다.

삼명시화
三溟詩話
Sammyeong Sihwa

강준흠 지음 / 민족문학사연구소 한문분과 옮김

소명출판
Sammyeong Sihwa

시화(詩話)란 문자 그대로 시 담론을 일컫는 것인데 한자문화권에서 문학비평의 한 형태로 발전한 것이다. 지금 시화류의 저작들을 읽어보면 단편의 조목들이 잡다하게 나열되고 체계적 논리로 진술된 것이 아니어서 우리가 통상적으로 생각하는 문학비평과는 거리가 있다.

이런 글쓰기 방식은 어떤 문화풍토에서 산생된 것일까? 시화의 기원을 육조 때의 『시품(詩品)』으로까지 올리는 견해도 있지만 나는 구양수(歐陽修)의 『육일시화(六一詩話)』를 그 시발로 보고 있다. 중국의 유명한 비평사가 나근택(羅根澤)의 "시화는 송대에 발생하였고 역시 송대에서 성황을 이루었다"는 지적은 실상에 부합하는 것이다. 송은 중국 역사상에서 시를 필수의 교양으로 향유하는 문인지식층―사대부들이 정치의 주도 세력으로 들어선 나라요, 사회의 중심 계층으로 활동한 시대이다. 이때 사대부들 스스로 비상한 관심을 가지고 즐기는 시, 그것을 주제로 삼아 작법이며 품격을 논하고 그 우열과 공졸(工拙)을 평한다거나, 혹은 시인을 중심으로 시사를 서술하고, 혹은 시를 곁들인 이야기 등등의 내용으로 엮은 저술을 하게 된 것은 극히 자연스러운 현상이 아닐 수 없다. 이 시화는 자신의 관심사 내지 견문을 자유롭게 잡기(雜記)하는 글쓰기 방식을 취한 점에서 필기의 일종이다. 필기가 사대부적 글쓰기의 전형적인 형태라면 시화는 필기의 가장 전형적인 성격이라고 하겠다.

한국에서 시화는 중국의 송대에 상응하는 고려조에 출현하지만 흥성한 시기는 조선조로 와서이다. 한국 시화의 출발선이 된 이인로(李仁老)의 『파한집(破閑集)』은 자기 성격을 그 제목에서 이미 표명하고 있는 셈이다. 소한의 자료로 시를 이용한다는 뜻이다. 그러한 교양 계층의 욕구와 취향을 집약하고 대변한 것이 곧 『파한집』이다. 물론 그러한 교양 계층의 출현이 전제된바, 역사상에서 신진사인군으로 일컫고 있는, 이후 정치·문화의 중심세력으로 성장한 사대부이다. 사대부시대—조선조에서 필기시화의 성황은 거의 필연적 현상이었으니 이 부류의 저작물은 실로 한우충동을 이루게 되었다.

우리의 시화사는 대략 17세기 말 경으로 와서 정점에 도달했던 것 같다. 당시 홍만종(洪萬宗)이란 문인의 존재가 주목된다. 홍만종은 시화사에서 두 가지 획기적인 업적을 남겼으니 하나는 시화의 명저로 손꼽히는 『소화시평(小華詩評)』을 창작한 일이요, 다른 하나는 시화류를 수집·정리하여 『시화총림(詩話叢林)』을 엮은 일이다. 18세기에서 19세기에 이르는 기간은 문예부흥기라고 일컬어지고 있지만 시화사의 측면에서 보면 퇴조기라고 말할 수 있다. 강준흠(姜浚欽)의 『삼명시화』는 바로 이 시기의 것이다.

『삼명시화』는 서거정(徐居正)의 『동인시화(東人詩話)』나 허균(許筠)의 『성수시화(惺叟詩話)』 같은 한국시화의 모범적인 선례를 좇아서 일종의 시학사적인 형태를 취하고 있다. 최치원(崔致遠)으로부터 시작하여 저자의 당대인 19세기 초에 도착한 것이다. 그런데 서술의 시선은 작자와 근접한 시간대로 올수록 차츰 자상해져서 분량도 증폭되고 현장감이 더해졌다.

여기에 자못 주목할 점이 있다. 작자 강준흠이 남인계의 인사이기 때문에 『삼명시화』는 기본적으로 남인적 입장의 서술이다. 남인계 문인들이 자주 조명을 받고 남인 시단의 정보가 보다 더 풍부한 편이다. 그러면서도 북인은 물론 저쪽의 노론·소론에까지 비교적 공평한 안목으로 포착하고 있다. 이런 점들은 오직 『삼명시화』에서 발견하는 가치요, 거기에 미덕이 아울러 발휘되고 있다고 하겠다.

그리고 또 덧붙이자면 『삼명시화』는 재미나게 읽혀지는 특성을 지니고 있다. 전반적으로 내용 및 서술이 친근하고도 흥미가 끌리는 필치를 쓰고 있는데다가 재미난 이야기로 한 편을 이룬 경우도 없지 않다. 통속성에 가까워 시화로서 격조가 떨어진 것이라는 평가도 가능하리라고 본다. 하지만 『삼명시화』 특유의 읽을거리로서의 '흥미'라는 요소는 다른 시화에서는 느끼기 어려운 묘미인데 현대적인 장점으로 살릴 수도 있겠다.

이 『삼명시화』는 작자의 친필 초고로 전하는 책이다. 행초(行草)로 씌어진 데다가 수정가필에 보충한 부분이 간혹 있는 미정고(未定稿) 상태이지만 현재 알려진 바로는 유일본이다. 나는 이 자료를 우연히 구득하고 학계에 필히 제공해야 할 것으로 생각하였다. 그래서 민족문학사연구소 한문분과의 동학들과 함께 이것을 텍스트로 잡아 독해 작업을 진행하였다. 그 결과로서 『삼명시화』를 세상에 선보이게 된 것이다.

『삼명시화』의 작자 강준흠(姜浚欽)은 문학사에 등재된 존재는 아니다. 다만 서학(천주교)이 이 땅에 도입되어 정치적 갈등이 일어났을 즈음 이른바 친서파에 대립각을 세운 공서파의 주요 인물로 거명되었을 뿐이다. 특히 다산 정약용과 관련해서 그 이름은 다분히 부정적으로 언급되고 있다. 나는 당쟁의 수렁에 빠져 있었던 조선조 사회에서는 어떤 인물의 정치적 입장에 그의 학술 문예적 성과를 기계적으로 대입시켜 재단할 것은 아니라고 본다. 거기에 내장된 가치를 십분 천명하고 장점은 장점대로 가려서 살펴 볼 일이다.

이 『삼명시화』는 지난 2002년 봄에 착수해서 이제야 마무리를 지으니 작업에 동참한 여러 인원의 들인 품에 견주어 보면 '비경제적'이라 아니할 수 없다. 우리의 독회는 원전 읽기를 통해서 각자 자신의 지식을 확충하고 학적 역량을 키워나가는 것이 주목적이므로 책자의 발간은 기실 부산물인 셈이다. 어쨌건 저마다 바쁘게 돌아치는 현대적 삶 속에서 적지 않은 세월에 각기 귀중한 시간을 쪼개어 이만한 가시적 성과를 내놓으니 감회가 많다. 이 책을 흔쾌히 맡아서 발간해주신 소명출판에 깊은 감사를 드린다.

2006년 6월 반교서실에서
임 형 택

삼명시화

三溟詩話

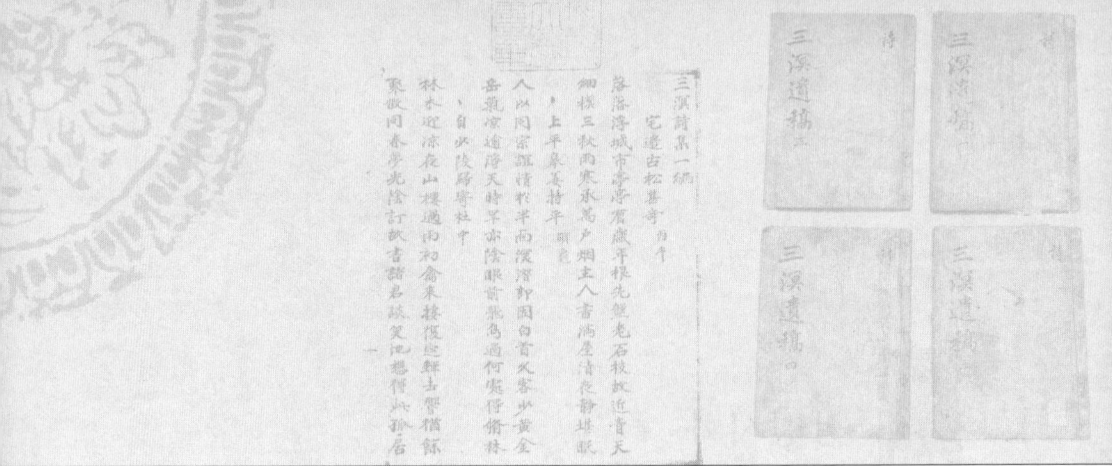

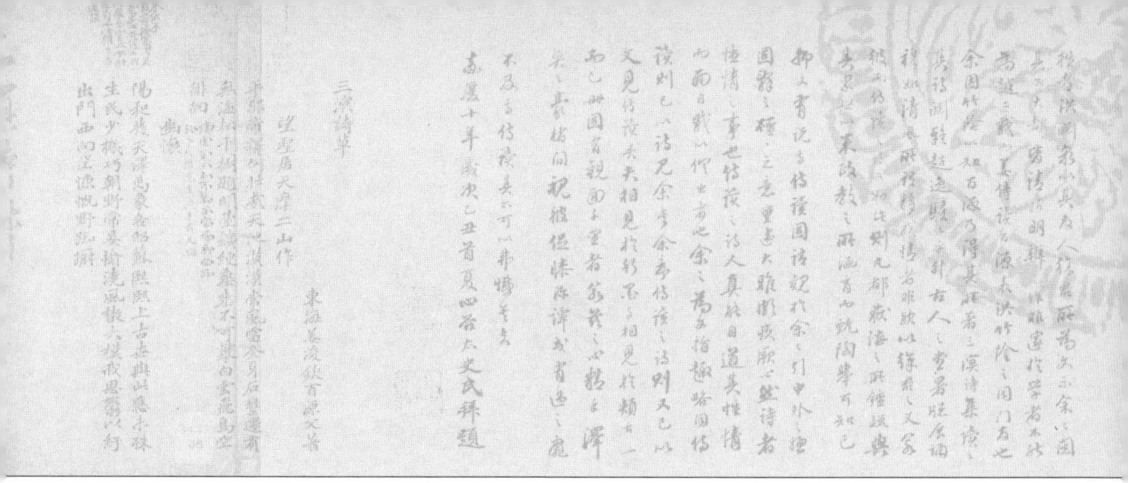

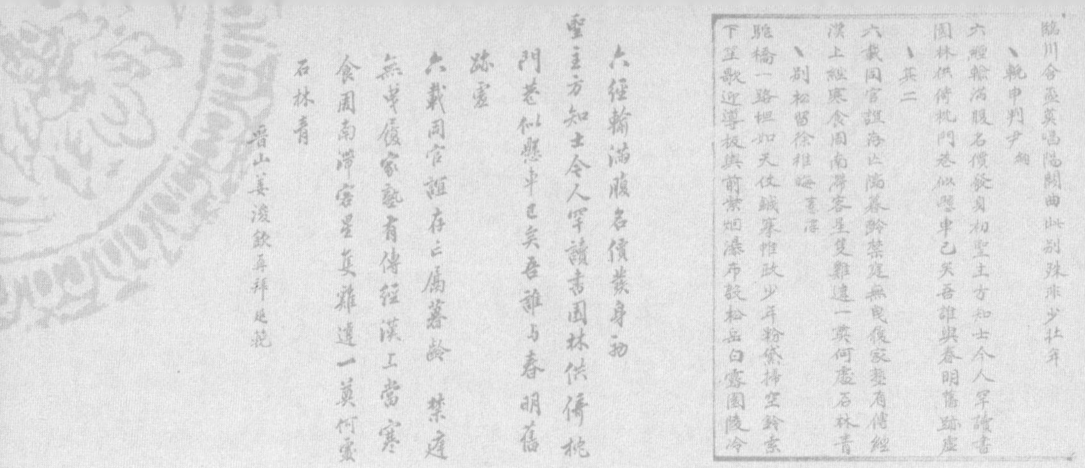

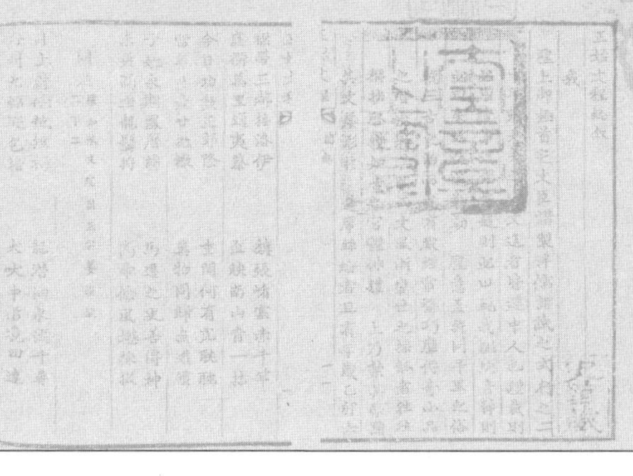

부록편

역주편
三溪詩話

최치원崔致遠이 해인사海印寺 입구에 남긴 시[1]

1

옮김譯 고운(孤雲) 최치원(崔致遠, 857~?)[2]은 신라 말엽에 당(唐)나라로 유학하여 건부(乾符)[3] 원년(874)에 18세의 나이로 과거에 급제, 고변(高騈)의 종사관이 되었으며, 28세에 조서를 가지고 고국으로 돌아왔다. 벼슬은 한림학사(翰林學士)에 이르렀다.

일찍이 어떤 사람에게 준 글에서 이르기를,

---

1) 이 항목의 내용은 『破閑集』 卷中 등에서 취한 것으로 보인다.
2) 최치원(崔致遠, 857~?) : 자는 고운(孤雲) 또는 해운(海雲). 본관은 경주(慶州). 어려서 낭에 유학하여 빈공과(賓貢科)에 급제하여 벼슬살이를 하였다. 황소(黃巢)의 반란이 일어났을 때에는 장군 고변(高騈)의 막하에 있으면서 유명한 「토황소격(討黃巢檄)」을 지어 문명을 떨쳤다. 당나라에 있으면서 나은(羅隱)·고운(顧雲)과 같은 이름난 문인들과 사귀었다. 29세에 귀국한 뒤 당시 신라의 어려움을 목도하고, 10여 년 간 이를 타개하기 위해 노력했으나, 여의치 않자 벼슬을 버리고 산수에 은거하였다. 「계원필경(桂苑筆耕)」, 「사사비명(四山碑銘)」 등이 대표작으로 전한다.
3) 건부(乾符)는 당나라 희종(僖宗)의 연호(874~879).

무협중봉(巫峽重峰)의 나이에 명주실로 중화에 들어갔다가
은하열수(銀河列宿)의 나이에 비단옷으로 고국에 돌아왔다.[4]

고 하였다.

가야산의 무릉교(武陵橋) 옆 바위 위에 그의 시가 새겨져 있다.[5]

물은 첩첩 쌓인 바위로 쏟아져 겹겹의 산봉우리 울리니
사람의 말소리 지척사이에도 들리지 않누나.
이러쿵 저러쿵하는 소리들 귀에 들릴까 걱정하여
흐르는 이 물로 산을 온통 둘러싸도록 하였다네.

오늘에 이르도록 그의 필적이 뚜렷하게 남아 있다.

[원문] 崔孤雲致遠, 新羅末入唐, 乾符元年, 年十八登第, 爲高駢從
事. 二十八奉詔東還, 官至翰林學士.
嘗贈人云:

巫峽重峰之歲, 絲入中華;
銀河列宿之年, 錦還東國.

伽倻山武陵橋傍, 有詩在石上曰:

---

4) 무협중봉(巫峽重峰)의~돌아왔다: 무협은 중국의 양자강에 있는 삼협(三峽)의 하나
로 그곳의 무산(巫山) 12봉이 유명하다. 그래서 '무협중봉의 나이'라 함은 곧 12세를
가리킨다. 그리고 하늘의 별자리는 전통적인 천문학에서 28수(宿)로 생각해 왔다. 그래
서 '은하열수의 나이'라 함은 곧 28세를 가리킨다. 또, 명주실과 비단옷은 원문에 '絲'
와 '錦'으로 되어 있는데, '絲'는 원료의 상태를 나타내고, '錦'은 훌륭하게 완성된 상
태를 가리킨다. '금환(錦還)'이란 출세를 하고 고향에 돌아온다는 '금의환향'을 뜻한다.
5) 무릉교(武陵橋): 해인사 입구에 있는 다리. 현재 계곡 가운데 농산정(籠山亭)이 있고
큰 도로 위에 있는 암벽에 최치원의 이 시가 새겨진 것을 볼 수 있다. 전하는 말에 따
르면 현재 새겨져 있는 것은 송시열(宋時烈)의 필적이라고도 한다.

狂噴疊石吼重巒, 人語難分咫尺間.
常恐是非聲到耳, 故敎流水盡籠山.

至今墨跡宛然.

중국에서 노래로 불리어진 박인량(朴寅亮)의 시[1]

2

박인량(朴寅亮, ?~1096)[2]은 고려 문종(文宗) 때의 사람으로 벼슬이 참지정사(參知政事)에 이르렀다. 사명(使命)을 받들고 송나라로 갔는데 이르는 곳마다 시를 남겼다. 그의 「금산사(金山寺)」[3] 시는 이러하다.

---

1) 이 항목의 내용은 『補閑集』卷上에서 취한 것이다.
2) 박인량(朴寅亮): 자는 대천(代天), 본관은 평산(平山). 고려 문종 때 과거에 급제하여 문한(文翰)의 여러 벼슬을 거쳤다. 거란이 압록강을 건너와서 동안(東岸)에다 보주(保州: 평안북도 의주)를 설치하여 고려에서 여러 차례 반환을 요청해도 듣지 않다가, 1075년 박인량이 「진정표(陳情表)」를 지어 올리자 요주(遼主)가 감동하여 철수하였다고 한다. 시호는 문열(文烈).
3) 금산사(金山寺): 지금의 강소성(江蘇省) 진강(鎭江)에 있는 절. 진강은 양자강(揚子江) 하류에 있는 요충지로서 금산(金山)이라는 산에 이 절이 위치하고 있다. 동진(東晋) 때 창건된 선종(禪宗) 불교의 명찰 가운데 하나이다. 그런데『三韓詩龜鑑』卷中과 『東文選』卷12에는 「使宋過泗州龜山寺」라는 제목으로 실려 있어, 사주(泗州)의 귀산사(龜山寺)에서 지은 것으로 되어 있다. 다만, 『補閑集』에서만 금산사에서 지은 것이라 하고 있는데, 강준흠은 이를 따른 것이다.

깎아지른 봉우리 괴이한 바위 첩첩이 산을 이루었는데
그 위로 연방(蓮房)4) 있고 물이 사방으로 둘렀구나.
탑 그림자 거꾸로 내려 비춰 강물 아래 서렸는데
쇠북소리 달 흔들어 구름 사이로 떨어지누나.
산문 앞 사공은 거센 물결 속에서 노 젓는데
대숲 아래 바둑 두는 스님은 한낮에도 한가롭구나.
황화사자(皇華使者) 바쁜 걸음 떠나기 아쉬워서
시 한 수 남겨 두고 다시 오길 기약하노라.

박인량이 월주(越州)5)에 머무르고 있을 때 저들이 부르는 악곡 가운데 신성(新聲)이 들렸는데, 옆에 있던 사람이 "이 노래는 공(公)이 지은 시이 다"라고 일러주었다 한다.

 朴寅亮, 高麗文宗時人, 官參知政事. 奉使入宋, 所至皆留詩, 「金山寺」詩云 :

巉岩怪石疊成山, 上有蓮房水四環.
塔影倒江蟠①浪底, 磬聲搖月落雲間.
門前客棹洪波②急,③ 竹下僧碁白日閒.
一奉皇華堪惜別, 更留詩句約重還.④

行次越州, 聞樂調中奏新聲, 旁人曰 : "此公詩也."

① 蟠 : 『東文選』에는 飜으로 되어 있다.
② 波 : 『東文選』에는 濤로 되어 있다.
③ 急 : 『東文選』에는 疾로 되어 있다.
④ 還 : 『三韓詩龜鑑』과 『東文選』에는 攀으로 되어 있다.

---

4) 연방(蓮房) : 사원을 가리켜 연궁(蓮宮) 혹은 연방이라고 일컫기도 한다.
5) 월주(越州) : 지금 중국의 절강성(浙江省) 소흥(紹興)의 별칭. 원래 이곳이 월(越) 땅 이었기 때문에 연유한 것이다.

김부식_{金富軾}이 「포곡가_{布穀歌}」를 듣고 지은 시

3

『고려사(高麗史)』「악지(樂志)」를 보면, "포곡(布穀 : 뻐꾸기)은 새 중에 아름답게 우는 새이다. 예종(睿宗)이 자신의 허물 및 정치의 잘잘못을 듣고자 하여 언로(言路)를 넓게 열고, 그렇게 하고도 신하들이 말을 하지 않을까 두려워한 나머지 「포곡가(布穀歌)」를 지어 넌지시 유도하였다"[1]고 나와 있다. 후일에 김부식(金富軾, 1075~1151)[2]이 교방(敎坊)에서 이 노래를 듣고 감회가 있어 시 한 수를 지었다.[3]

---

[1] 포곡은~유도하였다 : 이 부분은 『高麗史』卷71에 실려 있다.

[2] 김부식(金富軾, 1075~1151) : 자는 입지(立之), 호는 뇌천(雷川). 본관은 경주(慶州). 고려 숙종 1년(1096) 과거에 급제한 뒤 주로 문한직(文翰職)에 종사하면서 자신의 재능을 펼쳤다. 서경천도론(西京遷都論)을 주장한 묘청(妙淸)・정지상(鄭知常) 등과 대립하여, 묘청이 서경에서 반란을 일으키자 토벌군의 총사령관이 되어 반란을 진압하기도 하였는데, 이 과정에서 반란군과의 관계가 확실치 않은 정지상을 죽인 것으로 인해 후세에 계속 구설에 올랐다. 고문(古文)의 창작과 보급에 힘썼으며, 왕명으로 『삼국사기(三國史記)』를 지었다. 문집은 전하지 않고 『동문선(東文選)』 등에 지은 시문이 전한다.

[3] 『東文選』卷19, 16a에 「聞敎坊妓唱布穀歌有感」이라는 제목으로 실려 있으며, 제목

가인(佳人)은 아직도 옛 가사를 부르누나
"상수리 나무 성긴 가지로 뻐꾸기 날아든다"고.
마치 예상우의곡(霓裳羽衣曲)과 같아
개원(開元) 유로(遺老)는 눈물이 옷깃을 적시누나.4)

원문 『高麗』「樂志」: 布穀, 鳥之善鳴者也. 睿宗欲聞己過及時政得
失, 廣開言路, 猶恐羣下不言, 作「布穀謠」, 諷誘之. 後金富軾
聞敎坊唱此歌, 感而作詩云:

佳人猶唱舊謠詞, 布穀飛來櫪樹稀.
還似霓裳羽衣曲, 開元遺老淚沾衣.

아래 "예종이 이 곡을 듣기 좋아했다[睿王喜聽此曲]"라는 주가 있다.
4) 마치~적시누나: 예상우의곡(霓裳羽衣曲)은 당나라 초에 하서절도사(河西節度使) 양
  경술(楊敬述)이 바친 음악으로 처음 이름은 바라문곡(婆羅門曲)이었는데, 현종(玄宗)이
  윤색하고 가사를 붙여 지금 이름으로 바꾸었다. 안록산(安祿山)의 난을 겪고 나서 이
  노래가 현종 시대를 겪었던 사람들에게 많은 감회를 불러 일으켰다 한다. 개원(開元)은
  현종의 연호(713~741)이다. 따라서 이 두 구는 예종이 지은 「포곡가」를 듣고 느끼는 자
  신의 감회가 안록산의 난을 겪은 뒤 현종 시대의 유로들이 「예상우의곡」을 듣고 느낀
  감회와 같다는 뜻이다.

정지상(鄭知常)의 「대동강 송별시」

4

 정지상(鄭知常, ?~1135)[1]은 평양 사람으로 벼슬이 사간(司諫)에 이르렀으며, 고려 인종 때 지제고(知製誥)를 지냈다. 그는 시사(詩詞)가 청려하였는데 「대동강 송별시」는 이러하다.

> 비 그친 긴 둑에 풀빛이 짙은데
> 남포에 임 보내는 슬픈 노래 울리네.
> 대동강 물 어느 때나 마르리
> 해마다 이별 눈물 푸른 물결에 더해지는데.

---

1) 정지상(鄭知常, ?~1135): 초명은 지원(之元), 중년 이후에 개명하였다. 호는 남호(南湖)이고, 평양 사람이다. 홀어머니 슬하에서 성장하여 고려 예종 7년(1112) 3월에 진사과에 장원급제하였고, 주로 인종 연간에 활발한 활동을 하였다. 서경천도론을 주장한 것이 빌미가 되어 묘청의 난에 가담했다는 죄목으로 김부식에게 죽임을 당하였다. 고려조 전기의 가장 뛰어난 시인으로 당대부터 명성이 높았다. 현재 전하는 시는 『삼한시귀감(三韓詩龜鑑)』·『동문선(東文選)』 등에 전하는 20수 정도에 불과하지만, 모두 빼어난 문학적 성취를 보이고 있다고 평가된다.

이 현판을 영귀루(詠歸樓)[2]에 걸어두었는데, 어떤 호사가가 누선(樓船)을 타고 내려오다가 영귀루 아래 배를 대었다. 술이 거나해지자, 이 시를 보고 읊조리며 감탄하기를 마지않더니, 마침내 그 현판을 떼어 타고 왔던 누선에 걸었다고 한다.

 鄭知常, 平壤人, 官至司諫, 高麗仁宗朝知製誥. 詩詞淸麗, 「大同江送別」詩曰 :

雨歇長堤草色多, 送君南浦動悲歌.
大同江水何時盡, 別淚年年添綠波.

揭板於詠歸樓. 好事者乘樓船, 沿流而下, 泊于詠歸樓下, 酒酣, 見此詩, 不勝詠歎, 因取其板, 懸之樓船.

어느 곳에 잊지 못할 술이 있나?^{何處難忘酒}¹⁾

5

옮김譯 곽여(郭輿, 1058~1130)¹⁾는 예종(睿宗)이 동궁(東宮)으로 있을 때 보좌하는 위치에 있었다. 벼슬이 올라 예부원외랑(禮部員外郎)에 이르렀는데, 예종이 즉위하자 관작을 버리고 떠나가니, 임금은 조서를 내려 도성 동쪽의 약두산(若頭山) 한 봉우리를 하사하였다. 그곳에 별장을 짓고 이름을 '동산재(東山齋)'라 하였다. 일찍이 오건(烏巾)을 쓰고 학창의(鶴氅衣)를 입고 궁전을 출입하였으므로 당시 사람들이 그를 '금문우객(金門羽客)'²⁾이라 일컬었다. 임금이 한번은 북문으로 나가 내시 수십 명만

---

1) 이 항목의 내용은 『破閑集』 卷中에서 취한 것이다. 『新增東國與地勝覽』 「開城府下」 「古跡」 「東山齋」에도 같은 내용이 축약되어 이 시편들과 함께 실려 있다. 한편, 곽여의 시는 『東文選』 卷11 五言排律에 실려 있기도 하다.

1) 곽여(郭輿) : 자는 몽득(夢得), 본관은 청주(淸州). 문과에 급제, 합문지후(閣門祇候)·홍주사(洪州使)를 거쳐 예부외랑(禮部外郎)으로 사직, 금주(金州)에서 은거하였다. 시호는 진정(眞靜).

2) 금문우객(金門羽客) : '금문(金門)'은 금마문(金馬門)의 줄임말로 학사가 출입했던 문. 우객(羽客)은 신선을 가리킨다. 여기서 '금문우객'이란 대궐을 출입하는 신선 같은 사

따르도록 한 다음 종실열후(宗室列侯)로 자처하고 동산재를 찾았다. 이때 곽처사는 마침 도성 안에 머물러 있느라 미처 돌아오지 못하였다. 임금은 한동안 서성이다가, 「어느 곳에 잊지 못할 술이 있나?[何處難忘酒]」한 편을 지어 신한(宸翰 : 어필)으로 벽에 써 놓고 돌아왔다. 당시 사람들이 이를 한(漢)나라 황제의 백운사(白雲詞)와 당(唐)나라 황제의 무봉필(舞鳳筆)[3]에 견주었다. 그 시는 이러하다.

어느 곳에 잊지 못할 술이 있나?
선인(仙人)을 찾았으되 못 만나고 가노라.
서창(書窓)으로 지는 해 비치고
옥전(玉篆)[4]에는 남은 재만 쌓였구나.
방장(方丈)에는 지키는 이 없고
선비(仙扉)[5]는 진종일 열려 있도다.
꾀꼬리는 고목에서 울고
학은 푸른 이끼 위에서 조는구나.
도의 참맛을 누구와 더불어 이야기할까?
선생은 어디로 갔는지 안 돌아오네.
생각할수록 감회가 일어
둘러보며 다시 서성이다가,
붓을 들어 벽 위에 글을 남기고

람이라는 의미로 붙여진 것이다.
3) 한(漢)나라~무봉필(舞鳳筆) : 백운사(白雲詞)는 한무제(漢武帝)의 「秋風辭」를 가리키는 듯하다. 「秋風辭」에 "가을 바람 일어 백운이 날리네[秋風起兮白雲飛]"라는 구절이 있어서, 후대에 '백운편(白雲篇)'·'백운사(白雲詞)'라 하면 제왕의 시를 가리키게 되었기 때문이다. 그리고 무봉필(舞鳳筆)은 당태종(唐太宗)의 글씨를 가리키는 듯하다. 당태종은 궁중에서 애용한 서체인 비백서(飛白書)를 잘 써서 신필(神筆)이라 불렸는데, 당태종이 비백체로 자신이 아끼는 신하에게 "鸞鳳凌雲, 必資羽翼. 股肱之寄, 誠在良忠"이라는 글씨를 써 준 것이 유명하다고 한다. 여기서 '백운사'와 '무봉필'은 물론 예종의 시와 글씨를 칭찬하기 위해 쓴 것이다.
4) 옥전(玉篆) : 선가(仙家)의 전적을 가리키는 말인데, 이 구절은 선경의 방에 주인이 없이 시간이 많이 지나갔음을 표현한 것이다.
5) 선비(仙扉) : 신선이 사는 곳의 문을 지칭한다.

난간 어루만지며 천천히 내려오노라.
시상을 일으킨 정경은 많고
닿는 곳마다 속세의 티끌 미치지 않네.
숲 속이라 무더위 가시고
향긋한 바람이 전각으로 들어오네.
이럴 즈음 한잔 술이 없으면
답답한 가슴을 무엇으로 씻어내리?

곽공은 여기에 화답하는 시를 지었는데 이러하다.

어느 곳에 잊지 못할 술이 있나?
보련(寶輦)이 헛걸음하고 돌아가셨네.
주문(朱門)의 잔치에 초청받아 갔다 오니
단조(丹竈)⁶⁾엔 어느덧 재가 쌓였구나.
향음(鄕飮)이 밤을 새워서 파하고
성문은 새벽이 되어서야 열렸네.
지팡이 짚고서 봉래(蓬萊)로 돌아오니
신발에는 도성의 이끼가 들러붙었네.
동구 앞 나무 아래서 청의(靑衣) 동자가 이르기를
"구름 사이로 옥제(玉帝)께서 내려오셨으나,
오궁(鰲宮)⁷⁾이 아무도 없이 고요하여
임금께서 오랫동안 배회하셨습니다"라고.
아쉬움에 붓을 들어
홀로 대에 올라 시를 남기셨구나.
일월(日月)을 우러러 뵙지 못하고
속세로 향했던 걸음이 뉘우쳐졌네.
머리 긁적이며 계단 아래에 서서

---

6) 단조(丹竈) : 선가에서 단약을 만드는 부엌을 뜻하는 말이다.
7) 오궁(鰲宮) : 선궁(仙宮)과 같은 말. 상상의 동물인 큰 자라[鰲]가 삼신산을 등에 지고
다닌다는 전설에서 유래한 말이다.

수심에 겨워 바위가에 기대어 있네.
이럴 즈음 한잔 술이 없으면
촌심(寸心)을 무엇으로 위로하리?

郭興, 卽睿宗東宮時僚佐, 屢官至禮部員外郞. 及上踐阼, 掛冠長往, 詔賜城東若頭山一峰, 開別墅, 名曰'東山齋'. 嘗以烏巾鶴氅, 出入宮掖, 時人謂之'金門羽客'. 王嘗從北門出, 率黃門數十人, 自稱宗室列侯, 訪東山齋, 處士適留城中不返. 上徘徊數四, 製「何處難忘酒」一篇, 以宸翰題壁而還. 時以爲漢帝白雲之詞·唐皇舞鳳之筆. 詞曰:

何處難忘酒? 尋眞不遇回.
書窓明返照, 玉篆掩殘灰.
方丈無人守, 仙扉盡日開.
園鶯啼老樹, 庭鶴睡蒼苔.
道味誰同話? 先生去不來.
深思生感慨, 回首重徘徊.
把筆留題壁, 攀欄懶下臺.
助吟多態度, 觸處絶塵埃.
暑氣斸林下, 薰風入殿隈.
此時無一盞, 煩慮滌何哉!

公應製云:

何處難忘酒? 虛經寶輦廻.
朱門追小宴, 丹竈落寒灰.
鄕飮通宵罷, 天門待曉開.
杖①還蓬萊徑, 屧惹洛城苔.
樹下靑童語, 雲間玉帝來.
鰲宮多寂莫, 龍馭久徘徊.

有意仍抽筆, 無人獨上臺.
未能瞻日月, 却恨向塵埃.
搔首立階下, 含愁倚石隈.
此時無一盞, 豈慰寸心哉!

① 杖 : 원문과 『破閑集』은 仗으로 되어 있는데, 『東文選』, 『新增東國輿地勝覽』에 의
거하여 바로잡았다. 仗으로 두고 해석을 하면, 예종의 儀仗隊로 풀이할 수 있는
데, 이 두 구만 보면 그렇게 해석할 수도 있다. 그러나 뒷구에서 靑童이 예종이
행차한 사실을 알려 주기 전에는 그 사실을 몰랐다고 해석하는 것이 자연스러우
므로, 仗 역시 杖의 오자로 보아 자신이 짚는 지팡이로 해석하는 것이 온당하다.

이지저_{李之氐}가 고려 인종_{仁宗}에게 올린 구호_{口號} [1]

6

 고려 인종(仁宗)이 중흥대화(中興大華)의 형세를 평양(平壤)에서 얻어,[2] 새로 용언각(龍堰閣)을 신축하고 군신들과 더불어 연회를 열었다. 그리고 학사 이지저(李之氐, 1092~1145)[3]에게 명하여 구호(口號)[4]를 짓도록 하였는데, 그 대략은 이러하다.[5]

---

1) 이 항목의 내용은 『破閑集』 卷中에서 취한 것이다.
2) 중흥대화(中興大華)~얻어 : 묘청(妙淸)은 평양은 대화세(大華勢 : 크게 흥성할 형세)이므로 그곳에 궁궐을 짓고 천도하면 천하의 주인이 될 것이라고 하며 이른바 '서경천도설'을 주장하였던 바, 인종은 묘청의 견해를 수용하여 평양에 '대화궁'을 짓고 수시로 평양을 순시하였다.
3) 이지저(李之氐) : 본관은 인주(仁州), 자는 자고(子固). 글을 잘하기로 이름이 높았고, 벼슬은 예부상서를 거쳐 정당문학을 지냈다. 이자겸(李資謙)이 국정을 전횡하자 이를 바로잡으려다 고초를 겪었으며, 1135년 묘청의 난 때 공을 세우기도 하였다.
4) 구호(口號) : 한문학의 한 양식. 창작과정에서 악기의 반주에 맞추어 입으로 읊으며 부른다고 하여 '구호'라 한 것이다. 대개 임금의 공덕을 예찬하는 경우에 쓰였다. 이 형식은 송원(宋元) 대에 악인(樂人)이 임금 앞에서 바치던 데서 유래하였다.
5) 이지저의 이 글은 『東文選』 卷104에 「西京大花宮大宴致語」라는 제목으로 실려 있다.

임금께서 출진승건(出震乘乾)하시니[6]
비록 시운에 따른 수(數)라고 이르지만,
임금께서 호경(鎬京)에서 술을 마시노니
진실로 대중과 더불어 함께 즐기는 것이옵니다.[7]

집집마다 서로 축하하기를
"우리 임금님 기다렸더니 임금님 오시자 소생하놋다"라 하고,
풍악소리 울리자 모두 이르길
"부디 우리 임금님 풍악을 잘 울리시기를"이라 하옵니다.[8]

유람하고 즐기는 것이 제후들의 법도가 되니
이미 하(夏)나라 속담에서 일컬은 바와 부합되며,
먹고 마시게 하여 충신의 마음을 다하게 하시니
더욱이 주(周)나라 사람의 노래와 어울리옵니다.[9]

---

6) 임금께서~하시니 : 진(震)은 역(易)의 팔괘의 하나로서 동쪽을 가리키며 출진(出震)
은 동쪽에서 나왔다는 뜻인데, 뒤에는 제왕이 즉위한 것을 지칭하게 되었다. '건(乾)'은
제위(帝位)를 상징하므로, '승건(乘乾)' 역시 제왕이 즉위하는 것을 가리키는 말이다.
7) 임금께서~즐기는 것이옵니다 : 호경(鎬京)은 본래 중국 고대 주(周)나라의 수도이다.
『詩經』「小雅」「桑扈之什」의 「魚藻」라는 작품에 "왕께서 호경에 계시며, 화락하게
술을 드시도대[王在在鎬, 豈樂飮酒]"라는 구절이 있는데, 모씨(毛氏)의 소서(小序)와
정현(鄭玄)의 전(箋)에 따르면, 이 구절은 폭군인 주(周)나라 유왕(幽王)의 시대를 살던
시인이 주(周)나라 무왕(武王)이 태평성대를 이루고 호경에서 군신들과 더불어 술을
마시고 즐긴 것을 추억한 것이라 한다. "진실로 대중과 더불어 함께 즐기는 것이옵니
다"는 맹자가 말한 "백성들과 더불어 즐긴다[與民同樂]"에서 유래한 것이다. 곧 인종
이 주나라의 무왕처럼 태평성대를 이루고, 고구려의 옛 도읍인 평양에 대화궁을 짓고
행차하여, 신하와 백성들에게 잔치를 베풀어 함께 즐긴 것을 찬양한 말이다.
8) 집집마다~하옵니다 : "우리 임금님~소생하놋다"는 『書經』「商書」「仲虺之誥」의 "온
집안이 서로 경축하며 '우리 임금님을 기다렸더니, 임금님이 오셔서 소생하놋대[室家
相慶曰 : '徯予后, 后來其蘇.']"에서 따온 것이다. 그리고 "풍악소리~하옵니다"는 『孟
子』「梁惠王下」에서 맹자가 임금 혼자 음악을 즐기면 백성들이 왕이 풍악을 울리는
것을 싫어하지만, 백성들과 함께 즐기면 백성들이 왕이 음악을 울리는 것을 듣고 왕이
건강한 증거라고 좋아한다고 말한 것에 바탕을 둔 것이다. 곧, 지금 인종이 평양에 와
서 대화궁을 짓고 잔치를 베풀자 평양 백성들이 자신들에게 선정(善政)을 펴러 온 왕이
건강하다고 좋아한다는 것이다.
9) 유람하고~어울리옵니다 : "하(夏)나라 속담"은 『孟子』「梁惠王下」에 나오는 말로,

이지저는 글귀의 짝을 맞춤이 정밀하고 절실하여 억지로 꾸민 흔적이 없었다.[10] 그는 시중(侍中) 이수(李壽)의 아들로 18세에 장원으로 높이 뽑혀 얼마 되지 않아 태전(台躔)[11]에 올랐다. 오늘에 이르기까지 그가 살던 곳을 '정당리(政堂里)'라고 부른다.

원문 高麗仁宗, 卜得中興大①華之勢於西都, 新開龍堰閣, 宴羣臣. 命學士李之氏作口號, 其畧曰:

帝出震以乘乾, 雖曰應時之數.
王在鎬而飮酒, 固當與衆而同.

又云:
室家相慶≪謂≫② : "徯我后其來蘇."
管篇初聞曰 : "≪願≫③吾王能鼓樂."

그 내용은 다음과 같다. "우리 임금님이 유람하지 않으면 우리가 어찌 쉴 것이며, 우리 임금님이 즐기지 않으면 우리가 어찌 도움을 받겠는가? 한번 유람하고 한번 즐김이 제후들의 법도가 되는구나[夏諺曰 : 吾王不遊, 吾何以休; 吾王不豫, 吾何以助. 一遊一豫, 爲諸侯度]." 한편, "주(周)나라 사람의 노래"는 『詩經』 「小雅」에 있는 「鹿鳴」이라는 작품을 가리킨다. 모씨(毛氏)의 소서(小序)에서는 이 작품에 대해 "여러 신하들과 훌륭한 손님을 연향하는 노래이다. 이미 음식을 먹이고 또 폐백을 광주리에 담아서 그 두터운 뜻을 받들어야 하니, 그러한 뒤에야 충신과 훌륭한 손님이 그 마음을 다할 수 있는 것이다[燕羣臣嘉賓也. 旣飮食之, 又實幣帛筐篚, 以將其厚意, 然後忠臣嘉賓, 得盡其心矣]"라 하였다. 곧 인종이 평양에 들르자 평양 백성들이 도움을 받을 수 있다고 좋아한 것이 『맹자』에 나오는 속담과 부합되며, 인종이 대화궁에서 잔치를 베풀어 신하들을 후하게 대접하여 그들에게 충성을 다 바치도록 한 것이 「녹명」에서 말한 것과 합치한다는 것이다.

10) 이상 인용된 이지저의 치어는 겉보기에는 임금의 성덕을 찬양하는 데만 목적이 있는 듯하지만, 실제로는 임금이 된 사람은 늘 백성을 잊지 말고 그들과 동고동락(同苦同樂)해야 한다는 점을 강조하고 있는 것이다. 그렇기 때문에 이런 평가를 받은 것이다. 『破閑集』에 따르면, 김부식(金富軾) 또한 이지저의 이 글을 보고 단순히 표현만 공교롭게 다듬는 사람들은 결코 미치지 못할 것이라 평했다고 한다(文烈公見之, 嘆曰 : "非近代詞臣騈四儷六, 以組織爲工者所比也.").

11) 태전(台躔) : 승상을 가리키는 말. 고려 때는 승상을 가리켜 '정당(政堂)'이라고 하였다.

又云:

遊豫爲諸侯度, 旣符夏諺之稱;

飮食盡忠臣心, 尤協周人之詠.[4]

　對偶精切, 無斧鑿痕. 公侍中壽之子, 十八擢龍頭高選, 指日躐台躔.
至今, 號其居政堂里.

① 大: 원문에는 '太'로 되어 있는데, 『高麗史』 卷16 '仁宗 七年'조의 내용을 참고하
　　여 바로잡았다.
② 謂: 원문과 『破閑集』에는 빠져 있으나, 『東文選』에 의거하여 補入하였다.
③ 願: 원문과 『破閑集』에는 빠져 있으나, 『東文選』에 의거하여 補入하였다.
④ 『東文選』에는 "飮食盡忠臣心, 旣協周人之詠; 遊豫爲諸侯度, 又符夏諺之稱"으로 되
　　어 있다.

정여령鄭與齡이 읊은 진주晉州의 진경산수眞景山水 [1]

7

진양(晉陽 : 진주)은 옛 제도(帝都)로 산수의 빼어난 경관이 영남에서 제일이다. 어떤 사람이 이곳의 경치를 그려서 상국(相國) 이지저(李之氐)에게 바치니, 상국은 벽에 붙여놓고 보았다. 군부 참모 영양(榮陽) 정여령(鄭與齡)이 상국의 집을 방문하자, 상국은 손으로 가리키며 "이 그림은 그대의 고향이다. 의당 한 구절을 남겨야 할 것이다"라고 말하니, 정여령은 붓을 잡고 즉시 썼다.

청산은 점점이 푸른 호수 베고 있는데
공이 진양도(晉陽圖)라 일러 주시네.
물가의 초가집들 얼마간 낯익으니
그림 속에 우리 집은 있는가 없는가?

---

1) 이 항목의 내용은 『破閑集』 卷上에서 취한 것이다.

좌석에 앉아 있던 사람들이 모두 그의 시적 재능이 정민(精敏)함에 탄
복하였다.

晉陽古帝都, 溪山勝致, 爲嶺南第一. 有人繪畵, 致李相國之
氏, 粘壁而觀之. 軍府參謀榮陽鄭與齡, 往謁相國, 指之曰 : "此
圖是君桑梓也. 宜留一句." 操筆立就曰 :

數點靑山枕碧湖, 公言此是晉陽圖.
水邊草屋知多少, 中有吾廬畵也無?

一座服其精敏.

퇴계退溪가 이자현李資玄을 옹호한 시[1]

8

진락공(眞樂公) 이자현(李資玄, 1061~1125)[2]은 재상의 가문에서 태어나 벼슬에 머물고 있었지만, 항상 자하상(紫霞想)[3]을 품고 있었다. 젊어서 술사인 은원충(殷元忠)[4]을 좇아 은거하기 좋은 승지(勝地)를 남몰래 찾았다. 은원충은, "양자강 가에 한 굽이 청산이 있는데, 참으로 피세(避世)할 만한 곳이오"라 하였다. 공은 나이 27세로 벼슬이 대악서령

---

1) 이 항목의 앞 부분은 이인로(李仁老) 『破閑集』 卷中에 실려 있는 내용을 취한 것이며, 이인로는 『東文選』 卷64에 실려 있는 김부철(金富轍)의 「淸平山文殊院記」를 많이 참조한 것으로 보인다.

2) 이자현(李資玄, 1061~1125) : 자는 진정(眞靖), 호는 청평거사(淸平居士) 등이 있으며, 본관은 인주(仁州)이다. 고려 선종 6년(1089)에 과거에 급제하여 대악서승(大樂署丞)이 되었으나, 벼슬을 버리고 은거하여 수도생활을 하였다. 시호는 진락(眞樂)이다.

3) 자하상(紫霞想) : 선계(仙界)를 동경하는 마음. 자하는 신선이 사는 곳을 가리키는 말로, 자하상은 선계를 동경하는 뜻으로 쓰인 것이다.

4) 은원충(殷元忠 : ?~?) : 무등산처사(無等山處士)로도 불렸다. 풍수설에 능통하여 왕명을 받아 산천을 순시하기도 하였으며, 예종 때에는 『道詵密記』에 근거하여 남경(南京 : 서울)으로 천도할 것을 주장하기도 하였다.

(大樂署令)5)에 이르렀을 때, 문득 옷깃을 떨치고 아주 떠나 청평산(淸平山)으로 들어가서 문수원(文殊院)을 짓고 살았다. 또 그는 선설(禪說)을 매우 숭상하였다. 배우고자 하는 사람이 찾아오면, 곧 그윽한 방으로 데리고 들어가 종일토록 말 한 마디 않고 단정히 앉아 있었다. 깊숙한 곳에 식암(息菴)이란 집을 지었는데, 방이 고니알 모양에 꼭 두 무릎을 꿇고 있을 정도의 크기였다. 그 가운데 들어가 묵좌하고 있으면서 며칠이고 나오지 않았다. 예종(睿宗)이 누차 불렀으나 그는 "처음 도성 문을 나올 때 다시 서울을 밟지 않겠다고 결심했으니, 감히 조서를 받들지 못하겠습니다"라 하고 마침내 다음과 같은 표문을 지어 올렸다.

새를 새답게 기르시어 종고(鐘鼓)를 근심함이 없게 하시고
물고기를 보고 물고기의 마음을 아시어 강호에 살려는 뜻을 이루게 해주소서.6)

본조의 이퇴계(李退溪 : 李滉)는 「청평산을 지나며[過淸平山]」7)에서 읊기를,

---

5) 대악서령(大樂署令) : 고려 때 음률(音律)의 교열을 맡아보던 대악서(大樂署)의 장.
6) 이 대목은 『莊子』의 「至樂」편과 「秋水」편의 문자를 취해서 만든 것이다. 「至樂」편에는 어떤 신이한 새가 노(魯)나라의 교외에 날라 왔는데, 노나라 임금이 장중한 음악과 진수성찬으로 대접하니 새가 놀라서 시름하다가 사흘 만에 죽었다는 이야기가 실려 있다. 또 「秋水」편에는 다음과 같은 이야기가 실려 있다. 장자(莊子)가 혜자(惠子)와 함께 호량(濠梁)에서 물고기가 노는 것을 보다가 "물고기가 노니는 것이 즐겁구나!" 하니, 혜자는 "자네는 물고기가 아니면서 어떻게 물고기의 마음을 아는가?"라 물었고, 이에 장자는 "자네는 내가 아니면서 내가 물고기의 즐거움을 모르는지 어떻게 아는가?"라 대답하였다고 한다. 그런데 『東文選』 卷39에는 이자현의 「陳情表」가 두 편 실려 있는데, 이 대목과 똑같은 구절은 보이지 않는다. 다만 한 편에는 "伏望聖上陛下, 鑒炤微誠, 曲從所欲, …… 抑至尊之威, 遂匹夫之志, 使魯郊之鳥, 無眩視之悲, 俾濠梁之魚, 有從容之樂"라는 말이 보이고, 다른 한 편에는 "臣聞鳥樂在於深林, 魚樂在於深水. 不可以魚之愛水, 徙鳥於深淵; 不可以鳥之愛林, 徙魚於深藪. 以鳥養鳥, 任之於林藪之娛; 觀魚知魚, 縱之於江湖之樂, 使一物不失其所, 群情各得其宜"라는 말이 보인다. 이 두 편의 진정표 말고 다른 표가 있었는지 여부는 알 수 없다.
7) 『退溪集』 卷1, 12b~16a에 「過淸平山有感(幷序)」이라는 제목으로 실려 있다. "峽束江盤棧道傾, 忽逢雲外出溪淸. 至今人說廬山社, 是處君爲谷口耕. 白月滿空餘素抱, 晴嵐無迹遣浮榮. 東韓隱逸誰修傳, 莫指微瑕屛白珩." 그 서(序)에서 이자현의 사적과

밝은 달은 뜰에 가득, 은거의 뜻 넉넉하고
맑은 산에 자취 숨겨 뜬 영화 떠나보냈네.
동방의 은일(隱逸)을 위해 누가 전(傳)을 지을 건가?
작은 흠집 들춰내어 패옥의 아름다움 가리지 말라.

이자현은 청평산에 은거하여 37년 동안 살았으니, 또한 한 시대의 고결한 선비라 할 것이다. 그런데 사가(史家)가 탐욕스럽고 인색하다고 비난했기[8) 때문에 퇴계가 이 시를 지어 해명한 것이다.

 眞樂公李資玄, 起自相門, 寓迹簪組, 而常有紫霞想. 少從術士殷元忠, 密訪溪山勝地, 可以卜隱, 殷云: "揚子江上, 有靑山一曲, 眞避世之地." 公年二十七, 仕至大樂署令, 忽拂衣長往, 入淸平山, 葺文殊院以居之. 尤崇禪說, 學者至, 則輒與之入幽室, 竟日危坐忘言. 乃於幽絶處, 作息菴, 團圓如鵠卵, 只得盤兩膝. 默坐其中, 數日不出. 睿宗屢召之, 資玄曰: "始出都門, 不復踐京華, 不敢奉詔." 遂上表曰:

以鳥養鳥, 庶無鐘鼓之憂;
觀魚知魚, 俾遂江湖之性.

本朝李退溪, 過淸平山詩曰:

白月滿庭①餘素抱, 晴嵐無迹遣浮榮.
東韓隱逸誰修傳, 莫指微瑕屛玉②珩.

함께 그의 은자로서의 고결한 태도를 변호하였다.
8)『高麗史』卷95에는 이자현에 대해 "성품이 인색하고 재화를 많이 쌓아두고 물건과 곡식을 축적하였기 때문에 그 지방 사람들이 모두 싫어하고 괴롭게 여겼다[性吝, 多畜財貨, 擧物積穀, 一方厭苦之]"고 비판하는 말을 실어 놓았다.

蓋資玄居清平山三十七年, 亦一時高士, 而史氏詆以貪嗇, 故退溪作
詩以解之.

①庭:『退溪集』에는 空으로 되어 있다.
②玉:『退溪集』에는 白으로 되어 있다.

장연우張延祐의 「한송정곡寒松亭曲」[1]

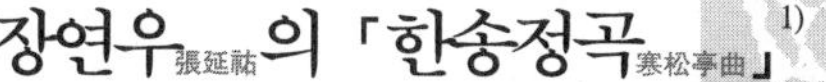

옮김譯 한송정(寒松亭)은 강릉(江陵)에 있다. 악부(樂府)에 「한송정곡」이 있는데, 이 곡이 슬(瑟)의 바닥에 새겨져서 표류하여 강남(江南)에 이르렀다 한다. 강남 사람들이 그 내용을 해독하지 못했는데, 고려 광종(光宗) 때 장진산(張晉山)[2]이 사명(使命)을 받들고 사신으로 가자 그곳 사람들이 그에게 물어 장진산은 시를 지어 그 내용을 다음과 같이 풀이하였다.

　　한송정 달 밝은 밤에

---

1) 이 항목의 내용은 『高麗史』卷71 「樂志」의 「俗樂」에 실려 있는 「한송정」에서 취한 것이다.

2) 장진산(張晉山) : 장연우(張延祐, ?~1015). 본관은 덕흥(興德). 판어사대사·호부상서 등의 관직을 역임하였다. 1011년 거란의 침입 때 왕을 호종했으며, 경군(京軍)의 영업전(永業田)을 빼앗아 부족한 관리의 녹봉을 충당케 했다가 무신들에 의해 유배를 가기도 했다.

경포의 가을에는 물결이 잦아든다.
슬피 울며 오고 가나니
미더울 손 모래밭의 갈매기뿐.3)

 寒松亭在江陵. 樂府有「寒松亭曲」, 刻于瑟底, 漂至江南. 江南人未解, 高麗光宗時, 張晉山奉使江南, 人問之, 晉山作詩解之曰:

月白寒松夜, 波殘鏡浦秋.
哀鳴來又去, 有信一沙鷗.

---

3) 『樂學拾零』·『海東歌謠』 등에 이 시를 시조화한 작품이 실려 있다. "寒松亭 둘 붉은 밤에 鏡浦臺에 물결 잔 제 / 有信흔 白鷗는 오락가락 흐건마는 / 엇더타 우리의 王孫은 가고 아니 오는고?"

탐관오리에게 바친 송덕요頌德謠

10

고려의 풍속에 신임 수령이 부임하면 모두 가요를 바쳐서 칭송을 하였다. 어떤 태수가 이르는 곳마다 재물을 탐내다가 파직을 당했는데, 또 권귀(權貴)의 힘에 의존해서 다시 강릉 태수가 되었다. 도임하는 날 가요를 쓴 두루마리를 보니,

> 고을 백성들 가장 반겨하나니
> 재성(災星)은 사라지고 복성(福星)이 나타났도다.

라는 구절이 씌어 있었다. 태수는 매우 기뻐하며 누가 지은 것이냐고 물었다. 고을 사람들이 "이것은 예로부터 전해오는 글이어서 베껴 올린 것입니다"라고 대답하니, 태수는 풀이 죽었다.

高麗國俗, 新官至, 皆獻歌謠以頌. 有一太守, 所至以貪墨敗.
夤緣權貴, 又爲江陵, 上官日, 見歌軸, 有曰 :

最是邑民相賀處, 灾星已去福星來.

太守喜甚, 問誰作, 邑子對曰 : "此乃流來古錄, 故謄進." 太守憮然.

채홍철蔡洪哲의 「자하동곡紫霞洞曲」[1]

11

 자하동(紫霞洞)은 송악산(松岳山) 아래에 있다. 계곡이 깊고 사람의 발길이 닿지 않으며 시내물이 맑게 흘러 가장 절경으로 일컬어졌다. 고려 때 채홍철(蔡洪哲, 1262~1340)[2]이 이곳에 중화당(中和堂)을 짓고 국중의 고로(故老)들을 초청하여 기영회(耆英會)를 열었다. 그 자신이 「자하동곡(紫霞洞曲)」을 지었는데, 대개 자하선인(紫霞仙人)이 와서 축수한 것에 가탁하였다. 가사는 이러하다.

---

1) 이 항목 역시 『高麗史』 卷71 「樂志」의 '俗樂'조에 실려 있다.
2) 채홍철(蔡洪哲) : 자는 무민(無悶), 호는 중암(中菴). 고려 충렬왕 때 문과에 급제하여 밀직부사, 찬성사 등을 역임하고 평강군(平康君)에 봉해졌다. 이곡(李穀)·이제현 등과 교유하였으며, 문학으로 이름이 높았다. 저서로 『中菴集』이 있었다고 한다. 『高麗史』 卷108에 전이 있으며, "채홍철은 사람됨이 문장에 정교하였고 기예에 있어서도 모두 극치(極致)에 달하였다. …… 또 그는 집 남쪽에 초당을 지어 중화당(中和堂)이라 하고 때때로 영가군 권부(權溥) 이하 나라의 원로(元老) 8인과 함께 기영회(耆永會)를 열었다. 그때에 자하동신곡(紫霞洞新曲)을 지었는데 지금 악부(樂府)에 그 악보(樂譜)가 있다"는 기사가 실려 있다.

집이 송악산 자하동에 있어
중화당은 구름 속에 잠겼어라.
오늘 기영회가 열린다니 반가움에
찾아와 축수의 잔 바치놋다.3)

오늘에 이르도록 악부(樂府)에 이곡의 악보가 전하고 있다.

紫霞洞在松岳山下, 洞府幽阻, 溪水淸漣, 最爲勝絶. 高麗蔡洪哲, 搆中和堂, 邀國老, 開耆英會, 自製「紫霞洞曲」, 蓋托紫霞仙人來壽之. 詞曰 :

家在松山紫霞洞, 雲煙相接中和堂.
喜聞今日耆英會, 來獻一盃延壽漿.

云云. 至今樂府傳其譜焉.

---

3) 『高麗史』卷71 「樂志」에 의하면 가사가 원래 우리말로 된 것을 한역(漢譯)했다고 한다. 여기에 인용된 두 구는 앞의 4구이며 인용되지 않은 나머지 부분은 다음과 같다. "一杯可獲千年籌, 願君一杯復一杯. 世上春秋都不管, 池塘生春草, 園柳徧鳴禽. 三韓元老開宴中和堂, 白髮戴花, 手把金觴相勸酒. 雖道風流勝神仙亦何傷? 月留琴奏太平年, 願公酩酊莫辭醉. 人生無處似尊前, 斷送百年無過酒. 杯行到手莫留殘, 殷勤爲公歌一曲. 是何曲調萬年懽, 此生無復見羲皇. 願君努力日日飮, 太平身世惟醉鄕. 紫霞洞中和堂 管絃聲裏, 滿座佳賓皆是三韓國老, 白髮戴花, 手把金觴相勸酒, 蓬萊仙人却是未風流."

서거정(徐居正)이 김시습(金時習)에게 지어준 시

사가(四佳) 문충공(文忠公) 서거정(徐居正, 1420~1488)[1]은 양촌(陽村) 문충공(文忠公) 권근(權近, 1352~1409)의 외손자이다. 그의 문장은 오로지 양촌을 배운 것이다. 그의 「송경에서 옛 사적을 느꺼워하며[松京懷古]」 시[2]는 이러하다.

지난 사적 꿈인양 허공으로 사라졌으니
여러 왕릉 어디에서 영웅을 찾을 수 있나?
강산은 까마귀 울음 속에 그대론데

1) 서거정(徐居正, 1420~1488) : 자는 자원(子元), 강중(剛中). 호는 사가(四佳). 본관은 달성(達成). 조선 초의 대표적 학자였던 권근(權近)의 외손자이다. 세종 26년(1444) 문과에 급제한 뒤 벼슬이 좌찬성(左贊成)에 이르렀으며, 달성군(達成君)에 봉해졌다. 시호는 문충(文忠)이다. 23년 간 문형(文衡)을 맡아 당시 문풍을 좌우하였으며, 국가의 중요한 글이 모두 그의 손을 거쳤으며, 『동문선(東文選)』의 편찬을 주관하였다. 저서로『사가집(四佳集)』·『동인시화(東人詩話)』·『필원잡기(筆苑雜記)』 등이 전한다.
2)『四佳詩集』 卷5, 25a에 같은 제목으로 실려 있다.

성곽은 학의 말 가운데 어렴풋하구나.3)
신라·백제 분분하더니 통합을 이루었고
양원(梁元)은 역력히 처음과 끝을 주관하였도다.4)
안타깝구나, 그 시절 번화하던 이곳이
가을 맞은 숲만 해마다 붉게 물들다니!.

김시습(金時習, 1435~1493)5)은 법명이 설잠(雪岑)인데, 서사가(徐四佳)는 그와 더불어 수창을 많이 하였다. 「잠상인에게[贈岑上人]」6) 시는 이러하다.

오늘 스님을 만나 한바탕 웃으니
유(儒)에서 묵(墨)으로, 묵에서 양(楊)으로 돌아갔네.7)

---

3) 성곽은~어렴풋하구나: 도잠(陶潛)이 지었다고 하는 『搜神後記』 卷1에 따르면 정령 위(丁令威)는 본래 요동(遼東) 사람으로 영허산(靈虛山)에서 도를 닦아 나중에 학으로 변해 요동으로 돌아와 성문 화표주(華表柱)에 앉으니 젊은이가 활로 쏘아 맞추려고 하 자 하늘로 날아 공중을 배회하며 "새가 된 정령위, 집 떠난 지 천 년 만에 지금 돌아왔 네. 성곽은 예와 같은데, 사람들은 바뀌었으니, 어찌하여 선도(仙道)를 배우지 않아 무 덤만 쌓였는가?[有鳥有鳥丁令威, 去家千年今始歸. 城郭如古人民非, 何不學仙冢纍 纍]"라고 하였다 한다.
4) 양원(梁元)은~주관하였도다: 고려가 처음에는 오대(五代)의 양(梁)과 사대 관계를 맺었다가 나중에 원(元)나라와 사대 관계를 맺은 것을 말하는 것으로 보인다.
5) 김시습(金時習): 자는 열경(悅卿), 호(號)는 청한자(淸寒子)·동봉(東峯)·벽산청은 (碧山淸隱)·췌세옹(贅世翁)·매월당(梅月堂), 법명(法名)은 설잠(雪岑)이며, 본관은 강릉(江陵)이다. 죽은 후 291년 만인 정조(正祖) 8년(1784)에 이조판서(吏曹判書)에 추 증되고 청간(淸簡)이라는 시호(諡號)를 받았다. 어릴 때부터 신동으로 이름나 주위의 많은 기대를 받았으나, 세조가 단종의 왕위를 찬탈한 사실에 절망하여, 삭발하여 스님 이 되어 사방을 방랑하였다. 조선 전기 대표적인 방외인(方外人)으로 평가받고 있으며, 문학사적으로 특히 소설인 『금오신화(金鰲新話)』를 지어 주목받고 있으며, 선조 때 문 집인 『매월당집(梅月堂集)』이 활자로 간행되었다. 또, 『대화엄일승법계도주(大華嚴一 乘法界圖註)』·『십현담요해(十玄談要解)』·『묘법연화경별찬(妙法蓮華經別讚)』같은 중 요한 불교 저작을 남기기도 하였다. 1973년 성균관대학교 대동문화연구원에서 그의 저작을 전부 모아서 『매월당전집(梅月堂全集)』을 간행하였다.
6) 『四佳詩集』 卷13, 11b~12a에 「戱贈岑上人」이란 제목으로 실려 있다.
7) 유(儒)에서~돌아갔네: 김시습이 세조의 왕위 찬탈 후 유교를 떠나 불교와 도교로 옮 겨 다니며 사상적으로 방황한 것을 일컬은 것이다.

속세에서 만나 봄에 예보던 그 얼굴인데
방외(方外)의 교유는 취미 또한 유장해라.
한유(韓愈)는 문창사(文暢師)를 송별하는 글을 지었고[8]
두보(杜甫)는 찬공(贊公)의 방에 머무르며 시를 읊었었네.[9]
글귀를 주고받음 분수에 안 맞아 부끄럽지만
그대와 더불어 아름다운 이름 남기려 함이라오.

 四佳徐文忠公居正, 陽村權文忠公近之外孫也. 其文章專學陽
村.「松京懷古」詩曰 :

往事微茫夢半空, 諸陵何處問英雄?
江山自在鳥啼裡, 城郭依稀鶴語中.
羅濟紛紛成統合, 梁元歷歷管初終.
可憐一片繁華地, 秋樹年年霜葉紅.

金時習禪號雪岑, 四佳多與酬唱, 其「贈岑上人」詩曰 :

今日逢師笑一場, 逃儒歸墨墨歸楊.
塵中邂逅顔如舊, 方外交遊味亦長.
韓愈序傳文暢別, 杜陵詩在贊公房.
篇章往復慚非分, 留與山門姓字香.

---

8) 한유(韓愈)는~지었고 : 한유는 불교를 배척하여 「論佛骨表」 등을 짓고 귀양간 일이
   있었는데, 뒤에 승려 문창(文暢)을 만나 교유하여 「送浮屠文暢師序」를 지어 주기도
   하였다.
9) 두보(杜甫)는~읊었었네 : 두보는 「宿贊公房」이라는 시를 남겼다.

<h1 style="text-align:center">왜구를 물리친 황형_{黃衡} 장군[1]</h1>

13

 공조판서 황형(黃衡, 1459~1520)[2]은 성종조 때의 명장이다. 남쪽으로 적을 물리치고 북쪽으로 국경을 방어할 때 자못 용명(勇名)을 떨쳤다. 왜적을 토벌하는 싸움에 출정했을 때에 제포(薺浦)에서 지은 시가 있는데 이러하다.

깃발 올린 높은 대(臺)엔 거센 바람 불어 오고
구름 걷힌 바다엔 해바퀴 붉게 떠오른다.

---

1) 이 항목의 내용은 모두 황호(黃屎), 『漫浪集』卷4, 28b~29b에 실린 「會寧客舘次莊武公時韻」을 취한 것이다.

2) 황형(黃衡) : 자는 언평(彦平), 본관은 창원(昌原). 1510년 삼포왜란 때 전라좌도 방어사가 되어 제포(薺浦)에서 크게 왜적을 무찔렀다. 1512년에는 함경도에서 야인들이 반란을 일으키자 진압하였으며, 평안도 함경북도 병마절도사를 거쳐 공조판서에 이르렀다. 『정조실록』 '20년 7월 23일'조에는 정조가 황형의 후손에게 "황형은 아현(阿峴)에 살았으나 목소리가 커서 기침소리가 경복궁까지 들릴 정도로 예사로운 사람이 아니었다"고 이야기를 한 것이 실려 있다.

하늘에 기대 칼 만지며 자주 돌아보니
조그만 대마도 손가락으로 가리키는 데 있도다.

여기서 그의 기상을 상상해 볼 수 있겠다. 중국 사신이 그에게 증정한 시도 있으니, 이러하다.

이름은 학야(鶴野)[3] 삼천리에 날리고
몸은 장성처럼 이십 년을 지켰도다.

회령(會寧) 객사에 황형의 시가 현판에 새겨져 있어,[4] 그의 후손인 황호(黃㦿, 1604~1656)[5]가 그 시에 차운을 했는데 이러하다.

몸은 장성처럼 나라를 이십 년 동안 지켰고
이름은 중국에까지 떨쳐 변방을 진압하셨도다.
크게 꾸짖는 소리에 만인이 무너지고
웅장한 책략은 변화를 다해 백전백승 거두셨네.
도필(刀筆)[6]로 늙어가는 이 후손 부끄러운데
사악한 기운 산천을 덮어서 다시금 놀라노라.
눈앞에 가리키는 곳 궁려(穹廬)[7]가 가까운데

---

3) 학야(鶴野) : 요동벌을 가리키는 말. 한나라 때 요동 사람 정령위(丁令威)가 신선술을 익혀 학이 되어 날아온 고사[遼東鶴]가 있어 요동을 이렇게 부른다. 「12. 서거정(徐居正)이 김시습(金時習)에게 지어준 시」의 "성곽은 학의 말 가운데 어렴풋하구나"의 주석 참조
4) 황형의 원시는 다음과 같다. "完顔豪俠窟何年? 荒堞彫殘○○邊. 石壁天齊依億丈, 金城地軸計萬全. 桑海幾經今日月, 風雲不改古山川. 登臨一嘯頻回首, 驕子聞聲驚仆顚."
5) 황호(黃㦿) : 자는 자유(子由). 문재가 뛰어났다 일컬어졌으며, 일본·중국에 사신을 다녀왔다. 저서로 『漫浪集』이 있다.
6) 도필(刀筆) : 문서를 작성하는 일을 맡은 사람을 가리키는 말로, 흔히 아전 등 하급관리를 지칭하는 데 쓰인다. 여기서는 시인의 조부 황형의 웅대한 기상에 비해 자신은 한낱 문서나 작성하는 일을 맡고 있다 해서 쓴 표현이다.
7) 궁려(穹廬) : 반구형의 집을 가리키는 말. 유목을 하는 사람들의 주거형태인 파오 두만강 건너편을 지칭하는 표현이기도 하다.

취한 뒤 목 놓아 노래하니 의기가 차오르노라.

황호의 호는 만랑(漫浪)이며, 관직이 대사성에 이르렀고 문형(文衡)에
추천을 받았다.

 工判黃衡, 成廟朝名將也. 南征北伐, 甚有威名, 討倭之役, 詠
薺浦, 有詩曰:

建節高臺起大風, 海雲初捲^①日輪紅.
倚天撫劍頻回首, 馬島彈丸指顧中.

可以想見氣像. 天使贈詩曰:

馳名鶴野三千里, 身作長城二十年.

云.
會寧客館, 有衡板上詩, 其後孫屎次之曰:

身作長城過卄年, 名馳中夏鎭三邊.
雄威叱咤千人廢, 北略弛張百勝全.
堪愧雲仍老刀筆, 更驚氛祲滿山川.
眼前指顧穹廬近, 醉後高歌意氣顚.

屎號漫浪, 官至大成, 薦文衡.

①捲:『漫浪集』에는 卷으로 되어 있다.

황호黃床가 청淸나라로 사신 가는 길에 지은 시

14

 만랑(漫浪－黃床)이 지은 「백탑(白塔)」 시1)는 이러하다.

백탑(白塔)2)은 우뚝히 영검스러워 보이는데
돌 다듬어 수축한 뒤 천 년이 가깝다네.
시방세계는 끝없이 눈 안에 들어오는데
제불(諸佛)은 돌지 않는 바퀴를 붙들고 있네.
천지의 흥망은 풍경의 울림이요
세상의 생멸은 찰나의 먼지로다.
하늘가 홀로 나는 저 학은 어디서 왔는가?
정선(丁仙)3)이 옛 백성을 조문하는 것이리라.

---

1)『漫浪集』卷5, 2b에 실려 있다.
2) 백탑(白塔) : 지금의 요녕성 요녕시에 있는 탑. 8면 13층이다. 이곳에 올라가면, 바다
   와 요동벌을 다 볼 수 있다고 한다. 우리나라 사신들이 연행길에 들러서 시를 읊던 곳
   으로 각종『연행록(燕行錄)』에 자주 등장한다.

「청절사(淸節祠)」 시4)는 이러하다.

　　난하(灤河)5)의 물 맑고 수양산 푸르른데
　　천년 된 고묘(古廟) 모습, 혼령들은 편안하신가?
　　어두운 곳 두루 비쳐 나란히 빛나고
　　우주를 높이 받쳐 한결같이 우뚝하도다.
　　채미가(采薇歌) 옛 노래 지금도 한결같은데
　　고죽군(孤竹君)의 옛 터에는 누린내 배어 있구나.
　　고기덩이 가져다 젯상에 올리지 말고
　　향불 피워 일편단심 조촐히 할지어다.

두 번째 시는 이러하다.

　　병마 앞에 말고삐 잡은 이 두 사람뿐이요
　　삼천팔백의 따르는 무리들 모두 은나라 신하였다네.
　　요순(堯舜) 시절 이미 멀어졌으니 무엇을 원망하리오
　　고사리도 맛있으니 도(道)는 가난하지 않았도다.
　　후세에 권도를 논함에 의리는 없어졌으나
　　그 당시 나라를 양보함은 인(仁)을 추구함이라네.
　　기자(箕子)께서 주나라에 조회가던 길임을 생각하니
　　지날 때에 슬픈 노래 더욱더 가슴을 저미도다.

---

3) 정선(丁仙): 정령위(丁令威)를 가리킴. 「12. 서거정(徐居正)이 김시습(金時習)에게 지
　어준 시」의 "성곽은 학의 말 가운데 어렴풋하구나"에 대한 주석 참조.
4) 『漫浪集』 卷5, 6b에 「淸節祠二首」라는 제목으로 실려 있다. 청절사(淸節祠)는 지금
　의 중국 하북성(河北省) 노룡현(盧龍縣)에 있는 사당으로 백이(伯夷)와 숙제(叔弟)를
　모시고 있다. 우리나라 사신들이 연행길에 들르던 곳이다. 위에 소개된 「白塔」과 이
　시들은 모두 황호가 효종 2년(1651) 사은부사(謝恩副使)가 되어 청(淸)나라에 갈 때 지
　은 시이다. 그래서 「淸節祠」 시에서는 만주족이 천하를 차지하여 어쩔 수 없이 사신
　으로 가야 하는 안타까운 심정이 절의를 위해서 죽은 백이·숙제와 겹쳐져서 상당히
　두드러지게 드러난 것이다.
5) 난하(灤河): 중국 하북성 동북부에 있는 강. 내몽고 지역에서 발원하여 열하(熱河)를
　거쳐 발해만으로 흘러 들어간다.

漫浪「白塔」詩曰 :

　白塔孤高似有神, 重修勒石近千春.
　十方盡入無邊眼, 諸佛常扶不轉輪.
　宇內興亡鈴子響, 世間生滅刹那塵.
　何來獨鶴盤天際, 疑是丁仙弔舊民.

「清節祠」詩曰 :

　灤河水白首山青, 廟貌千秋妥聖靈.
　洞照昏冥雙皎皎, 高撐宇宙一亭亭.
　采薇舊曲今同調, 孤竹遺墟久帶腥.
　莫把膻薰登俎豆, 瓣香堪薦寸丹馨.

又曰 :

　叩馬兵前只二人, 三千八百摠[1]殷臣.
　唐虞已遠吾何怨, 薇蕨猶甘道不貧.
　後世論權終滅義, 當時讓國亦求仁.
　却思箕聖朝周路, 過此悲歌倍愴神.

① 摠:『漫浪集』에는 本으로 되어 있다.

왜적의 포로가 되어[1] : 강항姜沆 1

수은(睡隱) 강항(姜沆, 1567~1618)[2]은 자가 태초(太初)이다. 왜적이 정유년(1597) 재침공을 했을 때, 전임 형조좌랑의 자격으로 전라도 순찰사 황신(黃愼, 1560~1617)[3]의 종사관이 되었다. 그래서 의병을 불

---

1) 여기서부터 「19. 강항(姜沆) 5 : 포로로 탈출하다가 죽은 무인 이야기」까지는 모두 강항의 문집인 『睡隱集』에 실려 있는 『看羊錄』의 「涉亂事迹」에서 취한 것이다. 『看羊錄』은 강항이 왜군에 붙잡혀서 일본에 끌려가 고생하다가 조선으로 돌아오기까지 겪은 일을 서술하고, 일본의 인물과 정세와 지리 등을 보고한 내용이다.

2) 강항(姜沆) : 본관은 진주(晋州). 사숙재(私淑齋) 강희맹(姜希孟)의 현손(玄孫)이다. 일본에 억류되어 있는 동안 사서오경(四書五經)의 화훈본(和訓本) 간행에 참여하기도 하였고, 훗날 일본 주자학의 개조(開祖)가 된 후지와라 세이까(藤原醒窩) 등과 교유하여 그들에게 깊은 학문적 영향을 끼치기도 하였다. 귀국 후에는 벼슬길에 나가지 못하고 향리에서 교학(教學)에 힘써 윤순거(尹舜擧) 등 많은 제자들을 배출하였다.

3) 황신(黃愼) : 자는 사숙(思叔), 호는 추포(秋浦), 본관은 창원(昌原). 선조 때 문과에 급제해 호조판서에 이르렀다. 우계(牛溪) 성혼(成渾)의 문인이며 임진왜란 중에 일본군과 담판함에 조선측 대표로 참여하였고, 1596년에는 통신사로 일본에 다녀오기도 하였다. 1613년 계축옥사 때 옹진에 유배되어 죽었다. 저서로 『秋浦集』이 있는데 임진왜란에 관련하여 중요한 기록적 내용이 담겨져 있다. 시호는 문민(文敏).

러모으는 임무를 맡았는데 모은 병졸이 모두 흩어져서 부득이 자기 일가를 배에 싣고 바다로 나와 서쪽으로 올라갔다. 그러던 중 적군을 만나 붙잡혀 가서 일본 땅에 있은 지 사 년 만에 돌아왔다.

처음 포로가 되었을 때, 적선 중에서 들으니 곁의 배에서 여자가 슬피 울던 끝에 노래를 부르는데, 그 소리가 옥(玉)을 깨뜨리는 듯했다. 이에 강항이 시를 지었다.

> 어디에서 들리는 죽지사(竹枝詞)[4]인가
> 달 밝은 삼경(三更) 시각이로다.
> 옆의 배 노랫소리에 모두들 눈물 흘리는데
> 초신(楚臣)[5]의 옷깃이 가장 젖어 있구나

강항의 첩도 그때 함께 적에게 붙잡혀서 다른 배에 타고 있었는데, 밤마다 통곡을 하며 밥을 먹지 않고 죽었다. 강항은 이 소식을 듣고 시를 지었다.

> 망망한 바다에 달도 잠기려는데
> 눈물이 찬이슬과 섞여 옷섶을 적시누나.
> 물 너머로 서로 그리워하는 한(恨)
> 견우 직녀만이 오늘 밤 이 마음을 알리라.

강항은 끌려가 이예주(伊豫州) 대진성(大津城)[6]에 당도했다. 그의 두 형인 강준(姜濬)·강환(姜渙)과 장인인 김봉(金琫) 및 여러 가속 등과 함께 한 집에 감금되어 있었다. 동지(冬至)를 맞아 집구(集句)를 하였다.

---

4) 죽지사(竹枝詞) : 한시의 일종. 노래 형식의 시를 가리키는데, 대개 민간 풍속이나 이국의 풍물을 표현한 것이다.
5) 초신(楚臣) : 초나라 신하란 말인데, 특별히 굴원(屈原)을 가리킴. 굴원이 충신으로서 역경에 처해 있었기 때문에 여기서는 시인 자신을 견주고 있는 것이다.
6) 이예주(伊豫州) 대진성(大津城) : 일본의 지명. 현재 에히메현(愛媛縣) 오오쯔시(大津市)의 옛 명칭.

지난해 이 아침엔 어상(御床)을 받들어
새벽 바람에 나가 먼저 축수의 잔을 올렸노라.
금년엔 포로로 유락(流落)한 채 단심(丹心)만 남았는데
날마다 시름이 끊임없이 자라나네.

무술년(1598) 정월 명나라 원군이 대규모로 들어와서 울산에 주둔한
왜적들은 반이나 고래밥이 되었고, 평의지(平義智)7) 부곡(部曲)8)의 백여
명이 연이어 항복하였다는 소식을 듣고, 기뻐하여 시를 지었다.

들자하니 적군의 형세 꺾여져서
투항하는 글을 날마다 바친다 하네.
호남을 부질없이 집어삼키더니
영남으로 밀려나 잔병(殘兵)만 남았구나
큰 물결에 동쪽 바다 맑아졌고
낭성(狼星)9)은 북두성을 바라보네.
외로운 신하 만 번 죽게 된다한들
백골이라도 남아 기뻐하리라.

비가 내려서 다시 절구 한 편을 지었다.

봄비 한 번 지나가매
돌아가고 싶은 마음 배나 더하네.
어느 때나 고향집 낮은 담 아래
내가 손수 심은 꽃 다시 보려나?

---

7) 평의지(平義智) : 타시라 요시토시(1568~1615). 대마도주. 본래 대마도주의 성은 평
(平)이었는데 중간에 종(宗)으로 바뀌었으므로 '종의지(宗義智; 소오 요시토시)'라고 불
러야 하는데, 조선에서는 이전의 관습에 따라 '평의지'라고 불렀다. 소서행장(小西行
長; 고니시 유기나가)의 사위. 조선말에도 능통해 양국 사이의 교섭에 깊이 관여하였다.
8) 부곡(部曲) : 역사 용어로서 중국과 한국에서도 사용했는데, 일본에서는 호족(豪族)의
사유민(私有民) 집단을 가리킨다.
9) 낭성(狼星) : 동방에 있는 별이름으로 도적의 무리를 상징한다.

금산(金山) 출석사(出石寺)는 이예주(伊豫州) 남쪽 삼십 리 거리에 있다. 그 절의 한 중이 "나는 젊어서 사신을 따라갔다가 한양을 구경했다"고 말하고 강항을 보고는 자못 예의를 표하더니, 부채에 시를 써주기를 청했다. 이에 칠언 율시 한 편을 지어 주었다.

> 금장명랑(錦帳名郎)10)으로 바다 동쪽에 유락하였으니
> 끊어진 천리길 편풍(便風)이나 믿어볼까?
> 봉성(鳳城)11)의 소식은 험악한 파도 저 너머요
> 학발(鶴髮)12)의 모습은 꿈속에 어른거리네.
> 두 눈은 해와 달 아래 도리어 부끄러운데
> 한 마음 지킨 옛 원홍(鴛鴻)13)을 떠올리네.
> 강남에는 신록이 돋아 꾀꼬리 바쁜데
> 행여 우공(寓公)14)이 돌아갈 빠른 배 없을까?

그 중은 안타까운 표정으로 머리를 끄덕이며 "공의 뜻을 알겠소 하지만 배가 없고 형세가 막혔으니 한탄스러울 뿐이오"라고 하였다.

 睡隱姜沆, 字太初. 倭寇之丁酉再創, 以前刑曹佐郎, 爲全羅巡察使黃愼從事官, 收召義兵, 兵皆獸竄, 不得已舟載家眷, 遵海西上, 遇賊被虜, 在倭四年始歸. 其在船中, 聞傍船女子哭罷, 歌聲似裂玉, 沆有詩曰:

---

10) 금장명랑(錦帳名郎): 비단 장막 속의 이름 있는 벼슬아치란 말로, 자신이 조정에서 좋은 벼슬을 하고 있었다는 것을 뜻한다.
11) 봉성(鳳城): 서울을 가리키는 말이다.
12) 학발(鶴髮): 나이 많은 부모를 가리키는 말이다.
13) 원홍(鴛鴻): 원추(鴛鶵)와 홍안(鴻鴈). 둘 다 새의 일종으로 멀리 날 수 있다. 그래서 빼어난 현인(賢人)을 지칭하는 말로 쓰인다.
14) 우공(寓公): 본국을 떠나 타국으로 망명한 제후를 일컫는 말. 『禮記』「郊特牲」에 '諸侯不臣寓公(제후는 우공을 신하로 삼지 않는다)'이라는 말이 보인다. 후대에는 일반적으로 망명자를 가리키는 말로 쓰였다.

何處竹枝詞, 三更月白時.
隣船皆下淚, 最濕楚臣衣.

沆之妾爲賊所掠, 分載他船, 夜夜慟哭, 不食死. 聞而賦詩曰:

滄海茫茫月欲沈, 淚和凉露濕羅襟.
盈盈一水相思恨, 牛女應知此夜心.

行至伊豫州大津城, 與二兄濬・渙・妻父金瑮等家屬拘囚一家, 值冬
至, 集句曰:

去歲玆辰捧御床, 戴星先捧祝堯觴.
今年流落丹心在, 一日愁隨一線長.

戊戌正月, 聞天兵大至, 蔚山之賊, 半爲鯨鯢, 平義智部曲百餘人, 歸
順相繼, 喜而又賦曰:

聽說凶鋒折, 降書日日聞.
湖南空荐食, 嶺外只孤軍.
鯨浪淸東海, 狼星拱北辰.
孤身雖萬死, 白骨有餘欣.

春雨中, 又賦一絶曰:

春雨一番過, 歸心一倍多.
何時短墻下, 重見手栽花?

金山出石寺, 在伊豫州南三十里. 有僧自言少隨朝倭, 歷見漢陽, 見
沆頗加禮, 以扇求詩, 而贈四韻:

錦帳名郎落海東, 絶程千里信便風.
鳳城消息鯨濤外, 鶴髮儀形蝶夢中.
兩眼却慚同日月, 一心猶記舊鴛鴻.
江南芳草群鶯亂, 倘有飛艎返寓公.

僧惻然點頭曰 : “已會矣. 無船且勢阻, 可嘆!”

일본 땅에서 만난 사람들: 강항_{姜沆} 2

16

서울의 죽물(竹物) 가게에 있던 사람이 왜군의 포로로 잡혔다가, 일본국 수도로부터 도망쳐 와서 이예주(伊豫州)에 당도했다. 그 사람은 일본말을 잘하여 강항이 함께 도망할 계책을 의논하였다. 그리하여 서쪽으로 십리쯤 나가 한 노승을 만났는데, 그 노승은 밥을 지어 해에게 제사를 지내고 바위 위에서 눈을 잠깐 붙이고 있었다. 강항이 설인(舌人: 통역)을 시켜 가만히 다가가서 본국으로 돌아갈 방도를 물으니 그 중은 응낙을 하고 배로 풍후주(豊後州)[1]까지 데려다 주었다. 둘이 같이 길을 가는데 갑자기 왜적이 나타나 붙잡아 끌고 가서 판도(板島)에 이르렀다. 저자문 밖에서 죽이려고 하다가 중지하고 이내 대진성(大津城)으로 돌려보내었다. 성저(城底)의 절집에 놀러갔다가 한 중을 만났는데 그 중이 다음과 같은 시를 지어주었다.

---

1) 풍후주(豊後州): 현재 오이타현(大分縣)의 옛 이름이다.

처음 어진 분을 만나니 꿈인가 생시인가
고결한 분으로 떠도는 신세 안타까워라.
달을 봐도 꽃을 봐도 마음이 한스러우리니
부상(扶桑)²⁾의 나라 온통 전쟁 먼지로 뒤덮였네.

여기에 차운하여 지은 시가 있다.

하얀 머리 서리내린 눈썹에 비로소 참된 사람 보았으니
오랑캐 강로(康老)³⁾는 그대의 전신(前身)인가?
맑은 시가 진흙 속의 한을 온통 쏟아내니
칼 찬 무사들과는 몇 겹의 진애(塵埃)가 가렸는가?

좌도수(佐渡守, 1556~1630)⁴⁾의 부친인 백운(白雲)의 집에 현학(玄鶴)을 기르고 있었다. 이에 느낌이 있어 시 한 수를 지었다.

선학(仙鶴)이 세상에 내려왔으니
어느 날 지초밭[芝田]⁵⁾으로 돌아갈까?
화표주(華表柱)⁶⁾ 천 년 만에 학이 날아왔거늘
적간관(赤間關)⁷⁾에는 몇 년이나 있을 건가?

---

2) 부상(扶桑) : 원래 뽕나무를 뜻하는데, 해가 뜨는 곳을 가리킨다. 일본이 동쪽에 있으므로 혼히 일본을 가리켜 '부상'이라고 하였다.
3) 강로(康老) : 서역 사람의 이름. 서역(西域) 강거국(康居國)의 예인(藝人)으로 당나라에 「上雲樂」이라는 음악을 바쳤다고 한다. 이백의 시에 "金天之西, 白日所沒. 康老胡雛, 生彼月屈"이라는 구절이 보인다.
4) 좌도수(佐渡守) : 본명은 후도오 다카도로(藤堂高虎)이고 '좌도수'는 직함. 강항이 억류되어 있던 이예주의 영주였다. 풍신수길이 죽은 뒤 왜군의 철병을 통괄하였다.
5) 지초밭[芝田] : 지초는 죽지 않고 영원히 산다는 상상의 식물로, 선계를 가리키는 말로 쓰였다.
6) 화표주(華表柱) : 도로·교량·건물·사당 등에 세우는 기둥 모양의 설치물. 정령위(丁令威)가 학이 되어 천 년 만에 돌아와 이 화표주에 앉았다는 전설이 있어, 화표주는 이 고사와 연계되어 쓰였다. 「12. 서거정(徐居正)이 김시습(金時習)에게 지어준 시」의 "성곽은 학의 말 가운데 어렴풋하구나" 주 참조
7) 적간관(赤間關) : 아카마가세키. 시모노세키(下關)의 옛 이름이다.

티끌 세상에 얽매임 떨치지 못해
항상 봉래산을 그리워하누나.
언제쯤 모골(毛骨)이 바뀌어져서
다시금 기화옥수(琪花玉樹)로 날아갈까?

6월에 좌도(佐渡)가 고성(固城)으로부터 철수하여 일본의 수도로 돌아왔다. 강항의 가족들은 일본의 수도로 송환을 당하게 되었는데, 배에 오르려 할 때 울적한 마음으로 또 시를 한 수 지었다.

고국을 떠나와 천리나 떨어졌거늘
지금 또 아득히 동으로 향하네.
해 뜨는 곳 끝까지 가는데
다만 바람부는 대로 맡길 뿐이라네.
재앙의 시초는 헌원씨(軒轅氏)[8]에게서 비롯되었고
요악(妖惡)의 씨는 약 캐러 보낸 동남(童男)[9]이 뿌린 것이라.
사방으로 진출할 뜻 품은 대장부
어쩌다 이 왜 땅에 이르렀는가?

또 시를 지으니 다음과 같다.

가슴속의 천 가지 근심 벌집과 같아
나이 겨우 삼십에 구렛나루 희어졌네.
어찌 계륵(鷄肋)[10]이 혼을 녹여서리오

---

8) 헌원씨(軒轅氏) : 중국 민족의 시조인 '황제(黃帝)'를 가리킨다. 그가 배와 수레 및 병기 등을 발명했다고 하는 전설이 있기 때문에 여기서 재앙의 시초라고 한 것이다.
9) 약 캐러 보낸 동남(童男) : 진시황이 불로초를 구하기 위하여 동남동녀 삼천 명을 동쪽으로 보냈다는 전설이 있는데, 일설에는 이들 중의 일부가 일본 땅으로 들어가 일본 민족의 시조가 되었다고 한다.
10) 계륵(鷄肋) : 원뜻은 닭갈비. 이 말은 두 가지 의미로 쓰이는데 하나는 조조(曹操)가 한중(漢中)땅을 공략하다가 뜻대로 되지 않자 한중 땅을 두고 '계륵'이라 말한 것에서 유래하여 별로 가치가 없는 것을 가리키며, 또 하나는 허약한 신체를 비유한다. 여기

용안(龍顔)이 아득히 가려진 때문이네.
평소 독서는 의리가 중요하거늘
후세의 역사책 보면 시비(是非)가 분분하다네.
덧없는 이 인생 요동학(遼東鶴) 아니니
이 목숨 걸고 해상(海上)의 양(羊)[11]을 지키리라.

우리나라 선비인 하동(河東) 고을의 강사준(姜士俊)·정창세(鄭昌世)·하대인(河大仁) 세 사람이 같이 포로로 잡혀와 있어 날마다 상종하게 되었다. 강항은 이들에게 시를 시어 주었다.

방장산(方丈山)[12] 높아서 이인(異人)이 태어나니
진주의 세 성씨 자손들이 이어졌네.
어찌하여 세상에 빛나는 귀골이
마침내 염황(炎荒)에서 고생하는 신세 되었는가?
단속사(斷俗寺)[13] 한매(寒梅)는 저절로 피었겠고
명가(鳴珂)[14]의 옛 마을 봄풀만 돋았겠구나.
동황(東皇)[15]이 혹시라도 봄바람 빌려주시면

서는 후자의 신체가 허약하다는 의미로 쓰인 듯하다. 『晋書』「劉伶傳」에 '鷄肋不足以安尊拳'이란 구절이 보인다.

11) 해상(海上)의 양(羊) : 소무(蘇武)와 관련된 고사. 소무는 중국 한무제 때 인물로 흉노에 사신으로 갔다가 억류되어 19년 동안 있으면서 끝내 굴하지 않고 양을 길러 젖을 먹고 살았다. 해상의 양은 이를 가리키며, 『看羊錄』이라는 명칭 또한 이 고사와 관련하여 붙인 것이다.

12) 방장산(方丈山) : 원래는 삼신산(三神山)의 하나인데 지리산의 별칭으로도 쓴다. 위의 세 사람이 모두 진주를 본관으로 하는 성씨로, 진주는 지리산 아래에 있기 때문에 끌어온 것이다.

13) 단속사(斷俗寺) : 경남 산청군 단성면(丹城面)에 있던 절. 정유재란(丁酉再亂)으로 불타버린 후 재건되었으나 현재는 폐사가 되었다. 강항의 『看羊錄』에 다음과 같은 구절이 원주(原註)로 달려 있다. "나의 선조 통정(通亭) 강회백(姜淮伯, 1357~1402)께서 매화를 단속사에 심었는데, 산승(山僧)이 그것을 정당매화(政堂梅花)라 불렀다[吾祖通亭種梅於斷俗寺, 山僧號曰, 政堂梅花]."

14) 명가(鳴珂) : 가(珂)는 좋은 옥으로 만든 말고삐 장신구로써, 명가(鳴珂)는 고귀한 신분을 나타낸다. 명가리(鳴珂里)는 고귀한 사람이 사는 마을을 말한다.

15) 동황(東皇) : 봄의 신.

백로(白露) 청원(靑原)으로 돌아가 사이좋게 살리라

또 이렇게 읊었다.

　억울하게 만리타국에 끌려와서16)
　삼 년을 보냈으니 무슨 숙연(宿緣) 있었던가?
　시서(詩書) 예악(禮樂)은 남자의 일이요
　총명한 이목(耳目) 장부의 몸이거늘,
　내세에는 부디 전쟁을 만나지 말아
　복사꽃 핀 봄을 헛되이 보내지 않게 되기를.
　어려운 왕업 누가 닦을 것인가
　청혈(靑血)을 가져다 궁린(宮隣)17)에 묻고자.

기해년(1599, 선조 32) 정월 초하룻날 애달픈 마음으로 지은 시가 있다.

　맑은 서리에 더러운 먼지 끼일까 걱정 되는데
　둥근 달 이국의 시름 밤마다 새롭구나.
　말머리에 뿔은 나지 않고 또 한해가 다가오니18)
　나그네 마음은 새 아침 맞이하기 두렵구나.

 漢陽竹肆居人, 被擄於倭, 自倭京奔到伊豫州, 善爲倭語. 沉因與合謀逃歸, 西出十里許, 遇一老僧, 炊米祭日, 假眠岩石上,

---

16) 억울하게~끌려와서 : 원문은 '燕霜萬里楚囚人'인데, '연상(燕霜)'은 전국시대 추연(鄒衍)이 연(燕)나라 혜왕(惠王)을 충심으로 섬겼으나 주위에서 참소하기를 그치지 않아, 추연이 하늘에 억울함을 호소하자 한여름에 서리가 내렸다는 고사에서 나온 말이다. 후대에는 '연상(燕霜)'이 '억울하다'는 뜻으로 쓰이게 되었다.
17) 궁린(宮隣) : 왕의 측근에 있는 신하.
18) 말머리에~다가오니 : 중국 고대 연(燕)나라의 태자 단(丹)이 진(秦)나라에 인질로 잡혀 있었는데, 진왕은 말머리에 뿔이 나고, 까마귀의 머리가 하얗게 되면 보내준다고 하였다. 그런데 하늘이 도와 말머리에 뿔이 나고 까마귀의 머리가 하얗게 되자, 태자 단이 귀국할 수 있었다는 고사를 말한다.

沆令舌人潛往語, 及西歸事, 僧諾以船濟豊後州. 相先後步行, 忽倭賊
卒至扶曳, 回至板島市門外, 將斬之, 已乃送于大津城中. 遊城底僧舍,
有僧贈詩曰:

　　初逢賢聖夢耶眞, 堪惜高人客裡身.
　　見月見花應有恨, 扶桑國盡戰爭塵.

沆次曰:

　　雪髮霜眉創見眞, 胡雛康老是前身.
　　清詩寫盡泥中恨, 帶劍諸奴隔幾塵.

佐渡守之父白雲家有玄鶴, 感而賦之曰:

　　仙鶴下人間, 芝田幾日還.
　　千年華表柱, 數載赤間關.
　　未拂塵中累, 常懷海上山.
　　那時換毛骨, 琪樹得重攀.

六月, 佐渡自固城撤兵還倭京, 勒送沆家屬, 赴倭京, 將乘船, 感慨賦
詩曰:

　　去國今千里, 迢迢更向東.
　　應須窮出日, 都只信便風.
　　禍首軒轅氏, 妖胎採①藥童.
　　男兒四方志, 不意到倭中.

又曰:

滿臆千愁若蜜房, 年纔三十髩②如霜.
豈緣鷄肋消魂骨, 端爲龍顔阻渺茫.
平日讀書名義重, 後來觀史是非長.
浮生不是遼東鶴, 等死須看海上羊.

我國士人河東姜士俊·鄭昌世·河大仁皆在擄中, 連日相從. 沆贈詩
曰 :

方丈山高降異人, 晉陽三姓接雲因.
如何赫世貂蟬骨, 竟作炎荒瑣尾身.
斷俗寒梅花自發, 鳴珂舊里草空春.
東皇倘借東風便, 白露靑原更卜隣.

又贈人曰 :

燕霜萬里楚囚人, 旅泊三年定宿因.
禮樂詩書男子事, 聰明耳目丈夫身.
他生莫値干戈日, 樂事空抛桃李春.
王業艱難誰作厲, 欲持靑血問宮隣.

己亥正朝, 感傷有詩曰 :

瓊霜不忍染緇塵, 璧月關愁夜夜新.
馬角不生靑歲至, 客心還自劫逢辰.

① 採 : 『看羊錄』에는 朶로 되어 있다.
② 髩 : 『看羊錄』에는 鬢으로 되어 있다.

풍신수길(豊臣秀吉)의 무덤 앞에 부친 시 : 강항(姜沆) 3

옮김譯 적의 우두머리 풍신수길(豊臣秀吉, 1536~1598)이 사망하여 북교(北郊)에 매장하고 그 위에 황금전을 지었다. 왜승 남화(南化)가 그 문(門)에 "대명(大明) 일본국의 일세를 떨친 호걸이니, 태평의 길을 열어 공력이 바다처럼 넓고 산처럼 높도다"라고 크게 써놓았다. 강항이 어느 날 밖에 나갔다가 그 글자를 붓으로 지우고 옆에 다음과 같이 썼다.

반세(半世)의 경영은 한줌의 흙덩이로 돌아갔거늘
십 층의 황금전만 부질없이 우뚝하여라.
탄환(彈丸)[1]의 땅마저도 남의 손에 넘어갔거늘
무슨 까닭으로 청구(靑丘)의 나라 침략하였던가?

---

1) 탄환(彈丸) : 협소한 지역을 비유적으로 일컫는 말. 여기서는 일본 영토를 가리키는 데, 토요토미 히데요시(豊臣秀吉) 사후에 일본의 패권이 도꾸가와 이예야스(德川家康)로 넘어간 사실과 관련해서 쓴 것이다.

왜승 묘수원(妙壽院)의 순수좌(舜首座)[2]가 찾아와서 강항에게 말하기를, "일전에 대합(大閤 : 왜인은 수길을 대합이라 일컫는다−원주)의 총전(塚殿)에 쓰여진 글씨를 보았는데 족하가 쓴 것이지요? 어쩌자고 자기의 몸을 아낄 줄 모릅니까?"라고 하였다.

賊魁秀吉死, 埋於北郊, 其上作黃金殿. 倭僧南化大書銘其門
曰 : "大明日本, 振一世豪. 開太平路, 海濶山高." 沆嘗出遊, 以
筆塗抹, 題其傍曰 :

牛世經營士一坏, 十層金殿謾崔嵬.
彈丸亦落他人手, 何事靑邱捲土來.

倭僧妙壽院舜首座者, 來見曰 : "向見大閤(倭人稱秀吉爲大閤)塚殿所書,
乃足下筆也, 何不自愛也?"

---

2) 순수좌(舜首座) : 일본의 중 후지와라 세이까(藤原惺窩, 1561~1619). 귀족 가문에서
태어났는데, 전쟁의 와중에 18세의 나이로 절에 들어가 중이 되었다. 중이 된 후 불교
뿐만 아니라 유학을 독실하게 공부하였다. 1596년에는 명나라로 가고자 하였으나 배
가 난파되는 통에 뜻을 이루지 못했는데, 이후에 강항을 만나 학문이 심화될 수 있었
다. 그의 학문세계는 주자학을 근본으로 하면서도 불교 및 양명학을 포용하는 개방성
이 특징이다. 그는 에도시대의 유학을 연 첫 번째 학자로서 그의 문하에서 하야시 라
잔(林羅山), 마쯔나가 세키고(松永尺五) 등이 배출되어 학통이 이어졌다.

18

경자년(1600, 선조 33) 2월에 적장 좌도(佐渡)가 수비하는 인원들을 철수해서 그에 대한 감시가 느슨해졌다. 그리고 곧 고국으로 돌아갈 수 있도록 하여 이에 강항은 순수좌를 찾아가 배를 구입해서 일본 땅을 떠나게 되었다. 이때 감회를 시로 썼다.

> 성은이 멀리 적중에 갇힌 사람까지 미쳐
> 만리에 돌아가 보리 익는 철 다 되었으리라.
> 봉래섬 아득해라 창해도 드넓은데
> 충의의 마음 실은 배 한 척 떠가는구나.

5월 5일 비로소 우리나라 부산에 당도했다.

庚子二月, 賊將佐渡招守倭, 使寬其防守, 守倭敎令卽還. 乃
往見舜首座, 買船發倭京, 賦詩曰:

聖恩遙及窖中囚, 絶域歸帆近麥秋.
蓬島渺冥滄海闊, 却將忠義滿孤舟.

五月五日, 始泊我國釜山.

19

옮김譯 전라도 좌병영(左兵營)의 우후(虞侯)[1] 이엽(李曄)이 왜군장수 가등청정(加藤清正, 1562~1611)[2]에게 포로가 되어 풍신수길(豊臣秀吉)에게 보내졌다. 풍신수길은 그를 극히 후하게 대접하여 거처와 음식이 자기네들이 하는 것과 다름없었다. 이엽은 비단 등을 아끼지 않고 내놓아서 임진년에 포로로 잡혀와 있던 사람들로 일본어를 아는 자와 친교를 맺었다. 그리하여 선박을 구해 서쪽으로 빠져나가 적간관(赤間關)에 이르렀는데, 추격하는 자들이 벌써 지키고 있었다. 이엽은 칼을 뽑아 스스로 가슴을 찌르니 그 칼이 등 뒤로 솟아 몸이 바다 속으로 떨어졌다. 왜놈들은 그 시신을 건져서 네거리에 매달았다.

---

1) 우후(虞侯) : 각 도의 병사와 수사, 즉 병마절도사(兵馬節度使)와 수군절도사(水軍節度使)의 부관에 해당하는 직책. 병마우후는 종3품직, 수군우후는 정4품직.
2) 가등청정(加藤清正) : 일본 아즈치 모모야마(安土桃山) 시대의 무장(武將). 도요토미 히데요시(豊臣秀吉)와 동향 출신이며, 어릴 적부터 도요토미가 길러 온 가신(家臣)으로 임진왜란(壬辰倭亂) · 정유재란(丁酉再亂) 때 선봉으로 종군했다.

이엽은 글을 할 줄 알아서 바야흐로 배를 띄울 때 지은 시가 있는데 이러하다.

봄이 동쪽에서 오니 한(恨)도 함께 자라고
바람이 서쪽으로 가니 마음 절로 바빠지네.
어버이는 밤에 지팡이 잃고 새벽달 아래 부르짖고
아내는 대낮처럼 촛불 밝히다 아침 해에 곡하리라.
고향의 옛집에는 꽃이 이미 졌을 게요
대대로 지켜온 선영(先塋)에는 풀이 우거졌으리라.
오롯이 우리 삼한(三韓)의 뼈대 있는 가문이거늘
어찌 낯선 땅에서 짐승 같은 무리와 뒤섞일 건가?

그가 죽은 후 포로로 잡혀와 있는 우리나라 사람들은 듣고 눈물을 흘리지 않는 이가 없었다. 강항은 이 사실을 듣고 그의 시에 차운(次韻)하여 읊었다.

장군의 기개는 하늘과 함께 높거늘
행동이 신중치 않았다 말하는 자들 누구인가?
의로운 기골 스스로 동해 바다에 잠겼는데[3]
맑은 바람은 멀리 수양산에 다다랐도다.[4]
길거리 장대 위에 매달려 가을비에 씻김이 깨끗하니
어찌 이역의 땅에 묻혀 이역의 풀에 덮여질까?
만권 책 읽은 선비 면목이 없나니

---

3) 의로운~잠겼는데 : 노중련(魯仲連)은 전국시대 제(齊)나라의 기개가 높은 인물이었다. 그는 무도한 진(秦)나라의 압박에 저항하여 "저 진나라가 제(帝)를 칭하는 날이면 중련은 오직 동해에 빠져 죽을 것이다"라고 다짐하였다. 후일에 동해로 나가서 종적을 감추었다.

4) 맑은~다다랐도다 : 이엽의 행적을 백이(伯夷)와 숙제(叔齊)의 고사와 관련하여 쓴 것이다. 수양산(首陽山)은 백이(伯夷)와 숙제(叔齊)가 은나라를 정벌하려는 무왕을 간하다가 뜻을 이루지 못하자 망명하여 은거했던 산이다. 그들은 주나라 곡식을 먹지 않겠다 결심하고 고사리를 캐 먹다가 죽었다는 전설이 있다.

두 해나 포로 신세로 양을 치고 있구나.5)

청구(靑丘) 만리 바닷길이 아득한데
꿈속에서나 바쁘게 오가누나.
봉래산 바깥 삼청(三淸)6)을 떠나온 한(恨)
한 조각 돌아가고 싶은 마음 한양으로 향하더라.
헤아려보면 인생이란 참으로 잠깐인데
천도(天道)를 보아하니 어찌 마냥 어지러우랴?
의(義)를 취하고 인(仁)을 이룸은 우리 가훈이니
어린아이도 오랑캐에게 절하기를 부끄러워하노라.

강항은 귀국한 다음 이엽이 의롭게 죽은 사실을 기록하여 나라에 보
고했다.

원문 全羅左兵營虞侯李曄, 被虜於倭將清正, 送于秀吉. 秀吉待之
極厚, 帳御飮食, 如伊所居. 曄散盡錦綺, 交結壬辰被虜人解倭
語者, 買船西出. 行至赤間關, 追者已至. 曄引劍自判, 劍出背後, 墮海
中. 賊勾出其屍, 轘掛街上. 曄能文, 方其發船, 有詩曰:

春方東到恨方長, 風自西歸意自忙.
親失夜笻呼曉月, 妻如晝燭哭朝陽.
傳承舊院花應落, 世守先塋草必荒.
盡是三韓侯閥骨, 安能異域混牛羊.

---

5) 두 해나~있구나: 원문에 '궁발(窮髮)'은 풀이 자라지 않는 황량한 땅이란 뜻으로 이
는 소무(蘇武)의 고사를 인용한 것인데, 한나라 때 소무는 흉노(匈奴)에 사신으로 갔다
가 그곳에 붙잡혀서 오랫동안 양을 기르며 살았다. 이 구절은 강항 자신이 일본 땅에
포로로 잡혀와 있는 것이 두 해가 되었다는 뜻이다.
6) 삼청(三淸): 도교에서 신선이 산다는 옥청(玉淸)·상청(上淸)·태청(太淸)의 세 궁을
가리킨다.

旣死, 我國男女聞者, 莫不流涕. 睡隱聞之, 步韻曰:

將軍氣槩與天長, 何者翻論此去忙?
義骨樂沈東海底, 淸風遙接首山陽.
竿頭好受秋霖洗, 埋土寧敎塞草荒.
萬卷書生無面目, 兩年窮髮牧羝羊.

又曰:

萬里靑丘海驛長, 夢魂何自去來忙.
三淸離恨蓬山外, 一片歸心漢水陽.
算得人生眞杪忽, 看來天道豈蒼荒.
成仁取義吾家訓, 童子猶慚拜犬羊.

及歸我國, 以其死義狀, 陳疏以聞.

제주도_{濟州道}에 유폐된 광해군_{光海君}의 시¹⁾

20

 폐주(廢主) 광해군(光海君)이 제주도로 쫓겨나 있을 때 지은 시가 있다.

먼 성머리 더운 바람 비를 실어오고
백척 다락은 무더운 기운이 찌는 듯하구나.
창해(滄海)의 성난 파도 저물녘에 밀려오는데
벽산(碧山)의 시름겨운 빛 맑은 가을 보내오네.
돌아가고 싶은 마음 왕손초(王孫草)¹⁾에 맺혔거늘

---

1) 여기 나오는 광해군의 시에 대해서는 임상원(任相元)의 『郊居瑣編』과 홍만종(洪萬宗)의 『小華詩評』에서도 언급한 바 있다. 安大會 譯註, 『(對校譯註)小華詩評』, 國學資料院, 1995, 74면, 주 63 참조

1) 왕손초(王孫草) : 쓸쓸하고 외로운 정경을 나타내는 시어. 한(漢)나라 회남소산(淮南小山)의 「招隱士」란 시에, "왕손은 떠나 돌아오지 않고, 봄 풀만 무성하게 자랐을 뿐[王孫遊兮不歸, 春草生兮萋萋]"라는 구절이 있다. 광해군은 임금이었으므로 "왕손초"라는 표현이 특히 잘 어울린다.

나그네의 꿈 제자주(帝子洲)[2]에서 놀라 깨누나.
고국(故國)의 흥망, 소식조차 끊어졌거늘
안개 낀 강가 고깃배에 누웠노라.

廢主光海君, 遜處濟州. 有詩曰 :

炎風吹雨迵城頭, 瘴氣薰蒸百尺樓.
滄海怒濤來薄暮, 碧山愁色送淸秋.
歸心每結王孫草, 客夢頻驚帝子洲.
故國興亡消息斷, 煙波江上臥漁舟.

---

2) 제자주(帝子洲) : 제자는 요(堯)임금의 딸로 순(舜)임금의 아내가 된 아황(娥皇)과 여
영(女英)을 가리키는데, 이들은 순임금이 죽자 소상강(瀟湘江)에 와서 물에 빠져 죽었
다는 전설이 있으며, 동정호의 군산(君山)에는 이들의 사당이 세워져 있다. 굴원의 「九
歌」에 "帝子江兮北渚"라는 구절이 보인다. 여기서는 광해군 자신이 쫓겨난 제주도를
가리킨다.

김안국金安國의 시 감식안

사재(思齋) 김정국(金正國, 1485~1541)[1]이 중국의 수도에 갔다가 돌아와서는 자기가 지은 오언절구 일편을 모재(慕齋) 김안국(金安國, 1478~1543)[2]에게 보여주며 말하기를, "당시(唐詩) 중에 일실되어 전하지 않는 것이 많습디다. 이번 걸음에 당인의 일시(逸詩)를 얻어 왔습니다"라 하고 그 시를 읊었다.

비 개인 뒤 맑은 강 흥에 겨워
머리 돌려 백구를 보고 물었더니,

---

1) 김정국(金正國) : 자는 국필(國弼), 호는 사재, 본관은 의성, 김굉필의 문인이며 김안국의 동생. 형제가 모두 사림파의 인물로서 손꼽힘. 기묘사화(己卯士禍)로 삭탈관직이 되어 교하(交河)에 은거해 있다가 1537년 복직이 되어 벼슬이 참판에 이름. 저서로 『思齋集』·『思齋摭言』 등이 있다.
2) 김안국(金安國) : 자는 국경(國卿), 호는 모재. 참봉 련(連)의 아들이며, 정국의 형. 조광조(趙光祖)·기준(奇遵)과 함께 김굉필의 문인이다. 역시 사림파의 대표적인 인물로 예조판서·대사헌 등을 역임하였다. 시호는 문경(文敬). 저서로 『慕齋集』 등이 있다.

백구 답하기를 "여뀌꽃 붉은 달빛에
몇 가락 피리 소리 가을이오" 하더라.[3]

모재가 말하기를 "좋기는 좋지만 자네 같은 사람들도 충분히 지을 수
있는 수준일세"라 하고, 바로 전중문(錢仲文)[4]의 「귀안(歸鴈)」 시를 읊는
것이었다.

소상(瀟湘)에서 무슨 일로 공연히 돌아왔느냐
물 푸르고 모래 깨끗하고 이끼 많은 그곳에서.
밝은 달밤 이십오 현(絃) 타는 소리가
맑고 애절함을 견딜 수 없어 날아왔소.

"앞의 두 구는 사람이 기러기에게 물은 것이오, 뒤의 두 구는 기러기
가 사람에게 답한 것이다. 무릇 '강가 양쪽에 이끼 끼고 물은 푸르고 모
래 깨끗한 곳에서 무슨 일로 공연히 돌아왔느냐'라는 말은 비록 물을
문(問)자를 쓰지는 않았지만, 묻는 말임을 저절로 알 수 있다. '달 밝은
밤에 이십오 현의 슬(瑟)을 타서 그 맑고 애절한 소리를 견딜 수 없어 날
아 왔소'라는 말은 비록 답할 답(答)자를 쓰지는 않았으나 답하는 말임
을 저절로 알 수 있다. 어찌 꼭 물을 문(問), 답할 답(答) 자를 쓴 연후에
묻고 답하는 말임을 알 수 있겠는가?" 이에 사재는 웃으면서 사실대로
고백하였다.

---

3) 김득신(金得臣)의 『終南叢志』(시화총림본)를 살펴보면, 이 시가 매우 형편없는 시인
　 데도 세상에서는 명작이라고 일컬으며, 더구나 한때는 자신이 지은 것으로 잘못 알려
　 져서 어처구니가 없다고 말하고 있다.
4) 전중문(錢仲文) : 전기(錢起, 약 710~약 780). 중문(仲文)은 그의 자. 당(唐)나라 천보
　 (天寶) 년간에 과거에 합격하였으며, 이후 뛰어난 문사로 이름을 날렸다. 저서로 『錢仲
　 文集』이 있다.

金思齋正國, 還自帝京, 以其所爲五絶一篇, 示慕齋安國曰 : "唐詩之逸而不傳者, 亦多矣. 今行, 得唐人逸詩而來." 仍誦

雨後淸江興, 回頭問白鷗.
答云紅蓼月, 魚笛數聲秋.

之句. 慕齋曰 : "善則善矣. 如君輩足能爲此矣." 仍誦錢仲文「歸鴈」詩曰 :

瀟湘何事等閒回, 水碧沙明兩岸苔.
二十五絃彈月夜, 不勝淸怨却飛來.

首二句, 人問鴈也. 末二句, 鴈答人也. 夫兩岸莓苔, 水碧沙明之地, 何事等閒回者, 雖不用問字, 而自然是問語. 二十五絃之瑟, 彈於月明之夜, 不勝淸怨之聲, 而却飛來者, 雖不用答字, 自然是答語. 何必有問答字, 而後爲問答乎哉?" 思齋笑而首實.

의병장 제말諸末

22

제말(諸末, ?~1592)[1]은 고성(固城)의 미천한 사람이다. 용사(龍蛇)의 난[2]에 학봉(鶴峯) 김성일(金誠一, 1538~1593)의 막하에 있다가 천거를 받아 성주 목사(星州牧使)가 되었는데, 왜적과 싸우다가 적의 탄환에 맞아 죽었다. 영조 정사년(1737)에 성주 사람 전적(典籍) 정석유(鄭錫儒)가 그 고을 지주(地主: 그 고을의 수령을 가리키는 말)의 아들과 함께 관아의 매죽당(梅竹堂)에서 지내는데, 마침 달이 하늘 가운데 떠있을 때 주인

---

1) 제말(諸末): 칠원(漆原) 제씨의 족보에 의하면, 그의 이름은 '말(沫)'로 나와 있고 자는 성여(成汝) 호는 가계(柯溪)이다. 용모가 기걸하고 재주와 용맹이 뛰어났다. 수문장에 올라 오랫동안 승진을 못하고 있었는데 임진왜란이 일어나자 의병을 일으켜 전공을 많이 세웠다. 南九萬, 『藥泉集』 卷29에 실린 「嶺南雜錄」에 그에 관한 기사가 있다(『韓國文集叢刊』 132, 492d~493a). 또 『열하일기(熱河日記)』의 「피서록(避暑錄)」에도 관련된 기사가 실려 있다. 이가원 역주, 『국역 열하일기』 2, 민족문화추진회, 1968, 196~198면 참조

2) 용사(龍蛇)의 난: 임진왜란이 주로 임진(壬辰)·계사(癸巳) 두 해에 걸쳤었기 때문에 용사의 난이라고도 칭했다. 12지지에 진은 용, 사는 뱀을 가리키기 때문이다.

은 잠이 들고 객은 잠이 미쳐 들지 않은 즈음이었다. 그때 오사모(烏紗帽)[3]를 쓰고 관복을 입은 사람이 대숲에서 나와 말하기를, "나는 이 고을의 옛 목사 제말이오"라 하고 눈물을 뿌리며 용사의 사적을 매우 자세하게 들려주고 나서 절구 한 수를 읊어 들려주었다.

> 산은 길게 뻗어 구름과 함께 흐르는데
> 하늘은 멀어 달과 함께 외롭구나.
> 적막한 성산관(星山館)에
> 영령(英靈)은 있는가 없는가?

그리고 이내 보이지 않았다. 목사는 이 일을 경상 감사 정익하(鄭益河, 1688~?)[4]에게 아뢰었다. 감사는 비장을 보내어 제사를 지내주었는데, 그 제문에 이렇게 썼다.

> 한 사나이 대장부로 태어나
> 만고의 충절 세웠거늘,
> 지체 낮아 공적이 드러나지 않으니
> 이름은 묻히고 역사에서 빠졌구나.
> 적막한 성산관(星山館)의 달밤
> 대숲에 나타난 혼령이시여,
> 누가 당신을 위로하리오
> 속절없이 탄식만 더하는도다.

우리 정조 임금께서 무한한 감회를 일으켜, 포장(襃獎)하고 병조판서에 추증하도록 하교하셨다. 그리고 감사에게 명하여 그의 묘에 비석을

---

3) 오사모(烏紗帽) : 관인들이 쓰던 모자로 일명 사모라고도 한다.
4) 정익하(鄭益河) : 자는 자겸(子謙), 호는 회와(晦窩), 본관은 연일(延日). 1721년 증광 문과에 병과로 급제하였으며, 1739년에는 경상도관찰사가 되었다. 벼슬이 대사간·대사헌에 이르렀고 시호는 충헌(忠獻)이다.

세워 후세에 알리도록 했다.5)

諸末, 固城賤人也. 龍蛇之亂, 因金鶴峯幕薦, 牧星州, 中賊丸
死. 英廟丁巳, 星州人鄭典籍錫儒, 與地主之子, 處官之梅竹堂,
時夜月午, 主眠客否. 見烏帽絳袍官人從竹林出曰 : "我故牧使諸末."
雪涕縱橫, 說龍蛇事甚悉, 吟傳一絶曰 :

> 山長雲共去, 天逈月同孤.
> 寂寬星山館, 英靈有也無.

因又不見, 地主傳此事於方伯鄭盆河. 盆河遣佐幕祭, 其文曰 :

> 一介男兒, 萬古忠烈.
> 功寢地微, 名沒史逸.
> 夜寂星館, 客遇篁月.
> 孰慰冥冥, 余增咄咄.

我正考, 起曠感, 下敎褒諭贈兵判, 命道臣樹碑旌墓.

---

5) 우리 정조~알리도록 했다 : 『朝鮮王朝實錄』에 의하면 정조 16년(1792) 9월 29일 기
사에 제말에게 병조판서를 추증하고, 정표하는 비석을 세우게 하며, 충의(忠毅)라는
시호를 내린 사실이 기록되어 있다.

 오봉(五峯) 이호민(李好閔, 1553~1634)[1]이 일찍이 월과(月課)에서, 「시시[2]를 지나며[過柴市有感]」라는 시를 지었는데 이러하다.

험난한 산과 바다에서도 군신의 의리는 지켜졌고
참담하게 항전하여 사직신(社稷臣)으로 이름을 남겼도다.

스스로 훌륭한 구(句)라고 여기니, 수찬(修撰) 허성(許筬, 1548~1612)[3]이

---

1) 이호민(李好閔) : 자는 효언(孝彦), 호는 오봉(五峯)·남곽(南郭)·수와(睡窩), 본관은 연안(延安). 1584년 별시문과에 급제. 임진왜란이 일어나자 의주까지 선조를 호종(扈從)했으며, 벼슬이 대제학·좌찬성에 이르렀고, 1604년 연릉군(延陵君)의 봉을 받았다. 1608년 광해군이 즉위하자 고부(告訃)·청시승습사(請諡承襲使)로 명나라의 수도 북경을 다녀온 일이 있다. 시인으로서 이름이 높은데 전란의 비애를 형상화한 작품이 많다. 저서에 『五峯集』 16권이 있다. 시호는 문희(文僖).

2) 시시(柴市) : '땔나무를 파는 시장'이란 뜻으로, 여기서는 현재 중국 북경시(北京市) 선무문(宣武門) 밖의 채시구(菜市口)를 가리킴. 이곳에서 남송의 충신 문천상(文天祥)이 원나라에 항복하지 않고 충절을 지키다가 죽임을 당하였다.

이를 보고 웃으면서, "어찌 '부부지간 맺기 위해 전판(剪板)4)만 분주해라, 별 볼 일 없는 직함 박복한 이름이로다'고 쓰지 않았는가?"라 하였다.

　오봉은 첩을 얻으려 했으나 항상 아내를 두려워하여 감히 실행하지 못했다. 어느 날 몰래 양가(良家)의 딸을 첩으로 얻으려 하니 그 집에서 폐백을 지나치게 요구했다. 그는 마련할 길이 없어 다만 한 장의 장지(長紙)에 "홍문박사 이호민(弘文博士 李好閔)"이라고 자기의 관직을 적어 함에 넣어 보냈다. 그 집에서 함을 열어보고 아주 분통해 하였다 한다. 이 말을 듣고 사람들은 모두 우스워 포복절도하였다.

李五峯好閔, 嘗於月課, 作「過柴市有感」詩云:

間關嶺海君臣契, 慘恢干戈社稷名.

　自以爲佳句. 許修撰筬見而笑曰 : "何不曰'紛紜剪板夫妻契, 寥落官唧薄倖名'?"
　蓋李欲卜妾而常畏內不敢動. 一日潛卜于良家, 其家苛索綵幣, 李無路備之, 只以一片長紙, 書其銜曰 : "弘文博士李好閔", 納諸函中而送之, 其家開見大懊. 聞者絶倒.

---

3) 허성(許筬) : 자는 공언(功彦), 호는 악록(岳麓)·산전(山前), 본관은 양천(陽川). 허엽(許曄)의 아들이며 동생 허봉(許篈)·허균(許筠)·허난설헌(許蘭雪軒)과 함께 모두 시와 문장으로 이름이 높았다. 유희춘(柳希春)에게 수학했다. 1583년 별시문과에 급제했고, 1590년 통신사(通信使)의 종사관(從事官)으로 일본에 다녀온 일이 있다. 이후 대사간·이조판서 등을 역임했다. 저서로 『岳麓集』이 있다.
4) 전판(剪板) : 종이를 자를 때 쓰는 자. 여기서는 본부인이 무서워서 함에 넣을 다른 폐백은 마련하지 못하고, 기껏 전판을 써서 종이를 잘랐다는 뜻이다.

조헌_{趙憲}이 함경도_{咸鏡道} 길주_{吉州}로 귀양가서 지은 시

24

옮김譯 중봉(重峰) 조헌(趙憲, 1544~1592)[1]이 선조 기축년(1589)에 간언을
하다가 길주(吉州)에 귀양가게 되었다. 당시에 그는 광망(狂妄)하
다고 일컬어져서, 친구들 중엔 문에서 막고 만나보지 않는 사람도 있었
는데, 남창(南窓) 김현성(金玄成, 1542~1621)[2]만이 좇아가 털옷을 주며 시
로 유뱃길을 전송하였다.

---

1) 조헌(趙憲) : 자는 여식(汝式), 호는 중봉(重峯)·도원(陶原)·후율(後栗), 본관은 배천
(白川). 이이(李珥)와 성혼(成渾)의 문인. 1567년 식년문과에 급제, 1572년에는 중국에
가는 사신의 수행원으로 다녀와서 「東還封事」를 지은 바 있으며, 벼슬은 전라도도사
에 이르렀다. 1589년 지부상소(持斧上疏)로 동인을 공격하다가 삼사(三司)의 탄핵을
받아 길주에 유배된 사실이 있고, 임진왜란이 일어났을 때 영규(靈圭)의 승군과 함께
청주성을 수복하고, 금산에서 700여 명의 의군과 함께 순절하였다. 저서로『重峰集』
이 있고, 시호는 문열(文烈)이다.
2) 김현성(金玄成) : 자는 여경(餘慶), 호는 남창(南窓), 본관은 김해(金海). 1564년 문과
에 급제했으며, 특히 글씨를 잘 쓰는 것으로 유명하다. 저서로『南窓雜稿』가 있다.

한 벌의 양가죽옷 먼길에 부치니
바람에 눈물이 갓끈을 적시네.
상담(湘潭)의 회사부(懷沙賦)3)를 따르지 말고
남은 목숨 보전하여 성명(聖明)을 위로하세.

얼마 되지 않아 중봉은 풀려 돌아올 때 북령(北嶺)4)에 이르러 시를 지었다.

북궐(北闕)에는 임금의 은혜가 무겁고
남쪽 고을에는 어머님 병이 깊구나.
마천령(磨天嶺) 돌아오는 길목에서
감격하여 흐르는 눈물 절로 옷깃을 적시네.

임진왜란 때 의병을 일으켜 적을 토벌하다가 금산(錦山) 싸움에서 죽었다.

趙重峰憲, 宣廟己丑言事謫吉州. 時稱狂妄, 親舊或拒門不見, 惟南窓金玄成, 追贈毛衣, 以詩送行曰 :

一領羊裘寄遠行, 臨風只欲淚沾纓.
湘潭莫續懷沙賦, 重保餘生慰聖明.

未幾重峰放還, 到北嶺有詩曰 :

北闕君恩重, 南州母病深.

---

3) 『회사부(懷沙賦)』: 상담(湘潭)은 중국 호남성의 지명으로 굴원이 참소를 받고 쫓겨나 있던 곳이며, 『懷沙賦』는 굴원이 쫓겨가 있던 때 지은 작품이다. 나라의 장래를 근심하고 임금을 생각하며 고민하던 끝에 이 부를 짓고 물에 빠져 자결하였다고 한다.
4) 북령(北嶺) : 마천령(摩天嶺 : 磨天嶺이라고도 씀)을 가리킨다. 지금 함경북도에 있는 큰 고개로 길주에서 함흥으로 오는 길목에 있다.

磨天有歸路, 感淚自盈襟.

及其壬辰倭變, 起義討賊, 立懂于錦山.

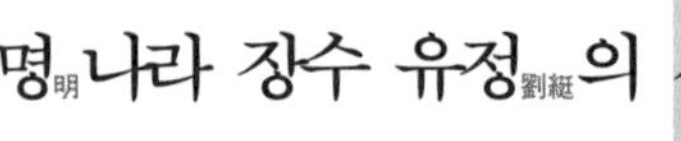

명(明)나라 장수 유정(劉綎)의 시

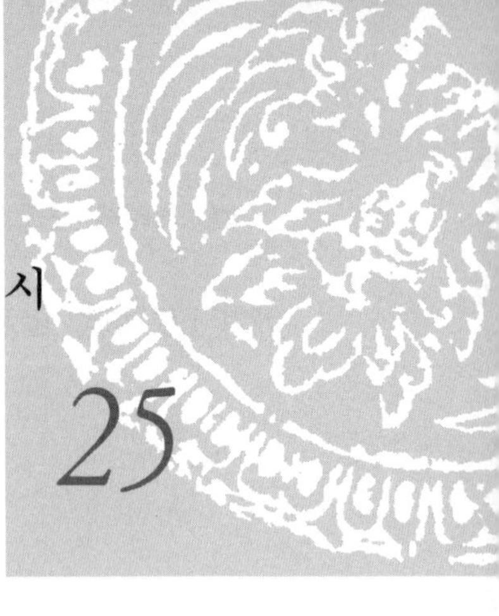

25

명나라 장군 유정(劉綎, ?~1619)[1]은 본래 성(姓)이 공(龔)이며 호광(湖廣)[2] 사람이다. 그는 용감하고 대도(大刀)를 잘 써서 '유대도(劉大刀)'라는 별호를 얻었다. 매양 공적을 아뢸 적이면 호승(好勝)하여 남에게 지려하지 않는 까닭에 부름을 받았다가는 곧 내침을 당하곤 하였다. 그의 휘하에 건아(健兒)와 전마(戰馬)가 많았는데, 한번은 널판을 세워 놓고 먹물을 듬뿍 묻힌 붓으로 여기 저기 뿌려 놓은 다음 모두 각기 화살을 쏘도록 하니 다 먹물이 묻은 곳에 가서 맞았다. 또 전마 수십 필

---

1) 유정(劉綎) : 임진왜란 때 원군으로 온 명나라 장수. 자(字)는 성오(省吾). 『중국인명사전』(商務印書館)에는 강서(江西) 남창인(南昌人)으로 나와 있다. 정유재란(丁酉再亂) 때 부총병(副總兵)으로 사천(四川)의 병사 오천 명을 거느리고 왔으며, 훗날 요동(遼東)에서 후금(後金)과 싸우다가 전사했다.
2) 호광(湖廣) : 중국의 옛 성명(省名). 지금의 호남성(湖南省) 전체와 호북성(湖北省)의 무창(武昌)·흥산현(興山縣) 이남(以南), 광동성(廣東省)의 전백현(電白縣) 이서(以西), 광서성(廣西省)의 하지현(河池縣) 이동(以東)의 지역을 가리킨다.

을 세워 놓고 한 번 구령하니 일제히 전진하였고, 손을 휘두르니 모두 물러나면서 소리치고 뛰는 모양이 진에 임하는 기세 그대로였다. 그는 또한 시도 잘 지어 이 역시 기발하였다. 이런 시가 있다.

　　머리털 잘라 고삐 만들어 전마를 끌고
　　전포(戰袍)를 뜯어 그 실로 깃발을 깁노라.
　　가슴속엔 영웅의 눈물 고여 있으니
　　그 눈물 운람지(雲藍紙)3)에 뿌려 보면 어떨까?

원문 明劉將軍綎, 本姓龔, 湖廣人. 勇敢善用大刀, 稱劉大刀. 每奏功, 以負氣不下人, 故旋報旋廢. 富健兒戰馬. 嘗於板扉, 以墨筆錯落亂點, 抽箭擲之, 皆中墨處. 又出戰馬數十匹, 一呼俱前, 麾之皆却, 嘖鳴跳躍, 作臨陣勢. 又能爲詩, 亦一奇也. 詩云 :

　　剪髮接韁牽戰馬, 折袍抽線補旋旗.
　　胸中多少英雄淚, 灑上雲藍紙不知.

____

3) 운람지(雲藍紙) : 종이 이름. 중국 당나라 단성식(段成式)이 구강(九江)에 있을 때 직접 제조하였다고 한다. 단성식(段成式)이 온정균에게 준 시서(詩序)에 "내가 구강에 있을 때 운람지를 만들어 오십 매를 보내오"라 하였다. 그 시에, "三十六鱗充使時, 數番猶得裏相思"라는 구절이 있다.

상전과 하인으로 가장하고[1] : 정백창(鄭百昌)과 채유후(蔡裕後)

26

 현곡(玄谷) 정백창(鄭百昌, 1588~1635)[2]과 호주(湖洲) 채유후(蔡裕後, 1599~1660)[3]는 장난치기를 좋아하여 한번은 서로 상전과 하인이 되어 송도(松都)로 놀러 갔다. 현곡이 주인 노릇을 하고, 호주가 종이 되어 말을 끌고 가는데, 마침 유수(留守)의 행차를 만났다. 아전이 소리쳐 벽제(辟除)를 하는데 호주가 그 앞을 범해서 지나갔다. 이에 아전이 호주를 붙잡아

---

1) 『滄海詩眼』卷中에도 같은 내용이 나온다. 그런데 이 항목에 나오는 시는 최숙정(崔淑精, 1433~1480)의 『逍遙齋集』卷1, 45a에 「松都懷古」라는 제목으로 실려 있다(秋風匹馬路松山, 訪古行人意未閒. 流水至今鳴澗谷, 浮雲依舊鎖峰巒. 千年城郭斜陽外, 百代衣冠曉夢間. 爲問繁華何處在, 殿臺無主野花斑). 따라서 지은이에 대해서는 좀더 고찰이 필요하다.

2) 정백창(鄭百昌) : 자는 덕여(德餘), 현곡은 그의 호, 본관은 진주(晉州). 광해군 때 문과에 급제하여 인조 때 이조참판, 도승지에 올랐다. 문집으로 『玄谷集』 8卷이 전한다.

3) 채유후(蔡裕後) : 자는 백창(伯昌), 호주는 그의 호, 본관은 평강(平康). 1623년 문과에 급제하여, 인조·효종·현종 3대에 걸쳐 요직을 두루 거쳤으며, 효종대에는 대제학을 오래 지냈다. 술을 매우 좋아하여 술 실수로 인해 여러 차례 탄핵을 받은 바 있으나, 문재(文才)가 뛰어나 중용되었다. 문집으로 『湖洲集』 7卷과 시조 두 수가 전한다.

유수 앞으로 끌고 갔다. 유수가 벌을 내리려고 하는데, 현곡이 나서서 청하기를 "시골의 어리석은 종놈이 동서를 분간 못해 위엄을 범하게 되었습니다. 비옵건대 시를 지어 속죄할 수 있는 기회를 주십시오"라고 하여, 드디어 유수가 운자(韻字)를 부르는데 따라 현곡이 시를 지었다.

> 가을바람에 필마로 송도 가는 길
> 고도(古都)를 찾은 나그네 마음 한가롭지 않네.
> 흐르는 물 지금도 구비 구비 울어 예고
> 흰 구름 예와 같이 산봉우리 잠그었네.
> 천 년의 성곽은 저녁해 너머에 있는데
> 한 시대의 의관(衣冠)은 새벽꿈으로 돌아갔네.
> 슬프다 번화하던 땅 적막하기만 하니

라 하더니, 일부러 머뭇거리며 끝내 마지막 구를 채우지 못하는 것이었다. 유수가 자꾸 독촉을 하자 호주가 끼어들어 말하기를 "제가 매 맞을까 두렵습니다. 어찌

> 궁전은 주인 없어 들꽃으로 얼룩졌네

라고 맺지 않으십니까?"라고 하였다. 유수는 깜짝 놀라 상좌로 맞아들여 이야기를 나누다가, 이들이 현곡과 호주인 줄 알고는 크게 기뻐하며 술을 내어 권커니 자커니 하면서 실컷 즐기다가 파했다.

鄭玄谷百昌·蔡湖洲裕後, 善謔. 嘗互爲奴主, 往松都. 玄谷爲主, 湖洲爲奴, 牽馬而行, 適留守出, 吏呵之, 湖洲直衝而過. 吏遂擁湖洲至前, 留守欲督過, 玄谷遽來請曰 : "鄕曲迷奴, 不知東西, 有觸犯, 乞以詩贖之." 留守遂呼韻, 玄谷應聲曰 :

秋風匹馬崧山路, 訪古行人意未閑.
流水至今鳴澗曲, 白雲依舊鎖峰巒.
千年城郭斜陽外, 一代衣冠曉夢間.
可惜繁華空寂莫,

故遲之, 終不足成. 留守促之甚, 湖洲曰 : "笞可畏也. 何不以

殿垆無主野花斑

結之?" 留守大異之, 邀上座與語, 知爲玄谷・湖洲, 大喜, 擧酒相屬,
盡歡而罷.

이민구_{李敏求}와 채유후_{蔡裕後}

27

채호주(蔡湖洲 : 채유후)가 일찍이 이민구(李敏求, 1589~1670)[1]가 마련한 자리에서 입으로 시(詩) 한 구(句)를 지어 읊기를,

성곽 밖 푸른 산에 석양이 가까운데

라 하고, 취하여 글을 완성하지 못했다. 이에 동주가 보충하여 다음과 같이 완성하였다.

바람 이는 난간에 쓸쓸히 앉았노라.

---

1) 이민구(李敏求) : 자(字)는 자시(子時), 동주(東州)는 그의 호이고 별호는 관해(觀海). 본관은 전주(全州)이며, 지봉(芝峯) 이수광(李睟光)의 아들이다. 1612년에 문과 급제, 벼슬이 예조참판에 이르렀다. 문장에 뛰어나고 시부(詩賦)에 능했을 뿐 아니라, 저술을 좋아해서 평생 쓴 책이 4,000권이 되었으나 병화에 많이 잃어버렸다 한다. 문집으로서『東州集』이 있으며, 그밖에『讀史隨筆』·『諫言龜鑑』·『唐律廣選』등이 전한다.

고귀한 손님 찾는 이 어찌 없으랴
게다가 빼어난 글재주 홀로 문원을 압도하는데.
진나라 도연명(陶淵明)은 소오(嘯傲)하였고[2]
한나라 동방삭(東方朔)은 청광(淸狂)으로 유명했지.[3]
술동이 앞에 두고 시상(詩想) 부족하여 스스로 한스러운데
가을 들어 병이 많아 술잔마저 끊었도다.[4]

이옥(李沃, 1641~1698)[5]이 뒷날 채팽윤(蔡彭胤, 1669~1731)[6]에게 이르기를, "'곽외청산(郭外靑山)'의 모임에서 시를 받아 적은 것은 나였네. 당시 두 어른이 마주 앉아 큰 술잔으로 겨루는데 호협한 기운이 등등하여 그야말로 방약무인이었지. 관해(觀海 : 관해는 동주의 별호−원주)는 기세를 올리고 호주는 양보하는 편인데, 양보하는 것이 비굴하지 않고 기세를 올리는 것이 교만하지 않아서, 선배와 후배 사이의 서로 대하는 태도의 훌륭함이 저와 같았다네"라 말하였다.

蔡湖洲, 嘗於李東州座, 口占一句曰 :

---

2) 진나라~소오(嘯傲)하였고 : 소오(嘯傲)는 세상사에 얽매임이 없이 자연을 즐기는 태도를 가리키는 말. 도연명(陶淵明)의 「飮酒二十首」의 제칠수(第七首)에 "嘯傲東軒下, 聊復得此生"의 구절이 있다.

3) 한나라~유명했지 : 청광(淸狂)은 고상한 삶의 태도가 광태로 나타나는 것을 가리키는 말. 동방삭(東方朔)은 중국 서한(西漢) 문제(文帝) 때의 인물로 문장에 빼어나고 특히 해학을 잘하여 『史記』에서는 그를 「滑稽列傳」에서 다루었다.

4) 李敏求, 『東州先生詩集』 卷13, 8ab에 「蔡伯昌訪南郭寓舍, 口號'郭外靑山已夕陽', 醉未成章, 請余終篇」이란 제목으로 실려 있다.

5) 이옥(李沃) : 자는 문약(文若), 박천(博泉)은 그의 호, 본관은 연안(延安), 이민구의 문인. 1660년 문과에 급제. 허목(許穆)·윤휴(尹鑴) 등과 함께 송시열(宋時烈)을 비판하다가 유배를 가서 기사환국 이후 등용되어 예조참판에 이르렀다. 문집으로 『博泉集』 33卷이 있다.

6) 채팽윤(蔡彭胤) : 자는 중기(仲耆), 희암(希庵)은 그의 호, 본관은 평강(平康), 1689년 문과에 급제하였다. 문집으로 『希庵集』 29卷이 있고, 『昭代風謠』의 편집에 참여한 바 있다.

郭外靑山近^①夕陽, ……

醉不成章. 東州足成曰:

小軒風露坐凄凉.

那無上客能傾盖, 更有高文獨擅場.
晉代淵明堪嘯傲, 漢庭方朔任淸狂.
尊前自恨才情少, 多病新秋廢酒觴.

李博泉, 嘗謂蔡希庵曰: "郭外靑山之會, 相觚尖者我也. 當時二老, 各數大觥, 氣岸軒輊, 傍若無人者, 而海亢湖讓, 讓不爲卑, 亢不爲驕, 前後輩相須之殷, 盖如是."云. (觀海, 東州一號.)

① 近:『東州先生詩集』에는 已로 되어 있다.

윤치_{尹治}의 「가을 풍경_{秋景}」

28

 윤치(尹治)[7]는 해숭위(海嵩尉)[8]의 서손(庶孫)으로, 시를 잘 한다는 명성이 있다. 그의 「가을 경치[秋景]」라는 절구는 시어가 아주 청초(淸楚)하다.

> 오래된 나무 우거진 황량한 강 물소리 멀리 들리는데,
> 밤 깊어 서리 기운 황운(黃雲)[9]에 날리는구나.
> 갈대밭에 찾아온 기러기들 서로 이야기하는 듯하고

---

1) 윤치(尹治): 생몰년이나 사적이 확인되지 않고 있다. 오광운(吳光運, 1689~1745)의 『藥山漫稿』 卷3, 19b에 「題尹治詩卷」이 보이는데 이러하다. "竝世人如隔世聞, 梓桐終古遠風斤. 長安陌上逢何識, 隱隱靑山多白雲."

2) 해숭위(海嵩尉): 윤신지(尹新之, 1582~1657). 자는 중우(仲又), 호는 연초재(燕超齋). 본관은 해평(海平)으로 윤두수(尹斗壽)의 손자. 선조의 딸인 정혜옹주(貞惠翁主)와 결혼하여 해숭위(海嵩尉)에 봉해졌다. 시・서・화에 모두 능하였으며, 저서로는 『玄洲集』・『破睡雜記』가 있고, 시호는 문목(文穆)이다.

3) 황운(黃雲): 곡식이 익어 누렇게 된 모양을 표현한 말이다.

달은 서산에 걸려 반쯤 이지러졌구나.

끝내 과거에 급제를 못하고 죽었다.

尹治海嵩尉之庶孫, 有能詩聲. 其「秋景」一絶, 語頗清楚.

古木荒江響遠聞, 夜深霜氣亂黃雲.
蘆洲客鴈如相語, 月在西峰缺半分.

竟老於場屋.

세상에 주인이 없거늘[1] : 대명처사_{大明處士} 허격_{許格}

29

 허창해(許滄海, 1608?~1688)[2]의 시에,

천하에는 산이 있어 나는 은거할 수 있으나,
세상에는 주인 없는데 그대는 어디로 조회를 가는가?[3]

---

1) 임경(任璟)의 『玄湖瑣談』(시화총림본)에도 그에 관한 일화와 시가 실려 있다.

2) 허창해(許滄海) : 허격(許格). 자는 장춘(長春), 창해는 그의 호, 본관은 양천(陽川). 병자호란 때 의병을 일으키려 하다가 화친했다는 소식을 듣고 통곡하며 시를 읊고는 단양 지방으로 들어가 은둔하였는데 당시 30세였다. 늘『춘추』를 읽으며 청나라의 달력을 보지 않았으며 매년 3월 19일에 명나라 의종 황제에게 분향하고 통곡하였다고 한다. 80여 세에 죽으니 박세채가 그의 명정에 '대명처사(大明處士)'라 쓰게 하였다. 저서로『滄海集』3册이 필사본으로 전한다. 이안눌(李安訥)에게 시를 배워 그 시학을 이어받았다고 한다.『朝鮮王朝實錄』'영조 11년 3월'조에 그에게 3품의 관직을 증직한 사실이 기록되어 있는바, 여기에 나오는 시도 함께 실려 있다(甞贈使燕者詩曰 : "天下有山吾已遯, 域中無帝子誰朝?").

3) 『滄海集』第1册, 1a 및 第2册, 1a에 「自丹丘到東湖, 聞友燕京之行, 吟此贈別於弘濟橋」라는 제목으로 실려 있다. "天下有山吾已遁, 域中無帝爾何朝? 驪歌只奉安行

라 하였으니, 이는 연경(燕京)으로 사신가는 사람을 송별하는 시요

> 두광국(竇廣國)[4]의 어진 인품 끝내 재상 자리에 안 앉았거늘
> 마황후(馬皇后)[5]의 아우가 어찌 권력을 탐했을까보냐?[6]

라 하였으니, 이는 판서 장선징(張善澂)[7]의 죽음을 애도한 시이다.

 許滄海詩曰:

天下有山吾可隱,[1] 域中無主[2]爾何朝?

送人入燕詩也.

竇廣國賢終不相, 馬皇后弟豈專權?

挽張判書善澂詩也.

李, 弘濟橋邊萬里遙."
4) 두광국(竇廣國): 한나라 문제(文帝) 때의 인물. 자(字)는 소군(少君). 두황후의 아우로서 고결한 인품과 검소한 생활로 유명하다.
5) 마황후(馬皇后): 중국 후한(後漢)때의 마원(馬援)의 딸로, 명제(明帝)의 황후가 된 인물. 후궁들을 덕으로 대하고 일가친척을 조정에 들이지 않았다 한다.
6) 『滄海集』第2冊, 53a, 「輓張判書」 총2수 중 제1수: "月波亭上臥神仙, 萬事無心付自然. 竇廣國賢終不相, 馬皇后弟豈專權? 文章家世靑氈業, 論議天衢白日懸. 六十五年元化盡, 千秋更有史臣編." 제2수는 다음과 같다. "江樓落日遠披雲, 二十年前袂幾分? 別路西南重促席, 詞場今古細論文. 風塵物外全神旺, 富貴人間脫世紛. 范蠡五湖舟永繫, 山陵悲甚更吾云."
7) 장선징(張善澂, 1614~1678): 자는 정지(淨之), 호(號)는 두곡(杜谷), 본관은 덕수(德水). 계곡 장유(張維)의 아들로서 그의 누이 동생이 효종(孝宗)의 왕비인 인선왕후(仁宣王后)가 되었다. 왕비의 오빠인데도 벼슬자리를 멀리 했기 때문에 두광국과 마황후의 고사를 인용해서 그의 인품을 표현한 것이다.

① 可隱:『滄海集』에는 已遯으로 되어 있다.
② 主:『滄海集』에는 帝로 되어 있다.

이소한(李昭漢)의 총명함

30

옮김譯 현주(玄洲) 이소한(李昭漢, 1598~1645)[1]은 자가 도장(道章)으로 월사(月沙) 이정귀(李廷龜)의 아들이고 백주(白洲) 이명한(李明漢)의 아우이다. 어려서 말을 배우자마자 문자를 이해했다. 월사가 『한서(漢書)』를 읽는데 그가 무릎 위에 앉아서 그 뜻을 물어보곤 하였으며, 아무리 긴 글이라도 돌아서서 외우는데 하나도 빠뜨린 것이 없어, 당시에 신동(神童)으로 일컬어졌다. 열다섯 살 때에 진사시에 합격했는데 시관(試官)들이 서로 그를 만나보고 싶어 했다. 한 시관이 그에게 방(榜)에 붙일 합격자 명단을 쓰도록 하니 그는 붓을 들어 곧바로 내려 썼다. 그리고 집으로 돌아가 방에 오른 200명을 그 아버지의 이름 및 거주지와 함

---

1) 이소한(李昭漢) : 본관은 연안(延安). 1612년 진사시에 합격하고 1621년 문과에 급제하였다. 1643년 소현세자가 중국 심양(瀋陽)에 볼모로 잡혀갔을 때 보좌관으로 따라가기도 하였다. 진주목사로 재임한 것은 1639~1642년 사이이다. 문집으로 『玄洲集』 7卷이 전한다.

께 모두 외우는 것이었다. 옆에서 본 사람들 모두 깜짝 놀랐다. 그 후 문과에 급제, 청직과 현직을 두루 거쳤다. 한번은 진주목사(晋州牧使)로 나가 주사(舟師)가 서쪽으로 향하는 것을 보고 시를 지었는데 이러하다.

　　뱃노래에 놀란 마음 차마 듣지 못하고,
　　머리 돌려 물끄러미 저녁 놀 바라보노라.
　　돌아와서 눈물 훔치며 유집(遺集)을 살펴보니
　　반너머 선왕(先王) 때의 사대문자(事大文字)로구나.[2]

李玄洲昭漢, 字道章, 月沙之子, 白洲之弟. 學語便曉文字, 月沙讀『漢書』, 公在膝上, 請其義, 雖大篇, 背念無遺, 時稱神童. 十五中進士, 考官爭欲一見, 俾書草榜, 公揮筆立盡. 旣歸, 口誦一榜二百人, 幷其父名居住, 見者皆驚. 及登第, 歷敭淸顯. 嘗爲晋州, 見舟師西向, 有詩曰：

　　棹曲驚心不忍聞, 回頭脈脈向彤雲.
　　歸來掩淚看遺集, 半是先朝事大文.

---

2)『玄州集』卷2에「還衙懷惡, 又吟一絶, 錄奉舍伯, 俾替示東淮都尉許, 想應覽此, 均爲兩家子弟之感也」라는 제목으로 실려 있으며, 그 밑에 이명한과 신익성(申翊聖)의 차운시가 실려 있다. 이 시는 이소한의 대표작 중 하나로, 송시열(宋時烈)이 지은「玄州李公神道碑銘幷序」(『宋子大全』卷167, 22b)에도 인용되어 있다. 본문에서 주사(舟師)가 서쪽으로 갔다는 것은 1637(인조 15)년 청(淸)나라에 항복한 조선이 1640년 그들의 요구에 따라 명(明)나라를 치기 위한 응원군을 보낸 것을 말한다. 그런데 이소한의 부친인 이정귀는 명나라와의 외교에서 많은 공을 세웠으며, 당대 문장가로 이름 높았기 때문에, 그의 문집인 『月沙集』에는 명나라에 보낸 글이 상당히 많이 실려 있다. 그래서 더욱 당시의 상황을 가슴 아파한 것이다.

이식李植이 임종 때 지은 시

31

 택당(澤堂) 이식(李植, 1584~1647)[1]은 타고난 성품이 고명(高明)하여 저절로 도에 가까워 약관의 나이에 벌써 이취(理趣)에 통달하였다. 그는 시를 지음에 온유돈후(溫柔敦厚)[2]를 위주로 하고 치우치거나 어렵고 괴상한 것에 대해서는 외도(外道)처럼 여겨 배척했다. 젊은 시절에 지은 절구 한 수가 있는데 이러하다.

　　물(物)은 정경(情境)에 따라 느낌이 통하나니

---

1) 이식(李植) : 자는 여고(汝固), 택당(澤堂)은 그의 호, 본관은 덕수(德水). 1610년 문과에 급제, 벼슬은 대사헌을 거쳐 이조판서에 이르렀다. 1646년 별시관(別試官)으로 출제하였는데 시제(詩題)에 역의(逆意)가 있다 하여 삭탈관직을 당한 일이 있었다. 당대의 문장가로 명성이 높아 월사 이정귀, 상촌 신흠, 계곡 장유와 함께 '월상계택(月象谿澤)'이란 칭호를 얻은 바 있으며, 후세에 '여한십가(麗韓十家)'의 한 사람으로 뽑혔다. 문집으로 『澤堂集』 34卷 17冊이 전한다.

2) 온유돈후(溫柔敦厚) : 한시에 있어서 마땅히 취해야 할 방향을 온유돈후라는 네 가지로 규정하고 있는바, 『禮記』 「經解」편에 '溫柔敦厚, 詩敎也'라는 구절이 있다.

신묘한 마음의 근원은 응함이 무궁하여라.
정중동(靜中動)의 뜻을 알고자 할진댄
문 닫고 하루 종일 솔바람소리 들어보라.3)

임종에 다다라서 칠언율시를 지었는데 이러하다.

지나온 세월이 예순네 해인데
호시(弧矢)4)의 생애 괴로움이 끝이 없었지.
문장의 헛된 명성 끝내 화를 불렀고
좋은 벼슬 공적 없이 받은 국록 매양 부끄러웠을 뿐.
눈은 천지 사이의 무궁한 일을 살피고
마음은 군민(君民)의 다함 없는 시름을 안았노라.
구원(九原)5)으로 돌아가면 모든 생각 끊어져도
푸른 산은 변함없고 물은 동으로 흐르리라.6)

 澤堂李判書植, 稟質高明, 自然近道, 年甫弱冠, 洞究理趣. 其
爲詩, 以溫柔敦厚爲主, 其或頗僻險怪者, 以爲外道而斥絶之.
少時嘗作一絶曰 :

物緣情境感能通, 神妙心源應不窮.
欲識靜中含動意, 閉門終日聽松風.

---

3) 이 시는 이식이 19세에 지은 것으로, 『澤堂集』卷1, 1a에 「題座壁」이라는 제목으로
실려 있다.
4) 호시(弧矢) : 옛날에 사내아이가 태어나면 뽕나무 활에 쑥대 화살로 사방에 쏘는 풍
속이 있었다. 이는 남아의 진취적인 활동을 기대한 것이라 한다. 『禮記』「內則」에 이
에 대한 기록이 있다.
5) 구원(九原) : 전국시대 진(晉)의 경대부(卿大夫)의 묘지를 이르는 말이었는데, 바뀌어
'무덤' 또는 '저승길'을 가리키게 되었다.
6) 이 시는 1647년 이식이 임종에 임해 입으로 부른 것을 받아 적은 것으로, 『澤堂集』
「續集」卷6, 32b에 「五月十九日口占代筆」이라는 제목으로 실려 있다.

其臨終賦七律曰：

行年六十四春秋, 弧矢生涯苦未休.
文字虛名終速禍, 淸班素廩每包羞.
眼看天地無窮事, 心抱君民不盡愁.
便入九原無一念, 碧山長在水東流.

요절한 시인 최전_{崔澱}

32

최전(崔澱, 1567~1588)[1]은 호를 양포(楊浦)라 하였으며 어려서 신동이라 일컬어졌다. 그의 시에는 세속에서 고기반찬에 밥 먹으며 살아가는 속기(俗氣)라곤 조금도 찾아볼 수 없었다. 젊은 시절에 한번은 홑적삼에 복건을 쓰고 경포대(鏡浦臺)에 올라 기둥에 기대어 읊조리는데, 피부는 눈처럼 희고 두 눈은 하늘의 별과 같고 정신은 투명하여 맑은 가을물 같았다. 문득 절구 한 편을 벽에다 크게 쓰는 것이었다.[2]

---

1) 최전(崔澱) : 자는 언침(彦沈), 본관은 해주(海州). 어려서 율곡(栗谷) 이이(李珥)의 문하에 들어가 수학했으며 뒤에 윤근수(尹根壽)에게도 지도를 받은 바 있다. 18세에 진사시에 합격하고 곧 요절하였다. 시집 『楊浦遺藁』 1冊을 남겼는데, 시는 물론 서화(書畫)에도 조예가 깊었다. 그의 아들 유해(有海)가 중국 등주(登州)에 갔을 때 유고를 중국 사람에게 주어 중국에서 문집이 간행된 바 있으며, 『明詩綜』, 『御選宋金元明四朝詩』 등에도 작품이 실려 있고, 『佩文齋書畫譜』와 『六藝之一錄』 등에도 그의 그림에 관한 기록이 있다. 이서구(李書九)는 『薑山筆豸』에서 그에 관한 중국측 기록의 잘못을 바로잡기도 하였다.

2) 최전의 『楊浦遺藁』 卷1, 10ab에 「題鏡浦二首」란 제목으로 실려 있다. 여기 실린 일

봉래산 한번 들어가 삼천 년이 흘렀는데
망망한 은해(銀海) 물은 맑고도 맑아라.
난새 타고 생황 불며 홀로 날아오니
벽도화(碧桃花) 아래 아무도 뵈지 않네.

또 다음과 같이 썼다.

어디로 조원(朝元)³⁾ 가서 한번 가고 안 오는가?
아득한 옥동(玉洞)에는 복숭아 천 그루.
달 밝은 요대(瑤臺)에서 하릴없이 잠 못 이루나니
만리(萬里) 천풍(天風)에 향기는 여기에도 가득하네.

시를 다 쓰자 옷을 털고 떠나가는데 누구에게도 자기 성명을 말하지
않았다. 이 광경을 목도한 사람이 해상(海上)의 진선(眞仙)인가 생각하고
뒤를 따라가 보았더니 최전 그 사람이었다.

원문 崔澱, 號楊浦, 幼有神童之稱. 其詩無一煙火葷血氣. 妙齡以輕
衫幅巾, 登鏡浦臺, 倚柱而吟, 肌膚若氷雪, 目若明星, 神精淸
澈, 若淥水之涵秋也. 忽大書一絶于壁曰:

蓬壺一入三千年, 銀海茫茫水淸淺.
鸞笙①今日獨飛來, 碧桃花下無人見.

화와 시는 조선 중기 이래로 널리 알려지고 일컬어졌던 것으로 보이며,『明詩綜』卷94
에도 실려 있다. 그런데 이익(李瀷)은『星湖僿說』卷30에서 첫 번째 시는 송(宋)나라
위야(魏野)의 "尋眞誤入蓬萊島, 香風不動松花老. 採芝何處未歸來? 白雲滿池無人掃"
(『古今事文類聚』「別集」卷27 등에「尋隱者不遇」라는 제목으로 실려 있음)를 거의 날
로 벗겨서 생으로 삼킨 것[活剝生呑]이라 다소 심하게 비판한 바 있다.
3) 조원(朝元): 도교를 믿는 사람들이 아침에 노자(老子)에게 예를 올리는 것을 말한다.
당(唐) 백거이(白居易)의「尋郭道士不遇」라는 시에, "郡中乞假來相訪, 洞裏朝元去不
逢"이란 구절이 있다.

又曰:

朝元何處去不歸,②　玉洞杳杳③桃千樹.
瑤壇明月閑④無眠,　萬里天風香滿浦.

書訖拂衣去, 不向人說姓名. 見之者, 疑其爲海上眞仙, 跡而訪之則
崔灝也.

　①鸞笙:『楊浦遺藁』에는 驂鸞으로 되어 있다.
　②歸:『楊浦遺藁』에는 知로 되어 있다.
　③杳杳:『楊浦遺藁』에는 渺渺로 되어 있다.
　④閑:『楊浦遺藁』에는 寒으로 되어 있다.

임제(林悌)의 호쾌한 시

33

임제(林悌, 1549~1587)[1]는 호를 백호(白湖)라 하였으며 나주(羅州) 사람이다. 시가 빼어나고 노래도 잘 불러 풍류가 호쾌하였다. 젊어서 평사(評事)로 북쪽 변경으로 부임한 일이 있었는데 그곳 사람들이 그의 풍류를 좋아하여 오래도록 잊지 못했다. 후일 백호가 병이 위중하였는데 마침 한 친구가 경성(鏡城) 판관(判官)으로 부임하면서 찾아와 작별 인사를 하며 "내가 자네 시를 얻어 북도 기생들에게 부르도록

---

1) 임제(林悌, 1549~1587) : 자는 자순(子順), 본관은 나주(羅州). 백호(白湖)는 그의 여러 호 중에서 가장 널리 알려진 것이다. 대곡(大谷) 성운(成運, 1497~1579)의 문인이다. 선조 10년(1577) 문과에 급제하여 벼슬이 평안도도사(平安道都事)에 이르렀다. 성정이 호탕하고 시문에 능하여, 백광훈(白光勳) · 이달(李達) · 양대박(梁大樸) 등과 수창한 시가 『용성수창집(龍城酬唱集)』으로 엮어지기도 하였으며, 「화사(花史)」과 「서옥설(鼠獄說)」과 같은 문학사에서 주목받는 산문을 남기기도 하였다. 문집으로 『임백호집(林白湖集)』 · 『백호선생문집(白湖先生文集)』 등이 간행되었으며, 최근에 남아 있는 저작을 모두 모아 신호열 · 임형택이 번역한 『역주 백호전집(譯註 白湖全集)』(창작과비평사, 1997)이 출판되었다.

하려 했는데, 지금 자네가 병이 들었으니 할 수 없구먼"이라고 말하였
다. 이에 백호는 사람을 시켜 자기 몸을 부축해 일으키도록 하고 시 한
수를 입으로 부르는 것이었다.

> 원수대(元帥臺)2) 앞바다는 하늘과 맞닿는데
> 나도 일찍 글과 칼로 융단 위에 취했었네.
> 음산(陰山)3)이라 팔월에도 흰 눈이 날려
> 때로는 바람 타고 춤추는 곳에 떨어졌네.4)

임종에 다다라 지은 시인데도 여전히 기세가 늠름하여 호방한 것이
이와 같았다.

원
문 林悌, 號白湖, 羅州人也. 能詩善歌, 風流豪爽. 少以評事赴北
幕, 北人愛其風采, 久而不忘. 後白湖病亟, 友人有以鏡城判
官將赴任, 就別曰; "吾欲得君詩, 使北妓歌之. 今子病矣, 奈何?" 白湖
聞, 輒倩人扶起, 口呼一詩曰：

> 元帥臺前海接天, 曾將書劍醉戎氈.
> 陰山八月恒飛雪, 時逐長風落舞筵.

臨死之作, 猶復凌厲豪健如此.

---

2) 원수대(元帥臺)：『新增東國輿地勝覽』「鏡城都護府」의 '山川'조에 "원수대는 경성
   부의 남쪽 8리에 있는데 앞면이 바다에 다다라 있다"고 하였다.
3) 음산(陰山)：중국의 내몽고 지역에 있는 산맥 이름. 여기서는 변경의 황량하고 적군
   이 출몰하는 분위기를 표현하고 있다.
4) 『白湖集』卷3, 1b에 「送黃景潤爲鏡城判官(名粲)」이라는 제목으로 실려 있다. 이로
   보아 경성 판관으로 나간 사람이 황찬(黃粲, 1555~?)임을 알 수 있다. 황찬의 자는 경윤
   (景潤), 본관은 창원으로, 1580년 알성시(謁聖試)에 급제했고 벼슬은 부사에 이르렀다.

남용익南龍翼의 누에를 읊은 시

34

호곡(壺谷) 남용익(南龍翼, 1628~1692)[1]은 시재(詩才)가 출중했다. 하루는 어떤 어른이 누에에 관한 시를 지어 보라하고 운을 부르자, 즉시 그에 응하여 시를 지었다.

애벌레 때는 검은 입이 푸른 잎사귀에 파고들고
자라서는 누런 배를 끌고 섶으로 오른다네.
저의 참모습 잃어버리고 나방으로 변하니
장자(莊子)의 꿈속에 들어갔는가 싶어라.[2]

---

1) 남용익(南龍翼) : 자는 운경(雲卿), 본관은 의령. 1648년 문과에 급제, 삼사 등을 거쳐 형조판서, 예문관제학 등 청화직을 두루 역임하였다. 1689년 장소의(張昭儀)가 희빈(禧嬪)으로 책봉되는 데 반대하다가 함경도 명천(明川)에 귀양을 갔고 3년 뒤 그곳에서 죽었다. 문장과 글씨로 이름이 있었으며, 우리나라의 시선집인 『箕雅』를 엮었고, 『壺谷集』 18卷이 전한다.

2) 『壺谷集』 卷1, 1a에 「觀養蠶」(兒時作)이라는 제목으로 실려 있는데, 전체 시는 다음과 같다. "天虫生後懿筐提, 始未盈盤漸滿閨. 稺引黑脣迎綠葉, 老拖黃腹上靑梯. 相

그 어른은 대단히 찬탄하며 이르기를 "이 아이는 필시 일찍 발신(發
身)하여 나중에 대성할 것인데, 최고의 지위에 오를 것이다. 다만 마지막
구절로 미루어 부귀(富貴)를 끝까지 누리지는 못할 듯하다"고 하였다.

그 후 호곡은 과연 21세에 급제하여 화직(華職)과 현직(顯職)을 두루
거쳐서 노경(老境)에 가서 예조판서·이조판서에 오르고, 판의금부사 및
문형(文衡)을 지냈으나, 끝내는 북쪽 변방으로 귀양가서 유배지에서 생
애를 마쳤다.

 壺谷南尙書龍翼, 詩才出人. 一日, 長老命作蚕詩, 呼韻, 輒對
曰 :

稚引黑脣迎綠葉, 老拖黃腹上靑梯.
失却眞形仍化蝶, 更擬莊叟夢魂迷.

長老極賞之曰 : "此兒必早發而晚成, 位登極品. 但其結語, 恐難終保
富貴矣." 其後公二十一登第, 歷敭華顯. 旣老, 遂歷宗伯·冢宰, 至判
金吾, 典文衡, 而竟竄北塞, 卒於謫中.

侵稍稍如攻魏, 三宿遲遲若去齊. 失却眞形仍化蝶, 更疑莊叟夢魂迷."

이서우_{李瑞雨}의 난해시_{難解詩}

하계(霞溪) 권유(權愈, 1633~1704)[1]는 글짓기에 있어 난삽(難澁)한 것을 좋아하였다. 언젠가 송곡(松谷) 이서우(李瑞雨, 1633~1709)[2]에게 편지를 보냈는데, 송곡은 아무리 읽어도 구두를 뗄 수 없었다. 이에 「병아리를 읊음[詠雛]」이란 시를 지어 하계에게 보냈다.

窠上初聞鷄　　병아리 알에서 깨어나는 소리 처음 들리니
籠中不識喌　　어리 속에서 주주 부르는 소리도 못 알아듣네.
兒將觜蛻脫　　부리가 곧 벗겨지려 하는데
我愛氄綿柔　　나는 솜털의 보송보송함을 좋아한다네.

---

1) 권유(權愈) : 자는 퇴보(退甫), 호는 하곡(霞谷)·하계(霞溪), 본관은 안동(安東). 현종 때 문과에 급제, 기사환국(己巳換局)으로 남인(南人)이 집권하자 대제학(大提學)에 올랐다. 조선왕조 역대 왕들의 시문집인 『列聖御製』 편찬에 참여한 바 있다.

2) 이서우(李瑞雨) : 자는 윤보(潤甫), 송곡(松谷)은 그의 호 본관은 우계(羽溪). 현종 때 문과에 급제, 인도 반정 뒤 대북 출신으로서는 처음으로 청직에 올랐으며, 숙종 때 벼슬이 예문관제학에 이르렀다. 문집으로 『松坡集』이 전한다.

夜嗅鼩堪怕　　밤이면 쥐가 냄새 맡을까 두렵고
朝窺鵋可愁　　아침엔 부엉이가 노릴까 근심이라네.
何嘗作鶤株　　어느 때나 싸움닭의 모갑이 되어
聲價擅羊溝　　투계장(鬪鷄場)에서 명성을 날릴 건가?[3]

　　이 시 또한 찰달홍휴(札闥洪休)[4]와 같은 부류이다. '健(런)'은 뜻이 병아리이며, '鷩'은 음이 '철(輟)'로 병아리가 처음 알에서 깨나는 소리요, '咮'는 음이 '주(州)'이며 닭을 부르는 소리이다. '觜'는 음이 '취(醉)'인데 새의 부리로 '嘴'자와 같은 글자이며, '鼩'은 음이 '정(精)'으로 뜻은 작은 쥐이고, '鵋'는 음이 '기(忌)'이며 뜻은 부엉이이다. '鶤(곤)'은 『이아(爾雅)』에 이르기를 "삼척(三尺)되는 닭을 '鶤'이라 한다"고 하였다. 『사문유취(事文類聚)』에 "장자(莊子)가 혜자(惠子)에게 말하기를 '양구(羊溝)의 닭은 세 살이면 주(株)가 된다'고 하였다"는 문장에 주(註)를 붙여 "양구(羊溝)는 투계하는 장소를 가리키고, '주(株)'는 우두머리를 가리킨다"고 하였다.[5] 고시(古詩)에 "陽溝競出籠(양구에서 다투어 어리를 꺼내어 놓네)"란 구절이 있으니, 그러고 보면 '羊溝'는 '陽溝'로도 쓰는 것이다.

---

3) 『松坡集』(尊經閣 所藏本) 卷4, 14b~15a에 「賦健」(未成鷄)란 제목으로 실려 있는데, 시 주변에 『삼명시화』에 실린 작품 해설과 같은 내용의 주석이 실려 있다.
4) 찰달홍휴(札闥洪休): 난삽한 글을 일컫는 말. 『宋稗類鈔』「文苑」에 이런 이야기가 실려 있다. "송경문이 당사를 편찬할 적에 난삽한 구절을 좋아하였다. 이에 구양수가 그를 풍자해주려고 생각하다가 어느 날 벽에다 크게 '宵寐非禎, 札闥洪休'라고 써놓았다. 송경문이 이 글귀를 보고서 "夜夢不祥, 題門大吉(밤 꿈이 상서롭지 않아서 문에다 대길이라 써 붙이노라)'이란 말이 아닌가! 어찌 굳이 기이함을 추구하여 이같이 쓴단 말인가?'라고 하였다[宋景文修唐史, 好以艱深之句, 歐公思所以諷之. 一日大書其壁曰: '宵寐非禎, 札闥洪休.' 宋見之曰: '非夜夢不祥, 題門大吉耶? 何必求異如此?']."
5) 『사문유취(事文類聚)』에~하였다: 『事文類聚』「狸膏塗頭」조에 "莊子謂惠子曰: '羊溝之鷄, 三歲爲株. 相者視之, 則非良鷄也. 然而數以勝人者, 以狸膏塗其頭'"라 했고, 羊溝 밑에 '鬪鷄處', 株 밑에 '魁帥也'라는 주석을 각각 달아 두었다. 이 구절은 현재 전하는 『莊子』에는 나오지 않고 『太平御覽』, 『困學紀聞』 등의 문헌에 『莊子』의 逸篇으로 전한다.

權霞溪愈, 爲文尙艱澁. 嘗貽書李松谷瑞雨, 松谷讀之不能句, 乃爲「詠健」詩寄之曰:

窠上初聞谿,[1] 籠中不識冑.
兒將觜蛻脫, 我愛毳綿柔.
夜嗅鼱堪怕, 朝窺鶍可愁.
何嘗作鵰株,[2] 聲價擅羊溝.

盖亦札闥洪休之類也. 健鷄兒也. 谿[3]音輟,[4] 鷄兒出殼聲也. 冑音州, 呼鷄≪聲≫[5]也. 觜音醉, 鳥喙也, 與觜同. 鼱音精, 小鼠也. 鶍音忌, 鵂鶹[6]也. 鵰, 『爾雅』: "鷄三尺曰鵰" 『事文類聚』: "莊子謂惠子曰: '羊溝之鷄, 三歲爲株.[7]'" 註: "羊溝, 鬪鷄處. 株,[8] 魁帥也." 古詩曰: "陽溝競出籠" 然則羊溝或作陽溝也.

① 谿: 원문에는 籏로 되어 있으나, 『松坡集』과 『康熙字典』에 의거하여 고쳤다.
② 株: 원문과 『松坡集』에는 모두 秼로 되어 있으나 『松坡集』의 주와 『事文類聚』에 의거하여 바로잡았다.
③ ①과 같다.
④ 輟: 원문에는 淑으로 되어 있으나, 『松坡集』에 의거하여 바로잡았다.
⑤ ≪ ≫ 안은 『松坡集』의 주에서 보입한 것이다.
⑥ 鵂鶹: 『松坡集』의 주에는 角鴟로 되어 있다.
⑦ 株: 원문에는 秼로 되어 있으나 『松坡集』의 주와 『事文類聚』에 의거해 바로잡았다.
⑧ ⑦과 같다.

 채희암(蔡希庵 : 채팽윤)은 일찍이 농암(農巖) 김창협(金昌協, 1651~1708)[1]의 시를 경시하면서 단지

물가의 반딧불은 깜박깜박 날고,
마을의 개는 왕왕 짖누나.[2]

라는 한 구절만 좋다고 일컬었다.

---

1) 김창협(金昌協) : 자는 중화(仲和), 농암은 그의 호, 본관은 안동으로 김상헌(金尙憲)의 손자. 1682년 문과에 급제하여 대사간 등을 역임하였으나, 1689년 기사환국으로 아버지 김수항(金壽恒)이 사사되자 은거하여 이후 대제학, 예조판서 등의 직책이 제수되었으나 다시 출사하지 않고 학문에 전념하였으며, 문학으로도 이름이 높았다. 저서로 『農巖集』과 『論語詳說』, 『朱子大全箚疑問目』 등이 전한다.
2) 『農巖集』 卷3, 21ab에 실린 「八月十五, 挐舟溯江, 凡行數十里, 乃泊岸, 夜已過半矣」 4수 가운데 셋째 수의 함련으로, 전문은 다음과 같다. "川路如無際, 宵征意易傷. 水螢飛忽忽, 村犬吠荒荒. 撓幔波兼月, 霑衣露欲霜. 凄寒賴多酒, 艙底數呼觴."

蔡希庵嘗輕視農岩之詩, 但稱

水螢飛忽忽, 村犬吠荒荒.

一句云.

오상렴吳尙濂에 대한 이서우李瑞雨의 평

37

 오유청(吳幼淸)[1]은 타고난 재주가 빼어났다. 이웃의 한 친구가 찾아와서 "내일 서울로 가서 송곡(松谷 : 이서우)을 찾아뵙겠다"고 말하니, 오유청은 "송곡이 오언율시를 나에게 써 보내고 근래 지은 것을 보고 싶다고 하셨는데 보낼 만한 것이 없다"라 하고 등불 아래에서 『당시품휘(唐詩品彙)』를 꺼내 놓고 악부(樂府)의 제목 서른 수를 써 놓은 다음 거기에 맞추어 하룻밤 사이에 모두 지었다.[2] 그리고 송곡의 시

---

1) 오유청(吳幼淸) : 오상렴(吳尙濂, 1680~1707). 유청은 그의 자, 호는 연초재(燕超齋), 본관 동복(同福). 묵재(默齋) 오백령(吳百齡)의 현손(玄孫)이고, 판관(判官)을 지낸 오시적(吳始績)의 아들이다. 진사(進士)에 합격하고 시를 잘해 채팽윤(蔡彭胤)·이수대(李遂大)와 함께 삼문장(三文章)으로 일컬어졌으나, 28세의 이른 나이에 죽었다. 문집으로 『燕超齋遺稿』 5卷 2冊이 전한다. 오상렴에 대해서는 夫裕燮, 「燕超齋 吳尙濂의 생애와 시세계」, 『韓國漢詩硏究』 9, 韓國漢詩學會, 2001이 특히 자세하다.

2) 『燕超齋遺稿』(筆寫本), 58a~62b에 「明妃怨」부터 「遊仙詞」까지 30수의 의고악부가 실려 있는데, 여기서 단숨에 썼다는 작품들은 바로 이 작품들을 가리키는 것으로 보인다. 『燕超齋遺稿』(活字本) 권2에도 이 시들이 선록(選錄)되어 있다. 또 「56. 오상렴(吳

에 차운(次韻)하여 2수를 덧붙여서 도합 서른두 편을 봉하여 그 친구에게 맡겼다. 송곡이 그것을 받아 살펴본 다음 평하기를 "목왕(穆王)의 수레를 끌고 내닫는 서른두 말발굽은 어느 것 하나 없이 바람 소리를 일으키도다.[3] 그 중에서도

> 봄빛은 일급(日及)에서 시들고
> 가을 기운은 소행(宵行)에서 움직이누나.[4]

의 구절은 특히 정묘함이 이를 데 없다"고 하였다. '일급(日及)'은 무궁화를 가리키는데 아침에 피었다가 저녁에 시들며 '소행(宵行)'은 반딧불을 가리킨다. 이 구절의 대우가 더없이 교묘하다. 그리고 다시 율시 하나를 짓는 것이었다.

> 천문의 규벽(奎璧)[5]은 동방의 별자리라
> 앞서는 고운(孤雲)이, 뒤에는 목은(牧隱)이 나왔도다.
> 당나라에 사입(絲入)[6]하여 건필(健筆)로 일컬음을 받았고
> 동해에 의발(衣鉢)이 전해져[7] 웅풍(雄風)을 떨쳤도다.

尙濂)의 신어(神語)」에 「明妃怨」·「隴頭水」·「巫山高」·「採蓮曲」이 수록되어 있다.
3) 목왕(穆王)의~일으키도다 : 서주(西周)의 왕. 『列子』에, 목왕이 적기(赤驥)·도려(盜驪)·백의(白義)·유륜(踰輪)·산자(山子)·거황(渠黃)·화류(華騮)·녹이(綠耳)의 팔준마가 끄는 수레를 타고 곤륜(崑崙)에 올라 요지(瑤池)에서 서왕모(西王母)를 만나는 이야기가 나온다. 여기서 말한 서른두 말발굽은 곧 팔준마를 비유한 것이기도 하지만, 궁극적으로는 오상렴이 보낸 서른두 편의 시를 일컫기 위해 사용되었다.
4) 『燕超齋遺稿』(筆寫本), 61b, 「望行人」의 함련이다. 전편은 다음과 같다. "蕩子歸何晚? 閨人怨未平. 春容凋日及, 秋氣動宵行. 鵲語原難準, 蛛絲漫自索. 猶憑前夜夢, 竟暮倚簾旌."
5) 규벽(奎璧) : 고대의 천문학에서 28수의 하나. 이 규벽은 문장을 주관하는 것으로 여겨졌다. 규장각(奎章閣)의 '규(奎)'도 여기에서 유래한 것이다.
6) 사입(絲入) : 고운 최치원은 12세의 나이에 당나라에 유학을 갔다가 그곳에서 문장을 이루고 출세를 한 다음 28세에 고국으로 돌아왔는데, 처음 유학을 갈 때를 그 스스로 '사입(絲入)'이라고 표현하고 돌아올 때를 '금의'로 표현한 바 있다. 사(絲)는 재목이 이루어지기 전의 상태를 뜻하는 것이다. 앞의 「1. 최치원(崔致遠)이 해인사(海印寺) 입구에 남긴 시」참조.
7) 의발(衣鉢)이 전해져 : 의발은 본래 옷과 밥그릇을 뜻하는 말인데, 불가에서 스승이

세밑의 쌀쌀한 날 외로이 읊조리나니
물 멀고 산 아득하여 아무도 안 보였는데,
홀연 한 소년이 부르는 옛 가락을 들으니
초가집 외론 등불 아래 뜻이 무궁하여라.8)

 吳幼淸天才卓絶. 隣有一友來言 : “明日將入京, 欲見松谷.” 幼淸曰 : “松谷書寄五律, 欲見近作, 而無可道者.” 燈下拈出『唐詩品彙』, 列書樂府題三十首, 一夜盡就, 并次松谷詩二首, 以三十二篇, 封付其人. 松谷覽之, 批云 : “穆王車前三十二蹄, 無非追風之足. 其中

春容凋日及, 秋氣動宵行.

之句, 尤難其精工.” 盖日及, 槿花也, 朝開夕零. 宵行, 螢火也, 對偶甚工. 仍贈一律云 :

天文奎璧亦吾東, 前有孤雲牧後同.
絲入晚唐推健筆, 鉢傳滄海擅①雄風.
天寒歲暮孤吟裏, 水遠山長極目中.
忽聽少年歌古調, 一燈茅屋意無窮.

① 擅 : 『松坡集』(연세대본)에는 仰으로 되어 있다.

수제자에게 자기의 의발을 넘겨주는 관행이 있어, 도통(道統)을 전수함을 일컫게 되었다. 여기서는 이색이 원나라에 가서 과거에 급제했을 때 당시 원의 응봉한림(應奉翰林)이었던 구양현(歐陽玄)이 “나의 의발이 마땅히 해외로 나가 그대에게 전해질 것이다”라 한 사실을 가리킨다. 『惺叟詩話』에, “文靖入元中制科, 應奉翰林歐陽圭齋玄·虞道園集輩, 皆推奬之. 圭齋歎曰 : “吾衣鉢, 當從海外傳之於君也!” …… 公嘗作詩曰 : “衣鉢當從海外傳, 圭齋一語尙琅然, 近來物價俱翔貴, 獨我文章不直錢”라 하였다.
8) 『松坡集』(연세대 소장본) 卷8, 29a에 「又爲七律以贈」이라는 제목으로 실려 있은데, 바로 앞에 「吳判官(始績)率其子尙濂來訪, 濂大有文才, 爲詩以贈」이라는 시가 실려 있어, 본래는 오상렴의 아버지인 오시적이 아들을 데리고 이서우를 찾아갔을 때 지어 준 시라는 것을 알 수 있다. 앞 시의 전문은 다음과 같다. “故人昔在東, 豈知今夜同? 跋馬來幽谷, 携壺見古風. 孤燈矮屋底, 明月亂山中. 鳳瑟將雛曲, 田翁敢恨窮?”

이태서_{李台瑞}의 경구_{警句}

옮김譯 이태서(李台瑞, 1614~1680)[1]는 시문이 한 시기에 으뜸이었다. 그러나 그의 사람됨이 경박하여 조심스럽지 못한데다 폐족(廢族)이라 과거에 급제한 뒤에도 등용이 되지 못하고 불우한 처지로 있었다. 정승 홍명하(洪命夏)[2]가 이조판서로 있었을 때, 그를 예조의 낭관으로 수망(首望)을 하고자 했다. 전랑(銓郎)이 이에 따르려고 하지 않으니, 홍정승은 웃으며 "이 사람이 북경에 가는 사람을 작별해 보내는 시에서

천하가 오래도록 진(秦)[3]을 받들게 된 이후로

---

1) 이태서(李台瑞) : 자는 공현(公鉉), 본관은 성주(星州). 1635년 생원시에 합격, 1645년 별시 문과에 급제. 벼슬은 사예에 그쳤다.
2) 홍명하(洪命夏, 1607~1667) : 자는 대이(大而), 호는 기천(沂川), 본관은 남양(南陽). 1644년 문과에 급제, 판서를 거쳐 영의정에 이르렀다. 저서로 『沂川集』이 있으며 시호는 문간(文簡)이다.
3) 진(秦) : 진시황(秦始皇)의 진나라를 가리키는데, 폭력으로 천하를 지배했다는 뜻에서 중국 대륙을 청나라가 지배하게 된 현실을 비유한 것이다.

동해의 파신(波臣)⁴⁾은 몇 번이나 나루를 물었던가?⁵⁾
압록강은 남북의 한계를 짓지 못하는지
해마다 동지에 사행(使行)을 전송하누나.

라고 했는데, 이와 같은 시를 지은 사람이 이 벼슬자리를 맡지 못할 것
인가?"라고 말하여 드디어 그가 예조 낭관이 되었다. 그의 시에

달빛은 가을 들어 물빛과 같은데
강물 소리 밤이 되자 하늘로 오르누나.

는 구절 또한 경구(警句)로 일컬을 만하다.

 李台瑞, 詩文冠絶一時, 但其爲人輕薄無行, 且以廢族, 登第
後, 落拓不調. 洪相國命夏, 掌銓時, 首擬禮郎, 銓郎不肯從,
洪公笑曰 : "此人送人入燕曰 :

自從天下久尊秦, 東海波臣幾問津.
鴨綠不爲南北限, 每年冬至送行人.

作如此詩, 不能做此官乎." 遂爲禮郎. 其

月色秋如水, 江聲夜上天.

亦稱警句.

---

4) 동해의 파신(波臣):『莊子』「外物」편에 나오는 말.『莊子』에서 수레바퀴 자국에 고
   인 물 가운데 있는 붕어가 스스로를 '동해의 파신'이라고 일컬었다. 여기서는 어려운
   처지에 놓인 우리나라의 형편을 비유하는 듯하다.
5) 나루를 물었던가: 문진(問津). 여기서는 중국에 사신으로 가는 것을 뜻하는 듯하다.

이서우_{李瑞雨}의 영물시_{詠物詩}

옮김譯 송곡(松谷) 이서우(李瑞雨)는 시인으로 명성이 당대에 으뜸이었다. 그의 시는 매 편이 정금미옥(精金美玉) 같았는데, 영물시(詠物詩)에 더욱 빼어났다. 일찍이 집 안에 있는 여러 가지 물건들을 희작(戲作)으로 읊었는데,1) 오래된 분판(粉板)2)을 읊은 시는 이러하다.

분칠한 윤택한 바탕 눈처럼 빛나
그대의 사랑을 받아 문방(文房)에서 모셨노라.
이제는 세월 흘러 빛나던 용모 쇠해지니
서비(徐妃)의 반면장(半面粧)3)과 흡사하도다.

---

1) 이하의 시들은 『松坡集』(尊經閣 所藏) 卷3, 12b~13b에 실려 있다. 『松坡集』에는 廢刺匣(藏名翻逐賣名官, 幾向侯門發口難. 今日中空恐羞澁, 爲君留得一詩看)과 剪板(直方如矩又如繩, 刀筆功名未足稱. 若使觸伸長萬丈, 剪裁天下爲君能)을 읊은 시가 더 있다.
2) 분판(粉板):기름에 갠 분을 발라 결은 널조각. 썼다가 쉽게 지울 수 있기 때문에 붓글씨를 연습하는 데 이용하는 등, 학습 보조 재료로 쓰였다.

유삼(油衫)4)을 읊은 시는 이러하다

　근년엔 오래도록 기와로 옷을 삼고5)
　유삼일랑 접어두어 펴는 일이 드물구나.
　이웃에서 빌려도 내어 주지 않는 것은
　봄비 오면 낚시터를 찾아 가려 함이라오.

안경(眼鏡)을 읊은 시는 이러하다.

　둥그렇게 다듬은 수정 알 한 쌍
　눈에 끼면 파리 대가리처럼 가는 글씨도 분변하네.
　우습구나, 옥루(玉樓)6) 끼여 괴로우니
　자고로(鷓鴣爐)7) 향기를 맡을 수 없다네.

서안(書案)을 읊은 시는 이러하다.

　먼지 가득 앉은 채로 책 몇 권 놓여 있어
　시인이 늘그막에 게을러진 것 괴이하네.
　생각해보라, 소리 높여 글 읽던 시절

---

3) 서비(徐妃)의 반면장 : 서비는 중국 양(梁)나라 원제(元帝)의 비(妃). 원제가 애꾸눈이
　어서 서비는 일부러 얼굴의 반쪽만 화장을 하고 원제를 맞았는데, 이를 보고 원제는
　화를 내고 발길을 돌렸다고 한다.
4) 유삼(油衫) : 기름에 결은 옷. 비나 눈 따위를 막기 위하여 옷 위에 껴입는 일종의 우
　의(雨衣).
5) 기와로 옷을 삼고 : 중국 당나라 고종(高宗)이 사냥을 나갔다가 비를 만나자 신하들
　이 유의(油衣)를 입으면 비를 면할 수 있다고 하자, "기와 지붕도 비를 막을 수 있다"
　하고서 이후로 사냥을 나가지 않았다고 한다. 전하여 집안에 칩거하고 있는 것을 가리
　킨다.
6) 옥루(玉樓) : 본래 매우 화려한 누각, 혹은 신선이 사는 집이라는 의미로 사용되고,
　도가(道家)의 용어로 양쪽 어깨를 가리키기도 한다. 여기서는 '코'를 가리키는 말로 쓰
　인 것으로 보인다.
7) 자고로(鷓鴣爐) : 향로를 가리킨다. 왕세정(王世貞)의 「博山鑪」 시에, "匡牀金博山,
　上有鷓鴣斑"이라는 구절이 있다(『弇州四部稿』 「續稿」 卷21).

높이 읊조리며 책상 두드릴 때 그 뜻 어떠하였더뇨?

헤진 둥글부채[團扇]를 읊은 시는 이러하다.

　　한여름 다시 와서 상자에서 꺼내보니
　　찢어진 비단 바탕 광채를 잃었구나.
　　보름달 닮았던 그 모습은 이지러졌어도
　　그런 대로 바람 일으켜 반쯤은 서늘하구나.

목침(木枕)을 읊은 시는 이러하다.

　　두영(斗癭)8)에 새긴 모양 글자도 어울리니
　　대평상과 짝하여 낮잠이 한가롭네.
　　화서국(華胥國)9) 가는 길 안 어려우니
　　잠깐 나아가 머리에 베자 마자라네.

주둥이가 이지러진 술병[缺口瓶]을 읊은 시는 이러하다.

　　돼지 배 온전한데 주둥이는 토끼처럼 찢어져
　　담장 밑에 버려진 채로 먼지가 쌓였구나.
　　네 얼굴 방간(方干)처럼 입술을 기워 붙일 수 없으니10)
　　다시 술 한 잔도 따를 도리가 없구나.

---

8) 두영(斗癭) : 미상. '목영(木癭)'은 나무의 혹처럼 생긴 부분을 만들어진 부분을 일컫
　는 말이다. 이로 미루어 두영은 말[斗]만한 크기의 목영을 깎아서 목침을 만든 것이
　아닌가 추정된다.
9) 화서국(華胥國) : 『列子』「黃帝」편에 황제(黃帝)가 낮잠을 자다가 꿈속에서 화서국
　(華胥國)에 들어가서 태평스러운 이상사회의 모습을 보았다는 내용이 실려 있다.
10) 네 얼굴~붙일 수 없으니 : 방간(方干)은 본래 입술이 찢어진 언청이였다. 그래서 과거
　에 연이어 응시해도 시험관이 그의 용모가 보기 싫다고 하여 낙방시켰다. 뒤에 감호(鑑
　湖)에 은거하다가 찢어진 입술을 기워서 고쳤으나, 이미 늙은 뒤였다(『天中記』卷22).

금간 항아리[豐甕]를 읊은 시는 이러하다.

젖은 것은 못 담아도 마른 것은 담기 좋아
항아리 금갔다고 깨진 시루 같이 보지 말라.
마침 통장이가 댓살을 가지고 왔기에
두 줄로 테를 매니 단단하고 온전하여라.

李松谷瑞雨, 詩名冠一世. 其詩篇篇如精金美玉, 尤長於詠物, 嘗戱咏家中雜物,

其咏故粉板曰 :

粉澤玲瓏雪羨光, 得君恩寵侍文房.
如今歲久容華減, 恰似徐娘[1]半面粧.

咏油衫曰 :

年來長坐瓦爲衣, 摺疊油衫拂拭稀.
隣舍見求還不許, 欲乘春雨訪漁磯.

咏眼鏡曰 :

團圓琢出水晶雙, 着眼蠅頭辨細行.
却笑玉樓鉗夾苦, 鷓鴣爐畔不聞香.

咏書案曰 :

凝塵滿面帶殘書, 長怪騷人老頓疎.
記得吾伊舊時節, 高吟猛拍意何如?

咏破團扇曰:

炎暑重逢出篋藏, 破紈憔悴少輝光.
雖然學月無全影, 猶自呼風有半涼.

咏木枕曰:

斗癭雕形字亦安, 筠床相伴午窓閑
華胥有路非難到, 只在低頭一就間.

咏缺口瓶曰:

豕腹雖完兎缺唇, 墻根棄臥任生塵.
儂顏不着方干嘴, 亦復難霑一勺春.

咏罌甕曰:

不宜盛濕也宜乾, 罌甕休爲破甑看.
會有桶工携篾到, 箍成雙帶定堅完.

①娘: 원문에는 郎으로 되어 있으나, 『松坡集』에 의거하여 바로잡았다.

송시열(宋時烈)이 귀양가는 길에 겪은 일

40

송우재(宋尤齋, 1607~1689)[1]가 숙종 을묘(1675)년에 덕원(德源)에서 장기(長鬐)로 유배지가 바뀌어져서 길이 양양(襄陽) 고을의 물치촌(勿緇村)을 지나게 되었다. 마침 비를 만나 급히 어떤 집으로 들어갔는데, 그 집 기둥에 다음과 같은 시가 쓰여 있었다.

장터에 호랑이 나왔다 세 번 외치면 누구나 믿게 되고[2]

---

1) 송우재(宋尤齋) : 송시열을 가리킴. 본관은 은진(恩津), 자는 영보(英甫), 호는 우암(尤菴), 우재(尤齋)는 그의 별호. 그는 국상의 복제 문제로 쫓겨나서 숙종 1년(1675)에 함경남도 덕원(원산)으로 유배 갔다가 다시 경상도 장기(현재 경상북도 영일군에 소속된 고을 이름)로 유배지가 바뀌게 되었다.

2) 장터에~믿게 되고 : 여러 사람이 같은 말을 하면 명백한 사실도 의심하게 된다는 말로 '삼인성호(三人成虎)'의 고사에서 나왔다. 『戰國策』에 다음과 같은 이야기가 실려 있다. "위나라 방총(龐蔥)이 태자를 모시고 조나라의 한단(邯鄲)에 인질로 가게 되었을 때, 위나라 왕에게 '지금 어떤 한 사람이 시장에 범이 있다고 말하면 믿으시겠습니까?' 라 하자 왕은 '믿지 않을 것이다'라 했다. '두 사람이 시장에 범이 있다고 말하면 믿으시겠습니까?'라 하자 왕은 '내가 의심하게 될 것이다'라 하였다. '세 사람이 시장에 범

치마에 붙은 벌 한번 떼어내니 아비도 의심하였다네.[3]
세상의 공명(功名) 보면 목안(木鴈)[4]을 생각하고
좌중에서 담소할 때도 상귀(桑龜)[5]를 조심할지어다.

그런데 위의 글귀는 바로 쓰여 있었고, 아래 글귀는 거꾸로 쓰여 있었다. 그 집주인에게 누가 지은 것이냐고 물으니 "작년 오월에 어떤 길손이 이 글을 쓰고서 '내년 이 날 다시 들를 것이다'고 하였는데 아직 오지 않았습니다. 그 사람이 어떤 사람인지 모르겠습니다"라고 집주인이 대답하였다.

이 있다고 말하면 믿으시겠습니까?'라 하자 왕은 '내가 믿게 될 것이다'라 하였다. 그러자 방총이 말했다. '시장에 범이 있을 리 없다는 것은 명백한데도 세 사람이 말하면 범이 만들어 집니다. 지금 한단과 (위나라의) 대량(大梁)의 거리가 시장보다 멀고 저를 두고 왈가왈부하는 자들이 세 사람보다 많을 것입니다. 왕께서는 부디 잘 살피십시오' 왕이 '내 잘 알겠다'라 했다. 그런데 이 행차가 다 가기도 전에 비방하는 말이 먼저 이르렀고, 훗날 태자가 인질에서 풀려난 뒤에도 방총은 왕을 뵐 수 없었다."

3) 치마에~의심하였다네 : 중국 한대(漢代) 유향(劉向)의 『烈女傳』에 "윤길보(尹吉甫)의 아들 백기(伯奇)는 지극한 효성으로 계모를 섬겼다. 그 계모가 일부러 벌을 자기 옷에 붙여 놓았는데, 백기가 그 벌을 떼어 버리려하자 계모는 '백기가 나를 희롱하려한다'고 크게 소리쳤다. 이 광경을 본 윤길보가 백기를 의심하게 되어 결국 백기는 자살하였다"고 나와 있다.

4) 목안(木鴈) : 『莊子』「山木」에 실린 이야기로, 나무[木]의 경우 쓸모 있어 재목이 될 만한 것이 먼저 베임을 당하고, 오리[鴈]의 경우 잘 울지 못해 쓸모가 없는 것이 먼저 죽임을 당한다는 내용이다. 인간의 처신에 관련되는 비유인데 장자는 재목이 되는 것과 재목이 될 수 없는 것의 중간에 처하겠다고 말했다.

5) 상귀(桑龜) : 『水經注』에 실린 이야기로, 잡혀가는 거북을 놀리던 뽕나무가 결국 그 거북을 삶는 데 쓰여졌다는 내용이다. 역시 인간의 처신에 관련되는 비유인데, 서로 물고 물리는 세태 속에서 남의 불행을 두고 함부로 말해서는 안 된다는 의미를 담고 있으며, 여기서는 송시열을 풍자하는 뜻으로 쓰였다. 하겸진(河謙鎭, 1870~1946)의 『東詩話』卷2, 24ab에도 위의 기록이 거의 그대로 실려 있는데, '상귀'와 관련해서 다음과 같은 해설을 붙여 놓았다. "상귀라는 것은 외서(外書)에 나온다. 해동 사람이 신령스런 거북을 얻었는데 거북이 스스로 말하기를 '천하의 나무를 가져다 불을 때도 나를 삶아 죽이진 못할 것이다'라 했다. 그러자 어떤 도인이 '모처의 시든 뽕나무로 삶으면 역시 죽지 않겠는가?'라 하니 거북이가 머리를 숙이고 눈물을 흘렸다고 한다. 과객은 우암이 이 날 올 것을 미리 알고 그 일을 써서 보였던 것이다. 그 사람은 반드시 이인(異人)일 것이다."

宋尤齋, 肅宗乙卯, 自德源配所, 移配長髻, 行過襄陽勿緇村,
遇雨急投村舍, 其屋柱有詩曰:

三傳市虎人皆信, 一掇裙蜂父亦疑.
世上功名看木鴈, 座中談笑愼桑龜.

而上句順書, 下句倒書. 問之屋主, 則"前年五月, 有客書此曰: '明年
此日, 更來相訪'云, 而尙不來, 不知何許人也."

채팽윤蔡彭胤의 「감은가感恩歌」

41

  희암(希庵) 시랑(侍郎) 채팽윤(蔡彭胤)은 소시(少時)에 시명(詩名)이 있었다. 문과에 급제하여 삼 년이 되었을 때까지 호당(湖堂)에 사가독서(賜暇讀書)[1]를 하였으나, 한 번도 임금을 가까이 대면한 적은 없었다. 그는 「호당에 음악을 내려주신 은혜에 감사하는 시[謝湖堂賜樂詩]」[2]에서 이렇게 읊었다.

양양한 선악(仙樂)이 하늘에서 내려와서

---

1) 사가독서(賜暇讀書) : 문신 중에서 특히 젊고 장래가 촉망되는 자들을 뽑아 공부하는 기회를 주었는데 이를 사가독서라고 하였다. 사가독서하는 곳이 처음에는 용산 쪽에 있다가 뒤에 동호(東湖), 지금 동호대교가 있는 부근에 옮겼기 때문에 그곳을 독서당(讀書堂) 또는 호당(湖堂)이라고 일컬었다. 그곳을 지금도 독서당길로 부르고 있다.

2)『希菴集』卷2, 37ab에「臘月十一日賜樂湖堂, 途中口號」라는 제목으로 모두 세 수의 시가 실려 있는데, 그 중의 제3수이며, "辛未十月十一日夜, 玉堂召對, 時余直春坊, 上特命召入, 仍誦此句曰 : '耿耿思君之忱, 溢於辭表.' 嘉獎之不已, 具見「感恩歌」"라는 원주가 있다.

젊으나 늙으나 모두다 거룩한 은혜 입었도다.
평생토록 임금님 얼굴 뵌 적이 없건마는
꿈속내내 언제나 옥지(玉墀)를 맴돈다네.

그 후 설서(說書)[3]로서 춘방(春坊)에 입직을 하였는데 임금이 흥정당(興政堂)에 납시어 여러 신하들을 대면하는데, 특히 채팽윤을 불러 선온(宣醞)을 내리고 이렇게 유시(諭示)하셨다. "네가 지은 '평생토록 임금님 얼굴 모르건만, 꿈마다 옥지(玉墀)를 맴도네'라는 시를 보니 임금을 잊지 못하고 못내 그리워하는 진심이 시에 넘치는구나. 오늘밤 너를 특별히 부른 것은 이 때문이다. 야대(夜對)[4]를 하면 집안의 부자 사이와 마찬가지이니 마음 편히 취토록 먹는 것이 좋다." 그때 시각은 벌써 오경(五更)이 지나 있었다. 채팽윤은 감격해 눈물을 흘리며 물러나 등불을 밝히고 취한 상태로 읊어 「감은가(感恩歌)」[5]를 지었다. 그리고 자기의 거처에 '영은정(詠恩亭)'이라는 편액을 붙였다.

 希庵蔡侍郎彭胤, 少有詩名. 登第三年, 旣賜暇讀書湖堂, 而未嘗近君. 其謝湖堂賜樂詩曰 :

洋洋仙樂下天扉, 童歲龍鍾荷盛私.
平生不識君王面, 一夢尋常繞玉墀.

後以說書入直春坊, 上御興政堂, 召對諸臣, 特召彭胤, 宣醞諭曰 : "爾

---

3) 설서(說書) : 조선시대 세자시강원(世子侍講院), 일명 춘방(春坊)의 정7품 관직. 채팽윤은 1689년 문과에 급제하고 그 해에 사가독서하였고, 다시 3년만인 1691년 세자시강원 설서에 제수된 바 있다.
4) 야대(夜對) : 임금이 밤에 특별히 근신(近臣)을 불러 대면하는 일을 가리키는 말.
5) 「감은가(感恩歌)」 : 『希菴集』 卷3, 1a~5a에 실려 있는데, 이 시를 짓게 된 경위가 시제(詩題)에 자세히 밝혀져 있다. 또 『肅宗實錄』 '숙종 17년 10월 11일(壬辰)'조에 이 사실이 보인다.

有‘平生不識君王面, 一夢尋常繞玉墀’之句, 耿耿思君之忱, 溢於辭表.
今夜特召, 蓋以此也. 夜對同家人父子間, 安意醉飽, 可也.” 時夜漏已
五下, 彭胤感泣而退, 張燈醉吟, 作「感恩歌」, 扁其所居曰‘詠恩亭’.

이중환(李重煥)이 부석사(浮石寺)에서 지은 시

42

 영조(英祖) 초기는 유명한 시인이 많았던 것으로 일컬어지고 있
다. 청담(淸潭) 이좌랑(李佐郎 : 重煥 − 원주),1) 국포(菊圃) 강학사(姜學

---

1) 이중환(李重煥, 1690~1752) : 본관은 여주. 자는 휘조(輝祖), 청담은 그의 호. 성호(星
湖) 이익(李瀷)의 집안 사람으로 1713년 문과에 급제, 1722년 병조정랑에까지 올랐다.
1723년 목호룡(睦虎龍)과 친분이 있다는 혐의로 국문을 받았으나 무혐의로 석방되었
는데, 1725년 영조가 즉위한 뒤 다시 목호룡과의 관계가 문제되어 모진 고문을 받고
귀양을 가게 되어 중앙 정계에서 축출당하였다. 그 뒤로 오랫동안 벼슬하지 못하고 이
곳 저곳을 떠돌아다니면서 당시 전국의 인심과 풍속 및 물화의 생산지·집산지 등을
파악할 수 있었으며, 이러한 경험을 바탕으로 대표작인『擇里志』를 지었다. 그러다 죽
기 3년 전인 1753년 12월 명예회복이 되어 통정대부(通政大夫)의 품계에 올랐다(이중
환의 복권에 대해서는 이문종, 「李重煥의 生涯와『擇里志』의 成立」,『문화역사지리』
제16권 제1호, 2004, 137면 참조). 그의 문집이 현재 전하지 않아서 시작품도 알려진 것
이 거의 없다.『택리지』에 몇몇 시구와 여기 소개된 율시 두 수가 실려 있다. 이중환과
이인복의「부석사」시는 퇴계의 다음 시를 차운한 것이다.『退溪集』,「別集」, 卷1, 37b,
「次聚遠樓(樓在榮川郡浮石寺)」 : "矗成雲砌繚紅欄, 奔走神工偉覽看. 不敢高聲驚上
界, 方知衆皺詫南山. 好居仙客超霞外, 乘興遊人出世間. 感慨古今歸一貉, 尊前休說
宦途難."(『叢刊』31, 29b) 다만, 문맥으로 보아, 강준흠이『擇里志』이외에 이때 만들
었던 창화시첩(唱和詩帖)과 같은 자료를 보고 취했을 가능성이 높다고 판단된다.

士: 樸 - 원주),2) 모헌(慕軒) 강사서(姜司書: 必愼 - 원주),3) 약산(藥山) 오참판(吳參判: 光運 - 원주),4) 신절재(脣節齋) 이참판(李參判: 仁復 - 원주)5) 등이 재기(才氣)로 우열을 다투어 서로 어울려 수창을 하였다. 그 중에서도 청담의 명성은 여러 사람들을 압도할 만하였다.

계묘(癸卯, 1723)년에 신절재가 관직을 그만두고 순흥(順興)으로 내려가 살았는데, 마침 청담이 단양(丹陽)에 머물러 있다는 말을 듣고 편지를 보내 초청하여 함께 태백산과 소백산을 유람하였다. 두 산 안팎으로 승경을 더듬어 기이한 유적을 찾아가지 않은 곳이 없었으며, 일행이 함께 시를 지은 것이 거의 백 편에 이르렀다. 청담의 취원루(聚遠樓)6)와 부석사(浮石寺)를 두고 지은 시가 가장 빼어나서 인구에 회자(膾炙)되었다.7) 「취원루」 시는 이러하다.

---

2) 강박(姜樸, 1690~1742): 본관 진주(晉州). 자는 자순(子淳)이며, 국포는 그의 호. 채팽윤(蔡彭胤)의 문인이다. 1715년 문과에 급제, 벼슬은 홍문관 부수찬에 이름. 벼슬자리에 있는 동안 여러 차례 정치적 부침을 겪다가, 이인좌(李麟佐)의 난에 연루되어 1728년 39세의 나이로 관직에서 물러난 뒤 53세로 돌아가기까지 다시는 진출하지 못했다. 시문으로 이름이 높았으며, 문집으로 『菊圃集』 12권을 남겼다.

3) 강필신(姜必愼, 1687~1756): 본관은 진주(晉州). 자는 사경(思卿)이며, 모헌은 그의 호. 채팽윤(蔡彭胤)의 문인이다. 1718년 정시문과(庭試文科)에 급제. 벼슬은 주서(注書) 및 장령(掌令) 등을 역임했고 이인좌 난에 방비책을 제시하여 원종일등공신(原從一等功臣)이 되었으나, 영조의 탕평책(蕩平策)을 반대하여 관운이 순탄하지 못했다. 저서에 『慕軒集』 6권이 있다.

4) 오광운(吳光運, 1689~1745): 본관은 동복(同福). 자는 영백(永伯), 약산은 그의 호. 1719년 증광문과에 급제. 벼슬은 예조참판을 지냈으며, 이조판서·대제학에 추증되었다. 저서에 『藥山漫稿』 20卷이 있다. 시호는 충장(忠章).

5) 이인복(李仁復, 1683~1730): 자는 내초(來初), 신절재는 그의 호. 본관은 전주로 이원익(李元翼)의 5대손이다. 처음에 음직으로 진출했다가 1714년 문과에 급제, 병조참판에 이르렀다.

6) 취원루(聚遠樓): 부석사에 부속된 누각으로, 『順興邑誌』에 의하면 무량수전의 서편에 자리하였다 한다. 『擇里志』에서는 "취원루는 광활하고 아득하여 마치 하늘과 땅의 가운데에서 솟아난 것 같으며, 기세와 정신이 마치 경상도 전체를 압도하는 것 같다 [聚遠樓宏闊縹緲, 若出天地之中央, 氣勢精神似雄壓慶尙一道]"고 기술하고 있다.

7) 이중환이 지은 이 시들은 『擇里志』「卜居總論」「山水」(광문회본, 63면)에도 실려 있다.

까마득한 태백산은 하늘과 통하였고
옛 사찰은 웅장하게 해동에 자리 잡았네.
강과 산은 천리 밖에서 조회를 오는 듯한데
누각은 하늘과 땅 사이로 날아오르는구나!
고승이 있건 없건 지팡이엔 꽃이 피고[8]
고국 흥망 관계없이 새는 허공 지나가네.
뉘라서 알겠는가, 주남(周南)을 배회하는 길손[9]이
뜬 구름 지는 해에 생각이 끝없음을.

청담의 「부석사」 시는 이러하다.

아스라한 열두 난간 높은 종루(鐘樓)에서
동남 천리를 눈앞인 양 보노라.
인간 세상 아득하고 아득한 신라국
하늘 아래 깊고 깊은 태백산.
나는 새 너머에는 가을 산골 짙은 안개
조각구름 모서리론 바다 어귀 저녁 햇살.
오르고 올라도 상방(上方)[10]에 못 이른다면
어떻게 천추(千秋)의 행로난(行路難)을 알겠는가?

신절재의 「취원루」 시는 이러하다.

---

8) 원주에 "신라의 의상대사가 서역으로 들어갈 때 지팡이를 처마 아래 섬돌 위에 꽂아 두었는데 그 마른 가지에서 꽃과 잎이 나서 오늘에 이르도록 무성하니 이 또한 하나의 기적이다"라는 설명이 있다. 『擇里志』에도 이와 같은 내용이 실려 있으며, 아울러 인조 때 인물인 정조(鄭造)가 이 나무를 꺾어서 지팡이로 삼았다가 재앙을 받은 이야기를 싣고 있다.
9) 주남(周南)에 서성거리는 길손:『史記』「太史公自序」에서 유래한 말로 어느 곳에 머물러 있느라 나랏일에 종사하지 못함을 뜻한다(『史記』「太史公自序」 "是歲天子始建漢家之封, 而太史公留滯周南, 不得與從事.").
10) 상방(上方):절을 가리키는 말. 원문이 상방사(上方寺)라고 되어 있는데, 높은 곳에 있는 절이라는 의미로 쓴 듯하다.

우뚝한 강산은 만리에 통했는데
비 개이자 발길 옮겨 누각 동편 앉았노라.
흰 구름 저 너머로 외론 스님 유유하고
단풍 숲 속에서는 늙은이가 한가로이 시를 읊네.
한 줄기 폭포는 맑게 창문으로 들어오고
천추(千秋)의 높다란 바위 푸르게 하늘로 떠오르네.
선화(禪花)는 보는 이 없어도 피고 지니
감회에 젖어서 서천(西天) 생각 무궁하도다!

신절재의 「부석사」 시는 이러하다.

한바탕 비가 내려 하늘이 난간을 적셔 주니
다락 앞 기이한 일, 한번 찾아보노라.
가물가물 등불 몇은 이 마을 저녁인데
아득한 천 봉우리 어느 고장 산이런가?
취조(翠鳥)는 덤풀 숲으로 푸르르 날아들고
황리(黃螭 : 용의 일종)는 저녁놀 속에 노는구나.
중들은 오래도록 웃고 떠드니
시인의 글귀 다듬는 어려움을 어찌 알랴!

신절재의 시 또한 가작이라 하겠으나 음조(音調)의 크고 시원스러운
맛은 청담에 비해 손색이 있는 것 같다.

원
문 英廟初年, 號多詩人, 如淸潭李佐郎(重煥)·菊圃姜學士(橷)·
慕軒姜司書(必愼)·藥山吳參判(光運)·育節齋李參判(仁復),
才氣相上下, 互相唱酬, 淸潭之名, 殆掩諸子. 癸卯, 育節罷官, 居順興,
聞淸潭住丹陽, 以書相邀, 遊大小二白山. 凡山之表裏形勝奇跡異聞,
無不搜討, 一行唱和, 幾至百篇. 淸潭之「聚遠樓」·「浮石寺」二詩, 最
爲膾炙. 其「聚遠樓」詩曰:

茫茫太白與天通, 舊刹雄開左海東.
河岳遠朝千里外, 殿樓飛出二儀中.
名僧去住花生樹,[1] 故國興亡鳥度空.
誰識周南留滯客, 浮雲落日意無窮.

其「浮石寺」詩曰：

縹緲鐘樓[2]十二欄, 東南千里眼前看.
人間渺渺新羅國, 天下深深太白山.
秋壑暝煙飛鳥外, 海門殘照斷雲端.
登臨不到上方寺, 豈識千秋行路難?

旨節「聚遠樓」詩曰：

特地河山萬里通, 新晴徙倚小樓東.[3]
孤僧自在白雲外, 老子閒吟紅樹中.
一道飛泉清入戶, 千秋危石翠浮空.
禪花開落無人見, 怊悵西天思不窮.

其「浮石寺」詩曰：

一雨天應餉一欄, 樓前奇事試來看.
蕭蕭數火此村夕, 漠漠千峰何郡山?
翠鳥翩飛幽薄內, 黃螭遊戲彩雲端.
沙彌拍手移時笑, 不識詩家琢句難.

亦稱佳作, 而若其音節弘亮, 似遜於淸潭.

①原註：新羅僧義相入西域時, 植筇於堂廡階上, 枯木化出花葉, 至今蔥蒨, 亦一異蹟云.

②鐘樓:『擇里志』(光文會本)에는 危樓로 되어 있다.

③東: 원래는 中으로 되어 있는데, 앞의 이중환의 「취원루」 시와 같은 운으로 지은
   것이므로 東이 되어야 하기에 바꾸었다.

강박_{姜樸}의 「양귀비목욕도_{楊貴妃沐浴圖}」

43

국포(菊圃) 강공(姜公 : 姜樸)은 한위(漢魏) 시를 배워서 명망이 일세(一世)에 높았다. 한번은 조서주(曹西州 : 夏望—원주)[1]과 함께 조시랑(曹侍郎 : 命敎—원주)[2]의 집에 가서 모였다. 그 집에 「양귀비목욕도(楊貴妃沐浴圖)」가 걸려 있었다. 그 그림을 두고 '限(한)' 운(韻)으로 함께 시를 짓기로 하였다. 강공이 먼저 지어 읊기를

따스한 날 화청지(華淸池)[3]에 물은 기름 같고

---

1) 조하망(曹夏望, 1682~1747) : 본관은 창녕(昌寧). 자는 아중(雅仲). 서주는 그의 호. 1736년 문과에 급제, 벼슬은 대사간에 이르렀다. 문집으로 『西州集』 8卷 4冊을 남겼다.

2) 조명교(曹命敎, 1687~1753) : 본관은 창녕(昌寧), 자는 이보(彛甫)이며 호는 담운(澹雲)이다. 1719년 문과에 급제, 벼슬은 대사헌을 거쳐 예문관제학에 이르렀다. 글씨를 잘 쓰는 것으로도 이름이 있다.

3) 화청지(華淸池) : 중국 서안(西安)에 있는 지명. 온천으로 유명하다. 당나라 현종은 이곳에 화청궁(華淸宮)을 세우고 양귀비와 함께 즐거움을 누렸다. 백거이(白居易)의 「長恨歌」에 "春寒賜浴華淸池, 溫泉水滑洗凝脂"라는 구절이 있다.

연잎은 파룻파룻 연실(蓮實)은 촘촘하네.
안타깝다, 한 시대 경국(傾國)의 미인이
뒷날 이·곽(李郭)4)에게 근심을 끼치다니.5)

이라고 하자, 다른 분들은 이 시를 보고 모두 붓을 놓아 버렸다. 농암(聾
庵) 최위(崔煒)6)가 언젠가 나를 보고 "진실로 시도(詩道)를 아는 사람이라
면 이것을 보고 누군들 굴복하지 않겠는가? 그 자리에서 붓을 놓은 분
들 또한 더불어 시를 이야기할 수 있는 사람들이다"라 말하였다.

菊圃姜公, 詩祖漢魏, 名重一世. 嘗與曹西州(夏望), 會于曹侍
郎(命敎)第, 壁上有「楊妃沐浴圖」. 限韻同賦, 公先成曰 :

華淸日暖水如油, 蓮葉靑靑蓮子稠.
可憐一代①傾城色, 留與他時李郭憂.

諸公見之, 閣筆. 聾庵崔(煒)嘗語余云 : "苟知詩道者, 見此, 孰不推伏
乎? 閣筆諸人, 亦可與言詩矣."

① 一代 : 『菊圃集』에는 第一로 되어 있다.

---

4) 이·곽(李郭) : 이광필(李光弼)과 곽자의(郭子儀)를 가리킴. 이 두 사람은 당나라 현
 종 때 안록산(安祿山)의 난을 평정한 공신으로 이름이 높다.
5) 『菊圃集』卷6, 20a에 「題楊太眞沐浴圖」라는 제목으로 실려 있다.
6) 최위(崔煒) : 본관은 삭녕, 농암은 그의 호. 세종, 세조 연간의 명신으로 훈민정음 창
 제에 참여했던 최항(崔恒, 1409~1474)의 11대손이다. 『삼명집』에 그에게 준 작품이 몇
 편 실려 있다.

강박(姜樸)이 설날 풍속을 읊은 시

44

 서울에서 전해오는 풍속 가운데는 기록으로 남길 만한 것이 많
다. 이를 수집해서 시를 지은 예를 전에는 찾아볼 수 없는데,
국포(菊圃 : 姜樸)와 모헌(慕軒 : 姜必愼)의 기속시(紀俗詩)가 있어 『형초세시
기(荊楚歲時記)』[1]에 견줄 만하다. 후세에 국풍(國風)을 채집하는 자가 있
으면 필시 이를 채택할 것이다. 국포(菊圃)의 「원조기속(元朝紀俗)」 시[2]는
이러하다.

---

1) 『형초세시기(荊楚歲時記)』 : 중국 육조시대 호남성(湖南省)·호북성(湖北省)을 중심
   으로 하는 형초 지방의 풍속을 기록한 세시기(歲時記). 6세기 무렵 양(梁)나라 종름(宗
   懍)이 지은 『荊楚記』 10卷을 7세기 초 수(隋)나라 두공섬(杜公瞻)이 주를 달아 『荊楚
   歲時記』로 엮은 것이다. 현존하는 중국의 세시기 가운데 가장 오래된 것으로 민간의
   풍속뿐 아니라 4월 관불회(灌佛會), 7월 우란분회(盂蘭盆會), 12월의 추나(追儺) 등 불
   교적인 행사도 포함하고 있다.
2) 이 시는 『菊圃集』 卷5, 8b~11b에 실려 있으며, 주에 계축(癸丑)이라고 지은 시기를
   밝히고 있어, 영조 9년(1733)에 지은 것임을 알 수 있다.

1
묵은 해 다 지나고 새해가 와서
정월 초하루 아침 설날이 되었네.
이 날 아침 반드시 떡국을 먹는 풍속
그믐부터 집집마다 떡메 치는 소리로다.

새해의 떡을 속칭 '권모(權母)'라 하는데, 권씨 할미가 처음 만들었기
때문에 그렇게 부른다는 말이 있다.

2
한 해 중에 가장 큰 명절이라
온 나라 사람들이 한식(寒食)처럼 성묘 가네.
여염집에서도 제상에는 쇠고기가 으뜸이요
과품(果品)으론 건정(乾正)[3]을 희고 붉게 차려내네.

설 명절 과품으로는 으레 건정(乾正)을 제일로 여기는데, 붉은색 흰색
등 여러 가지가 있으며, 중국의 거여(粔籹)[4] 등속과 비슷하다.

3
대문 밖이나 종루거리를 막론하고
섣달 그믐날 되면 장을 쉰다네.
서울 사람들 집집마다 설 쇠려고
장작과 쌀 미리미리 서둘러 들여놓네.

---

3) 건정(乾正) : 지금 통행하는 국어사전류에는 온갖 과실, 생강, 연근, 인삼 따위를 꿀이
나 설탕물에 졸여 만든 음식으로 풀이되어 있는데, 여기서 건정이란 '강정'을 가리키
는 것으로 생각된다.
4) 거여(粔籹) : 유밀과와 비슷한 것. 『漢語大辭典』에는 "고대 식품의 일종. 쌀가루나
밀가루를 꿀과 섞어서 가늘게 밀어서 묶고 엮어서 둥그렇게 만든 다음에 기름에 튀기
는 것이다. 지금의 산자(饊子)와 같다. 또 한구(寒具)나 고환(膏環)이라고 일컫기도 한
다"고 풀이되어 있다.

4

나라 법령 보통 때는 소 잡는 걸 엄히 금해
밀도살(密屠殺)로 걸리면 곧바로 잡혀가네.
세모에 다다르면 관가에서 금령(禁令) 풀어
장터에서 버젓이 소들을 잡는다네.

5

대청마루 차례대로 명등(命燈)을 걸어놓고
등잔 하나 심지 세워 조왕(竈王)5)에 놓아두네.
금년 한해 길흉은 이것으로 점치나니
새벽되면 살피느라 집안 온통 부산하네.

서울 풍속에 제야(除夜)에는 집 식구들의 수대로 등잔불을 켜놓고, ≪또한 조왕(竈王)에도 등잔불을 켜놓는다.6)≫ 새벽에 이르면 그 등잔불의 밝고 어두운 것으로 길흉을 점친다.

6

닭 울고 종 울리면 골목의 이쪽저쪽
사람들 이런저런 덕담으로 시끌벅쩍.
축하하듯 아첨하듯 장난말 비슷하니
홀연 부자도 되고 아들도 많이 낳았구나.

7

서울 주변 절집마다 보내는 사미승들
짝지어 문안으로 들어와 걸화(乞化)7) 소리 요란하네.

---

5) 조왕(竈王): 부엌을 가리키는 말. 원래는 부엌의 신을 뜻한다. 각 가정마다 일반적으로 부엌을 관장하는 신에 대한 여러 가지 의식형태가 있었다.
6) ≪ ≫ 안은 『菊圃集』에서 보충한 내용이며, 이하 마찬가지이다.
7) 걸화(乞化): 다니며 구걸하는 것을 이르는 말. 중들이 절에 필요한 물자를 조달하기 위한 방법으로, 패를 짜서 각처로 돌아다니며 문전에서 염불을 하고 돈이나 쌀을 구걸하는 것을 말한다.

부잣집들 쌀 시주로 공덕을 삼으니
초사흗날 지고 가서 부처님께 공양한다네.

세상에서 재미승(齋米僧)이라 부르는 것인데 초하룻날부터 시작하여
셋째 날이 되어서야 걸립(乞粒)을 파한다.

8
저녁 무렵 길거리에 취한 사람 몇 명인가
아이들 손잡고 둘러서서 수근대네.
이리 비틀 저리 비틀 방향 잃고 허정허정
비웃음 당하지만 호랑이 밥 면했다네.

속담에 "설날 술취한 놈은 호랑이도 안 물어간다"라는 말이 있다

9
관가에서 금령 풀어 거리에서 노니는데
온통 고운 비단옷들 참람함을 걱정 않네.
나이 젊은 아낙들은 편을 나눠 널을 뛰고
아이들은 윷 던지며 넉동나기 내기하네.

우리나라 풍속에 명절에는 아이들이 나무쪽 네 개를 던지는 놀이가
있는데 이를 '윷'이라 한다. 이에 대해 전하는 이야기가 있다. 옛날 높은
지대에서 농사를 짓는 편과 낮은 지대에서 농사를 짓는 편이 있었는데,
명절날 윷놀이 내기를 하여 높은 지대에서 농사를 짓는 편이 이기면 그
해에는 높은 지대의 농사가 풍작이 되며, 낮은 지대에서 농사를 짓는
편이 이기면 역시 그와 같이 되었다. 윷놀이를 하게 된 것은 여기에서
비롯되었다고 한다.

10
큰길에 제웅 던져 외치는 주문(呪文) 소리 새벽부터 시끄럽고

대문 앞엔 머리칼 태워 저녁 연기 누릿하네.
아이들은 왕귀(尫鬼)8)를 무엇보다 두려워해
밤새도록 신발을 깊이깊이 감춘다네.

우리나라 풍속에 이날 새벽이면 으레 짚을 묶어 길가에 버리고, 석양에는 빠진 머리털을 문 밖에서 태운다. 또 세상에 전하는 말이 초하룻날 밤이면 왕귀(尫鬼)가 인가에 내려와서 사람의 신발을 골라 신어보는데, 그 신발 주인은 불길하다고 한다. 그래서 아이들이 두려워하여 으레 제 신발을 감추고 방문을 닫아걸고 밤을 보낸다.

11
세배꾼들 떼 지으니 백 명인가 천 명인가
태반이나 은안장에 광대(廣帶)9)로 호기 부려.
경상가(卿相家) 문전엔 해도 채 뜨기 전에
명함이 쟁반에 수북이 쌓였구나.

대갓집에서는 정초가 되면 으레 대문 앞에 옻칠한 쟁반을 놓아두고 명함을 받는다.

12
금두(金兜) 쓴 게체(揭諦)10)는 쇠로 된 창을 들고
학을 탄 선녀는 색색의 꽃 꾸몄구나.
하나하나 울긋불긋 그림을 그려 내어

---

8) 왕귀(尫鬼) : 민속적인 귀신의 일종으로 앙괭이라고도 한다. 정월 초하룻날 밤에 내려와서 잠자는 아이의 벗어놓은 신을 신어보아 맞는 신을 가져간다는 귀신. '尫'이란 글자는 난쟁이를 뜻한다.
9) 광대(廣帶) : 원래 군인의 복장의 한가지로 전복 위의 가슴에 두르던 띠. 이것을 일반 사람들도 멋으로 착용한 듯하다.
10) 금두(金兜) 쓴 게체(揭諦) : 금두는 황금투구를 말하며, 게체는 본래 산스크리트어로, 게제(揭帝)라고도 하는데, 불법(佛法)을 지키는 신장(神將)을 가리킨다.

새벽이면 고귀한 벼슬아치 집에 당도하누나.

세화(歲畵)[11]를 속칭 문배(門排)라 한다. 신장(神將) 그림은 대문에 붙이고 선녀 그림은 창에 붙인다.

13
해서(海西) 호남(湖南) 관북(關北) 영남(嶺南)의 깃발 몇이런가
세궤(歲餽)[12]는 한결같이 토산품을 쓰는구나.
주문(朱門) 권귀(權貴)댁에 먼저 당도하고
나머진 관례 따라 삼사(三司)[13]에 미친다네.

14
성군(聖君)이 노인을 봉양함에 예절이 돈독하시니
곳집에 쌀, 주방에 고기, 술은 항아리에.
위로는 공경대부(公卿大夫)에서 명부(命婦)[14]까지 이르렀고
서민 또한 구십 살이 넘으면 은혜를 입는다네.

연초에는 조정에서 나이 많은 사람들에게 선물을 내렸는데 공경(公卿)으로부터 서인(庶人)에 이르기까지 차등이 있었다.

15
전현직 제학(提學)들 초패(招牌)[15]로 불려 나가

---

11) 세화(歲畵): 새해를 송축하고 재앙을 막기 위한 뜻으로 그려진 그림. 새해 첫날의 세시 풍속의 하나로 문짝에 주로 붙이기 때문에 문배(門排) 또는 문화(門畵)라고 하였다. 중국에서는 일찍이 악귀를 쫓기 위한 목적으로 행해졌는데 대략 6세기경부터 세시의 행사가 되었다고 한다.
12) 세궤(歲餽): 연말에 지방관들이 서울의 고관이나 친지들에게 보내는 선물. 자신이 임지로 있는 지방의 토산물을 보내는 것이 통례였다. 세찬(歲饌)이라고도 한다.
13) 삼사(三司): 사헌부(司憲府), 사간원(司諫院), 홍문관(弘文館)을 이르는 말. 이들은 언로(言路)와 왕명의 출납 및 관헌의 규찰을 담당한 기관이다.
14) 명부(命婦): 벼슬아치의 부인에 대해서 그 남편의 지위에 상응하는 명칭을 나라에서 부여하는데 이들을 가리켜 명부라 한다.

전각(殿閣)마다 연상(延祥)16) 위해 운자를 배열하네.
뽑혀온 문신들 응제시(應製詩)를 지어 올려
장원한 첩자(帖子)는 침궁(寢宮)에 붙이는도다.

정월 초하룻날 첩자를 가리켜 연상시(延祥詩)라 한다.

16
감병(監兵)이며 부윤 목사들 모두 전문(箋文)17) 올리니
길마다 받들고 오는 차사원(差使員)18)이로다.
먼저 예조(禮曹)에서 개봉을 하고
은대(銀臺)19)를 통하여 지존께 올리노라.

감사(監司)와 병사(兵使)를 일컬어 감병(監兵)이라 한다

17
인정전(仁政殿)20) 앞에 붉은 보로 덮은 상
전향(傳香)21) 승지(承旨)는 해당 방(房)에서 맡는다네.
능에 참배하기 하루 전날 제관(祭官)이 떠나는데
어로(御路)에는 봄바람, 노인(鹵引)22)이 길더라.

---

15) 초패(招牌) : 승지(承旨)가 임금의 지시를 받고 신하를 부를 때 사용하는 패쪽. 앞면
　　에는 '命'자를 쓰고 뒷면에는 부름을 받은 신하의 이름을 쓴다.
16) 연상(延祥) : 상서로움을 맞이한다는 뜻. 새해에 궁정의 각 건물에도 상서로움이 도
　　래하라는 뜻에서 연상시를 지어 붙이는 것이다.
17) 전문(箋文) : 한문 문체의 하나. 경사스러운 일을 당하여 신하가 임금에게 지어 올리
　　는 글. 변려문(騈儷文)을 쓴다.
18) 차사원(差使員) : 어떤 중요한 임무를 수행하기 위해 따로 뽑아 보내는 관원.
19) 은대(銀臺) : 승정원의 별칭.
20) 인정전(仁政殿) : 창덕궁에 있는 정전.
21) 전향(傳香) : 전향은 사당이나 능에 임금을 대신해서 향축(香祝)을 가지고 가서 의식
　　을 거행하는 것을 말한다.
22) 노인(鹵引) : 임금이 거동할 때의 의장 행렬을 노부(鹵簿)라고 하는데, 노인은 이와
　　관련된 말이 아닌가 생각된다.

≪전향(傳香)은 예방 승지(禮房 承旨)가 맡는다.≫

18
엄숙한 대궐은 기운이 청정하여
금오(金吾)[23]에선 처음부터 나례(儺禮)[24]를 안 올리다,
신시(申時)[25] 되면 단지 재관(材官)[26]을 들여보내
궁궐에서 축포 소리 들리는 정도라네.

국법에 궁중에서는 나례를 행하지 못하도록 하고 다만 섣달 그믐밤
과 설날 밤에 궁중에서 혈포(穴砲) 세 발을 쏜다.

19
진하(陳賀)[27]를 임시로 중단하라는 말씀 계시어
백관들 장하(仗下)[28]에서 산호(山呼)[29]를 하지 않고
합문(閤門)[30]에서 승전색(承傳色)[31]을 재촉해 불러
반수(班首)[32]는 단자를 들고 꿇어앉아 문안을 드리는구나

---

23) 금오(金吾) : 의금부의 별칭. 의금부는 주로 국사범을 다루는 기구인데 나례의식을
    주관하기도 하였다.
24) 나례(儺禮) : 섣달 그믐날 밤에 궁중과 민간에서 역귀(疫鬼)를 몰아낸다는 뜻으로 베
    푼 의식. 폭죽을 터뜨리기도 하고, 각종 놀이를 베풀기도 하였다.
25) 신시(申時) : 오후 3시에서 5시 사이.
26) 재관(材官) : 하급무관을 이르는 말이다.
27) 진하(陳賀) : 나라에 경사가 있을 때나 명절에 조신(朝臣)들이 차례로 임금께 나아가
    축하를 드리는 일을 말한다.
28) 장하(仗下) : 임금 앞에서 조회를 거행하는 장소를 가리킨다.
29) 산호(山呼) : 옛날 신하나 백성들이 임금에 대해 송축의식을 거행할 때에 머리를 조
    아리고 큰소리로 만세 세 번을 부르는 것을 말한다.
30) 합문(閤門) : 편전의 앞문. 조회(朝會)나 제사에 관한 의식을 담당하는 통례원(通禮
    院)을 일컫기도 한다.
31) 승전색(承傳色) : 내시부(內侍府)의 한 직임. 임금이나 왕비의 명령을 전달하는 일을
    맡는다.
32) 반수(班首) : 어떤 행렬의 우두머리에 있는 사람을 가리키는 말이다.

정월 초하룻날 진하례(陳賀禮)를 임시로 중지하도록 하면 백관들은 관
례에 따라 단자로 문안을 드린다. ≪금년에는 흉년이 들어 임금께서 진
하를 중지하도록 명하셨다.≫

20
내전 합문(閤門)에는 여러 날 발이 드리워 있다가
닷새가 되면 백관들 조참(朝參)을 하게 되네.
새벽이면 정문(正門)에 장전(帳殿)[33]을 설치하는데
조회가 파하면 오정(午正)이 넘는구나.

정월에는 닷새 만에 조참하는 것이 국조(國朝)의 고례(故例)이다.

漢陽舊俗多有可記, 終古無萃集成詩者. 菊圃·慕軒有紀俗
詩, 可比『荊楚歲時記』. 異時採國風者, 必有取之者. 菊圃「元
朝紀俗」曰:

舊歲去盡新歲至, 月正元朝爲元正.
俗風是日重湯餠, 前夕家家擊餠聲.

歲餠俗號權母, 或言權氏媼始造, 故名.

其二曰:
一歲之中大名日, 國人上冢如寒食.
祭肉閭閻亦上牛, 果登乾正紛紅白.

歲果必尙乾正, 有紅白諸品, 如中國粗粆之類.

---

33) 장전(帳殿): 차일로 쳐서 임시로 만든 전각.

其三曰:
無論城外與鍾樓, 除日臨時市每休.
都下人家將作歲, 搬柴買米各先謀.

其四曰:
常時國法嚴於牛, 往往姦屠輒逮囚.
臨歲諸司收禁令, 公然宰殺市門頭.

其五曰:
中堂次第命燈張, 一盞明心又竈王.
終歲喜憂將聽此, 曉來看到大家忙.

俗於除夜, 家中數口設燈, ≪亦設竈王燈.≫[1] 到曉視其明翳≪在滅≫,
以驗≪終年≫吉凶.

其六曰:
鷄鳴鍾動巷西南, 衆口嚄嚄沸德談.
似賀如諛仍類戲, 忽然爲富忽多男.

其七曰:
京山寺寺小沙門, 伴偶來城乞化喧.
富家捨米爲功德, 三日持歸供世尊.

俗呼齋米僧, 自元朝至第三日罷乞.

其八曰:
向夕街前幾醉饞, 兒童連手繞相詀.
東塗西抹茫茫去, 縱被人嗤免虎銜.

俗言[2]醉歲酒, 虎不取.

其九曰:
官家放禁巷閭遊, 件件綾羅僭不愁.
少婦分曹爭踏板, 群兒擲柶賭先籌.

國俗歲時小兒有四木之戲, 名之曰'柶'. 或曰 : "古有高農與汙農, 歲時鬪柶, 高農勝, 則其歲高農穰; 汙農勝, 則③亦如之. 柶戲之設, 始於高汙農"云.

其十曰:
術擲蒭④靈曉呪騷, 門燃梳髮暮煙臊.⑤
小兒最是憂厄鬼, 中夜深深置屨牢.

俗必乘曉縛蒭棄路, 夕燒脫髮於門外. 又俗傳元夜厄鬼降人家, 躡人履, 則其人不吉. 兒輩恐甚, 必藏履扃戶過夜.

其十一曰:
紛紛歲謁百千曹, 强半銀鞍廣帶豪.
卿相門前日未出, 名銜單子滿盤高.

貴家歲時, 必門前置髹盤受剌.

其十二曰:
金兜揭諦鐵爲戈, 鶴背仙娥別色花.
一一靑紅塡得畫, 平明分到貴臣家.

歲畫俗號門排, 神將則貼門, 仙女則貼窓.

其十三曰:
海湖關嶺幾旌⑥麾, 歲饋般般用土宜.

輦到朱門權貴宅, 其餘隨例及三司.

其十四曰：
明王養老禮加敦, 廩米庖犧酒在樽.⑦
上自公卿與命婦, 庶人九十亦霑恩.

歲時朝家饋高年, 自公卿至庶人有差.

其十五曰：
先時提學赴召⑧牌, 殿殿延祥別韻排.
被選文臣皆應製, 壯元帖子寢宮題.

元歲帖子謂之延祥詩.

其十六曰：
監兵尹牧上箋文, 道道陪來差使員.
先從禮部開封裹,⑨ 關過銀臺奏至尊.

俗稱監司兵使曰“監兵”.

其十七曰：
仁政殿⑩前紅帕牀, 傳香承旨自該房.
拜陵先日祠官發, 御路條風鹵引長.

≪傳香, 禮房承旨爲之.≫

其十八曰：
肅穆宸居御氣淸, 金吾初不進儺名.
申時只許材官入, 約略宮垣穴砲聲.

國法宮中不得⑪進儺, 只於除夕元夕, 苑中放三穴砲.

其十九曰:
陳賀權停聖旨頒, 千官仗下不呼山.
閤門催喚承傳色, 班首持單跪問安.

元日陳賀權停, 則百官例以單子問安. ≪今歲以荒饑, 上命停賀.≫

其二十曰:
內中連下閤前簾, 五日群臣始許參.
侵曉正門開帳殿, 放朝常過午時籤.

元月隔五朝參, 爲國朝故例.

① ≪ ≫ 안은 『菊圃集』에서 보입한 것이다.
② 言:『菊圃集』에는 諺으로 되어 있다.
③ 則:『菊圃集』에는 없다.
④ 蒭:『菊圃集』에는 芻로 되어 있다.
⑤ 臊: 원문에는 燥로 되어 있으나『菊圃集』에 의거하여 바로잡았다.
⑥ 旌:『菊圃集』에는 旂으로 되어 있다.
⑦ 樽:『菊圃集』에는 鐏으로 되어 있다.
⑧ 召:『菊圃集』에는 招로 되어 있다.
⑨ 裹: 원문에는 裏로 되어 있으나『菊圃集』에 의거하여 바로잡았다.
⑩ 仁政殿: 원문에는 仁政門으로 되어 있으나,『菊圃集』에 의거하여 바로잡았다.
⑪ 得:『菊圃集』에는 없다.

강필신姜必愼이 설날 풍속을 읊은 시

45

모헌(慕軒)의 「원조기속(元朝紀俗)」 20수[1]는 다음과 같다.

1
성주(聖主)[2]께옵서 춘절(春節) 의식 행하신 지 아홉 해
정월 초하루에 옥음(玉音)을 펴시는도다.
단문(端門)의 진하례(進賀禮)를 잠시 그만두고
닷새만에 조회 나아가 뵙게 된다네.

≪설날 진하(陳賀)를 올리는 것을 연례로 잠시 그만두었는데, 닷새 만

---

1) 이 시는 강필신(姜必愼)의 문집인 刊本『慕軒集』卷2, 12b~14b 및 稿本『慕軒集』
卷2, 17b~19b에 「元朝紀俗二十絶」이란 제목으로 실려 있다.
2) 성주(聖主) : 성주는 영조를 가리킴. 여기서 아홉 해란 영조 재위 9년(1733)이라는 뜻
이다.

에 비로소 뭇 신하들이 조회에 나아가 뵙는 것이 허락된다.3)≫

2
전문(箋文)을 올려 축하드림 팔도가 한결같아
그 글씨 깨알같이 가늘고 필획도 공교롭구나.
윗면에는 따로 붉은 비단을 붙여
'공유전하(恭惟殿下)'를 한가운데 쓰는구나.

≪전문(箋文)을 쓰는 법은 극히 공교롭고 글씨가 가는데, 맨 끝 줄에
붉고 널찍한 비단으로 첨자(籤子)를 붙이고, 한가운데 '주상전하유근(主上
殿下惟謹)'이라고 쓴다.≫

3
연상시(延祥詩) 첩자(帖子)를 삼궁(三宮)에 올리는데
여러 문신들이 여기서 뽑히게 된다네.
대전(大殿) 장원은 은전(恩典)이 특별하사
번번이 상현궁(上弦弓)을 내리시는도다.

≪설날 올리는 첩자(帖子)는 '연상첩(延祥帖)'이라 하는데, 입춘(立春)·
단오(端午)와 같다.≫

4
벼슬아치들 엄숙하게 두 줄로 나오는데
손에는 긴 단자(單子)를 저마다 들었도다.
부마도위(駙馬都尉)4)는 갖옷 차림도 추울까 하여
전각 앞에 따로 문안방(問安房)을 만들었구나.

---

3) ≪ ≫ 안은 稿本 『慕軒集』의 주를 보입한 것이다. 이하 마찬가지이다. 간본(刊本)에
   서는 이 주가 모두 빠져 있다.
4) 부마도위(駙馬都尉) : 임금의 사위를 말하는데, 주에서 보듯이 여기서는 김정희(金正
   喜)의 증조부인 김한신(金漢藎, 1720~1758)을 가리킨다.

≪설날 문안을 올리는 것은 문안단자(問安單子)로 하는 것이 관례이다. 이날 상께서는 월성부마(月城駙馬)가 추위에 앉아 있을까 염려하여 특별히 월랑(月廊) 아래에 온돌을 설치하도록 하셨다.≫

5
붉은 보자기로 싼 요함(瑤函)5)은 도화서(圖畵署)6)에서 나오는데
구문(九門)에는 일제히 울금화(鬱金花)7)를 붙였구나.
내중(內中)8)에선 따로 반도회(蟠桃會)9)를 박아서
갓 결혼한 귀주(貴主) 댁에 내리시네.

≪이때 화순옹주(和順翁主)가 갓 하가(下嫁)하였다.≫

6
종규(鍾馗)10)가 궁궐을 지켜 온갖 귀신 잠잠하니
진자(侲子)11)의 의관은 다시 바치질 않는구나.

---

5) 요함(瑤函): 원래 옥으로 만든 함을 뜻하는 말인데, 임금이 신하에게 내려주는 물건을 담는 상자를 가리킨다.
6) 도화서(圖畵署): 그림을 그리는 일을 담당한 예조 소속의 관서. 새해가 되면 임금이 세화(歲畵)를 신하들에게 내려주는 관행이 있었는데 이 세화를 도화서에서 그려 요함에 담았던 것으로 추정된다.
7) 울금화(鬱金花): 미상. 울금은 생강과에 속하는 다년생식물이며, 울금향은 백합과에 속하는 식물로서 향료의 재료나 술을 담는데 쓰인다.
8) 내중(內中): 왕비의 처소인 내전을 가리키는 말로 생각된다.
9) 반도회(蟠桃會): 반도는 신선의 경지에서 삼천 년 만에 한번 열매를 맺는다는 복숭아. 서왕모가 베푸는 연회를 반도회라고 일컫는다. 여기서는 '반도회'의 그림을 새긴 판목을 찍는다는 뜻으로 보인다.
10) 종규(鍾馗): 신의 일종으로 악귀나 잡귀를 물리친다고 한다. 종규의 유래에 대해서는 여러 가지 전설이 있는데, 그 중의 한 가지를 소개하면 대략 이러하다. 당(唐)나라 현종이 병석에 누워 있을 때 꿈을 꾸었는데, 한 소귀(小鬼)가 현종을 괴롭히자 한 대귀(大鬼)가 나타나서 그 소귀를 붙잡아 죽였다. 현종이 놀라서 누구냐고 물으니 '종규'라 하고는 계단에 걸려 죽고 말았다. 현종이 정중하게 장례를 지내주자, 종규는 "앞으로 천하의 요마들을 물리치겠습니다"라고 맹세하였다. 현종이 꿈에서 깨어났을 때 병은 깨끗이 나았다. 현종이 꿈에서 본 종규와 똑같은 화상(畵像)을 그려 수호신으로 하였다고 한다. 한편 그와 같은 풍습은 한반도에도 전해져 종규가 악귀를 잡는 그림을 그려 벽이나 문에 붙이고, 귀신의 머리를 그려 문설주에 붙이기도 하였다.

저물녘에 삼혈포(三穴砲)12) 세 발을 쏘니
상림(上林)13)에 깃든 새들 일시에 놀라는구나!

≪대궐 안에서는 나례(儺禮)를 올리지 않고, 삼혈포만 쏜다.≫

7
아이들 어른들 편 갈라 윷놀이하고
대청마루 불을 밝혀 밤 깊도록 환하구나.
아침 되면 다시 서로 절을 하는데
인정(人情)에 해 바뀜을 중히 여긴 때문일세.

≪정초에 아이들은 나무토막 두 개의 한 가운데를 쪼개어 넷으로 만
들고, 이것을 던져서 엎어졌는지 뒤집어졌는지 보는 것으로 놀이를 삼
는다. 섣달 그믐날 등불을 켤 때에는 식구 숫자대로 심지를 두고 불을
붙이는데, 등불의 밝고 어둔 것으로 길흉을 점친다. 이날 식구 수대로
불을 켜는 것은 석호(石湖)의 시에 나오는 식구 수대로 죽을 쑤어 먹는
것에서 취했다고도 한다.14)≫

8
교외로 성묘 나온 사람들 많은데

---

11) 진자(侲子) : 역귀를 물리치는 역할을 한 아이들. 장형(張衡)의 「東京賦」에 "侲子萬
童 丹首玄製"의 구절이 있다.
12) 삼혈포(三穴砲) : 화포의 일종. 총신이 세 개가 달려 있어 세 발을 동시에 장전할 수
있음. 삼안총(三眼銃)이라고도 한다.
13) 상림(上林) : 궁정에 소속된 정원이나 사냥터. 창덕궁 후원이 여기에 해당한다.
14) 이날~한다 : 여기서 석호(石湖)는 송(宋)나라의 시인인 범성대(范成大)를 가리키는
데, 그의 전가시(田家詩)는 조선 후기에 상당히 유행하였다. 그의 시 「臘月村田樂府十
首」(『石湖詩集』 卷30) 중 「口數竹」은 적두(赤豆)로 죽을 쑤어 식구 수대로 나누어 먹
어 전염병을 막는 방법으로 삼는 풍속을 읊은 것이며, 그가 지은 『吳郡志』 卷2에도
이 풍속이 나온다. 물론, 식구 수대로 등불을 켜는 풍속과 이 풍속이 직접적인 연관 관
계가 있는지는 확언할 수 없다.

노인은 새벽에 일어나 집에서 차례를 드렸네.
풍속이 대개 오월 단오와 비슷하여
제수를 올리기도 하고 차를 올리기도 한다네.

≪사대부 집안에서는 설날과 단오에 성묘를 가서 제사를 올리는데,
집안마다 격식이 달라서 제수를 많이 차리기도 하고, 간단히 차만 올리
기도 한다. 묘사(廟祠)에 대해서도 마찬가지이다.≫

9
전해오는 풍속에는 날씨로 풍흉을 점치는데
구름 끼어 흐리고, 눈 녹아 흐르는구나.
해질 무렵 수탉이 날갯짓을 하면
계옹(鷄翁)은 일어나 남풍을 바라보네.

≪민간에서 이르기를, 새해 첫 날 구름이 살짝 끼고 눈이 녹아 맑은
물이 흐르면 풍년이 든다고 한다. 또 새해 첫 날은 닭에 해당하는데, 이
날 남풍이 불어 닭의 꼬리를 흔들면 닭이 번식하지 못한다고 한다. 아
마도 닭이 금(金)에 속하니 화(火)를 꺼리는 까닭이 아니겠는가?≫

10
하님이 입으로 긴 덕담을 전하기를
"수부귀(壽富貴) 다남자(多男子) 복록(福祿) 무궁하소서."
일생을 가난에 찌든 사람은
"다만 한 가지 비는 말, 전량(錢糧)이나 얻기를."

≪새해에 복을 비는 것을 덕담이라고 한다.≫

11
아이들 괜스레 놀라고 겁을 내어

밤들면 창문 걸어 못 열게 하는구나.
급히 성긴 체 걸어놓고15) 신발들 거둬들이며
귀신이 하늘에서 내려온다고들 말한다네.

≪세속에 전하기를 설날 밤에 왕귀(尫鬼)가 사람들의 신발을 신어 보는데, 크기가 꼭 맞으면 주인에게 흉한 일이 있다고 한다. 아이들이 매우 두려워하여 신발을 감추고 마당에 성긴 체를 걸어두어 이를 막는다.≫

12
길거리에 계집애들 웃으며 돌아다니는데
두 뺨에는 복사꽃이 피었구나
어여쁘다, 이 아이들 도소주(屠蘇酒)16)에 취한 것 아니요
이모 댁에서 널을 뛰고 방금 오는 길이라네.

≪풍속에 설날에는 나무 널빤지를 복토(伏兎) 위에 놓고 어린 부녀자들이 널빤지의 양 끝에 서서 번갈아 밟고 뛰는 놀이를 한다.≫

13
선병(扇餠)은 편편하고 권병(權餠)은 기다란데17)
빈사과18) 등속 쟁반 가득 향기롭구나!
손님들 술 있어도 많이 취하진 않으니
오늘은 얼굴이 붉어지는 것을 유독 꺼려서라네.

---

15) 급히~걸어놓고 : 민간에 전하는 말에, 왕귀를 쫓기 위해 체를 걸어두면, 왕귀가 이 체의 구멍 수를 세다가는 그 수를 잊어버리고, 또 세고 하여 신을 훔쳐 갈 것도 잊고 숫자만 세다가 닭이 우는 소리에 놀라서 그냥 달아난다고 한다.
16) 도소주(屠蘇酒) : 설날 마시는 약주. 도라지, 방풍, 산초, 육계를 넣어 빚으며, 이것을 마시면 질병을 막고 복이 온다고 믿었다.
17) 선병~기다란데 : 선병은 절편, 권병은 가래떡을 가리키는 듯하다.
18) 빈사과 : 유밀과(油蜜菓)의 일종. 강정을 만들고 남은 부스러기를 기름에 튀겨 이것을 조청에 버무려 네모난 크기로 자른 과자. 여러 가지 빛깔로 보기 좋게 물들인다.

≪설날 먹는 흰떡을 속칭 권모(權姥)라 하는데 세상에서 전하기를 권씨 할멈이 이것을 만들었기 때문이라고 한다. 선병은 세속에서 말하는 점병(粘餠)인데 중국의 홀율(忽律) 종류이다. 권모와 함께 떡국을 끓인다. 빙사과(氷絲果) 역시 설날 먹는 음식인데, 중국의 거여(粔籹)와 같다. 서울 풍속에서는 얼굴에 세주(歲酒) 마신 기운이 올라온 사람을 천하게 여긴다.≫

14
옻칠한 쟁반에 진석(鎭石)[19] 올려 문간에 놓아두면
세의(世誼)가 있는 사람들 찾아와 명함을 놓고 가네.
세자(細字)로 쓴 종이 여러 겹 쌓이니
아이들 오려서 지연(紙鳶)을 만든다네.

≪설날 인가에서는 작은 쟁반을 문 안에 두어 명함을 받는다. 돌로 누르는 것은 명함이 바람에 날아갈까 싶어서이다.≫

15
이웃집들 고기 굽고 삶아도 초대 받지 못하고
늦은 저녁 밥상 푸성귀만 가득하네.
빠진 머리털 거두어 남을 따라 한가롭게 태우니
연기 한 점 올라 비로소 누린내를 느끼는구나.

≪설날 저녁에는 인가에서 지난 한 해 동안 떨어진 머리카락을 모아서 태운다. 정초에는 마을의 사당에서 술을 추렴하여 취하도록 마시며 즐기는데, 가난한 사람들은 참여할 수 없다.≫

16
부귀한 집들 옷치장은 새옷을 다투기에

---

19) 진석(鎭石) : 명함이 바람에 날아가지 않도록 누르는 돌을 말한다.

등불 앞에 바느질하며 며칠 밤을 새우도다.
아가씨들 송화금(松花錦)20) 입기 좋아하는데
가는 누비 주름이 열다섯 줄이라네.

≪부유한 집 여자들인 이날 옷을 화려하게 차려입는데, '설빔[歲時憑
툥]'이라고 한다. 젊은 여성들은 송화금(松花錦)으로 옷을 해 입는 것을
제일로 친다.≫

17
한길의 시전과 가게들 온통 문을 닫으니
사흘 동안 인가에는 매매가 끊겼구나.
오고가는 사람들은 술에 잔뜩 취한 자들
때때로 가게에 쓰러져 잠을 자네.

≪시장 사람들이 앉아서 물건을 파는 곳에 기둥을 세우고 풀로 지붕
을 엮은 가건물을 지어 놓은데, '가게(假家)'라고 한다. 정초에는 길거리
에 취한 사람들이 많다.≫

18
대낮에 한길에서 소를 잡아도
삼사(三司)21)에선 며칠이고 금패(禁牌)22)를 거두네.
대갓집들 가져가고 나면 가죽과 뿔만 남는데
재공(才工)에게 주어서 품삯으로 친다네.

---

20) 송화금(松花錦) : 송화(松花)는 소나무의 꽃으로, 빛은 노랗고 달착지근한 향내가 나
  며 다식과 같은 음식을 만드는 데 사용한다. 송화금은 송화의 노란빛을 띤 비단을 가
  리키는 듯하다. 설빔에 입는 옷.
21) 삼사(三司) : 형조, 한성부 사헌부를 가리킨다.
22) 금패(禁牌) : 금지하는 사항을 적은 나무패. 대개 관가에서 식량 소비를 절제하기 위
  해 술 만드는 것을 금했고, 또 소가 농사일에 중요하게 쓰이기 때문에 소잡기를 금해
  서 금주령과 금도령을 내리는 때가 많았다.

≪세속에서 도살하는 사람을 '재공(才工)'이라 한다.≫

19
길을 따라 소리쳐 쌀을 구하는 중들
열 집에 한 집도 호응 얻기 어렵구나.
초사흘 지나면 일제히 절로 돌아가는데
바랑 속 얻은 쌀은 기껏 한 되 남짓이라.

≪정월 초하루부터 초사흘까지 서울 주변 산사(山寺)의 중들이 짝을
지어 와 재미(齋米)를 구한다.≫

20
주문(朱門)이 활짝 열려 화려한 말들 몰려드는데
주홍 칠한 전표(梔瓢)가 연이어 보이누나.
해가 떠 영롱한데 연기와 어울리니
향로에 벽온단(辟瘟丹)[23]을 살라서라네.

≪「벽온단결(辟瘟丹決)」에 "설날 아침에 하나를 태우면 사시가 평안해
진다"고 하였다. 부귀한 집에서 많이들 태운다.≫

慕軒「元朝紀俗」曰 :

1
聖主行春第九年, 月正元日玉音宣.

---

23) 벽온단(辟瘟丹) : 약물(藥物)의 일종으로 전염병을 물리치기 위해서도 태웠던 것으로
보인다. 范成大, 『吳郡志』 卷2 : "除夜祭畢, 則復爆竹, 焚蒼朮及辟瘟丹." 高濂, 『遵生
八牋』 卷6 : "除夜宜燒辟瘟丹, 幷家中所餘雜藥焚之, 可辟瘟疫." 이런 풍속이 언제부
터 우리나라에 전해졌는지는 미상이지만, 이 시를 통해 적어도 영조 연간에 서울의 부
귀한 집안에서는 상당히 유행했었다는 것을 알 수 있다.

端門獻賀仍權免, 隔五朝叅卽視前.

≪元日陳賀, 年例權停, 越五日, 始許群臣參見.≫[1]

2
進箋遙賀八州同, 細細蠅頭筆畫工.
上面別粘[2]紅錦段, 恭惟殿下字當中.

≪箋文寫法極巧細, 就其極行, 帖紅廣織籤子, 當中書'主上殿下惟
謹'.≫

3
延祥帖子進三宮, 多少文官在選中.
大殿壯元恩稍別, 番番欽賜上弦弓.

≪元日進帖, 名曰延祥, 與立春·端午帖同.≫

4
候班肅肅引雙行, 手裡長單各自將.
都尉貂裘猶怕冷, 殿前別作問安房.

≪元朝問安, 例用單子問安. 時上念月城駙馬坐寒, 特設煖炕於月廊
下.≫

5
紅帕瑤函出畫署, 九門齊貼鬱金花.
內中別搨蟠桃會, 勅賜新昏貴主家.

≪時和順翁主新下嫁.≫

6

鍾馗守闡百神平, 辰子衣冠③不復呈.
向夕三通三穴砲, 上林棲④鳥一時鳴.⑤

≪闕中不進儺, 只放三穴砲.≫

7

幼長分曹擲⑥柶筵, 中堂數火夜娟娟.
明朝相見還相拜, 爲是人情重隔年.

≪歲時兒童截兩木中劈爲四, 擲之, 觀俯仰以爲戲. 除夕上燈數口,
置心以爇火, 看明暗, 占休咎. 其日數火, 取石湖取粥之義云.≫

8

松栢郊原士女多, 老人晨起祭於家.
風俗⑦大抵同重五, 或用牲牢或薦茶.

≪士大夫家於元朝及端午祭墓之事, 各不同, 或以盛設, 或行茶禮,
廟祠亦然.≫

9

紀來謠俗驗年豊, 雲日黔陰雪水瀜.
傍晩雄鷄長尾動, 鷄翁自起看南風.

≪俗云 : 歲開日, 微陰雪消瀝浮, 則有年. 一日爲鷄, 是日南風吹鷄
尾翻, 則鷄不息云, 豈鷄屬金忌火故耶?≫

10

佇傳口讀⑧德譚長, 壽富多男福履將.

最是一生貧漢子, 單單只祝獲錢粮.

≪新年祝釐, 謂之德譚.≫

11
兒曹無事浪驚嚇, 入夜窓扇不遣開.
急掛麤篩收履屐, 齊言有鬼自天來.

≪俗傳元日夜厓鬼躡人履屐, 大小中則主有凶. 小兒怔懼甚, 藏履屐,
懸竹踈篩于庭以壓之.≫

12
街頭幼女笑徘徊, 兩臉桃花一樣開.
憐渠不是屠蘇醉, 新自姨家踏板來.

≪里俗於元日實木板子於伏兎上, 幼小婦女對立板之兩頭, 相蹴踏
以爲戲.≫

13
扇餅便便權餅長, 氷砂⑨果品滿柈⑩香.
客來有酒無多醉, 今日偏嫌面發光.

≪歲時白餅, 俗号權姥, 世傳權氏姥作此故云. 扇餅俗所謂粘餅, 中
國之忽律之屬也 和權姥作湯. 氷絲果, 亦歲食, 猶中國之粗粆也. 京俗
面帶歲酒氣者, 鄙之.≫

14
絭槃鎭石實門扉, 舊要相將擲刺歸.
細字題來餘數疊, 兒童剪作紙鳶飛.

≪元日人家寘小盤子于門內, 以受人刺謁. 以石鎭之, 恐刺之風颺也.≫

15
隣舍炮烹不見招, 晚來殘飯壓靑蒿.
閒收脫髮隨人燒, 一點煙光始得臊.

≪元夕人家拾一年落髮焚之. 歲時里社釀醉爲樂, 貧者不與焉.≫

16
豪家結束鬪新粧, 刀尺燈前數夜忙.
阿娘喜着松花錦, 細縷縐文十五行.

≪豪侈家婦女, 於時日服飾光鮮, 名之曰'歲時憑音', 少小閨娃, 以松
花衣爲上品.≫

17
九街垣闔一幷收, 三日人家賣買休.
惟有往來泥醉漢, 時時橫臥假家頭.

≪市人坐販處, 設小草廠, 名之曰'假家'. 歲時街路多醉漢子.≫

18
白晝椎牛當道周, 三司連日禁牌收.
大家分去留皮角, 拚與才工手直酬.[11]

≪俗號屠夫爲'才工'.≫

19
沿道高呼乞米僧, 十家難得一家應.
直過三朝齊上寺, 鉢囊殘粒劣盈升.

≪自元日至三日, 京山僧結伴來, 乞齋米.≫

20
朱門大闢簇金鞍, 紅漆梅瓢絡繹看.
日出玲瓏煙氣合, 香爐添爇辟瘟丹.

≪「辟瘟丹決」曰 : "元朝燒一炷, 四時保平安." 貴家多燒之.≫

① ≪ ≫ 안은 稿本『慕軒集』에서 보입한 것이다. 아래도 마찬가지이다.
② 粘 : 원문에는 拈으로 되어 있으나, 『慕軒集』에 의거하여 바로잡았다.
③ 冠 : 『慕軒集』에는 靴로 되어 있다.
④ 棲 : 원문에는 啼로 되어 있으나, 『慕軒集』에 의거하여 바로 잡았다.
⑤ 鳴 : 『慕軒集』에는 驚으로 되어 있다.
⑥ 擲 : 원문에는 摘으로 되어 있으나, 『慕軒集』에 의거하여 바로잡았다.
⑦ 風俗 : 『慕軒集』에는 俗風으로 되어 있다.
⑧ 讀 : 『慕軒集』에는 贈으로 되어 있다.
⑨ 砂 : 원문은 絲로 되어 있으나, 『慕軒集』에 의거하여 바로잡았다.
⑩ 柈 : 『慕軒集』에는 盤으로 되어 있다.
⑪ 원문의 제18수와 제19수가 『慕軒集』에는 그 순서가 바뀌어 있다.

강박姜樸이 대보름날 풍속을 읊은 시

46

 국포(菊圃)의 「상원기속(上元紀俗)」[1] 시는 다음과 같다.

1
약반(藥飯)은 붉게 쪄져 노을처럼 고운데
꽃보다 하얀 부드러운 꿀 살짝 섞네.
동경(東京)의 풍속 전해온 지 오랜데
지금은 제사에 쓰고 까마귀에겐 바치지 않네.

신라 소지왕(炤智王)이 정월 보름날 천천사(天泉寺)에 행차했다가 까마귀가 물어온 글을 펼쳐보니 "금갑을 쏘라[射琴匣]"고 씌어 있었다. 왕이 궁으로 돌아와 금갑에 활을 쏘니 그 갑 속에 과연 사람이 있었는데, 바

---

1) 『菊圃集』 卷5, 12a~14b에 같은 제목으로 원주와 함께 실려 있다.

로 내전(內殿)의 분수승(焚修僧)2)으로 궁정에서 음란한 행동을 한 자였다. 이로부터 신라 풍속에 이 날이면 찰밥을 지어 까마귀에게 제를 지내게 되었는데 약반을 차리게 된 것은 여기서 비롯된 것이다. 지금은 약밥을 제사나 손님을 대접하는 데에만 쓴다.

2
거리마다 더위 파는데 먼저 팔려 다투어서
아무개야 서로 불러 떠넘기고 장난치네.
혜자(蕙子)3)는 겨울을 넘기고도 추위가 남아 있어
더위를 사고 싶어도 돈 없는 게 한이로다.

우리나라 풍속에 보름날 새벽이면 일찍 일어나 더위를 파는데, 남의 이름을 불러 응답을 하면 더위를 파는 것이 된다.

3
종루에 파루종 치고 나면 아이들 달려가서
종루 근방 흙을 파다가 제집 문 앞에 뿌리네.
집으로 들어가 부모님께 자랑하길
"금년 장사는 작년보다 배나 더 잘될 거래요."

장사하는 집 아이들이 으레 새벽이면 종루로 가서 길가의 흙을 몰래 퍼가지고 돌아와 자기 집 문 앞에 뿌리는데 이는 장사가 잘되기를 기원하는 것이다. ≪종루는 시장이 크고 이익이 많아 규모가 작은 시장에서 부러워하기 때문이다.4)≫

---

2) 분수승(焚修僧) : 분향하며 수도를 하는 중을 일컫는 말. 『삼국유사』에는 내전의 분수승이 궁주(宮主)와 사통한 것으로 기록되어 있다.
3) 혜자(蕙子) : 강박은 혜포(蕙圃)라는 호도 쓴 적이 있었다. 여기서 혜자는 시인 자신을 지칭하는 것이다.
4) ≪ ≫ 안은 『菊圃集』에서 보입한 것이다. 이하 마찬가지이다.

4

술독마다 무르녹아 술 향기 짙은데
집집마다 새벽에 술을 따르니 귀 밝기 위함이라
이 늙은이 술을 마시지 않음은 없어서가 아니요
세상 일 시끄러워, 귀머거리 되고 싶어서라네.

우리 풍속에 아침 일찍 찬 술을 따라 마시는데 이를 '귀밝이술[明耳
酒]'이라 한다.

5

마을마다 볏짚을 묶어 저서(儲胥)5)를 만들어
열 발 넘는 장대에 곧추 세우는구나.
우습다, 종놈은 남들 하는 걸 괜스레 본떠
이른 새벽 마당 동쪽에 세워놓았구나.

우리 풍속에 새벽녘 짚을 매어 장대 끝에 걸고 풍년을 기원한다.6)

6

호반현(虎班峴)7) 마루에 해가 떠올랐는데
악소배들 편을 갈라 능수(能手)로 돌팔매질.
나는 돌, 제비 춤추듯 하늘에 가득하더니

---

5) 저서(儲胥): 원래 군중(軍中)에서 치던 목책을 가리키는 말인데, 여기서는 볏짚을 묶
  어 만든 볏가릿대를 가리키는 듯함.
6) 우리 풍속에~기원한다: 농가에서 정월 대보름 전날에 볏짚단의 밑 부분을 묶고 그
  안에 벼·보리·조·기장·수수·콩·팥 등 갖가지 곡식을 이삭 채 싸서 장대에 매다
  는데, 이를 '화간(禾竿)'이라고도 한다. 이 장대는 안채의 한쪽 귀퉁이나 외양간 옆에
  높다랗게 세운다. 정월 대보름날이 되면, 아침 일찍이 집안 어린애로 하여금 이 볏가릿
  대의 주위를 돌면서 풍년을 들게 해 달라는 말을 해가 뜰 때까지 노래로 부르게 한다.
7) 호반현(虎班峴): 어딘지 정확히 확인이 되지는 않으나 『東國歲時記』에 의하면 서울
  도성 밖에서 석전을 하던 곳으로 만리현(萬里峴: 현재의 만리동 부근)과 우수현(牛首
  峴: 현재 남산 기슭의 후암동 지역)을 들고 있다(『東國歲時記』, "城內童竪亦效, 而爲
  之於鍾街琵琶亭等處, 城外則萬里峴·雨水峴爲邊戰之所.").

잠깐사이 승패가 나뉘고 웃음소리 일어나더라.

서울의 악소배들이 ≪성 밖의 호반현에서≫ 마을에 따라 패를 나누고, 돌멩이나 기와조각을 서로 던지는데 찌르고 치는 모습과 비슷했다. 이 싸움의 이기고 지는 것으로 그 해 여러 가지 일들의 성패를 점치곤 한다.

7

동남방으로 아침 해가 승진(承塵)[8]에 비추면
빗자루 간짓대에 매어 구석구석 쓸어내며,
사방에 꼭 닫았던 창문 처음 열어젖히고
횃대에 걸린 옷, 서안의 책가지를 정돈하도다.

≪우리 풍속에 아침 일찍 천장의 거미줄과 먼지를 털어내고 횃대며 안상 등을 정돈한다.≫

8

아이들은 동산에서 과실나무 살펴보아
돌멩이를 가져다 가지 사이로 끼워 넣네.
남쪽 복숭아, 북쪽 살구나무 새 씨를 머금으니
봄만 되면 시집가서 열매가 주렁주렁.

아이들이 작은 돌멩이를 나무 가지 틈에 끼워놓고 이름하여 '가수(嫁樹 —나무 시집보내기)'라 한다. ≪과실이 풍성하게 달리기를 기원한 것이다.≫

9

담장 남쪽에 집짓기 하마 오래더니

___

8) 승진(承塵) : 천장에 반자처럼 치고 지붕의 안쪽에서 떨어지는 먼지나 흙 따위를 받는 자리나 피륙.

명절날 택하여 살구나무 가지에 들보를 올린다네.
진사(趂社)9)날 축하하러 제비10)가 왔으니
너를 위해 내 장차 아랑사(兒郞詞)11)를 지어주랴?

민간에서는 이 날 까치집에 들보를 올린다고 말한다.

10

훈장님 공부 쉬어 아이들 나가 노니
종이 오려 연 만들고 연줄이 백 발일세.
용미(龍尾)연·쟁반연 모양도 가지가지
석양 되면 재액(災厄) 써서 멀리 날려보낸다네.

우리 풍속에 아이들이 재액을 연에다 쓰고 실을 끊어 날려보낸다.12)

11

균옹(困翁)13)은 쥐를 미워하는데 그 주둥이가 더욱 미워
횃불 들고 논두렁 태우니 그 놈 주둥이 다 타라고.

---

9) 진사(趂社) : 전통적으로 풍년을 기원하기 위해 토지신에게 제사지내는 행사. 봄에 지내는 춘사(春社)는 입춘일로부터 다섯 번째 돌아오는 무일(戊日)인데, 이날 사람들이 모여 토지신에게 제사를 지내었다. 이날 제비가 돌아온다고 하며, 추사(秋社)에는 제비가 돌아간다고 한다. 우리나라에서는 음력으로 삼월 삼일을 삼짇날이라 하여 강남으로 갔던 제비가 돌아온다고 하였음.
10) 축하하러 오는 제비 : 큰 집이 이루어지면 제비 참새가 서로 축하한다는 말이 있다(『淮南子』「說林訓」에 "湯沐具, 而蟣蝨相弔, 大廈成, 而燕雀相賀, 憂樂別也"라는 말이 있어 새 거처가 낙성됨을 축하하는 말로 쓰이게 되었음).
11) 아랑사(兒郞詞) : 상량문을 가리킴. 옛날 집을 짓는 공정에서 들보를 올리는 것이 큰 의미가 있다고 하여 상량문을 짓는 풍속이 있었다. 상량문에는 투식으로써 '아랑위(兒郞偉)'란 말이 들어가는데, '아랑위'는 여럿이 힘을 합쳐 들보를 들 때 내는 소리를 음차한 것이다.
12) 『菊圃集』에는 이 대목이 "아이들은 이날 필히 일과를 쉬게 되는데 연날리기를 한다. 연에는 용미, 쟁반 등 이름이 붙어 있는데 종이로 만든 것이다. 저녁 무렵이면 연의 뒤쪽 면에 여러 가지 재액을 써서 띄웠다가 실을 끊어 날려 보낸다"고 되어 있다.
13) 균옹(困翁) : 글자의 뜻으로 풀이하면 '곳집 늙은이'라는 말인데 부유한 농부를 가리키는 것임.

이 방법 너무도 황당함을 내 잘 아노니
균옹이여 차라리 고양이나 길러보소.

우리 풍속에 이 날 저녁에는 꼭 논두렁에 불을 놓는데 이를 '초서훼
(焦鼠喙 : 쥐 주둥이 태우기)'라고 부른다. ≪대개 쥐가 곡식을 축내는 것을
증오해서 물리치도록 비는 것이다.≫

12
날 저물면 사람들 다 동쪽 하늘 바라보니
동쪽 하늘 보름달이 쟁반처럼 둥글구나.
여기서 고로(古老)들은 많은 것을 점쳐 보니
남쪽인지 북쪽인지, 홍색인가 황색인가 자세히 보는구나.

민간에서 말하길, 보름달이 떠오르는 것이 북쪽으로부터면 산악지역
이 풍년이 들고, 남쪽으로부터면 해변지역이 풍년이 든다 하고, 달의 빛
깔이 희면 홍수가 나고 붉으면 가뭄이 들고 누러면 풍년이 든다고 한다.

13
태평성대의 밤 천가(天街)의 열두 다리
달빛 속에 생황소리 멀고 가깝게 들리는데,
도성 밖 사람들은 혁교(革橋)14)로 몰려가고
도성 안 사람들은 광통교(廣通橋)15)를 먼저 밟네.

우리 풍속에 보름날 밤이면 다리밟기[踏橋]를 하러 남녀들이 온통 몰
려나온다.

---

14) 혁교(革橋) : 서대문에서 무악재로 가는 중간에 있었던 다리 이름. 『大東輿地圖』에
   의하면 지금의 독립문 남쪽 부근에 혁교가 있는 것으로 표시해 놓고 있는데 다른 지
   도에는 석교(石橋)로 표기되어 있기도 하다.
15) 광통교(廣通橋) : 청계천에 놓여 있던 다리로, 대광통교와 소광통교가 있었다. 그 지
   역을 지금도 광교로 일컫고 있다.

14
궁궐에서 숙직하던 옛날을 떠올리니
달빛 아래 신선처럼 거닐어 비단신 향기로웠네.
금천교(禁川橋)16) 다리에서 파초(芭蕉) 은배(銀盃) 들었으니
좋은 술은 대내(大內)의 주방(酒房)에서 나눠 주신 것이었네.

대궐에서 숙직하는 신하들은 필히 금천교 위에 모이는데, ≪나는 지
난 무신년(1728) 보름날 마침 관에 숙직을 하고 있어 밤에 세자궁의 보좌
관, 승정원 주서 등 여러 사람들과 함께 금천교에서 모였다.≫ 상께서는
각각 파초잎 은배(銀杯)를 보내 주시고, 주방(酒房)에서 술을 받아 마시게
하신다. 이는 대궐 안의 고사이다.

 菊圃「上元紀俗」曰 :

藥飯蒸①紅爛似霞, 輕調嫩蜜白於花.
東京遺俗傳來久, 祭廟如今不祭鴉.

新羅炤智王上元幸天泉寺, 得烏銜書, 開視之, 書曰 : “射琴匣.” 王入
宮射之, 匣中果有人, 乃內殿焚修僧亂宮者也. 自是國俗每於是日, 以
糯飯祭烏, 藥飯之設始此, 今則用以爲祭祀賓客之需.②

其二曰 :
街頭賣暑賣爭先, 爾汝相呼謔語顚.
蕙子經寒餘凍在, 一心要買恨無錢.

16) 금천교(禁川橋) : 창덕궁 안에 있는 다리 이름. 비원 쪽에서 돈화문 쪽으로 흐르는 개
천을 금천이라 부르는데, 이 금천에 놓여진 돌다리로 창덕궁이 창건된 태종 연간에 설
치되었다.

俗必曉起賣暑, 呼人見應, 則賣之≪以爲笑謔≫.[3]

其三曰:
鍾樓鍾後走群兒, 盜壞歸來補戶遳.
回向爺孃[4]誇口語, 今年市利倍前時.

市兒必曉往鍾樓, 潛取街上土, 歸補其家戶庭, 以祈市利. ≪盖鍾樓市大利富, 小市之所慕故也.≫

其四曰:
甕裏槽頭酒氣濃, 家家晨酌要明聰.
老夫不飮非無酒, 世事紛紛故欲聾.

俗曉酌冷酒曰'明耳'.

其五曰:
村村揭芨作儲胥, 直直高竿十丈餘.
可笑癡奴强學衆, 曉頭聊且屋東於.

俗曉揭藁, 注於竿上, ≪爲儲胥≫, 祈穀.

其六曰:
虎班峴上日方昇, 惡少分曹手勢能.
飛石滿空如燕舞, 須臾定覇笑聲騰.

都下惡[5]少, 分坊約隊≪於城外虎班峴≫, 以瓦石相投, 若刺擊狀,[6]
以其勝負, 占其年凡事成敗≪云≫.

其七曰:

東南朝日照承塵, 小篛⑦登竿仰掃均.
面面初開曾塞戶, 桁衣案帙整來新.

≪俗蚤掃屋上蛛絲塵翳, 整頓橢牀.≫

其八曰:
童子翔園檢校花, 摸將石子貼枝丫.
南桃北杏芳胎暖, 新嫁春來結子多.

兒輩以小石着樹⑧枝間, 名曰'嫁樹'≪, 以祈繁實≫.

其九曰:
墙⑨南結搆已多時, 吉日爲樑⑩杏樹枝.
趂社將看賀燕至, 爲君吾作兒郎詞.

俗言鵲巢是日上樑.

其十曰:
先生免課小兒馳, 剪紙爲鳶百尺絲.
龍尾錚盤非一狀, 夕陽書厄送飛飛.

俗小兒書灾厄於紙鳶, 斷絲以送.⑪

其十一曰:
困翁憎鼠憎其喙, 籬火燒膣望喙焦.
此法吾知大迂闊, 請翁加意養烏猫.

≪鄉≫俗夕必焚膣, 名之曰'焦鼠喙'. ≪盖憎鼠爲耗而禳之也.≫

其十二曰:

向夕人皆東向望, 東方月出大如盤.
就中古老多徵驗, 南北紅黃子細看.

俗言月上從北, 稔峽, 從南, 稔海. 色白水, 紅旱, 黃穰.

其十三曰：
天街十二太平宵, 月裏笙歌近更遙.
城外人多革橋去, 城中先踏廣通橋.

俗是日⑫踏橋, 士女傾城.

其十四曰：
憶昔宮中今夜直, 群仙踏月錦靴香.
禁川橋上銀蕉葉, 淸醞分來內酒房.

禁直諸人≪是夜≫必會禁川橋, ≪余於戊申上元, 適在舘直, 夜與春坊堂后諸人會橋≫, 上各送≪御賜≫蕉葉銀盃, 取酒於酒房, ≪亦≫闕中故事也.

①蒸：『菊圃集』에는 烝으로 되어 있다.
②需：『菊圃集』에는 羞로 되어 있다.
③≪ ≫ 안은 『菊圃集』에서 보입한 것이다. 이하 마찬가지이다.
④爺孃：『菊圃集』에는 爺娘으로 되어 있다.
⑤惡少：『菊圃集』에는 年少로 되어 있다.
⑥若刺擊狀：『菊圃集』에는 若進退擊刺之, 爲決勝而後止로 되어 있다.
⑦箒：『菊圃集』에는 帚로 되어 있다.
⑧樹：『菊圃集』에는 花果로 되어 있다.
⑨墻：『菊圃集』에는 廬으로 되어 있다.
⑩楪：『菊圃集』에는 梁으로 되어 있다.
⑪『菊圃集』에는 이 대목이 "兒輩是日, 必免課弄鳶, 鳶有龍尾・錚盤等名, 以紙爲之. 向夕列書諸般災厄於鳶背, 斷絲而放之"로 되어 있다.
⑫日：『菊圃集』에는 夜로 되어 있다.

강필신姜必愼이 대보름날 풍속을 읊은 시

47

 모헌(慕軒)의 「상원기속(上元紀俗)」[1]은 이러하다.

1

동쪽 하늘 보름달 떠오를 때면

서쪽 고개 사람들 눈길 손길 바빠지네.

떠오른 달 모양 빛깔 살피는 사이

저절로 소차(小車) 시[2]를 안 읊는 이 없다네.

---

1) 刊本『慕軒集』卷2, 14b~16a 및 稿本『慕軒集』卷2, 19b~21a에「上元紀俗十四絶」
이란 제목으로 실려 있다.

2) 稿本『慕軒集』의 원주(原註)에도 나오듯이, 소차(小車)는 선조 때의 유명한 시인인
차천로(車天輅)를 가리킨다. 차천로의 부친인 차식(車軾)도 문인으로 유명하기 때문에
차천로를 소차로 일컫는다. 그의 보름달을 읊은 시에 "정월 대보름 농가에서는, 모두
들 달이 뜰 때 기다린다네. 북쪽에 가까우면 산골에 풍년, 남쪽으로 기울면 바닷가가
풍년. 달빛이 붉으면 초목이 탈까 조바심내고, 희면 홍수가 난다 두려워했는데, 둥글고
황색이라, 바야흐로 큰 풍년 들 것을 알겠구나![農家正月望, 相候月昇天. 近北豊山峽,

≪풍속에 이 날 저녁 달을 보고 그 해의 풍흉을 점치는데, 오산(五山)
차천로(車天輅)가 이를 시로 읊은 것이 있어 오늘날까지 인구에 회자된
다.3)≫

2
길거리에 인정종(人定鐘)4) 치자 풍악이 울리는데
오늘 밤 둥근 달은 몇 만 집을 비추는가?
열두 다리의 사람들 달처럼 가득찼는데
광통교(廣通橋) 앞 길이 가장 번화하구나.

≪이 날 저녁 한양의 사람들이 거의 다 나와서 다리가 있는 곳에서
노니, '다리밟기'라 부른다. 성 안에서는 광통교(廣通橋)가 특히 사람이
많이 몰린다.≫

3
서삼문(西三門)5) 바깥도 시끄러우니
신석교(新石橋)6)가 으뜸으로 이름 높다네.
반송방(盤松坊)7) 다다르면 사람들 와글와글
연향대(宴饗臺) 앞쪽은 더욱더 들썩이네.

≪이 편은 성 밖 사람들의 다리밟기를 서술한 것이니, 이날 밤 우리

差南稔海邊. 赤疑焦草木, 白怕漲川淵. 圓滿中黃色, 方知大有年]"라 하였다.
3) ≪ ≫ 안은 稿本『慕軒集』의 원주(原註)를 보입한 것이다. 아래도 마찬가지이다.
4) 인정종(人定鐘) : 밤에 통행을 금지하기 위해 치던 종을 가리키는 말. 밤 10시경에 28
번 종을 울림. 서울에서는 지금 종각의 종을 쳤던 것인데, 이날은 명절이기 때문에 통
행금지를 실시하지 않았던 것이다.
5) 서삼문(西三門) : 서울 도성의 서쪽 방향의 세 문을 가리키는 것으로 추정되는바, 서
대문·서소문·남대문을 가리키는 것으로 여겨진다.
6) 신석교(新石橋) : 서대문 밖 지금의 서대문구 합동(蛤洞)에 있던 다리. 일명 혁교(革
橋) 또는 석교(石橋)라 하였다.
7) 반송방(盤松坊) : 서대문 밖에 있던 방명.

들이 한 일을 읊었다. 혁교(革橋)와 반송지(盤松池)와 연향대(宴饗臺)는 문 밖의 승경이다.≫

4

하얀 찹쌀에 골고루 밤 대추 잣 향기로와
시루에 꿀과 함께 찌니 촉촉이 윤기 흐르네.
당초엔 신령한 까마귀 위해 지었건만
요즘 풍속 까마귀는 잊고 사람들이 먹는구나.

≪대보름의 찰밥은 신라 소지왕(炤智王) 때부터 비롯되었다. 이에 대 해서는 동사(東史)에 보인다.≫

5

말린 박나물과 고사리 실처럼 묶어
쌀과 함께 짓노라니 연기가 모락모락.
아소(芽蔬) 약식(藥食)은 부잣집 물건이라
인간 세상 진미를 나 홀로 아노라.

≪이 날 민가에선 묵은 나물을 꺼내어 흰 밥과 함께 쪄서 먹으니 대 개 풍속이다. 나물은 반드시 부뚜막 가까이 그을린 곳에 저장한다.≫

6

술꾼 영감 마누라 잔소리 늘 거리껴서
옛 약방문(藥方文) 얼듯이 겨우 얻어 마셨더니,
오늘 아침에는 가슴 열고 실컷 마시누나
까치 소리 원숭이 울음까지 자세히 들을 수 있겠지

≪대보름날 아침에 술을 마시는데, 세속에서 '귀밝이술'이라 부르니, 예부터 내려오는 귀머거리를 고치는 법이다.≫

7

더위 파는 풍속은 중국의 '마이츠[賣癡]'8)와 같아
유심히 부르면 무심히 대답하네.
더위를 팔았다 한들 진짜 판 것 아니니
다시 남의 집에 가 약밥을 얻는구나.

≪이 날 아이들이 서로 불러서 생각 없이 대꾸하는 아이가 있으면 곧
바로 "내 더위 팔았다" 하며 장난을 한다. 또 더위를 먹었던 어린아이들
은 남의 집에 가서 약밥을 빌어먹기도 한다.≫

8

볏짚 묶음 얼핏 보면 도롱이 쓴 사람 같으니
아침 일찍 뜨락에 세워둔 것이로다.
도성 백성들 말기(末技)9)를 쫓아 놀고먹지만
농민을 위해서 풍년을 기원한다네.

≪여염에서는 이날 볏짚을 묶어 뾰족하게 벼를 쌓아놓은 모양처럼
하여 장대에 매달아 세워 풍년이 들기를 빈다. 이는 본래 시골 풍속인
데 서울 사람들도 따라한다.≫

9

동산의 과일나무, 'ㅏ'자로 갈라진 곳
거위알 같은 돌을 그 사이에 끼워놓네.
꽃 피고 진 뒤에는 의당 열매 풍성하리니

---

8) 마이츠[賣癡]: 원대(元代) 고덕기(高德基)의 「平江紀事」에 의하면 송나라 때 오(吳)
  지역의 풍속에 섣달 그믐날 어린 아이들이 거리에 나와서 '매치매매(賣癡賣呆, 바보
  팔고, 멍청이 판다는 뜻)'라고 외치는데, 이는 자신의 어리석음을 남에게 떠넘기려는
  것이라고 한다. 범성대(范成大)의 악부시에 「賣癡獃詞」가 있다.
9) 말기(末技): 농업을 본(本)이라고 보는데 대해서 장사 등은 말업(末業)으로 생각하였
  다. 여기서 말기(末技)는 상거래 등 도시민들의 여러 가지 생활방식을 포괄하고 있으
  며, "유식(遊食)"은 직접적인 생산 활동에 종하사지 않음을 뜻하고 있다.

새봄 맞아 석랑(石郞)에게 시집 잘간 결과로다.

≪열매가 잘 열리지 않는 과실나무는 이날 돌멩이를 골라 가지의 갈라진 곳에 끼우는데, 이를 '나무 시집보내기[嫁樹]'라 한다.≫

10
사방의 마루와 창문에 봄기운 들면
농짝이며 자리며 먼지 털어 청소하네.
아이들 올려다보며 빗자루로 거미줄 걷고
늙은 여종 구부리고 곡식에 쌓인 먼지 터네.

≪이 날 풍속에 집안을 쓴다. 입동날에는 집집마다 곡식을 자리 아래에 넣어서 말린다.≫

11
종각 네거리 지렁이 구멍 깊어지고
베를 드리운 문전에 개미둑이 쌓였다네.
천 년 묵은 이 흙에는 금은(金銀) 기운 서렸으니
그 덕택에 쌀과 소금 듬뿍듬뿍 쌓이기를.

≪이 날 여염의 아이들이 종루거리에 몰려들어 그곳의 흙덩이를 파가지고 와서 문 밖에 뿌린다. 종루 거리는 재화가 생겨나는 곳이라 그곳의 흙을 귀하게 여기기 때문이다. 여염집의 각문(角門-小門)에 작은 베 휘장을 드리운다.≫

12
댓가지 다듬고 종이 발라 솜씨 좋게 연 만들어
실 한 줄에 바람 타고 하늘 높이 올라가니,
별처럼 아스라히 시야에서 사라지면

재성(災星)을 날려보냈다고 서로들 말하네.

≪겨울철에 아이들이 종이를 오려 연을 만들고 실을 매어 바람에 날리다가, 이 날이 되면 연 위에 재액(災厄)을 나열하여 쓰고, 실을 끊어 날려 보낸다.≫

13
기와조각·돌멩이 산기슭에 가득하고
악소배들 소리치며 입으로 나발 부네.
양국(兩局)[10]의 금령(禁令)도 헛수고로 돌아갈 뿐
해마다 석전(石戰) 하다가 죽는 사람도 나온다네.

≪이 날 도성의 무뢰배들이 호반현 위에 모여 편을 나누어 돌멩이를 모아 서로 던지며 싸우는데, 한창 싸움이 무르익었을 때는 부르짖는 소리가 땅을 울리고 이따금 사람이 죽기도 한다. 융사(戎師)가 금하여도 효과가 없다.≫

14
깍깍 우는 까치 소리 '아랑(兒郞)'을 부르는 듯
따뜻한 봄 산들바람은 들보 운반을 돕는 듯.
가난뱅이들 도무지 생계(生計)가 졸렬하여
하염없이 나무 돌며 뚫어져라 바라보네.[11]

≪이 날 까치집을 상량한다고 하며, 까치집에 까치가 들보 올리는 것을 보면 부자가 된다는 말이 있는 까닭에 어리석은 사람들은 허다히 그

---

10) 양국(兩局) : 훈련도감과 어영청을 가리킴.
11) 곧 까치가 둥지를 완성하여 상량식을 하는 것을 보면 부자가 된다는 말이 있었다는 것을 알 수 있다. 그렇기 때문에 사람들이 그 순간을 목격하려고 하염없이 지켜보고 있는 것이다.

것을 엿보려 한다.≫

 慕軒「上元紀俗」曰 :

　　東方大月上天時, 西嶺人人手眼馳.
　　看得分明形色際, 無人不誦小車詩.

≪俗於是日看月占豐歉, 車五山嘗詩之, 至今膾炙人口.≫[1]

　　街頭[2]鍾定沸笙歌, 一夜圓光幾萬家.
　　十二橋頭人似月, 廣通前路特繁華.

≪是夕士女傾城嬉遊於橋梁處, 名之曰踏橋. 城內則廣通橋特盛.≫

　　西三門外不寥寥, 第一名橋新石橋.
　　直到盤松人擾擾, 宴臺南畔[3]更招搖.

≪此一疊別敍城外人踏橋, 仍述是夜吾輩事也. 革橋・盤松池・宴饗臺, 門外勝境.≫

　　細果甛香白粒勻,[4] 甄籠炊[5]蜜潤生津.
　　當時與作神烏食, 近俗遺烏只飼人.

≪上元糯飯, 自新羅炤智王始. 事見東史.≫

　　乾瓢細蕨簇如絲, 拂拂煙煤幷粒炊.
　　芽蔬藥食豪家物, 眞味人間我獨知.

≪是日閭家發陳蔬, 和白飯蒸食, 盖俗也. 蓄蔬, 必於近灶煤處.≫

酒老常嫌婦有言, 辛勤撿得古方文.
今朝始許開懷飲, 鵲噪猿鳴子細聞.

≪上元是朝飲酒, 俗号明耳. 盖古治聾法.≫

賣暑遺風同賣癡, 無心相應有心喚.
終然賣去賣非眞, 更向人家乞藥飯.

≪是日兒童相呼喚, 率爾有應者, 輒曰賣我暑, 以爲戲. 又小兒傷暑者, 乞人家藥飯喫.≫

穗芨乍看如笠翁, 朝來植立屋庭中.
都民末技皆遊食, 猶爲農人祝歲豊.

≪閭家於是日縛藁爲芨, 如積稻狀, 注竿竪之, 以祈穀, 此鄉俗也, 而京人效之.≫

園木交柯丫樣長, 團團鵝卵着中央.
芳華晚節偏宜子, 好是新春嫁石郎.

≪果木實不繁者, 於是日取石子, 貼之枝間丫處以禳之, 名曰嫁樹.≫

面面軒窓始放春, 箱籠几席打鋪新.
稚兒仰箒承蛛網, 老婢低頭掃穀塵.

≪俗於是日, 掃室宇. 入冬, 人家裝穀於席下, 以取燥.≫

鐘閣街衢蚓竅深, 布簾門巷蟻封添.
千年朽壤金銀氣, 願借餘光作米塩.

≪是日之曉, 閭閻小兒, 坌集于鍾街上, 拱取其一團土, 歸而布之門
閭之外. 鍾街興貨之地, 取其土, 貴之也. 閭家角門, 垂小布幔.≫

裁筠刻楮巧成形, 一縷乘風入紫冥.
點點星流看減沒, 兒童爭道送災星.

≪冬來兒曹剪紙爲鳶, 絲係而風飛之. 至是日, 列書災厄于紙面, 斷
絲颺去之.≫

拋甎飛石滿山坡, 惡少騰呼口作螺.
兩局出禁禁不得, 年年賭勝殺人多.

≪是日都下無賴之徒群聚於虎班峴上, 分曹列陳礫石, 相投石, 酣戰
之際, 呼聲振地, 往往殺人, 戎師禁之不得.≫

喈喈聲若唱兒郎, 暖日輕風助擧梁.
貧人到底謀生拙, 繞樹千回望眼張.

≪俗言是日鵲巢上梁, 上梁之際, 人或覘之則致富云. 故癡人多覘之.≫

① ≪ ≫ 안의 내용은 稿本『慕軒集』에 달린 原註를 보입한 것이다. 이하 마찬가지
　　이다.
②頭:『慕軒集』에는 樓로 되어 있다.
③宴臺南畔: 원문에는 宴南臺畔으로 되어 있으나『慕軒集』에 의거하여 바로잡았다.
④勻:『慕軒集』에는 均으로 되어 있다.
⑤炊: 원문에는 煩으로 되어 있으나『慕軒集』에 의거하여 바로잡았다.

강박_{姜樸}이 한식날 풍속을 읊은 시

48

 국포(菊圃)의 「한식기속(寒食紀俗)」[1]은 이러하다.

1
한식날 동풍 불어 온갖 새들 노래하고
길가에 늘어진 버들가지 파릇파릇.
이름난 정원에선 꽃과 나무 가꾸는데
옮겨 심고 접붙이기, 한식 전후 사흘이 적기라네.

무릇 꽃을 심고 과목(果木)을 접붙이는 것은 필히 한식 사흘 전후에
해야 한다.

---

1) 『菊圃集』 卷5, 14b~15b에 실려 있다.

2

푸르른 언덕 위에 누런 송아지 졸고
흐드러진 살구꽃, 비둘기 우는 소리.
보리밭 둘러보고 저물녘 돌아오던 전옹(田翁)이
달 앞에 뜬 삼성(參星)²⁾을 웃으며 가리키네.

농가에서는 한식날 저녁에 달 앞에 삼성(參星)이 떠 있으면 그 해에
풍년이 든다고 말한다.

3

시어궁(時御宮)³⁾에서 향축홍봉(香祝紅封)⁴⁾ 받아다가
헌관(獻官)들 정문 가운데로 받들고 나오누나.
태상시(太常寺)⁵⁾는 이 날에 생뢰(牲牢)⁶⁾ 두루 마련하니
왕릉과 조묘(祧廟)⁷⁾마다 제사를 올리도다.

4

푸른 산에 진달래가 온통 활짝 피었는데,
모두들 성묘 가서 집에는 사람 없네.

---

2) 삼성(參星) : 이십팔수(二十八宿)의 하나로 세 개의 별로 되어 있어 삼형제별이라 하
   기도 한다.
3) 시어궁(時御宮) : 임금이 현재 거처하는 궁전
4) 향축홍봉(香祝紅封) : 향축은 제사에 쓰는 향과 축문. 홍봉은 그것을 붉은 통에 담은
   것. 나라에서 임금을 대신하여 능이나 묘에 제를 드릴 때 예관(禮官)에게 휴대하고 가
   도록 내려 줌.
5) 태상시(太常寺) : 국가에서 행하는 제례(祭禮)를 주관하고 왕의 시호와 묘호 등의 제
   정을 담당하던 관부. 고려 전기에 설치되었다가 그 이후에 태상부(太常府) 혹은 봉상
   시(奉常寺), 전의시(典儀寺)로 명칭이 바뀌었다.
6) 생뢰(牲牢) : 제사에 바치는 산 희생물. 소나 양, 돼지 등을 생(牲)이라 하고, 우리에
   매어두고 기르는 것은 뢰(牢)라고 한다(『詩經』「小雅」「瓠葉」「序」에 "上棄禮而不能
   行, 雖有牲牢饔餼, 不肯用也"라는 구절에 다음과 같은 전(箋)이 있다. "牛·羊·豕爲
   牲, 繫養者曰牢.").
7) 조(祧) : 먼 조상을 모신 사당. 『禮記』「祭法」에 "天下有王, 分地建國, 置都立邑, 設
   廟·祧·壇·墠而祭之. …… 遠廟爲祧"라는 설명이 있다.

묘제(墓祭)를 파했어도 동풍에 보리밥 안 뿌려서
석양에 갈까마귀 속절없이 빙빙 돌 뿐.

우리나라 풍속에 한식날 묘제를 지낼 때는 보리밥을 쓰지 않는다.

 菊圃「寒食紀俗」曰:

寒食東風百鳥喃, 陌頭楊柳綠毶毶.
名園多少栽花譜, 爭趂前三與後三.

凡栽花接木, 必用寒食前後三日.

其二曰:
隴草茸茸黃犢眠, 鵓鳩啼滿杏花天.
田翁看麥歸來晚, 笑指昏參在月前.

農家言, 寒食夕, 參在月前則穰.

其三曰:
香祝紅封時御宮, 獻官擎出正門中.
太常今日牲牢廣, 幾處祧陵祭祀同.

其四曰:
靑山開遍杜鵑花, 上墓諸人少在家.
祭罷東風無灑麥, 夕陽空有繞墦鴉.

東俗, 寒食不用麥飯祭墓.[1]

①『菊圃集』에는 이 대목이 "東俗, 寒食祭墓, 不用麥飯"이라 되어 있다.

모헌(慕軒)의 「한식기속(寒食紀俗)」은 이러하다.1)

1
동지부터 양(陽) 기운 생겨난 지 백오일 째2)
일춘 가절(一春佳節) 이 날이 한식이라.
우리 풍속 예로부터 밥 짓는 걸 안 금하니
농부는 진작 보리밟기 마쳤다네.

2
하조(夏曹)3)의 당직이 '새 불'을 바쳐서

---

1) 稿本『慕軒集』卷2, 16a~17a에 「寒食紀俗五絶」이라는 제목으로 실려 있다.
2) 동지는 양력으로 12월 22일 경이어서 한겨울인데, 이때 비로소 양 기운이 생긴다고
   생각하였다. 그리하여 이 날로부터 105일이 되는 날을 한식이라 하는데 한식은 양력으
   로 대개 4월 5일이 된다.

버드나무에 연기 피자 궁중이 따뜻해지네.
이 불을 밀초에 나누어 붙여서
일시에 흩어지면 대신(大臣)들 댁으로 들어가네.

3
주홍색 피통(皮筒)이 태상시(太常寺)에서 나가고
사관(祠官)이 뒤를 따라가니 벽제(辟除) 소리 높구나.
동조(東曹)4)의 명첩에 이름 오름 특별하니
오늘은 왕릉과 조묘(祧廟)에도 향화가 오르리라.

4
정원사는 봄이 오면 바빠질 것 생각하여
평상에서 곽탁타(郭槖駝)5)의 비법을 점검하네.
한식날 전후 사흘 사이에
접붙이고 모종내느라 바쁘다네.

5
봄날 조상을 추모함이 자손의 마음이니
끝없이 핀 꽃 지금 감회 새롭구나.
한 해에 한 번씩 성묘를 하는데
산소 가는 옛 길에 꽃이 벌써 지는구나.

≪풍인(風人)의 시어(詩語)에 세속의 풍속을 섞어 지었으니, 그 뜻은 석호(石湖 : 范成大)와 방옹(放翁 : 陸游)과 같고, 그 법은 궁사(宮詞)와 죽지가(竹枝歌)를 사용한 것이다.6)≫

---

3) 하조(夏曹) : 병조의 별칭. 한식날에는 내병조에서 버드나무를 비벼 채화를 하여 임금에게 올리면 임금은 그 불씨를 궁정의 여러 관서와 대신들에게 나누어 주는 풍속이 있었다.
4) 동조(東曹) : 예조의 별칭. 사묘나 능원(陵園)에 대한 제사 절차를 예조에서 담당하였다.
5) 곽탁타(郭槖駝) : 당(唐)나라 때 장안에서 나무와 꽃을 잘 가꾸기로 유명한 인물. 유종원의 작품에 「種樹郭槖駝傳」이 있는데, 곽탁타가 나무와 꽃을 잘 가꾼 묘방을 그린 내용이다.

慕軒「寒食紀俗」曰：

1

冬至陽生百五日, 一春佳節名寒食.
國俗由來不禁煙, 農夫先時已埋麥.

2

夏曹當直供新火, 宮柳煙淸御氣溫.
傳與所司分蠟炬, 一時散入大臣門.

3

朱漆皮筒出太常, 祠官殿後辟除長.
東曹命帖塡差別, 今日祧陵亦上香.

4

園叟春來將有事, 床頭點勘橐駝方.
斷煙前後三朝暮, 接木蒔花也自忙.

5

春天雨露子孫心, 漠漠遙華感有今.
一歲一番來灑掃, 古埏荒徑落花深.

≪風人之語, 雜以俚俗, 其義則石湖·放翁, 其法則用宮詞·竹枝歌云.≫[1]

① ≪ ≫ 안은 **稿本『慕軒集』**의 원주를 보입한 것이다.

---

6) ≪ ≫ 안은 稿本『慕軒集』의 원주를 보입한 것인데, 「寒食紀俗」뿐만 아니라 앞에
   서 나온 「元朝紀俗」과 「上元紀俗」도 아울러서 논평한 말로 보인다.

강박_{姜樸}과 이중환_{李重煥}이 시를 논함

50

옮김譯 국포(菊圃 : 姜樸)와 청담(淸潭 : 李重煥, 1690~1752)이 더불어 시를 논했는데 그 내용은 후생들에게 지침이 될 만한 것이었다.[1] 국포가 말하기를 "시도(詩道)는 청광(淸曠)을 귀하게 여기나니, 청광에 도달한다면 거의 화경(化境)[2]이라 이를 것이다. 웅건(雄健)은 거론할 것이 없으니, 더구나 청광의 광(曠)자에 이미 웅건의 뜻이 포괄되어 있음에랴! 참으로 청광(淸曠)의 경지에 도달한다면, 웅건(雄健)하지 않다고 걱정할 필요가 없다"라 하였다.

이에 청담은 다음과 같이 말했다.

---

1) 이현환(李玄煥, 1713~1772)의 『蟾窩雜著』에도 "시인학두변(詩人學杜辨)"이라는 제목으로 비슷한 내용이 실려 있다(『近畿實學淵源諸賢集』 卷6, 275ab).
2) 화경(化境) : 원문은 '化之'로 나와 있는데 『孟子』에서 성인의 공능을 가리켜 '大而化之'라고 표현하였다. '化之'는 인간의 능력이 저절로 최고의 경지에 이름을 뜻한다. 여기서 '化境'으로 번역을 하였는데 화경이란 자연의 정묘한 경계로서 예술에서 도달할 수 있는 최고의 경지를 이른다.

웅건(雄健) 두 글자는 청광(淸曠) 두 글자의 바깥 껍질[外膜]이다. 예로부터 시인들은 많이들 이 웅건(雄健)에 속임을 당하여 일생 동안 미혹되어 한 걸음도 나아가지 못한 채, 평생을 취생몽사(醉生夢死)로 지냈다. 이 점은 송(宋)·명(明)시대 여러 문인들이 두보(杜甫)를 배우면서 범한 과오이다. 『시경(詩經)』이나 「고시십구수(古詩十九首)」3)는 말할 것도 없거니와, 두보의 시집을 두고 말하더라도, 옛 사람들이 가구(佳句)라고 일컬은 작품은 어찌 웅건(雄健) 가운데 청광(淸曠)한 것이 아니었으랴? 대개 두시(杜詩)의 전체는 웅건(雄健)하면서도 그 아름다운 곳은 매양 청광(淸曠)에 있으니, 웅건(雄健)의 본색이 홀연 청광(淸曠)과 더불어 경계가 서로 만나, 하늘에서 오고 신령이 주신 듯, 드디어 절창(絶唱)을 이룬 것이다. 그 본색이 웅건(雄健)하더라도 청광(淸曠)의 경계를 얻지 못하면, 우수한 자는 두시의 평범한 곳만 배워서 시를 짓고, 열등한 자는 두시의 극히 졸렬한 곳만 배워서 시를 짓게 된다. 비록 우열에 따른 차이가 있긴 하지만, 한결같이 웅건하기만 하고 청광하지 못한 데서 벗어나지 못한다.

저들이 웅건(雄健)이란 한 껍질을 넘어서면, 또 청광(淸曠)의 층위에 도달하게 되는데, 비록 두보(杜甫)라도 빈번히 도달하지는 못하였으니, 하물며 두보를 배우는 자들이야 쉽게 도달할 수 있겠는가! 이런 까닭으로 송(宋)나라 이후 두보를 배우는 자들은 끝내 두보의 청광(淸曠)을 얻지 못하고, 어쩔 수 없이 두보의 졸루(拙陋)한 데에 귀착되고 말았다. 일생토록 힘써도 고인의 아름다운 시의 경지에 도달할 수 없었던 것은, 오직 두보가 넘어서기 힘든 고개가 되었기 때문이었다. 두보를 배운 자들도 오히려 이와 같았거늘, 하물며 두보를 배운 소(蘇)·황(黃)·진(陳)·육(陸)4)을

---

3) 고시십구수(古詩十九首): 양(梁) 소명태자(昭明太子)가 편한 『文選』의 "잡시(雜詩)"류에 속한 열아홉 수의 오언시인데, 한 사람이 유기적으로 지은 작품은 아니다. 그 내용은 떠나간 연인이나 남편을 그리워하거나, 인생의 부질없음을 노래하는 작품이 많다. 후대에 오언고시의 전범으로 받들어졌다.

4) 소(蘇)·황(黃)·진(陳)·육(陸): 송나라 때의 대표적인 시인들인 소식(蘇軾), 황정견(黃庭堅), 진여의(陳與義), 육유(陸游)를 가리킨다.

다시 배운 이들에 있어서야 더 논할 것이 있겠는가? 이와 같이 하면서 억지로 '두보의 골격을 얻었다, 두보의 정수를 얻었다'라 말하며 서로 자랑하고 치켜세우니, 스스로를 속일 뿐 아니라 남까지 오도(誤導)하려는 것이다. 인간이란 살아 움직이는 영물이다. 어찌 오래도록 끝내 깨닫지 못하고 있겠는가!

내 말을 믿지 못하겠으면, 『시경』 삼백 편을 한번 읽어 보라. 말이 극히 맑고[淸], 뜻이 그야말로 툭 트였으니[曠], 웅건(雄健)을 논할 곳이 어디 있는가! 국풍(風)과 아(雅)는 한결같이 깨끗하여, 구벽(球璧 : 아름다운 옥)과 같으면서 흥을 붙인 것이 극히 고원(高遠)하다. 오직 송체(頌體)는 질박(質朴) 홍대(弘大)하지만, 간결하면서 적당하고 옛스러우면서 심오해서, 애당초 웅건(雄建)하고 호방(豪放)한 의미는 없다. 「고시십구수」로 말하면 편편마다 구절구절마다 일자(一字) 일획(一劃)이 절등하게 맑고 툭 트이지 않음이 없으되 단지 시대의 풍기가 주(周)나라로부터 점차 떨어진 때문에 그 지나치게 툭 트인 곳은 훨훨 날아오르고 마구 달려서 제어할 수 없이 되기도 한다. 외면으로 보면 약간 웅건한 듯하고 약간 호방한 것 같기도 하지만, 그러나 이와 같은 곳은 이른바 쥐와 옥, 붉은색과 자주색을 구분하는 것5)과 같아서, 정치한 마음과 지혜로운 눈이 아니면, 그 미묘한 곳을 분별하기 쉽지 않다.

금화(金華)는 말하기를 "고문(古文)은 한유(韓愈)에 와서 망했다"6)라 하

---

5) 『尹文子』에 다음과 같은 이야기가 실려 있다. 정(鄭)나라 사람은 다듬지 않는 옥을 "박(璞)"이라 하는데, 주(周)나라 사람은 말리지 않은 쥐 고기를 "박(璞)"이라 하였다. 주나라 사람이 말리지 않은 쥐를 가지고 정나라 상인에게 "박(樸)"을 사겠느냐고 묻자, 정나라 상인이 응낙하였다가, 실물을 보고 거절하였다고 한다. 여기서는 말로는 알 수 없고 제대로 실물을 보아야만 알 수 있는 상황을 비유하기 위해 쓰였다. 또, 공자는 간색(間色)인 자주색이 정색(正色)인 붉은색[朱色]을 빼앗는 것을 미워한다고 말한 바 있다(『論語』「陽貨」: 子曰 : "惡紫之奪朱也, 惡鄭聲之亂雅樂也, 惡利口之覆邦家者.").
6) 명(明)나라 사람인 하경명(何景明, 1483~1521)의 『大復集』의 부록으로 실린 「行狀」에서 그의 지론이 "文靡于隋, 韓力振之, 而古文亡於韓; 詩弱于陶, 謝力振之, 而古詩亡於謝"였다고 증언하고 있으며, 실제로 이 말은 하경명이 한 것으로 많이 알려져 있다. 금화(金華)는 명나라 초기의 대표적 문신인 송렴(宋濂, 1310~1381)을 가리키는데,

는데, 나는 "고시(古詩)는 두보에 와서 망했다"고 말하겠다. 여러분들은 진(陳)·육(陸)은 차치하고 논할 것 없이 우선 두보부터 제쳐두고 편히 나간즉, 길이 이미 달라지고 문호가 스스로 구별이 되어, 곧바로 『시경』 삼백 편과 「고시십구수」의 진수를 계승해서 넓고 넓은 천지에서 한가롭게 자유자재로 노닐 수 있고, 저마다 천분을 따라서 그 그칠 데에 그치고, 또한 지금까지의 구애되고 악착스러운 태도가 없게 될 것이다. 그래도 반드시 점잖은 의관과 옥패를 버리고, 굳이 전립(氈笠)을 쓰고 갓끈을 늘인 채 긴 창과 큰칼을 들고 싶어 한다면, 내 말을 도외시해도 좋다.

 菊圃與清潭論詩, 可作後生指南. 菊圃曰 : "詩道貴清曠, 到此則幾化之矣, 雄健非所論也, 況曠字已包雄健者耶! 苟到清曠地位, 不雄健, 不足憂也."

清潭曰 : 雄健二字, 清曠二字之外膜也. 自古詩人多被這雄健所欺, 一生迷着, 不能向上進一步, 仍以夢死於百年中, 此則宋明諸公學杜之過也. 三百篇十九首尚矣, 只就少陵一部言之, 古人所謂佳句, 何嘗不雄健中清曠也? 盖杜之全體雄健, 即其佳處每在清曠. 雄健本色, 忽與清曠, 境界相值, 天與神授, 遂成絶唱. 其本色雄健, 未得境界清曠, 則優者爲杜之平平處, 劣者斯爲杜之極拙處, 雖有優劣之異, 槩不出徒雄健未清曠者也.

彼逾雄健一膜, 則又到清曠層. 雖老杜不可多得, 況學杜者, 其可易爲乎! 是故宋後學杜者, 終不得杜之清曠, 則不得不歸宿於杜之拙陋, 而一生到不得古人佳處者, 只由杜爲之嶺也. 學杜者猶如此, 況學學杜者如蘇、黃、陳、陸輩, 尚何論哉! 如此, 强謂之曰 : '得杜骨, 得杜髓' 以相煦濡, 不但自欺, 又欲誤人. 人是活變靈物也, 何能久而終不覺得乎!

謂余不信, 試看三百篇, 但見語極清而意極曠耳, 有何雄健之可論乎!

송렴도 이런 말을 했는지는 미상이다. 아마도 착각이 있었던 것으로 보인다.

諸風與雅, 俱潔如球璧, 而興寄極遠. 獨頌體雖質朴弘大, 猶簡當古奧,
元無雄豪健踔之意. 十九首則篇篇句句, 一字一劃, 無不絶淸而絶曠.
只世代稍降於周, 故其太曠處, 翩擧逸出, 橫不可制者. 外面看之, 微似
雄健, 微似豪踔. 然此等處, 正所謂鼠璞朱紫之分, 非精心慧眼, 未易卜
別其微眇也.

　金華謂 : "古文亡於昌黎." 余謂 : "古詩亡於少陵." 諸君子且置陳·
陸不論, 先從少陵, 撤去安下, 則歧路旣異, 門戶自別, 可以直紹三百·
十九之旨, 而納納乾坤, 又可優游自在, 各隨天分, 止於其止, 又無向來
拘束齷齪之態也. 其必欲舍冠冕玉佩, 而爲氈笠曼纓, 長槍大刀, 則請
置此於度外.

<h1 style="text-align:center">강석^{姜樉}이 지은 서울의 팔경시_{八景詩}</h1>

51

우헌(寓軒) 강석(姜樉, 1669~1718)[1] 공은 자(字)가 중미(仲美)이고 나의 고조인 대성공(大成公)[2]의 셋째 아들이다. 숙종·경종 사이에 세상에서 우리 가문의 삼문장을 일컬었는데 곧 우헌과 국포(菊圃)와 모헌(慕軒)을 가리킨 것이다. 우헌의 문학은 웅심(雄深)하고 왕양(汪洋)하여 더욱 세상에서 존중을 받았다. 여력(餘力)이 미치는 바로써 또한 시문(時文)[3]을 잘하여, 의책(義策)[4]과 이문(吏文)[5]이 모두 성인(聖人)의 경지에 이

---

1) 강석(姜樉): 『晉州姜氏大同譜』(1994)에 따르면, 1708년 생원시에 합격하였으며, 문집이 있었다고 전한다.
2) 대성공(大成公): 강석빈(姜碩賓, 1631~1691). 1662년 문과 급제하여 동부승지·대사간 등을 지냈다. 남인의 중진이면서도 인현황후의 폐위를 반대하였다.
3) 시문(時文): 당세에 쓰이는 글이나 유행하는 문체를 가리키는 말. 과거시험에 쓰이는 문체도 시문으로 일컬어졌다.
4) 의책(義策): 한문 산문의 일종으로 경의(經義)와 책문(策問)을 가리키는데, 이들은 과거 시험에 보이는 글의 종류 중에 들어가 있었다.
5) 이문(吏文): 우리나라에서 중국과 주고받는 문서에 쓰던 특수한 문체로서, 자문(咨文)·서계(書契)·관자(關子)·감결(甘結)·보장(報狀)·제사(題辭) 등에 쓰였다.

르렀다고 일컬어졌으며, 시 또한 농섬(醲瞻)하고 전아(典雅)하여 대가의
솜씨에 부끄러움이 없었다. 그러나 공은 이를 자부하지 않았다.

그의 작품에 「한도팔경시(漢都八景詩)」[6]가 있는데 다음과 같다.

「기전산하(畿甸山河)」

하늘이 마련한 웅도(雄都), 땅의 정기 끌어 모아
경기(京畿)는 안팎으로 산과 강이 둘러쌌도다.
동북으로 화산(華山)[7]은 겹겹이 험고(險固)하고
서남으로 발해(渤海)는 만리의 물결이라.
말릉(秣陵)의 용호(龍虎)[8]는 장려함을 겸하였고
함곡(函谷)[9]의 풍운(風雲)이 다시 에워쌌구나.
지리(地利)만 따져서 형승을 논하지 말라
지금의 성덕(聖德)이 태평성대 이루셨다네.

「도성궁원(都城宮苑)」

---

6) 한도팔경시(漢都八景詩): 이조시대로 와서 서울이 수도로 정해지면서 정도전이 「新
   都八景詩」를 지은 바 있고, 성종 때 서거정·강희맹 등이 「漢都十詠詩」를 지은 바 있
   다. 「新都八景詩」의 제목은 기전산하(畿甸山河), 도성궁원(都城宮苑), 열서성공(列署
   星拱), 제방기포(諸坊碁布), 동문교장(東門敎場), 서강조박(西江漕泊), 남도행인(南道行
   人), 북교목마(北郊牧馬)이고, 「漢都十詠詩」의 제목은 장의심승(藏義尋僧), 제천완월
   (濟川翫月), 반송송객(盤松送客), 양화답설(楊花踏雪), 목멱상화(木覓賞花), 전교심방
   (箭郊尋芳), 마포범주(麻浦泛舟), 흥덕상련(興德賞蓮), 종가관등(鍾街觀燈), 입석조어
   (立石釣魚)이다.
7) 화산(華山): 원래 중국의 오악(五嶽)의 하나. 오악은 서쪽의 화산, 북쪽의 항산(恒山),
   동쪽의 태산(泰山), 남쪽의 형산(衡山,) 중앙의 숭산(崇山)이다. 여기서 화산은 삼각산
   (三角山)의 별칭으로 쓰였다.
8) 말릉(秣陵)의 용호(龍虎): 원래 말릉은 중국 남경(南京)의 별칭인데, 여기서는 수도
   서울을 가리키고 있다. 용호는 풍수설에서 '좌청룡(左靑龍) 우백호(右白虎)'의 준말.
   동쪽으로 감싸고 있는 산줄기를 청룡, 서쪽으로 감싸고 있는 산줄기를 백호라 말한다.
9) 함곡(函谷): 본래 중국의 수도인 장안(長安)에 함곡관(函谷關)이 있어 방어의 요새가
   되었는데, 여기서는 서울의 관문을 가리킨다.

천 년의 상서로운 기운, 장안(長安)에 비길 만하고
북극성이 자리잡으니 자청(紫淸)10)이 가깝도다.
별자리 함께 돌아 쌍봉궐(雙鳳闕)11)이요
천지가 감싸 안아 구중성(九重城)인데,
봉래산에 봄이 오니 아지랑이 일어나고
창합(閶闔)12)이 맑게 개자 일월(日月)이 밝더라.
임금께서는 본래 토계(土階)13)를 숭상하시니
이 연못 이 누대, 백성의 정이 표현된 것인 줄 알겠구나.14)

「종가관등(鍾街觀燈)」

불탄일(佛誕日) 밤 노닒은 옛적 풍속 그대론데
봄빛 한창 도성에는 어딘들 등불을 안 밝혔으랴?
불빛이 신록에 흔들려 은화(銀花)15)와 한가지요
그림자 누대에 어지러운데 벽월(璧月)16)이 떠오르네.
대로변에 바람이 산들산들, 불꽃은 용처럼 꿈틀대고
집집마다 맑은 안개 학(鶴)처럼 하얀 연기 피어오르네.
태평성대 맞아서 번화하고 거룩하니
우습구나, 가마 타고 광릉(廣陵)으로 향하던 옛일.17)

---

10) 자청(紫淸) : 신선이 산다는 경지 또는 천상의 궁전을 가리킨다.
11) 쌍봉궐(雙鳳闕) : 궁궐을 가리키는 말.
12) 창합(閶闔) : 천상에 있는 궁궐문. 곧 궁성을 가리킨다.
13) 토계(土階) : 요임금이 궁전을 소박하게 만들어 흙계단[土階]이 삼척에 불과하였다는
    말이 있다.
14) 『孟子』「梁惠王」에 주(周)나라 문왕(文王)이 선정(善政)을 펴자, 백성들이 자발적으
    로 와서 영대(靈臺)와 영소(靈沼)를 짓는데 참여 했다는 이야기가 나온다.
15) 은화(銀花) : 등불의 별칭. 중국 당대(唐代) 소미도(蘇味道)의 「正月十五夜」詩에, "火
    樹銀花合, 星橋鐵鎖開"라 하였다.
16) 벽월(璧月) : 달을 아름답게 표현한 말.
17) 광릉(廣陵) : 광릉은 중국 양주(揚州)의 별칭. 여기의 구절은 양주와 관련된 두목(杜
    牧)의 고사를 원용한 것으로 보인다. 이곳은 장강(長江)과 대운하가 교차하는 곳이어
    서 예로부터 번영을 누린 도시였는데, 당나라 때 유명한 시인 두목이 양주에 가서 수
    레를 타고 지나가니 길가의 다락에서 여인들이 귤을 던져 수레에 귤이 가득 찼다는

「전교목마(箭郊牧馬)」[18]

> 십 리 둘레 담장으로 들 빛이 나누어졌는데
> 넓은 벌에 기르는 말, 절로 무리를 이뤘구나.
> 천 마리 망아지 풀 뜯으니 비단을 펼쳐 놓은 듯
> 만 마리 말떼가 언덕에서 노니는데 구름이 움직이는가.
> 가을 새벽 언덕에서 부르짖으며 용의 갈기 떨치고
> 한낮에 맑은 시내에서 목욕하니 봉의 깃처럼 화려하여라.
> 시객(詩客)의 목마(牧馬) 노래[19] 들어 보라,
> 월굴(月窟)에서 구태여 말 구하러 멀리 가랴?[20]

「서강조박(西江漕泊)」[21]

> 한낮의 서호(西湖)에 조운선이 정박하니,
> 팔도의 곡식들 이 물가로 실려 오네.
> 구름같이 쌓인 흰 쌀, 천 수레로 운반하고
> 황룡(黃龍)이 보낸 바람, 만 척 배를 움직이네.

이야기가 전한다.

18) 전교목마(箭郊牧馬) : 전교는 지명으로 살곶이[箭串]를 가리킴. 이곳에 나라의 목장이 있었다. 『東國輿地勝覽』「箭串」조에 "국도의 동교(東郊)인데, 그 지역이 평탄하고 넓으며 수초가 매우 풍요하다. 둘러서 우리를 만들고 국마(國馬)를 기르는데 34리나 된다"라 했다.

19) 목마(牧馬) : 원문은 내빈(騋牝). 말을 가리키는 단어. 『詩經』「鄘風」「定之方中」의 "騋牝三千"에서 유래했다. 『周禮』「夏官」「庾人」에 따르면, "8척 이상의 말을 '용(龍)'이라 하고, 7척 이상의 말을 '래(騋)'라 하고, 육척 이상의 말을 '마(馬)'라 한다"고 했다. 빈(牝)은 암말을 뜻한다.

20) 월굴(月窟)에서~멀리 가랴? : 월굴(月窟)은 천마(天馬)가 나왔다고 하는 대완(大宛) 지역을 가리킨다. 중국에서 명마를 구하기 위해 이곳으로 사람을 많이 보냈다. 여기서는 바로 도성 가까이에 훌륭한 목마장이 있으니 구태여 먼 곳까지 가는 고생을 할 필요가 없다는 뜻으로 쓰였다. (李白, 「天馬歌」: "天馬來出月氏窟, 背爲虎文龍翼骨. 嘶靑雲振綠髮蘭, 筋權竒走滅沒士.")

21) 서강조박(西江漕泊) : 서강은 마포 하류를 이르는 말로 일명 서호(西湖). 현재 마포구 창전동 일대. 각 도에서 올라오는 세곡과 대동미를 실은 선박이 모두 이곳에 닿았으며 선혜청(宣惠廳)의 창고가 있었다.

강가에 가득한 높은 돛대 나무들과 나란하고
큰 배들 나루 못 찾아 안개 속에 헤매누나.
다시금 양후(陽侯)[22]에게 호송을 부탁해도
파도는 해문(海門)[23] 앞에서 잠자지 않네.

「동문교장(東門敎場)」[24]

십리 평평한 들판에 갑옷이 번쩍번쩍
수많은 용사들 모랫벌에 정렬하네.
갖가지 깃발들은 청산(靑山)을 빙 둘렀고
요란한 금고(金鼓) 소리 녹수(綠水)에 닿는구나.
용사(龍蛇)[25]로 진(陳) 합하니 비바람 어둑어둑
아관(鵝鸛)[26]으로 영(營) 열리니 귀신도 도망가네.
(일곱 자 누락―원주)
훈련은 구벌(九伐)[27]의 공훈을 기약함이라.

「제천완월(濟川翫月)」[28]

높은 정자 한강수를 굽어보는데
강물 위로 달이 뜨자 만리가 다 가을일세.

---

22) 양후(陽侯) : 수신(水神)을 가리킨다.
23) 해문(海門) : 강이 바다와 만나는 곳. 여기서 해문은 한강과 임진강이 만나 황해로 들
    어가는 지역을 가리키는데 이곳은 손돌목이라 하여 물길이 험한 곳으로 유명했다.
24) 동문교장(東門敎場) : 동대문 옆에 있는 훈련장. 한양 동남쪽의 훈련원(訓練院)을 말
    하는 것으로 보인다.
25) 용사(龍蛇) : 군진(軍陣)의 이름으로, 일명 장사진(長蛇陣)을 말한다.
26) 아관(鵝鸛) : 군진(軍陣)의 이름으로,『左傳』「昭公 21年」에 나오는 정편(鄭翩)의 기
    사에서 유래하였다.
27) 구벌(九伐) : 본래 아홉 종류의 죄악에 대한 토벌을 뜻하는 말이었으나, 후대에는 정
    벌(征伐)의 뜻으로 사용되었다.
28) 제천완월(濟川翫月) : 제천정의 달구경. 제천은 한강 북쪽에 있는 제천정(濟川亭)을
    말하며 절승(絶勝)으로 유명하여 중국 사신들이 즐겨 찾았다고 한다.『東國輿地勝覽』
    참조

하늘은 물결 따라 오르내리는 듯
산은 강 속에 떴다 가라앉았다 하는 듯.
모래사장 잘 바랜 명주 같아 햇빛이 어른거리고,
유리처럼 맑은 수면 넓디넓어 그 끝을 모르겠네.
이 몸이 망망히 항해(沆瀣)29) 속에 있으니
맑고 툭트인 경치 경루(瓊樓)30)에 다다른 듯.

「반송송객(盤松送客)」31)

도성 밖 큰길 옆의 반송지에는
전별하는 수레와 말들 날마다 머물러있네.
다리 머리 풀 섶에 앉아 깃발을 세워 두고,
물가에서 잔치 열어 술잔을 권한다네.
헤어질 때 은근히 보검을 주기도 하는데32)
이별 노래33) 서글퍼 아쉬움만 더하누나.
반송(盤松)은 장대류(章臺柳)34) 아니거늘
해마다 꺾어서 반 너머 상했구나.

---

29) 항해(沆瀣) : 본래 밤이슬을 뜻하는 말로, 전설에 신선이 먹는다고 하는데, 선계(仙界)
  를 뜻하기도 한다.
30) 경루(瓊樓) : 옥으로 장식한 궁전을 뜻하는 말로, 달 속에 있다고 한다.
31) 반송송객(盤松送客) : 반송정(盤松亭)에서 길 떠나는 이를 전송함. 『東國輿地勝覽』
  「盤松亭」조에, "모화관(慕華館) 북쪽에 있다. 세상에서 전하기를, '소나무가 서리고 굽
  으며 둘러 그늘져서 수십 보를 덮었는데, 고려왕이 일찍이 남경에 거동하다가 이곳에
  서 비를 피하고서 그렇게 이름 지었다'고 한다"라 하였다.
32) 여기서 보검을 주는 행위는 자신의 마음을 담아 준다는 의미가 있다. 맹호연(孟浩然)
  의 「送朱大入秦」에 "遊人五陵去, 寶劍直千金. 分手脫相贈, 平生一片心"라 하였다.
33) 원문은 '驪歌'인데, 『詩經』의 일시(逸詩)로 이별할 때 부르던 노래로 알려진 「驪駒」
  에서 비롯된 것이다.
34) 장대류(章臺柳) : 장대는 한(漢)나라 장안의 거리 이름이기도 하고, 기원(妓院)이 모
  인 곳을 가리키기도 한다. 이곳에서 이별할 때 버들을 꺾어주는 풍습이 있었다. 여기
  서는 반송지에 서 있는 소나무의 가지를 버드나무가 아닌데도 이별의 정표로 꺾어준
  다는 의미로 쓴 것이다. 한굉(韓翃)의 악부시 「少年行」에 "千點爛斒噴玉驄, 青絲結尾
  繡纒騣. 鳴鞭晚出章臺路, 葉葉春依楊柳風"라 하였다.

이 시편들은 월과(月課)의 시를 대신 지어 준 것으로, 자못 과체(科體)의 느낌이 있다. 그러나 충담(冲淡)한 맛이 있고 규모가 활달해서 은근히 정시지음(正始之音)이 있으니, 또한 공의 시풍(詩風)의 일면을 엿볼 수 있다.

 寓軒姜公樨, 字仲美, 余高祖大成公第三胤也. 肅景之際, 世稱吾家有三文章, 卽指寓軒·菊圃·慕軒, 而寓軒之文, 雄深汪洋, 尤爲世所重. 餘力所及, 又善時文, 義策吏文, 俱稱聖人. 詩亦醲瞻典雅, 不愧大家數, 而公未嘗以此自多.

其「漢都八景」詩,「畿甸山河」曰:

天設雄都控引多, 王畿表裏擁山河.
華嵩東北千重險, 渤海西南萬里波.
龍虎秣陵兼壯麗, 風雲函谷更包羅.
莫將地利論形勝, 聖化如今鑄太和.

「都城宮苑」曰:

千年佳氣漢西京, 北極宸居近紫淸.
星宿共環雙鳳闕, 乾坤齊繞九重城.
蓬萊春滿煙霞起, 閶闔晴開日月明.
自是君王崇土陛, 要知臺沼亦民情.

「鐘街觀燈」曰:

佛夕歡遊舊俗承, 春城何處不燃燈.
光搖碧樹銀花合, 影爛瑤臺璧月升.
九陌風輕龍焰動, 千家霧淨鶴煙騰.
昇平一代繁華盛, 却笑乘橋①向廣陵.

「箭郊牧馬」:

十里周墻野色分,　平沙牧馬自爲羣.
千駒齕草看成錦,　萬騎遊陂望似雲.
曉岸秋嘶龍鬣振,　晴川晝浴鳳鬃紛.
試聽詞客歌騋牝,　月窟何須漢夢勤.

「西江漕泊」曰：

西湖白日泊漕船,　八路委輸此水邊.
雲堆白粲千箱運,　風送黃龍萬帆連.
高檣簇岸齊江樹,　巨艦迷津逗浦煙.
更遣陽侯相護到,　波濤無隱海門前.

「東門敎場」曰：

十里平郊犀甲光,　千羣熊虎列沙場.
旋旗繚繞靑山外,　金鼓喧嘈綠水傍.
陣合龍蛇風雨晦,　營開鵝鸛鬼神忙.
（七字缺）　　　　敎戰終期九伐揚.

「濟川翫月」曰：

高亭俯壓漢江流,　月出江頭萬里秋.
天勢似從波上下,　山形疑與水沈浮.
沙平素練光難定,　鏡淨琉璃浩未收.
身在茫茫沆瀁際,　虛無却恐到瓊樓.

「盤松送客」曰：

城外陰池大道隈,　送行車馬日遲廻.
橋頭藉草留征斾,　水面開筵勸酒盃.
寶劍慇懃臨別贈,　驪歌惆悵惜離催.
盤松不是章臺柳,　攀折年年半欲摧.

此是代人月課之作, 頗涉科軆, 然氣味冲淡, 邊幅濶大, 駸駸有正始
之音, 亦可見其一斑.

① 橋 : 轎의 오자로 생각된다.

 종실(宗室) 진평군(晉平君)1)은 혼탁한 세상에서 홀로 빼어나다는 일컬음을 받았다. 우헌(寓軒)이 그의 죽음에 만시를 지었는데 이러하다.

목릉(穆陵)의 은파(銀派)2)가 가장 번창한데
공자(公子)는 혼탁한 세상에서 홀로 빼어나셨지.
부귀한 처지에도 화려한 티 내지 않고
겸손하고 온공(溫恭)하여 선비의 뜻 분명했네.

---

1) 진평군(晉平君) : 종실 이택(李澤)의 봉호. 태조(太祖) 임금의 일곱째 아들인 무안대군(撫安大君) 방번(芳番)의 후손이다. 숙종 25년(1699)에 동지겸사은사(冬至謙謝恩使)로, 숙종 41년(1715)에 동지사로 청나라에 다녀온 바 있다.
2) 목릉(穆陵)의 은파(銀派) : 목릉은 선조(宣祖)를 가리킨다. 선조의 능호가 목릉이다. 은파는 왕족을 뜻하는 말이다. (중국 송나라 호숙(胡宿)이 황족을 두고 "並稟玉林之樹, 悉含銀派之和"라고 표현한 용례가 있음. 『文恭集』 卷19 「皇姪宗懿可端州刺史皇姪宗述可右屯衛大將軍制」 참조.)

동평(東平) 호선(好善)[3]을 참 즐거움으로 삼았으며

계찰(季札) 관풍(觀風)[4]으로 거룩한 이름을 얻었다네.

옹문(雍門)[5]이 비파연주 한번 그친 이후로

연못이 쓸쓸하여 눈물이 뺨을 적시네.

우리 왕족의 인지(麟趾)[6] 모두 다 훌륭하지만

공자의 풍류를 능가할 이 다시는 없으리라.

유덕(劉德)의 유의(儒衣)[7] 명성이 가장 높고

초원왕(楚元王)의 단술[8] 세상에 널리 소문이 났네.

속마음은 늘 강호(江湖) 잊지 못했건만

주저(朱邸)[9]에 몸이 매어 세월만 흘러갔네.

보배로운 문헌이 완성되자 곧 팔로(八老)[10]를 따라가서

---

3) 동평(東平) 호선(好善) : 동평은 동평왕을 가리키는데, 그는 동한(東漢) 광무제(光武
帝)의 여덟 째 아들로 이름은 창(蒼)이다. 경술(經術)을 좋아했는데, 그는 특히 선(善)에
대해 말하기를 좋아했다고 한다. 여기서 '동평 호선'이라 한 것은 진평군이 종친으로
서 행실이 훌륭했기 때문에 쓴 것이다.
4) 계찰(季札) 관풍(觀風) : 춘추시대 오(吳)나라의 공자(公子) 이름. 그가 노나라에 사신
으로 간 일이 있었는데, 당시 노나라는 오에 비해 문화적으로 선진국이었다. 그래서
노나라의 선진 문물을 살피고 배웠기 때문에 관풍이라는 말을 쓴다. 여기서 계자 관풍
이라고 한 것은 진평군이 중국의 사신으로 다녀온 일이 있기 때문에 쓴 것이다.
5) 옹문(雍門) : 옛날 금(琴)을 잘 타던 옹문주(雍門周). 전국시대 제(齊)나라 공자(公子)
맹상군(孟嘗君)이 그가 연주하는 소리를 듣고 눈물을 흘렸다는 이야기가 있다.
6) 인지(麟趾) : 어질고 훌륭한 자손이 번창함을 이르는 말. 『詩經』「周南」「麟之趾」편
에 "麟之趾, 振振公子. 于嗟麟兮"라는 구절이 있다.
7) 유덕(劉德)의 유의(儒衣) : 유덕은 하간헌왕(河間獻王)의 이름. 그는 학문을 좋아하여
실사구시(實事求是)라는 말이 그에게서 비롯되었다. 그는 특히 유학(儒學)을 좋아하여
몸에 배어 있었던 까닭에 그에 대해 유의(儒衣)라는 표현을 쓴 것이다.
8) 초원왕(楚元王)의 단술 : 초원왕은 한(漢)나라 고조(高祖)의 이복동생인 유교(劉交).
그는 손님을 융숭하게 대접하는 것으로 유명하였는데, 식객 중에 목생(穆生)이란 사람
이 술을 마시지 못하므로 특히 그를 위해 단술을 준비해서 대접했다고 한다. 초원왕이
죽자 그의 아들 유무(劉戊)가 계승하였는데, 유무는 목생을 위해 단술을 준비하지 않
았기 때문에 목생이 떠나갔다고 한다.
9) 주저(朱邸) : 왕족이나 귀족의 저택을 가리킨다.
10) 팔로(八老) : 한나라 고조의 아들인 회남왕(淮南王) 유안(劉安)은 문객들과 함께 『淮
南子』라는 책을 저술하였다. 그의 문객 중에 특히 여덟 명의 문객이 유명하여 팔공(八
公)이라는 이름을 얻었는데, 여기서의 팔로는 이를 가리킨다. 팔공은 『淮南子』가 완성

소산(小山)의 총계(叢桂)11)는 더욱 서글프구나.

 宗室晉平君, 有翩翩濁世之稱. 寓軒挽之曰:

穆陵銀派最繁盈,　公子翩翩濁世英.
富貴不留紈綺習,　謙恭彌見畫布情.
東平好善爲眞樂,　季子觀風有盛名.
一自雍門琴閱後,　池塘蕭瑟涕沾纓.

聖朝麟趾盡英賢,　公子風流更莫先.
劉德儒衣名最盛,　楚元樽酒世爭傳.
素襟未忘江湖上,　朱邸長依日月還.
鴻寶方成隨八老,　小山叢桂轉凄然.

된 후 신선이 되어 갔다고 전한다.
11) 소산(小山)의 총계(叢桂): 회남왕 유안에 관련된 전고. 회남왕이 지은 것으로 전하는
　　「招隱士」는 "桂樹叢生兮, 山之幽"로 시작이 되고 있다. 그런데 회남왕은 사부(辭賦)
　　를 '소산(小山)'과 '대산(大山)'으로 분류하였던바, '소산'은 '은둔'의 뜻을 담은 작품이
　　들어가 있었다. 여기서 '소산의 총계'라는 것은 문객들과 함께 지내던 진평군의 처소
　　를 가리키고 있다.

 조주규(趙胄奎)[1]의 시에 다음과 같은 것이 있다.

갈대꽃에 뿌리는 빗방울 물가에 연이어
삼협(三峽)으로 가는 이는 밤중에 배를 대네.
가을 물 삼사척이나 불어났으니
내일 아침 닻줄 풀고 충주로 올라가리라.

또 이런 시가 있다.

아내는 좁쌀 찧어 저녁을 준비하면서
붉은 팥을 넣으려고 키질하는데,

---

1) 조주규(趙胄奎) : 생애에 대해서는 미상인데, 『滄海詩眼』卷中에 그의 시가 두 수 실
려 있다.

늙은이는 도끼 들고 앞산에 가서
푸른 솔 두세 가지 베어 오누나.

趙胄奎詩曰 :

蘆花淅瀝雨連洲, 三峽征人夜泊舟.
秋水忽高三四尺, 明朝解纜上忠州.

又曰 :

妻搗黃粱趂夕炊, 更兼紅荳爛盈箕.
老夫荷斧南山去, 斫取靑松三兩枝.

최수량崔守良이 어떤 재상 댁에서 지은 시

54

옮김譯 최수량(崔守良)[1]은 어려서부터 시를 잘하여 당시(唐詩)와 구분할 수 없는 작품이 더러 있었다. 일찍이 어느 재상 댁으로 놀러가서 지은 시가 있다.

> 봄날 대감 댁에서 시를 읊는데
> 야트막한 담 가랑비 속 복사꽃 드리웠네.
> 주인은 좌천 되어 창주(滄洲)[2]로 떠났기에
> 문생고리(門生故吏)[3]들 찾지 않고 산새만 지저귀네.

---

1) 최수량(崔守良) : 생애에 대해서는 미상인데, 『한국 호 대사전』(계명대 출판부)에 호 추화당(秋花堂), 본관 전주라고 나와 있다.
2) 창주(滄洲) : 원래 물가의 땅을 가리키는 말로, 흔히 은자들이 사는 곳을 가리키는 말로 쓰였다.
3) 문생고리(門生故吏) : 높은 벼슬아치의 집에는 으레 찾아오는 문객이며 공사간에 보살펴주는 겸인(傔人 : 청지기)들이 있었다. 겸인들은 대개 서리로 진출하기 때문에 여기서 고리(故吏)라고 한 것이다.

 崔守良少工詩, 往往逼唐, 嘗游宰臣某家, 有詩曰 :

春日題詩尙書宅, 短墻微雨小桃低.
主人謫官滄洲去, 故吏不來山鳥啼.

사슴을 노래함 : 조주규趙胄奎 2

 조주규는 호를 단구자(丹邱子)라 하고 충주의 덕산(德山)에 숨어 살았으며 시가 매우 청경(淸警)하였다. 일찍이 사슴[麋]을 노래 했는데 이러하다.

산속 사슴 늙고 커서 구름보다 하얀데
벼랑에서 잠든 채로 해가 저무는구나.
내가 사는 띠집에는 속세 손님 하나 없어
밤들면 처마 밑에 널 재워도 좋으리라.

그는 참으로 미록(麋鹿)과 벗하는 자라 하겠다.

趙胄奎, 號丹邱子, 隱於忠州之德山, 詩甚淸警. 嘗詠麋曰 :

山麋老大白於雲, 睡熟蒼崖到夕曛.
我有茅廬無俗客, 夜來簷下可容君.

眞可謂麋鹿爲友者矣.

오상렴(吳尙濂)의 신어(神語)

56

 연초재(燕超齋) 오상렴(吳尙濂)은 자를 유청(幼淸)이라 하였으며 우의정 오시수(吳始壽, 1632~1680)[1]의 조카이다. 그는 타고난 재주가 신묘하고 빼어나서 명성이 높았다. 제천(堤川) 고을에 살았는데 세속의 일에 전혀 마음을 쓰지 않고 오직 고문사(古文詞)에만 전력하여 한당(漢唐) 이후의 책은 읽지 않았다. 그는 의고시(擬古詩) 수십 수를 순식간에 지어 당시 사람들 사이에 널리 칭찬을 받았다. 그 중에 「명비원(明妃怨)」[2]은 이러하다.

---

1) 오시수(吳始壽): 자는 덕이(德而), 호는 수촌(水邨). 본관은 동복(同福). 1656년 문과에 급제, 벼슬은 이조판서·예조판서를 거쳐 우의정에 올랐으며, 경신환국(庚申換局) 때 유배에 처해졌다가 곧 죽임을 당했다. 정조 때 이르러 신원, 복관이 되었다. 저서로는 『水邨集』6卷 5冊이 전한다.

2) 명비원(明妃怨): 명비는 왕소군을 가리킴. 서한 원제 때 후궁으로 들어갔다가 흉노의 선우에게 출가한 인물. 전설에 의하면 왕소군은 빼어난 인물이었는데 화공이 그의 얼굴을 일부러 잘못 그려서 뽑히게 되었다고 한다. 이 때문에 시 제목에 '원(怨)'을 붙인 것이다. 이 시는 『燕超齋遺稿』(活字本) 卷3, 1a에 같은 제목으로 실려 있다.

임금 은총 어찌 그리 늦었던고
이내 몸 속절없이 홀로 애달파했다네.
떠나는 때 되어 한번 돌아보며
눈물 씻고 서성이누나.
환패(環珮)는 관산 달에 흔들거리고
비파소리 변새의 서리에 스치누나.
가는 길 농두수(隴頭水)³)를 건너는데
어찌 차마 한궁(漢宮)의 단장을 씻으리오?

「농두수(隴頭水)」⁴)는 이러하다.

농두수 물길이 나뉘어 흘러가니
밤낮으로 졸졸 울리는구나.
응당 망향(望鄕)의 눈물 보태질지니
그래서 창자를 끊는 소리내는 건가?
변방으로 나옴에 가을 기운 조촐하고
진나라 땅 지나자 달도 함께 밝더라.
동서 양쪽으로 시름이 애절하니
수레 끌고 말 모는 사람들 마음이 표현된 듯.

「무산고(巫山高)」⁵)는 이러하다.

깎아지른 협곡 파촉으로 통하는 길

---

3) 농두수(隴頭水) : 중국 변방에 있는 강 이름. 『通典』에 의하면 천수군(天水郡)에 큰
언덕이 있는데 그 이름이 농지(隴坻) 또는 농산(隴山)이라 하며 곧 한나라 때의 농관
(隴關)이라고 나와 있다. 이곳은 지금 감숙성에 속하여 왕소군이 시집갔던 길과는 다
른 쪽인데, 변방의 지명으로서 끌어다 쓴 것이다.
4) 『燕超齋遺稿』(活字本) 卷3, 2a에 같은 제목으로 실려 있다.
5) 무산고(巫山高) : 무산은 중국 장강의 삼협에 있는 지명. 이곳의 신녀를 초나라 양왕(한
자)이 만나서 아름다운 인연을 맺었다는 신화적인 이야기를 송옥(宋玉)이 「高唐賦」에서
노래하여 유명하게 되었다. 「巫山高」는 이를 소재로 한 악부시제의 하나이다. 『燕超齋
遺稿』(活字本) 卷3, 2a에 같은 제목으로 실려 있다.

거친 누대에서 초군(楚君)을 그리워하누나.
신녀가 비 개어 돌아간 뒤
송옥(宋玉)은 구름 속에서 글을 지었다네.
어지러운 물 서쪽에서 동쪽으로 떨어지는데
높은 봉우리 열둘로 나뉘었구나.
원숭이 울음소리 끊이질 않으니
가을 달 아래 듣기 차마 괴로워라.

「채련곡(採蓮曲)」6)은 이러하다.

연꽃의 아름다움을 사랑하여
저물녘 물가로 내려가네.
과만수(苽蔓水)7)에 산들바람 부는데
목란주에 가는 비 뿌리누나.
푸른 연대는 부드러워 꺾기 쉬운데
붉은 꽃잎 난만해도 거두질 않네.
아가씨들 장난치기 좋아하여
서로 머리의 비녀를 뽑아가네.

다른 시편들도 많지만 다 기록하지 못한다.

채희암(蔡希菴 : 蔡彭胤)의 아들이 일찍이 서울에서 돌아오자, 희암은
"요즘 오유청의 시에 무슨 좋은 구절이 있느냐?"라고 물었다. 이에 그
아들은 "오유청이 「송인(送人)」 시를 지었는데 이러합니다.

텅 빈 산 가을밤에 주룩주룩 비 내리니

---

6) 『燕超齋遺稿』(活字本) 卷3, 3b에 같은 제목으로 실려 있다.
7) 과만수(苽蔓水) : '苽蔓'은 '瓜蔓'과 같다. 음력 5월의 물을 가리키는 말. 원래 과만은
　오이 넝쿨을 뜻하며, 5월에 황하의 물을 가리키는 말로 쓰였다.

풀벌레 소리 사람 마음 둘 다 적막하구나.
외진 곳 사노라니 기쁜 날 적은 것을 걱정했는데
내일 아침 날 밝으면 또 그대와도 작별하겠지.
시냇가 버들가지 뉘라서 꺾겠으며
강물의 가는 배를 붙잡을 수 있겠는가?
묻노니, 서쪽으로 서울에 당도하면
고기 잡고 나무하는 나에게 편지를 보내려나?8)

　이 시가 서울에 대단하게 알려졌는데 저의 옅은 소견으로는 별로 기
이할 것이 없는 것 같습니다." 채희암은 성을 내서 아들의 머리를 툭 치
면서 말하기를 "유청의 이 시는 그야말로 신어(神語)이다. 네가 어찌 알
아보겠느냐?"라고 하더니, 이윽고 탄식하며 "유청은 오래 살지 못할 사
람이다"고 하였다. 후에 채희암의 말이 과연 맞았다.

 燕超齋吳尙濂, 字幼淸, 右相始壽之侄也. 天才神儁, 有盛名,
居於堤川, 不以俗累嬰心, 專精古文詞, 不讀漢唐以後書. 其
擬古屢十首, 成於瞬息之頃, 藉甚當時. 其「明妃怨」曰 :

明主恩何晩, 妾身空自傷.
當辭一顧眄, 掩淚重彷徨.
環珮搖關月, 琵琶拂塞霜.
行徑隴頭水, 忍洗漢宮粧.

其「隴頭水」曰 :

隴水分流去, 潺湲日夜鳴.
應添望鄕淚, 故作斷腸聲.

---

8) 『燕超齋遺稿』(活字本) 卷3, 15b에 「夜坐口號贈別李兄」이라는 제목으로 실려 있다.

出塞兼秋淨, 經秦共月明.
東西兩愁絶, 徒御若爲情.

其「巫山高」曰:

絶峽通巴路, 荒臺憶楚君.
瑤姬歸後雨, 宋玉賦中雲.
亂水東西落, 層峰十二分.
清猿啼不斷, 秋月豈堪聞?

其「採蓮曲」曰:

爲愛荷花艶, 盈盈下晚洲.
微風苽蔓水, 細雨木蘭舟.
碧藕柔堪折, 紅衣爛不收.
小姑偏喜劇, 偸却玉搔頭.

他詩多, 不能盡記.

蔡希菴之子, 嘗自京還, 希菴問 : “近日吳幼淸有何佳句?” 對曰 : “幼
淸有「送人」詩曰 :

空山秋夜雨蕭蕭, 蟲語人情兩寂寥.
念我窮居少歡日, 與君相別又明朝.
溪邊殘柳誰堪折, 江上歸舟自可招?
爲問西行到京洛, 能將書札訪漁樵?

盛傳都下, 而淺見則似不甚奇.” 希菴怒, 擋其首曰 : “幼淸此詩, 乃是
神語, 爾惡能知之?” 已而歎曰 : “幼淸, 其不久於世乎!” 後其言果驗.

오상렴吳尙濂의 「노처녀」 시

57

 연초재(燕超齋)의 「제석(除夕)」[1]

산중에서 또 한 해 저무는 걸 보노라니
먼 길을 떠나는 정다운 님 전별하는 듯.
촛불 가물가물한데 남은 술잔 멈추지 못하는데
오경의 닭 울음소리, 이것이 여구(驪駒)[2]런가?

「도원(桃源)」[3]

---

1) 『燕超齋遺稿』(活字本) 卷2, 2b에 같은 제목으로 실려 있다.
2) 여구(驪駒) : 일시(逸詩)의 편명으로 이별의 노래를 가리킨다.『漢書』 卷88 「王式傳」:
 "(江公)心嫉式, 謂歌吹諸生曰 : ‘歌驪駒.’ 式曰 : ‘聞之於師, 客歌驪駒, 主人歌客毋庸
 歸.’ 注 : 文穎曰 : 其辭云, ‘驪駒在門, 僕夫具存. 驪駒在路, 僕夫整駕.’ 也."
3) 『燕超齋遺稿』(活字本) 卷2, 4ab에 같은 제목으로 실려 있다.

복사꽃 피는 곳에 별천지 숨어 있어
세상 피해 숨어 산지 육백 년 세월이라.
신선 찾던 진시황은 끝내 얻지 못하고서
백성들을 몰아다가 참 신선이 되게 했네.

「노장음(老將吟)」

옛날 흉문(凶門)4)에서 삼군(三軍)을 거느려
이름을 연연산(燕然山)5) 돌 위에 남겼더라.
황금을 휘하의 군사들에게 모두 나누어주고
상검(霜劍)과 내운거(來雲車)만 남겨 놓았다네.

「노처녀(老處女)」

스스로 홍안 아껴 고이고이 지켰거늘
아무도 거울 속의 미인을 알아주지 않는구나.
원망하네, 세월은 거침없이 흘러 흘러
규방의 사람 위해 머무를 줄 모르는 걸.

「만성(漫成)」

책상 위엔 좌씨전(左氏傳) 놓여 있고
상자 속엔 왕우군(王右軍) 필적의 『황정경(黃庭經)』6) 들어 있네.

---

4) 흉문(凶門) : 고대에 장군이 출정할 때 북쪽 문을 향하도록 사립문을 파서 여기에서
출정하여, 필사(必死)의 결심을 보여주었으니 이것을 흉문(凶門)이라고 한다. 「淮南子」
「兵略」 : "將已受斧鉞, 辭而行, 乃翦指瓜, 設明衣, 鑿凶門而出."
5) 연연산(燕然山) : 산 이름으로, 후한(後漢) 영원(永元) 원년에 두헌(竇憲)이 북의 선우
(單于)를 격파하고 연연산에 올라 돌에 그의 공적을 기술하여 새기고 돌아왔다. 즉 지
금의 몽고 삼음락안한(三音諾顔汗) 중부의 항애산(杭愛山) 지역이다.
6) 『황정경(黃庭經)』 : 도경(道經)의 명칭으로 도가에서 양생(養生)하고 수련하는 방법을
강론한 것으로, 비장(脾臟)이 중앙의 황정(黃庭)이 되는데 오장중에서 비토(脾土)를 가
장 중요하게 생각했기 때문에 황정경이라 이름하였다. 대도옥신군(大道玉晨君)이 지어

어제는 비 내리고 오늘은 종일 바람이 불어
대문 앞에 인적을 드물게 하였네.

조촐한 집 단정히 앉아 석양이 다 되도록[7]
책상에 책 펼치니 온갖 시름 사라지네.
저 하늘 뜬구름은 어찌하여 지조 없어
바람따라 하루 종일 동서로 오락가락하는 건가?

연초재는 재주와 생각이 매우 빼어나 세속적 구기(口氣)를 떨쳐버렸으며, 풍채 또한 바라보면 신선 같았는데, 나이 겨우 삼십여 세에 요절하고 말았다. 그가 만약 보통 사람의 수명만 누렸더라도 성취한 바가 어찌 이에 그쳤을 것인가?

 燕超齋「除夕」詩曰:

山中又見歲華徂, 似送情人赴遠途.
燭盡盃殘留不住, 五更鷄唱是驪駒.

「桃源」詩曰:

桃花源裏別藏天, 避世逃名六百年.
秦帝求①仙終不得, 駈他黔首作眞仙.

「老將吟」曰:

서 위부인(魏夫人)에게 주었다는 『黃庭內景經』과 노자가 지었다는 『黃庭外景經』이 있다.

7) 석양(夕陽): 원문의 '고용(高舂)'은 방아 찧을 때로 해 저물녘을 가리킨다. 『淮南子』「天文」: "至于淵虞, 是謂高舂; 至于連石, 是謂下舂." 注: "高舂, …… 民碓舂時也."

凶門昔日擁三軍, 名在燕然石上文.
散盡黃金麾下士, 獨留霜劍與來雲.

「老處女」詩曰:

自惜紅顏好護持, 無人看取鏡中眉.
生憎歲月堂堂去, 不爲空閨駐少時.

「漫成」曰:

縹帙床頭左氏傳, 黃庭篋裏右軍書.
今日終風昨日雨, 轉敎人跡到門疎.

高齋匡坐到高春, 一榻攤書萬累空.
却笑行雲無持操, 隨風盡日自西東.

其才思茗穎, 無煙火口氣, 標采亦望如神仙中人, 年僅三十餘而夭, 使
其僅得中壽, 所成就, 豈止此哉?

① 求: 『燕超齋遺稿』에는 學으로 되어 있다.

사천(槎川) 이병연(李秉淵)의 충담혼원(冲澹渾圓)한 시풍(詩風)

58

옮김(譯) 사천(槎川) 이병연(李秉淵, 1671~1751)[1]은 자가 일원(一源)이며, 그의 시는 매우 성정에 가까워 충담혼원(冲澹渾圓)하니 쇠퇴한 세상의 소리와는 같지 않았다.

「새벽길(曉發)」[2]

달빛 아래 나그네 길을 떠나니
산길을 높고 낮게 비추어주네.
골짝은 고요하여 다람쥐 소리까지 들리는데

---

1) 사천(槎川) 이병연(李秉淵) : 본관은 한산(韓山). 사천(槎川)은 그의 호이며 백악(白嶽 : 서울 청와대 뒤의 북악산) 아래 살아서 악하(嶽下)라고도 하였다. 김창흡(金昌翕)의 문인이며, 음직으로 삼척부사를 지냈다. 시에 뛰어나 '이삼척시(李三陟詩)'라는 일컬음이 있었다. 시집으로 『槎川詩抄』 2권이 전한다.
2) 『槎川詩抄』 卷上, 1b에 같은 제목으로 실려 있다.

봉우리에 말발굽소리 메아리치네.
별들은 산 모서리에 어른거리고
먼 데 나무들 호수 저편으로 솟아오르네.
닭 우는 소리 어디서 들리는가
시내 건너에 마을이 있구나.

「물이 불어나는 것을 바라보며[觀漲]」3)

우레 소리 우르릉 말을 따라와서
누마루 올라서자 빗방울 들이치네.
물결 위 해오라기 차츰 올라가는데
섬 안의 마을까지 잠기지 않을까?
길손은 나가서 불어나는 물 바라보는데
아이들 옛 자취 잠겼다고 떠드는구나.
안개와 구름 잘도 변하는데
들어앉아 동이 술을 기울이노라.

「백운대(白雲臺)」4)

백운대 빼어난 정상
높은 하늘 기색이 새로워라.
천리의 눈길 멀리 내려보고
백 년의 몸 가뿐해지네.
만물은 새벽기운 희뿌연데
여러 고을 봄빛으로 푸르러가네.
지나간 자취들 홀연 서글퍼지니
세계는 한 덩어리 먼지로구나.

---

3) 『槎川詩抄』卷上, 5a에 「水明樓雨中觀漲」이라는 제목으로 실려 있다.
4) 『槎川詩抄』卷上, 8a~9a에 「白雲臺」라는 제목으로 네 수가 실려 있는데, 그 중에서
  첫 번째 작품이다.

「나천을 건너며[渡螺川]」5)

> 점차 육신이 무거워감 깨닫고
> 갈 길 요원하여 깊이 걱정하노라.
> 늘그막에 강해(江海)를 두루 돌아다니고
> 가난한 신세 가족 위해 바쁘구나.
> 지는 해 모래 위에 물들고
> 먼데 산 포구에서 아득하네.
> 한가로이 밭가는 노인 만났지만
> 감히 나루를 물어보지 못하네.6)

「영월 가는 길[越中行]」7)

> 푸른 산 영월 가는 길에
> 밥 짓는 연기 자못 순박하여라.
> 고목은 때때로 마을을 감추는데
> 절벽이 강물을 가로막았네.
> 흰 구름은 물가의 송아지에 다다랐고
> 삽살개는 바람 앞의 낙엽 보고 짖네.
> 저녁밥 지을 무렵 평창(平昌) 땅에 이르니
> 서산의 해 옛 고을을 비추네.

槎川李秉淵, 字一源, 其詩最近性情, 冲澹渾圓, 不類衰世之
音. 其「曉發」曰：

---

5) 『槎川詩抄』卷下, 10b에 같은 제목으로 실려 있다.
6) 감히~못하네 : 『論語』「微子」에 공자가 제자를 시켜 장저(長沮)와 걸닉(桀溺)이라는
  두 은자(隱者)에게 나루를 묻자 그들이 공자가 세상을 바로잡겠다고 돌아다니는 것을
  비판하고 길을 가르쳐 주지 않았다는 고사가 있다.
7) 『槎川詩抄』卷下, 36a에 같은 제목으로 실려 있다.

行人將月出, 山路照高低.
谷靜聞騾響, 巖虛答馬蹄.
群星搖峽角, 遠樹出湖西.
欲辨鷄鳴處, 村家隔一溪.

其「觀漲」曰:

隱隱雷隨馬, 登樓雨急飜.
漸高波上鷺, 不盡島中村.
客出看新漲, 兒喧失故痕.
煙雲多變態, 深坐且朋樽.

其「白雲臺」曰:

颯爽雲臺頂, 中天氣色新.
高安千里目, 輕用百年身.
白動群流曙, 靑圍列邑春.
飜悲向來跡, 世界一團塵.

其「渡螺川」曰:

漸覺身軀重, 深憐道路長.
老臨江海盡, 貧爲室家忙.
餘日沙中紫, 遙山浦口蒼.
悠悠有耕者, 不敢問津梁.

其「越中行」曰:

靑山越中路, 煙火頗淳厖.
古木時藏洞, 層崖不放江.

白雲臨水犢, 黃葉吠風尨.
晚飯平昌界, 斜陽照古邦.

사천槎川 이병연李秉淵이 박연폭포朴淵瀑布를 읊은 시

59

옮김 譯 박연폭포(朴淵瀑布)는 경기도 내에서 명승으로 으뜸이요, 금강산의 구룡연(九龍淵)과 우열을 다툰다. 예로부터 이곳을 두고 지은 시편이 매우 많은데 어느 것이 제일인지 가리기 어렵다. 사천이 지은 시가 있는데 이러하다.

천마산을 못 보고 금년까지 지냈으니
한번만 보게 되면 신발 다 닳아도 좋으리라.
동굴은 타고 가는 말머리에 문득 매달리고
흐르던 물, 숨은 용 앞으로 길게 떨어지누나.
여윈 등나무 늙도록 우레 가운데 서있고
병든 독수리 밤 내내 빗속에 자는구나.
비제(飛梯) 얻어 물의 근원 찾아가기 어려움에
긴 밧줄 드리워서 깊은 물속 헤아려 볼까?[1]

흡곡(歙谷)의 시중대(侍中臺)2) 또한 절경으로 유명한데 사천의 시가 있다.

닻줄 매지 않고 모래톱 향해가서
가벼운 바람 좇아 위아래로 흘러나가네.
꾸불꾸불한 두 봉우리 골짜기를 들어선 듯
높은 바위 올라가니 누대(樓臺) 오를 필요 없네.
중추의 밝은 달 포구에서 떠오르고
십리에 지는 해 아직 배에 남아 있네.
아득히 들리는 뱃노래 어디로 사라지나
사람들 아마도 영랑(永郎)3)이 노닌다고 말하겠지.4)

 朴淵瀑布甲於畿內, 與金剛九龍淵相伯仲, 從古題詠甚多, 未知孰爲第一. 槎川有詩曰：

天摩①不見到今年, 一見從玆可展穿.
洞穴忽懸行馬首, 湍流長落臥龍前.
癯藤抵老雷中立, 病鶻②通宵雨裏眠.
難得飛梯窮出處, 且垂脩綆測深淵.

---

1) 『槎川詩抄』卷上, 21ab에는 「朴淵瀑布」라는 제목으로 모두 3수의 시가 실려 있는데, 그 중에서 세 번째 작품이다.
2) 시중대(侍中臺)：흡곡은 지금 북한의 강원도 통천군(通川郡)에 속한 고을로 동해안의 명승지이다. 이곳의 호수에는 숲이 무성한 천도(穿島)·묘도(卯島)·우도(芋島)·승도(僧島)·석도(石島)·사도(私島)·백도(白島) 등 7개의 섬이 늘어서 있고, 호반의 소나무가 우거진 곳에 위치한 시중대는 경치가 아름답기로 유명해 관동팔경(關東八景)의 하나로 꼽힌다.
3) 영랑(永郎)：신라 효소왕 때 술랑(述郎)·남랑(南郎)·안상(安詳)과 함께 사선(四仙)으로 꼽혔던 화랑으로 이들은 강원도 지역으로 유람한 것으로 유명하며, 고성(高城)의 삼일포(三日浦), 금강산의 영랑봉(永郎峰) 등은 이들이 놀던 곳이라고 하는데 많은 전설을 남겼다.
4) 『槎川詩抄』卷上, 41b~42a에 「侍中臺」라는 제목으로 모두 두 수의 시가 실려 있는데, 그 중에서 두 번째 작품이다.

歙谷侍中臺亦稱絶景, 槎川詩曰：

不須繫纜向中洲, 也逐輕風上下流.
曲轉兩峰如入洞, 高攀危石替登樓.
中秋明月方生浦, 十里斜陽尙在舟.
縹緲櫂歌何處落, 世人應道永郞遊.

① 天摩:『槎川詩抄』에는 天磨로 되어 있다.
② 鶻:원문에는 骨로 되어 있으나,『槎川詩抄』에 의거하여 바로잡았다.

강박_{姜樸}과 사천_{槎川} 이병연_{李秉淵}

60

 국포 강공은 시명(詩名)이 세상에 자자했는데 벼슬은 삼사(三司)[1]에 이르렀다. 한 때의 문사들이 알고 모르고 간에 많이들 그에게 글을 가지고 와서 질정(質正)을 받아갔다. 그는 성품이 장중(莊重)하고 인정하기를 신중히 하니 그에게 조금이라도 칭찬을 들으면 곧바로 문명(文名)을 얻었다. 그래서 당시 사람들이 그를 '방외문형(方外文衡)'[2]이라고 일컬었다. 사천 또한 그에게 시축(詩軸)을 보내 바로잡아 줄 것을 청하였는데, 그 시축 가운데 「중저촌에서 새벽에 떠남[中底村舍曉發]」[3]이란 제목의

---

1) 삼사(三司) : 조선시대에 언론을 담당하였던 사헌부(司憲府)・사간원(司諫院)・홍문관(弘文館)을 말하는 것으로 그가 홍문관의 교리(校理)를 지낸 것을 말한다.
2) 방외문형(方外文衡) : 예문관 대제학과 홍문관 대제학은 의례 겸직하는데, 이를 문형이라고 한다. 문형이란 문권(文權)을 잡았다는 뜻에서 붙여진 것이다. 여기서 방외문형이라 한 것은 제도권에서 문권을 잡은 것이 아니고, 제도권 밖에서 문권을 잡았다는 의미를 담고 있다.
3) 『槎川詩抄』卷下, 46a에 같은 제목으로 실려 있다.

시가 있었다.

> 나그네 안장 없고 떠나가는데
> 주인은 잠이 깊어 안 일어나네.
> 조각달 보면서 길 가노라니
> 바람벽엔 등불이 걸려 있구나.

국포가 이 시에 대해 매우 호평을 가했다. 사천은 일면식이 없음에도 자기의 시를 알아주는데 감복하였다. 국포가 돌아가자 사천은 만시(輓詩)를 지어 보냈다.

> 남해(南海)와 북명(北溟)으로 갈라져 산 것 아니로되
> 존경하면서도 찾아보지 못한 건 문지(門地)에 막혀서지요[4]
> 이강하(李江夏)는 끝내 면식이 없었고
> 종자상(宗子相)[5]이 죽어서야 글을 남겼지요.[6]
> 현초(玄草)[7]에 침잠함이 끝내 그대를 병들게 했으니
> 백두(白頭)에 넘치는 시고(詩稿) 누가 나를 위해 산삭해줄까?
> 딴사람에겐 일찍이 이렇듯 읊은 적이 없거늘
> 깊은 숲 꾀꼬리가 저는 나귀 부추기네.

---

4) 존경하면서도~막혀서지요 : 사천 이병연은 당파가 노론(老論)에 속하며 국포 강박은 남인(南人)에 속해서 당시 서울의 관습으로는 서로 만나고 사귀기 어려운 처지였다. 그래서 멀리 떨어져 있는 것은 아니지만, 문지가 막혔다고 표현한 것이다.

5) 종자상(宗子相) : 종신(宗臣, 1525~1560). 명(明) 양주(揚州)인으로 자상은 그의 자. 가정(嘉靖)에 진사, 벼슬은 복건포정참의(福建布政參議)에 이름. 문장가로서 가정칠자(嘉靖七子)의 한 사람으로, 시가 질탕하고 준일(俊逸)하였으며 이백을 추앙하였다. 저서에 『宗子相集』 15卷이 있다.

6) 이강하(李江夏)는~남겼지요 : 미상.

7) 현초(玄草) : 『太玄經』의 초고를 가리킨다. 양웅(揚雄)이 『太玄經』을 지었는데 누군가 세상에서 알아주지도 않는 것을 왜 지었느냐고 힐문하자, 백세 후의 양웅을 위해서 지었노라고 대답하였다 한다. 여기서 현초는 국포의 저술을 말한다.

菊圃姜公詩名滿世, 而官止三司. 一時文士知與不知, 多以文就質. 性莊重寡許, 少得推奬, 輒爲知名士, 時人以謂方外文衡. 槎川亦送詩軸, 求其斤正, 軸中有「中底村舍曉發」詩曰:

館客動鞍馬, 主人深未興.
行將片月去, 掛壁有殘燈.

菊圃盛加推許. 槎川雖不識面, 感其知音, 及菊圃沒, 致輓曰:

南海北溟非異居, 望而不見限門閭.
李江夏在竟無面, 宗子相亡方有書.
玄草沈潛終病汝, 白頭汪帙孰刪余?
別人未始伊曾詠, 深樹黃鸎欵塞驢.

『국포집菊圃集』에 잘못 들어간 이웅징李熊徵의 시

61

필선(弼善)[1] 이웅징(李熊徵, 1658~?)[2]의 「다락에 올라 가을 경치를 바라보며[登樓秋望]」[3]는 이러하다.

높다란 산루(山樓)에는 가을 전망 트였는데
추풍(秋風)에 나뭇잎들 빈 하늘로 떨어지네.
서리 안개 들 빛이 쓸쓸해진 뒤라
계절 따라 사람 마음 감회에 젖는구나.
저무는 해 집집마다 절구질 바쁜데
찬바람 부는 구월에 슬픈 기러기 날아가네.

---

1) 필선(弼善) : 세자시강원(世子侍講院)에 속하는 벼슬 이름으로, 세자의 강학에 참여하는 것이 주 임무이며, 정4품에 해당한다.
2) 이웅징(李熊徵) : 자는 성보(聖輔), 호는 검주(黔州), 본관은 광주(廣州). 1673년 진사에 합격, 1691년 문과 급제. 『黔州詩集』이 전한다. 당파는 소북(小北)에 속하며 연객(烟客) 허필(許佖)의 외숙이다.
3) 『黔州詩集』 卷2, 16b에 「九日」이라는 제목으로 실려 있다.

담 밑에 드리운 국화꽃 자상히 들여다보며
늦게야 꽃 피운 너, 나와 취미 같음을 어여뻐 하노라.

국포는 이 시가 매우 좋다고 여겨 시초(詩草)의 아래에 적어두었는데,
나중에 『국포집(菊圃集)』 속에 잘못 끼어들어 가게 되었다.4) 그래서 지
금 일부러 이 시를 드러내 밝히는 것이다. ≪그런데 그 결구는 기가 부
족하고 말이 껄끄러우니, 누각에 올라 멀리 바라보는 즈음에 담장 아래
핀 국화를 자세히 들여다본다는 것은 무슨 운취인가?≫

李弼善熊徵「登樓秋望」曰:

莽莽山樓秋望通, 天空木葉下高風.
煙霜野色蕭踈後, 節序人情感慨中.
落景千家催亂杵, 寒城九月度哀鴻.
細①看墙底垂垂菊, 歲晚憐渠趣味同.

菊圃極加稱賞, 手錄在詩草下方, 後竟誤入於『菊圃集』中, 今故表以
出之. ≪然其結句, 氣局語澁, 登樓遠望之際, 却說細看墻菊, 是何韻
趣?≫②

①細:『黔州詩集』에는 坐로 되어 있다.
②원문에는 ≪ ≫ 안의 내용을 삭제하라는 표시가 있으나, 참고로 들어둔다.

---

4)『菊圃集』卷5, 31b에 실려 있다.

시를 통해 앞날을 점치다 : 채제공蔡濟恭 1

62

옮김譯 번암(樊巖) 채제공(蔡濟恭)[1]은 오약산(吳藥山 : 吳光運)의 조카사위이다. 소년 시절에 준수한 재주가 있었는데 약산에게 시를 배웠다. 일찍이 부친을 뵙기 위해 임소인 단성(丹城)으로 내려가는 길에 조령(鳥嶺)을 넘어 낙동강(洛東江)을 건넜다. 이때 지은 시에

미풍이 펼쳐지자 갈매기 물결 잔잔하니
엊그제 조도(鳥道)[2]의 시름 헛일인 듯 느껴지네.

---

1) 채제공(蔡濟恭, 1720~1799) : 자는 백규(伯規), 호는 번암(樊巖), 본관은 평강(平康). 영조 19년(1743) 문과에 급제한 뒤, 벼슬은 영의정에 이르렀으며, 시호는 문숙(文肅)이다. 영조와 정조의 두터운 신임을 받았으며, 정치적으로 오광운(吳光運)의 뒤를 이어 무신란(戊申亂) 이후 어려운 상황에 있던 남인들의 지도자 역할을 하였다. 사후에 황사영(黃嗣永)의 백서(帛書사) 사건으로 관작이 추탈되었다가, 순조 23년(1823) 영남만인소(嶺南萬人疏)로 관작이 회복되었다. 문집인 『번암집(樊巖集)』은 정조가 직접 산정하고 범례를 써 주기도 하였는데, 그의 문학관은 정조의 문학관과 부합하는 면이 많다고 한다.

라는 구절이 들어 있었다. 뒤에 곽란(癨亂)이 나서 거의 죽을 지경에 이르렀다. 그의 부친은 몹시 걱정을 한 끝에 위의 시구를 읊으며 "아이가 지은 시를 보면 원대한 기상이 있는데, 몹쓸 병이 어찌 이 지경에 이르렀단 말인가?" 하고 중얼거렸다. 이윽고 그는 병이 나았다. 영조께 지우(知遇)를 받아 벼슬이 재상에 이르렀다. 시 또한 사람의 전도(前途)를 점칠 수 있는 것인가?

 蔡樊巖濟恭, 吳藥山之姪壻也. 少有儁才, 學詩于藥山. 嘗觀親丹城任所, 踰鳥嶺, 渡洛東江, 有詩曰:

微風闊展鷗波穩, 往日虛爲鳥道愁.

後病癨幾殊, 父憂甚, 誦鷗波鳥道之句, 曰:"兒詩有遠到之象, 病何至此?" 旣而病良已. 知遇英廟, 及至卿相. 詩亦可以卜進道歟?

---

2) 조도(鳥道): 조도는 새나 다닐 험한 산길이라는 뜻. 여기서는 길이 마침 조령(鳥嶺)을 넘어왔기 때문에 '조도'는 '조령의 길'이라는 뜻도 내포하고 있다.

결혼식 날: 채제공蔡濟恭 2

63

채문숙공(蔡文肅公: 蔡濟恭)은 얼굴이 몹시 검었는데 일찍이 문예(文藝)를 성취하였다. 약산 오충장공(吳忠章公: 吳光運)이 그를 한번 보고 큰 그릇이 될 것으로 생각하여 자기의 조카딸과 결혼을 시켰다. 장모가 결혼하는 날 그의 얼굴을 보고는 이불을 뒤집어쓰고, 딸을 초례청(醮禮廳)에 들여보내려 하지 않았다. 약산이 몸소 신부를 데리고 초례청으로 나가 겨우 성례를 할 수 있었다. 그 이튿날 약산이 칠언율시 한편을 그에게 지어 주어 격려하니, 그는 이에 화답하는 시를 지었는데,

오늘 용문(龍門)에서 수자례(修刺禮)[1]를 행하니
백년손님은 백규장(白圭章)[2]을 외우도다.[3]

---

1) 용문(龍門)에서 수자례(修刺禮): 용문은 여러 가지 뜻이 있는데, 여기서는 명망이 높은 사람의 집을 가리킨다. 수자례는 명함을 건네고 인사를 나누는 절차. 여기서는 고귀한 가문에 사위가 되었다는 뜻으로 쓴 것이다.
2) 백규장(白圭章): 『詩經』「抑」편의 한 장. 공자의 제자에 남용(南容)이라는 사람이 있

라는 구절이 들어 있었다. 약산은 크게 칭찬을 하였다.

어느 날 국포 강공이 약산 댁에 찾아와서 마침 자리 옆에 펼쳐진 소나무를 그린 병풍을 가리키며 시를 지으라하고 운을 불렀다. 그는 즉석에서 지어 바쳤는데 다음과 같은 구절이 들어 있었다.

비록 구불구불 병풍 속의 소나무 되었지만
위로 향해 솟아오르려는 마음 잊지 않고 있네.4)

국포는 이 시를 보고 '나라의 그릇[國器]'이라고 칭찬해 마지않았다. 그는 이로부터 지우지감(知遇之感 : 자기를 알아주는데 감동함)을 가지고 국포의 문하에 출입하여 가르침을 받은 바가 많았다. 후일 출세하여 평안도 관찰사가 되었을 때, 드디어 천금(千金)을 내어 『국포집(菊圃集)』을 간행하였다.

 蔡文肅公, 面甚黝黑而文藝夙就, 藥山吳忠章公, 一見器之, 妻以姪女. 委禽之日, 聘母蒙被, 不欲送女入醮. 藥山親自率新婦出廳, 僅以成禮. 明日藥山贈七言律詩以勖之, 文肅和進曰:

今日龍門修刺禮, 百年甥館復圭心.

었는데, 그가 백규장을 세 번 외우자 공자는 자기 형의 딸로 그의 처를 삼도록 하였다고 한다(『論語』 「先進」). 여기서는 채재공 자신이 오광운의 주선에 의해서 결혼하게 된 것을 비유하고 있다. 백규장의 내용은 "백규의 티는 갈아서 없앨 수 있어도, 한번 나간 말의 잘못은 어찌할 수 없도대[白圭之玷, 尙可磨也. 斯言之玷, 不可爲也]"고 되어 있다.

3)『樊巖集』 卷3, 1b에 실린 「委禽翌日 敬次藥山先生見贈韻却呈」의 함련으로, 그 전편은 이러하다. "蒼蒼藥峀竦千尋, 簪笏投如管氏金. 今日龍門修刺禮, 百年甥館復圭心. 白雲湖外鄕山遠, 孤燭樓頭旅夢深. 珍重七言三致意, 省躬吾欲佩紳吟."

4)『樊巖集』 卷3, 1b에 실린 「藥山宅菊圃令丈以靑松障命題呼韻卽席草呈」의 함련으로, 그 전편은 이러하다. "翠黛連窓窈作林, 小風吹雨一庭陰. 縱成屈曲當前障, 不忘升騰向上心. 闌闠敎遮煙色遠, 枝柯儵割月光侵. 幽禽認是屛間畵, 怪底時時送好音."

藥山大加稱賞.

　一日菊圃姜公到藥山宅, 指坐傍靑松障, 命題呼韻, 文肅卽席草呈曰 :

　　縱成屈曲當前障, 不忘升騰向上心.

　菊圃見之, 詡以國器. 文肅自是有知遇之感, 出入菊翁之門, 資益甚
多. 及貴, 按關西節, 遂捐千金, 刊行『菊圃集』.

옮김譯 승지(承旨) 최성대(崔成大, 1691~1761)[1]는 자를 사집(士集), 호를 두기(杜機)라 했으며, 남들과 시를 수창하는 것을 좋아하지 않고 혼자 읊고 혼자 즐기며 누구에게도 보여주려 하지 않았다. 청천(青泉) 신주백(申周伯: 申維翰, 1681~1752)[2]이 다른 사람을 통해서 두기의 「산유화가(山有花歌)」[3]를 얻어 보고 말하기를 "오늘에야 비로소 고인(古人)의 시를

---

1) 최성대(崔成大): 본관은 전주. 당색은 소북으로 광해군 때 이조판서를 지낸 최천건(崔天健)의 6대손이다. 영조 때 문과에 급제, 벼슬은 대사간에 이르렀다. 신유한과 시로 교유했으며, 시의 재능이 삼연(三淵: 김창흡의 호) 이후 일인자로 꼽히기도 했다. 『杜機詩集』 3冊이 전한다.

2) 청천(青泉) 신주백(申周伯): 신유한(申維翰)을 가리킨다. 본관은 영해(寧海). '청천'은 그의 호이고 '주백'은 자이다. 숙종 때 문과에 급제, 일본 통신사의 제술관으로 뽑히어 일본인들에게 시편을 많이 지어주었는바, 그 쪽에서 곧 책자로 간행되었다. 이때 『海遊錄』이란 기록을 남겼다. 본래 신분이 서족(庶族)이어서 지방 수령을 역임하는데 그쳤다. 원래 경상도 밀양에서 태어났으며 노경에 경상도 가야산 영천(靈川)에 경운재(㝑雲齋)를 마련하고 기거하다가 생을 마쳤다. 『青泉集』이 있다.

3) 「산유화가(山有花歌)」: 「山有花」는 백제의 옛 노래로 소리만 있고 가사는 전하지 않

보았다"고 감탄하며, 나귀를 채찍질하여 오당(梧塘)[4]의 초려(草廬)로 찾아
갔다. 두기는 그의 명함을 보고 반가워서, 옷도 미처 여미지 못한 채 달
려 나와 맞아서 열흘 동안 함께 머물며 글에 대해 맘껏 토론하였다. 두기
가 자기의 지은 시고(詩稿)를 모두 꺼내 보여주니, 청천은 말하기를, "그
대는 고조(古調)를 하여 '요가(鐃歌)'·'자야가(子夜歌)'·'오서곡(烏棲曲)'[5]
등의 제목을 따르지 않고 동방의 산천과 요속(謠俗)을 노래하되, 고어를
답습해 쓰지 않고서 홀로 인간 세상의 천향(天香) 진색(眞色)을 얻었으니,
이야말로 '채진지유(采眞之游)'[6]라 할 것이요"라고 하였다. 마침내 두 사
람은 두터운 친교를 맺어 서로 왕래하며 시를 주고받아 오래도록 시들해
지지 않았다. 두기의 「산유화가」는 길어서 여기에 수록하지 못한다. 두기
의 시는 전적으로 대력(大曆) 이후를 배웠는데,[7] 특히 칠언절구(七言絶句)

았다는 기록이 있는데(林泳, 『滄溪集』 卷1, 「山有花歌」), 이 산유화곡에 향랑(薌娘)이
가사를 붙여 불러서 이 노래가 유행되기에 이르렀다. 『善山邑誌』에 의하면 향랑은 숙
종조에 선산 상형곡(上荊谷)에 살던 양민의 딸로 임칠봉(林七峰)의 처가 되었다. 그녀
는 시집가서 남편에게 버림받고 친정에 와서도 쫓겨나서, 그 외롭고 안타까운 심정을
산유화 노래에 붙여 불러 어떤 소녀에게 가르쳐 주고 죽음을 택했다. 당시 선산부사로
있었던 조귀상(趙龜祥)이 향랑을 위해 전을 지었고, 그 이후로 이광정(李光庭)·최성
대·신유한·이옥(李鈺) 등 많은 시인들이 향랑의 일을 시(詩)와 문(文)으로 표현하였
다. 최성대 시의 원 제목은 「山有花女歌」로 『杜機詩集』 卷1(『杜機詩集選』 卷1), 3b~
4b에 시려 있다.
4) 오당(梧塘): 최성대가 살던 곳의 지명으로 그의 시제에 「歸梧陂居」, 「梧陂漫書」 등
   이 보인다. 오당이 어디인지 자세히 알 수 없으나, 서울의 필동에 경저가, 수원에 향저
   가 있었으므로 두 곳 중의 하나로 생각된다.
5) '요가(鐃歌)'·'자야가(子夜歌)'·'오서곡(烏棲曲)': 중국 고대 악부시(樂府詩) 제목들.
   '요가'는 황제(黃帝)·기백(岐伯)이 지었다고 전해지는 군중악가(軍中樂歌)에서 비롯되
   어 주로 전쟁터에서의 심회를 읊는 내용으로 지어져왔으며, '자야가'는 진(晉)나라 때
   어떤 여인이 베를 짜며 남편을 기다리는 심정을 노래한 데에서 유래했고, '오서곡'은
   원래 남조(南朝) 때의 노래로 가을 숲과 저녁 까마귀를 통해 통치자의 황음무도함을 풍
   자한 내용이다.
6) 채진지유(采眞之游): 『莊子』 「天運」편에 나오는 말로 자연에 순응하여 노니는 것을
   뜻하며, 소요유(逍遙遊)와 유사한 의미이다.
7) 최성대가 중당(中唐) 이후의 시를 배웠다는 말이다. 대개 당시(唐詩)를 초(初)·성(盛)
   ·중(中)·만(晩)의 네 시기로 나눌 때, 성당이 끝나고 중당이 시작되는 시점을 대력(大
   曆) 원년(766)으로 잡는다.

에 빼어나다. 그의 「송경사(松京詞)」8)는 이러하다.

1

개성의 젊은 여인 용모는 꽃과 같아
올린 머리 고운 단장 얼굴 반쯤 가렸구나.
저물녘에 만월대로 풀싸움[鬪草] 가는데
잎 사이 나비는 비녀 위로 날아드네.

2

고려 왕궁 옛 터에는 황량한 언덕만 남았는데
가시덤불 사이로 들꽃이 피었구나.
원비(元妃)9)가 화장하던 곳 어디인가
거울 같은 달이 만월대 동쪽에서 떠오르네.

3

황성(荒城)에 말 달리니 마음이 덧없어서
술 가지고 백 척의 누각 위로 오르노라.
그 옛날 번화하던 문물을 찾을 곳 없어
서북의 저문 구름에 저절로 시름 이네.

4

옥촉정(玉燭亭)10) 비었거늘 산에 뜬 달 새벽이요
은우정(銀盂井)11) 황폐한 곳에 석양이 비꼈더라.
적막한 이 평원에 고총(古塚)이 즐비한데
반 너머 고려 때 고관대작 집터였다네.

---

8) 『杜機詩集』 卷3(『杜機詩集補上』 卷2), 10b~11a에 같은 제목으로 실려 있다.
9) 원비(元妃) : 왕비의 별칭이기도 한데, 여기서는 고려의 왕에게 시집온 원나라의 공
  주를 가리키는 듯하다.
10) 옥촉정(玉燭亭) : 고려 때 궁정에서 도교의 제례의식을 행하던 곳. 고려 예종이 옥촉
  정에 원시천존상(元始天尊像)을 모셔놓고 매월 재초(齋醮)를 지냈다고 한다.
11) 은우정(銀盂井) : 미상.

5

송도의 여자들은 노래하듯 곡을 하니
천고 흥망을 어찌 한단 말이냐?
내 일찍이 고란사(皐蘭寺)로 백제 유적 찾았더니
의자왕(義慈王) 자취 또한 물결에 떠갔더라.

이 시편들은 사람들의 입에 오르내리고 있다.

 崔承旨成大, 字士集, 號杜機, 不喜與人酬唱, 自詠自娛, 不以
示人. 靑泉申周伯, 因人得見公「山有花」詩, 曰："今日始見古
人詩", 策驢, 候公於梧塘草廬. 公見其刺, 披衣笑迎, 留十日, 迭宕論
文. 出示所爲詩, 周伯曰："子爲古調, 不沿'饒歌'·'子夜'·'烏棲'等題,
而所賦東方山川謠俗, 尤不襲用古語, 而獨得人間天香眞色, 其斯爲采
眞之游乎!" 遂與定交, 往復唱和, 久而不衰. 其「山有花謌」, 多不能錄.
而公詩全學大曆以後, 尤長於七絶.

其「松京詞」曰：

開城少婦貌如花, 高髻紅粧半面遮.
向晚宮墟鬪草去, 葉間蝴蝶上銀釵.

其二曰：

麗王舊跡秖荒臺, 莿棘叢中野卉開.
何處元妃洗粧閣, 月如春鏡苑東來.

其三曰：

荒城驅馬意悠悠, 携酒來登百尺樓.

文物繁華問無處, 暮雲西北自生愁.

其四曰:

玉燭亭空山月曉, 銀盂井廢夕陽斜.
平原古塚無人處, 半是前朝卿相家.

其五曰:

崧陽兒女哭如歌, 千古①興亡奈爾何.
曾上皐蘭吊百濟, 義慈遺業亦空波.

爲世傳誦.

①『三溟詩話』原註에 "千古는 人代로 되어 있는 본도 있다[千古一作人代]"라 하였으
며, 『杜機詩集』에도 같은 주가 달려 있다.

최성대_{崔成大}가 임종 때 지은 시

최두기(崔杜幾)는 임종에 시를 지어 입으로 불렀는데 다음과 같다.

풍진 세상 잘못 나와 불우하기 그지없어
외로운 배 언제나 거센 파도 두려웠네.
영단(靈丹)을 만들었어도 시험해 본 적 없고
청평검(青萍劒)[1] 얻었으나 끝내 숨겨 두었도다.
바다의 삼신산(三神山)엔 벗들이 기다릴 텐데
인간 세상 속절없이 구우일모(九牛一毛)로 떨어졌네.
지금 훌쩍 떠나 선계(仙界)로 들어가면
은궐(銀闕)의 구름은 만 길이나 쌓였으리.[2]

---

1) 청평검(青萍劒) : 명검의 하나. 『抱朴子』「博喩」편에 “青萍·豪曹, 剡鋒之精絶也, 操者非羽越, 則有自傷之患焉”이라는 설명이 있다.
2) 『杜機詩集』 卷5(『杜機詩集拾』 卷4), 26ab에 「絶筆」이라는 제목으로 실려 있고, 원주(原註)에 “臨終時口號”라 하고 있다.

세상에서는 그의 시가 너무 위약(萎弱)하다고 평가하는데, 여와옹(餘窩翁)[3]은 일찍이 말하기를 "최두기의 시는 정사(情思)가 암연(黯然)한 그 점이 또한 명가로 볼 수 있는 것이다"라고 하였다.

崔杜機臨終口號曰:

誤出風塵百不遭, 孤檣常怕惡波濤.
鍊成丹鼎何曾試, 斲掘靑萍竟自韜.
海上應須三島侶, 人間空落九牛毛.
飄然此去空明界, 銀闕浮雲萬丈高.

世於公詩, 纇其萎弱, 而餘窩翁嘗言, "崔詩情思黯然處, 亦自名家."

---

3) 여와옹(餘窩翁): 목만중(睦萬中, 1727~1810)의 호. 자는 공겸(公兼)·유선(幼選), 본관은 사천(泗川). 영조 때 문과에 급제, 벼슬은 판서에 이르렀다. 남인계의 인물로서 공서파에 속해 신유옥사 때 이가환·정약용을 공격하는 입장에 서있었다. 『여와집』이 전한다.

최성대崔成大가 임정任珽의 초상화를 보고 읊은 시[1]

66

 최두기가 일찍이 죽은 친구 임정(任珽, 1694~1750)[2]의 초상화에
시를 썼는데 이러하다.

한번 땅 속 떠나간 뒤 다시 만날 기약 없더니
오늘 아침 그림 보고 문득 놀라 슬퍼하네.
이 친구 평소 모습 가만히 떠올려 보니
말없이 멀리 보는 자태 얼핏 생각나네.[3]

---

1) 이 조목에는 "정리하지 말라[勿謄]"고 쓰여 있다. 작자의 뜻을 따르면 응당 제외해
야 하겠는데, 참고자료로 제시해 둔다.
2) 임정(任珽) : 자는 성방(聖方), 호는 치재(卮齋), 본관은 풍천(豊川). 임수적(任守廸)의
아들로 영조 때 문과에 급제, 벼슬은 이조참의, 대사간에 이르렀다. 『卮齋遺稿』가 전
한다.
3) 『杜機詩集』 卷4(『杜機詩集補下』 卷6), 23a에 「感題任吏部聖方寫眞」이라는 제목으
로 실려 있다.

시정(詩情)과 시경(情境)이 암연(黯然)하여 또한 자득한 곳이 있다.

 杜機, 嘗題亡友任埏寫眞曰 :

一別重泉無見期, 今朝畫裏驀驚悲.
沈吟把作生平想, 乍似遙看未語時.

情境黯然, 亦其自得處.

현실로 나타난 꿈속의 광경 : 이덕수 李德壽 1

67

옮김譯 태학사(太學士) 서당(西堂) 이덕수(李德壽, 1673~1744)[1]는 일찍이 이런 꿈을 꾸었다. 관동지방으로 고을살이를 나갔다가 오래지 않아 교체되어 돌아오게 되자, 그 고을의 사람들이 정자에서 전별연을 열어주었는데, 그 정자는 큰 바다에 다다라 규모가 굉장했으며 술과 안주 또한 훌륭하게 차려져 있었다. 남자 여자가 섞여 앉아 놀다가 이윽고 자리가 파하고 사람들이 일어났으며 말은 문전에 대기하고 있었다. 그는 난간에 기대어 바다를 바라보며 자못 서글픈 기분이 들었다. 이윽고 꿈이 깨자 모든 광경들이 눈앞에 선한데 유독 그 고을의 이름은 기억이 나지 않았다. 계묘년(1723) 겨울에 간성(杆城) 군수로 나갔다가 한 해 뒤 부름을 받고 조정으로 돌아오게 되었다. 이에 그 고을의 남녀노소들이 청간

---

1) 이덕수(李德壽) : 자는 인로(仁老), 호는 서당(西堂)·벽계(蘗溪), 본관은 전의(全義). 숙종 때 문과에 급제하여 이조판서, 대제학을 역임했다. 문집으로 『西堂私載』와 『西堂集』이 필사본으로 전한다.

정(淸澗亭)2)에서 송별하는 모임을 마련했는데 전에 꿈에 보던 광경이 황홀히 펼쳐진 듯했다. 그는 감회를 시로 표현했다.

과거에 진작 꿈속의 몸이 되었으니
미래에는 응당 지금의 나를 꿈꾸리라.
만약 꿈속의 혼이 삼세(三世)를 통하게 한다면
진(眞) 아닌 것도 진이라 말할 수 있으리라.3)

그는 내전(內典)4) 읽기를 좋아했던 까닭에 이 시 또한 깊이 선지(禪旨)에 합한 것이다.

太學士西堂李公德壽, 嘗夢, 出宰關東, 未久而遞, 邑中人士, 追餞津亭, 亭臨大海, 制頗宏敞, 酒肴旣陳, 男女雜坐, 俄而席掇矣, 人起矣, 馬在門矣. 公倚桯望海, 頗有悵然之意. 旣覺, 光景森然在眼, 而獨不記其邑名. 癸卯冬, 出守杆城, 居一年, 承召還朝, 邑之父老男女, 追送於淸澗亭, 則怳然夢中景也. 公感而有詩曰：

過去曾爲夢裏身, 未來應夢現前人.
若敎魂夢通三世, 道着非眞也是眞.

公喜讀內典, 故此詩亦深契於禪旨矣.

---

2) 청간정(淸澗亭) : 강원도 고성에 있는 정자로 관동팔경(關東八景)의 하나. 설악산에서 흘러내리는 청간천이 바다와 만나는 언덕 위에 있다.
3) 이 시는 『西堂私載』卷2, 13b~14a에 「余於六七年前, 夢出宰關東, 未久而遞. 邑中人士追餞津亭, 亭臨大海, 制頗宏敞, 酒肴旣陳, 男女雜坐. 俄而席掇矣, 人起矣, 馬在門矣. 余倚杜望海, 殊有悵然之意. 旣覺, 其光景猶森然在眼, 而獨不記其邑名. 癸卯冬, 出守杆城, 居一年, 承召還朝. 邑之父老男女, 追送於淸澗亭, 則怳然夢中景色也. 人生離合去來, 皆有前定, 豈偶然哉! 乃作二詩, 留別諸君子云」이라는 긴 제목으로 실려 있다. 여기 인용된 시는 그 둘째 수이며, 첫째 수는 다음과 같다. "嶺雪亘天海日紅, 酒行人起馬嘶風. 搔頭六七年前事, 光景依然似夢中."
4) 내전(內典) : 불경을 가리킴. 불교에서 불경을 내전이라 하고 그 외의 전적들을 외전(外典)이라고 부르는데서 유래하였다.

이서당(李西堂)은 일생토록 독서를 좋아하여 늘그막에 이르도록 달라지지 않았다. 문형(文衡)을 잡은 지 수십 년에, 일세의 비지(碑誌)는 '서당(西堂)의 글에 백하(白下)[2]의 글씨'를 필히 구하였다.[3] "서당 이후로는 다시 문형을 찾을 수 없다"라는 말이 세상에 돌았다. 일찍이 어떤 분이 서당에게 묻기를 "문장 여러 체(體) 가운데 무엇이 가장 어렵소?" 하고 물으니, 그는 "시가 가장 어렵지요. 문(文)을 짓는 것은 배워서 능할 수 있지만, 시는 천부적 재주가 아니면 불가능하니까요"라 하였다. 그 말은 진실로 옳다고 하겠다. 그러나 서경(西坰)[4]의 공력을 들

---

1) 이 조목에 대해서는 "이 조목은 정리하지 말라[此件勿謄]"이라고 쓰여 있으나, 참고 가치가 있으므로 정리하였다.
2) 백하(白下) : 윤순(尹淳, 1680~1741)의 호. 자는 중화(仲和), 다른 호는 학음(鶴陰), 본관은 해평. 숙종 때 문과에 급제, 예조판서, 평안도 관찰사를 지냈다. 당대의 이름난 서예가로 그의 글씨를 '백하체'라고 일컬었다. 문집으로 『白下集』이 전한다.
3) 실제로 이덕수의 문집에서 가장 많은 분량을 차지하는 것이 비지류(碑誌類) 산문이다.

인 것이 오봉(五峯 : 李好閔)의 천재에 조금도 손색이 없었다. 시를 성취함
에 있어서는 마찬가지이니, 어찌 다만 천재만 믿고 노력을 다하지 않을
것인가? 대개 서당은 성병지학(聲病之學)5)에는 심히 유의하지 않았다. 그
런 까닭에 그의 말이 이와 같았던 것이다. 문학을 공부하는 사람들은
그의 말을 규범처럼 받아들여서는 안 될 것이다.

李西堂一生喜讀書, 至老不衰. 秉文衡數十年, 一代碑板, 必
求西堂之文・白下之筆, 世稱西堂以後更無文衡. 曾有一名公
問 : "文章各體孰爲最難?" 西堂曰 : "詩最難. 爲文可學而能, 詩非天才,
不可强能." 其言誠是矣. 而西坰之人工, 未嘗少遜於五峯之天才, 成功
則一也. 豈可獨任天才, 不盡人工乎? 盖公不甚留意於聲病之學, 所以
其語如此, 學者不可奉以爲科條也.

---

4) 서경(西坰) : 유근(柳根, 1549~1627)의 호. 자는 회부(晦夫), 본관은 진주(晉州). 선조
   때 문과에 급제, 대제학, 좌찬성을 지냈다. 1601년 동지사로 명나라에 다녀왔으며, 1627
   년 정묘호란 때 강화로 왕을 호종해 가다가 통진에서 생을 마쳤다. 『서경집』이 전한다.
5) 성병지학(聲病之學) : 시를 지음에 있어 성운(聲韻)의 규칙에 부합되지 않는 여덟 가
   지 잘못을 지적한 성률팔병지학(聲律八病之學)의 줄임말. 육조 때 심약(沈約)이 세운
   이론. 성률팔병은 평두(平頭)・상미(上尾)・봉요(蜂腰)・학슬(鶴膝)・대운(大韻)・소운
   (小韻)・방뉴(旁紐)・정뉴(正紐)를 가리킨다. 여기서는 시를 짓는 격률들을 통칭한 것
   으로 보인다.

인공(人工)이 난숙하여 묘처(妙處)에 다다르다: 김창흡(金昌翕) 1

영조 초년에는 채팽윤(蔡彭胤)과 김창흡(金昌翕, 1653~1722)[1]이 시의 대가로 일컬어졌다. ≪그 뒤로는 강국포(姜菊圃 : 姜樸)·이청담(李淸潭 : 李重煥)·이사천(李槎川 : 李秉淵)이 명가요, 또 그 뒤로는 이간옹(李艮翁 : 李獻慶)·목여와(睦餘窩 : 睦萬中)가 대가이며, 정해좌(丁海左 : 丁範祖)·채급제(蔡及第 : 蔡濟恭)가 명가이니, 모두 손꼽을 만한 시인이다.≫[2] 삼연의 「여강(驪江)」[3] 시는 이렇다.

---

1) 김창흡(金昌翕) : 본관은 안동, 자는 자익(子益), 삼연은 그의 호. 영의정을 지낸 김수항의 아들이며, 농암 김창협의 아우. 1673년 진사시 합격 후 평생을 처사(處士)로 지내면서 시인으로 이름이 높았음. 저서로 『三淵集』이 전한다.

2) ≪ ≫ 안의 부분은 원문에서 썼다 지워버렸으나, 참고로 들어 둔다.

3) 『三淵集』 卷4, 4a에 같은 제목으로 실려 있다. 여강(驪江)은 남한강의 여주(驪州) 지역을 흐르는 강의 별칭. 이 강의 북쪽 봉미산(鳳尾山) 자락에 신륵사(神勒寺)가 있는데, 고려 고종 때 마을에 나타난 용마(龍馬)를 인당대사(印塘大師)가 신통력을 발휘해서 굴레를 씌워 굴복시켰다는 데서 신륵사란 명칭이 유래하였다. 신륵사 경내의 강가에 4층 전탑(塼塔)이 있는데 이 시에 나오는 백탑(白塔)은 이를 가리킨다. 맞은편 언덕에는 청심루(淸心樓)가 있다. 『輿地圖書』에 의하면, 신륵모종(神勒暮鍾), 입암조하(笠巖朝霞),

이호(梨湖)4)에서 배 저어가니 산은 사방 나직한데
여주(驪州) 땅 멀리 펼쳐진 형세 풀빛이 푸르르네.
파사성(婆娑城)5) 그림자 청심루(淸心樓) 북쪽에 어른거리고
백탑 서쪽으로 신륵사(神勒寺) 종소리 울리누나.
물결 치는 절벽에는 신마(神馬)의 발자취
봄 찾아온 이릉(二陵)6)에는 자규(子規)의 울음소리.
취옹(翠翁)과 목로(牧老)7)의 글귀 속절없이 아름다워라
이 같이 좋은 풍광을 함께 즐기지 못하다니.8)

필세가 어쩌면 이다지 자유분방할 수 있을까!

팔수평무(八藪平蕪), 이릉청람(二陵淸嵐), 연탄풍범(燕灘風帆), 마암어등(馬巖漁燈), 파
사우우(婆娑遇雨), 양도락안(羊島落鴈)을 여주팔경(驪州八景)이라 한다.
4) 이호(梨湖) : 이천(利川)에서 여주 사이 남한강 수로의 별칭. 조선전기의 김안국(金安
國)이 이곳에 19년 동안 은거해 있었던바, 그의 시에 이호(梨湖)가 자주 보인다.
5) 파사성(婆娑城) : 여주 관아에서 서북쪽으로 40리 가량 떨어진 곳에 있는 산성. 선조
25년에 승장 의암(義嚴)이 개수했는데, 둘레가 1100보라고 하였다.『大東輿地圖』에 의
하면 이포(梨浦) 건너편에 있다.
6) 세종(世宗)의 능인 영릉(英陵)과 세조(世祖)의 능인 광릉(廣陵)을 가리킨다.
7) 취옹(翠翁)과 목로(牧老) : 취옹은 읍취헌(挹翠軒) 박은(朴誾, 1479~1504)을, 목로는
목은(牧隱) 이색(李穡, 1328~1396)을 가리킨다. 모두 이 지역에 관한 유명한 시편을 남
겼다. 이색,『牧隱藁』卷34, 16b~17b에「驪興淸心樓題次韻」라는 제목으로 모두 네 수
가 실려 있는데, 그 중 제2수가 특히 유명하다. "恨無樓記冠篇端, 誰名淸心闕署顔. 捍
水功高馬岩石, 浮天勢大龍門山. 燠居雪落軒窓外, 涼臥風來枕簟間. 況是春風與秋
月, 賞心美景更寬閑." 또, 박은,『挹翠軒遺稿』卷3, 14ab에「壬子, 自神勒寺下, 棹舟
登淸心樓, 次牧隱韻」이라는 작품이 있다. "可使登臨無好句, 恐敎魚鳥駭塵顔. 鬱葱神
勒寺前塔, 縹緲楊根郭外山. 江路迂如環半月, 灘流疾似發黃間. 扁舟又被催歸去, 未
遣浮生終日閒." 신방(申昉, 1686~1736)은「驪遊記」(『屯菴集』卷5, 1a~8a)에서 "한낮
에 여주에 도착하여 청심루에 올랐다. 고려 목은 이색과 포은 정몽주 두 대가와 우리
조선의 읍취헌 박은 등 여러 공이 이곳에 올라 시를 지었다. 벽에 목은의 '물을 막은
공 높은 것은 마암석이요, 하늘에 떠서 기세가 웅대함은 용문산이라(捍水功高馬巖石,
浮天勢大龍門山)'의 한 구절이 걸려 있었다. 경관을 마주하고 한 번 읊조려 보니 웅장
한 기세가 곧바로 청심루와 다툴 만하였다"라 하였다.
8) 이 시는 가곡(歌曲)의 가사로 사용되기도 하였다.『樂學拾零』과『海東歌謠』에는 이
시가 현토(懸吐)되어 실려 있다. 金南基,『三淵 金昌翕의 詩文學 硏究』, 서울대 박사
논문, 2001, 98면 참조

「삼일포(三日浦)」9) 시는 이렇다.

　　호수 둘레 서른여섯 봉우리 기이하고 아름다워
　　언덕 따라 어디든지 배를 댈 만하구나.
　　금강산 구름은 붉게 물든 숲 너머에서 날아오고
　　동해 바다 바람은 하얀 갈대 앞으로 불어오네.
　　사람들 산마루 내려오며 누대를 바라보는데
　　용은 물결 속에서 풍류 소리 듣는가?
　　천고(千古)의 단서(丹書)10)에 발걸음 멈추는데
　　배 타고 가 고선(高禪)에게 묻느니만 못하리라.

사의(辭意)가 어쩌면 이다지 잘 다듬어져 있을까!

「망우령에서 굶어죽은 시체를 보고[忘憂嶺詠餓殍]」11)는 이렇다.

　　어디로부터 온 사람인가
　　끝내 이름조차 알 수 없구나.
　　바가지 하나씩 든 모습 많이들 이러한데
　　소매로 얼굴 가린 것은12) 살아 있는 듯.

---

9)『三淵集』卷10, 23ab에 같은 제목으로 실려 있는 두 수 가운데 첫째 수. 삼일포는 해금강에 있는 관동팔경의 하나로, 신라시대 사선(四仙：永郎·述郎·南石·安詳)이 이곳에서 뱃놀이 하다가 3일 동안 돌아가는 것을 잊었다는 데서 이름이 유래하였다. 10리 둘레의 호수 가로 삼십육 봉이 겹겹이 솟아 있고, 호수 안의 작은 섬에는 사선정(四仙亭)이 있으며, 호수 남쪽 봉우리 석면에 붉은 글씨로 '영랑도남석행(永郎徒南石行)'이라는 여섯 글자가 써 있다고 한다. 둘째 수는 다음과 같다. "宛在中流或拘船, 埋香碑下久洄沿. 風恬浪靜逢今日, 亭老松蒼度幾年? 倚石參差如喚鶴, 繞篷空翠亦非煙. 爭留姓字圖難朽, 甚矣人情浪慕僊."
10) 천고(千古)의 단서(丹書)：삼일포 바위에 새겨져 있다는 '永郎徒南石行'을 가리키는 듯하다.
11)『三淵集』卷6, 26ab에 같은 제목으로 실려 있으며 세 수 가운데 앞 두 수이며, 세 번째 수는 이러하다. "萬物中爲貴, 千秋後立名. 泡漚亦易化, 醉夢或虛生. 感彼悠悠死, 循躬咄咄驚. 求仁男子事, 宜擴此哀情."
12) 소매로~것은：원문은 몽메(蒙袂). 굶주린 이들이 먹을 것 앞에서 부끄러움에 얼굴을

사해가 동포라는 말 속절없구나
온갖 새들도 놀라니 참으로 부끄러워라.
사람들 보고도 웃고 지나가니
길에서 어진 마음 찾아보기 힘든 줄 알겠구나.

그 둘째 수는 이렇다.

저 죽음, 춥고 굶주림 때문이니
땅바닥에 성명을 파묻었구나.
하늘에 예로부터 유감이 많거늘
봄은 누구를 위해서 또 찾아오는가?
집에 돌아가면 나도 밥 먹기가 어려운데
길이 막혀 말이 놀라는도다.
애시당초 저들을 구제하진 못했지만
시체를 덮어줌도 또한 인정이라 하리.

말이 어쩌면 이다지 침통하고 절실할까! 이는 인공(人工)이 난숙하여
각각 묘한 데에 다다른 것이다.

 英廟初年, 蔡希菴·金三淵詩爲大家. ≪其後則姜菊圃·李淸
潭·李槎川爲名家. 又其後則李艮翁·睦餘窩爲大家, 丁海
左·蔡及第爲名家, 皆是家數.≫①
三淵「驪江」詩曰 :

擊汰梨湖山四低, 黃驪遠勢草萋萋.
婆娑城影清樓北, 神勒鍾聲白塔西.

가리고 모여드는 모습을 말함.『禮記』「檀弓」에 "제나라에 큰 기근이 들어 검오(黔敖)
가 길가에 밥을 차려 놓고 굶주린 자들이 먹을 수 있게 하자 굶주린 자들이 소매로 얼
굴을 가리고 신발을 끌며 더듬더듬 왔다[齊大饑, 黔敖爲食於路, 以待餓者而食之. 有
餓者蒙袂揖屨, 貿貿然來]"는 내용이 있다.

積石波侵神馬跡, 二陵春入子規啼.
翠翁牧老空文藻, 如此風光不共携.

何其筆勢之橫放也!

「三日浦」詩曰:

奇峰三十六嬋娟, 逐岸無非可繫船.
神岳雲來紅樹外, 大瀛風進白蘋前.
人從坨曲看軒檻, 龍在波心聽管絃.
千古丹書猶滯跡, 不如移棹問高禪.

何其辭意之容春也!

「忘憂嶺詠餓殍」曰:

始自何方至, 終迷誰子名?
持瓢多若此, 蒙袂乍如生.
無賴同胞說, 誠慚百鳥驚.
經過便笑語, 行路少仁②情.

其二曰:

一死緣饑凍, 窮泉沒姓名.
天多從古憾, 春欲爲誰生?
返舍吾難食, 橫途馬亦驚.
施仁初不及, 掩骴亦人情.

何言之沈痛切中耶! 此殆人工爛熟, 各臻其妙者也.

① 원문에서는 이 부분을 삭제하라고 되어 있으나, 참고할 가치가 있으므로 그냥 두었다.

② 仁 : 본래 人으로 되어 있으나, 『三淵集』에 의거하여 바로잡았다.

산수_{山水}를 유람하며 지은 시 : 김창흡_{金昌翕} 2

70

옮김譯 삼연(三淵)은 일생토록 수려한 산수(山水)에서 노닐기를 좋아하여 족적(足跡)이 팔도에 두루 미쳤다. 그의 유람하며 느낀 것을 표현한 시편은 종종 기이하여 읊을 만한 것이었다. 그의 「은적암(隱寂菴)에서 비에 발이 묶여[隱寂菴滯雨]」[1]라는 제목의 시는 이러하다.

산성(山城)이 높은 데 자리하여
짙은 안개로 암자가 묻혔는데,
비바람조차 몰아쳐서 사방이 어둡거늘
나의 몸 그 가운데 놓였구나.
구름이 아마도 이부자리인가 싶어
구름을 당겨보니 공허할 뿐.

---

1) 『三淵集』 卷6, 31a~32b에 같은 제목으로 실려 있다. 은적암은 황해도 구월산에 있는 암자인데, 김창흡은 1698년 봄에 형 김창집이 수령으로 있던 황해도 배천(白川)을 찾으면서 구월산을 유람한 사실이 있다.

여기 지새는 밤, 인간 세상 아닌 듯싶어
혼몽한 가운데 새벽종소리 듣누나.
동이 벌써 텄을 터인데
창살은 아직도 어두컴컴하구나.
문을 열었다가 안타까워 다시 닫고서
귀를 기울여도 비바람소리 그치질 않네.
우수수 소리에 나무숲 온통 비에 젖고
쏴아 하는 소리 온 골짜기 물이 내려치네.
처마 물 보니 알겠네, 폭포의 물줄기
물보라의 무지개가 몇 겹이나 섰을 줄.
빼어난 풍광 가는 길에 널렸을 텐데
발 묶인 시름 안개처럼 막혔구나.
중을 자주 불러 성가퀴로 나가
구름이 동쪽으로 빠지는지 보라고 하네.

그의 「기우가(騎牛歌)」2)는 이러하다.

소를 타세, 소를 타
소 타기가 말 타기보다 좋다네.
말을 타면 넘어지기 쉽지만
소 타는 건 보기에도 질박하지.
청운(靑雲)의 달관(達官)들, 용마를 타고
일산 아래 말방울 울리며 대궐로 들어가네.
닭 우는 아침마다, 종치는 저녁마다 다투어 쫓느니
바쁜 사람들 무엇 때문에 한가로운 이들을 부러워하리?

소를 타면 채찍도 필요 없어,
반나절이나 산등성이로 돌아다닌다네.
간밤에 내린 눈, 세상이 온통 백설이라

---

2) 『三淵集』 卷9, 34b~35a에 같은 제목으로 실려 있다.

그 깊이 소 눈까지, 걸음은 느릿느릿.

길 양쪽으로 푸른 소나무 용트림한 가지
눈의 무게 못 이겨 늘어지고 꺾여지누나.
고삐를 잡고 때때로 떨어지는 눈을 쳐다보니
바람에 눈송이 날려 수염엔 얼음이 앉네.
소를 타는 취미 본래 기이하거늘
눈 속에 소를 타니 또한 이와 같아라.
뿔을 두드리며 노래 한 곡 부르는데
천고(千古)에 지음(知音)이 누구런가?
관문(關門)에 서린 기운 주하사(柱下史)³⁾가 지나갔고
여산(廬山)의 신령한 빛, 유응지(劉凝之)⁴⁾로다.

내 비록 옛 사람의 고상한 행동과 풍류에 미치지 못하나
늙은 암소에 몸을 붙인 그 자취 한가지로다.
남산(南山)은 깨끗하고 백석(白石)은 찬란해라⁵⁾
뜻 있어 부른 노래 전용이 아니로다.

소 타기가 말 타기보다 좋으니
어찌 영척(寧戚)의 사마고거(駟馬高車)⁶⁾를 부러워하리오?

---

3) 주하사(柱下史) : 노자(老子)를 가리킨다. 전설에 노자가 주나라에서 주하사의 관직에
  있었다. 그가 푸른 소를 타고 서쪽으로 관문을 나갔는데 관문을 지키는 사람이 바라보
  니 보랏빛 기운이 떠올랐다 한다(『列仙傳』: "老子西遊, 關令尹喜望見, 有紫氣浮關,
  而老子果乘青牛而過也").
4) 유응지(劉凝之) : 중국 남북조(南北朝)시대 송(宋)나라 사람 유환(劉渙). 응지(凝之)는
  그의 자(字). 벼슬을 버리고 여산(廬山)에 들어가 소를 타고 유유자적한 삶을 보냈다.
  그의 모습을 북송(北宋)의 화가 이공린(李公麟)은 「騎牛圖」로 그렸으며, 황정견(黃庭
  堅)은 이 그림에 붙여 시를 지었다. 그 시에 "往來澗谷中, 神光射牛背"(「拜劉凝之畫
  像」)라는 구절이 들어 있다.
5) 남산(南山)은~찬란해라 : 춘추시대 제나라의 영척(寧戚)이 부른 「騎牛歌」의 한 구절.
  기우가는 일명 「商歌」라고도 한다. 영척은 본래 초야에 있었는데 제환공(齊桓公)이 그
  가 부르는 「騎牛歌」를 듣고 재상으로 기용했다 한다.
6) 사마고거(駟馬高車) : 네 마리 말이 끄는 크고 좋은 수레. 소를 타던 영척(寧戚)이 중

짚으로 만든 언치와 칡 등자에
몸 기대니 마냥 편안함을 느끼네.
뿔을 두드리고 두드리며 노래 부르니,
노래 끝나자 저문 산이 비었도다.
소등에 우두커니 앉아 태고(太古)를 노래하니
신농씨(神農氏) 이전의 유민일런가!

 三淵一生好遊佳山水, 足跡幾遍八路. 其遊賞諸作, 往往奇雋
可誦.

其「隱寂菴滯雨」詩曰 :

山城據地高, 嵐霧滯梵宮.
況玆風雨晦, 置身決漭中.
枕席大抵雲, 攬來雲則空.
寤寐非世事, 潁洞度曙鐘.
東方應已作, 遲黑尙窓①櫳.
開戶悵復閉, 屬耳聲不窮.
颼爲萬木濕, 澎卽衆壑溑.
簷溜知瀑布, 幾許添雪虹.
奇賞滿前程, 滯愁結溟濛.
呼僧屢倚堞, 試看雲行東.

其「騎牛歌」曰 :

騎牛復騎牛, 騎牛勝騎馬.
騎馬易顚蹶, 騎牛只朴野.
靑雲達官飛龍馭, 鳴珂擁蓋金闕下.

용이 되어 재상이 되었기 때문에 쓴 표현이다.

朝鷄夕鍾爭逐隊, 忙者何由羨閑者?

騎牛不用鞭, 半日歷岡坂.

夜來大雪白漫漫, 深至牛目步愈緩.

夾路蒼松虯龍枝, 不勝頹壓偃且欹.

攬轡時時仰落雪, 風飄萬點氷鬚眉.

騎牛之趣本自奇, 雪中騎牛又如斯.

扣角歌一曲, 千古知音誰?

關門紫氣柱下史, 廬岳神光劉凝之.

吾不能及爾遯擧與高風, 托身老特其迹同.

南山矸白石爛, 有心商歌非田翁.

騎牛勝騎馬, 焉用齊相駟馬高車?

苫轜與葛鐙,^② 坐覺身舒舒.

扣角復扣角, 歌闋暮山虛.

嗒然牛背歌太古, 神農以前遺民歟!^③

① 窓 :『三淵集』에는 牕으로 되어 있다.
② 鐙 : 원문에는 藤으로 되어 있으나,『三淵集』에 의거하여 바로잡았다.
③『三淵集』原註에 "末句一作'衆維魚矣旐維旟'"라 하고 있다.

장찬(張燦)의 시

71

을축년(1805)에 나는 사신으로 북경에 갔는데[1] 야계점(野鷄店)의
벽 위에 다음과 같은 시가 붙어 있었다.

서화와 금기(琴棋)며, 술과 시와 꽃
젊은 시절엔 일마다 이런데서 벗어나지 않더니,
지금에 이르러는 이 일곱 가지 모두 다 바뀌어
시탄(柴炭)이며 양식, 기름·소금·간장·식초·차로 되었네

이 시구는 누가 지은 것인지 알 수 없었지만 인간의 실정에 절실하
며, 규격에서 초탈한 것이었다. 자기 자신을 안타까워하는 말로 가탁했
으나 실은 자신이 처한 세상을 풍자한 것이니, 생각건대 불기지사(不羈

---

1) 을축년에~갔는데 : 『純祖實錄』 '5년 1월 17일(壬寅)'조에 강준흠을 고부사(告訃使)
　의 서장관(書狀官)으로 삼았고, '같은 해 5월 29일(壬子)'조에 연경(燕京)에서 출발한다
　는 치계(馳啓)가 왔다는 내용이 보인다.

之士)가 인정세태를 슬퍼하고 혐오한 나머지 이런 희작의 시를 지은 것이리라.

그로부터 십여 년 뒤 우연히 잡서를 보다가 호남(湖南)의 장찬(張燦)[2]이 지은 것임을 알게 되었다. 살피건대 장찬은 자를 기석(豈石)이라 했고 용모가 붉은 수염에 훤칠했으며, 의론도 바람이 이는 듯 막힘이 없었고, 능히 맨손으로 도적을 잡아서 관찰(觀察) 노량재(魯亮齋)[3]와 나란히 권모와 기략을 자부하였으며, 관직은 소정위(少廷尉)에 이르렀다 한다. 일찍이 어떤 사람에게 말하기를, "귀신을 보면 두려워 말고 그와 겨루어 보라"고 하니, "그러다가 죽으면 어찌할 것이오?"라고 묻자, "죽으면 나도 귀신이 될 것이 아니냐?"고 하였다. 그의 호방한 기개가 이와 같았다. 그러므로 그의 시 또한 이와 같았으니, 나의 지감(知鑑)이 틀리지 않았던 것이 썩 다행이라 하겠다.

슬프다! 사군자(士君子)가 젊어서는 의리(義理)를 따르기를 고기 좋아하듯 하며[4] 관작을 초개 같이 보는데, 나이가 들어가면서 기개가 쇠하고 뜻이 꺾여서 일신이 물질에 얽매이고 보면, 평소에 차마 하지 못하던 일들을 모두 태연히 행하고도 부끄러워 할 줄 모른다. 한 사람의 몸으로 세월에 따라 앞뒤로 전혀 딴 모습이 되는 것은 대체로 이 때문이다. 그러고 보면 이 시는 비속한 듯하지만, 또한 군자 만년의 경계로 삼을 만하니, 바라건대 뜻을 같이하는 벗들은 함께 힘쓸 일이다.

乙丑余奉使入北京, 適野鷄店壁上, 有題詩曰：

---

2) 장찬(張燦) : 청(淸)나라 때 호남성 상담(湘潭) 사람. 호는 상문청양자(湘門靑陽子). 강희 때 과거에 급제. 무석(無錫)을 맡아 다스릴 때 정사와 옥사를 잘 처리하였다 하며, 벼슬은 대리시소경(大理寺少卿)에 이르렀다. 글과 글씨에 능하였다고 한다.
3) 노량재(魯亮齋) : 미상.
4) 『孟子』「告子上」에 "의리(義理)가 내 마음을 기쁘게 하는 것은 고기가 내 입을 기쁘게 하는 것과 같다[義理之悅我心, 猶芻豢之悅我口]"라는 말이 있다.

書畫琴棋詩酒花, 少年件件不離他.
如今七事都更變, 柴米油塩醬醋茶.

未知何人作, 而指切事情, 超脫科臼, 托以自悼之辭, 而實譏刺當世. 意其不羈之士, 憤世嫉俗, 爲此戱嫚之語.

後十年, 偶閱襍書, 知爲湖南張燦①所作. 按燦字豈石, 紫髯偉貌, 議論風生, 能赤手捕盜, 與觀察魯亮齋, 俱權奇自喜, 官至少廷尉. 嘗語人云: "見鬼莫怕, 但與之打." 問: "打敗奈何?" 曰: "我打敗, 同他一樣." 其負氣自豪如此, 故其詩亦如此, 頗幸知鑑之不誤也.

噫! 士君子, 初年自期, 盖有嗜義利②若葑菼, 視軒冕若草芥者, 而及其晚塗, 氣衰意闌, 形爲物役, 則平昔之所不忍爲者, 亦皆恬然爲之而無愧, 一人之身, 前後別作兩截者, 往往是也. 然則此詩, 雖若俚俗, 亦可爲君子晚節之戒, 願與同志共勉.

①璨: 원문에는 璨으로 되어 있으나 燦으로 바로잡았다.
②利: 전후 문맥으로 보아서 理의 잘못으로 생각된다.

이광덕_{李匡德}이 당쟁을 풍자한 시

72

 우리 조정은 당화(黨禍)가 생긴 이래로 충신과 역신이 번갈아 들어, 나라는 그로 인해 병이 들었다. 영조 초년에 깊이 탕평책에 마음을 썼는데, 벼슬아치들 사이에서는 탕평을 주장하는 자가 있었고 탕평을 공격하는 자가 있어, 또 이 때문에 싸움이 계속되어 분란이 그치질 않았다. 태학사(太學士 : 대제학) 관양(冠陽) 이광덕(李匡德, 1690~1748)[1]이 개구리를 읊은 시 두 수가 있는데 이러하다.

저 하늘이 비를 내리심 어찌 뜻이 없을까
본디 만물을 고루 적셔 번영케 함이로다.
그 누가 개구리들로 하여금 득의만만하여
백 마리 천 마리 떼를 지어 시끄럽게 울도록 하였을까?

---

1) 이광덕(李匡德, 1690~1748) : 본관은 전주(全州). 자는 성뢰(聖賴), 관양(冠陽)은 그의 호. 이경석(李景奭)의 현손이며, 박세채(朴世采)의 외손이다. 경종 2년(1722)에 문과(文科)에 급제, 벼슬은 전라감사를 거쳐 대제학에 이르렀다. 문집으로 『冠陽集』이 전한다.

여기서 울고 저기서 울고 제멋대로 잘난 척해도
온몸이 이미 진흙탕 속에 빠졌어라.
진(晋)나라 황제 수고롭게 분별할 필요조차 없으니[2]
온통 다 사(私)이니 공(公)을 따질 것이 어디 있나?[3]

朝廷自黨禍以後, 忠逆互嬗, 國受其病. 英廟初元, 深有意於蕩
平, 而搢紳間, 有望蕩平者, 又有攻蕩黨者, 戈戟相尋, 眕之不
已. 太學士冠陽李公匡德, 有詠蛙曰:

皇天降雨豈無情? 本欲均沾萬物榮.
誰使群蛙偏得意, 百千成黨一時鳴.

其二曰:

鳴去鳴來妄[1]自雄, 全身元已落泥中.
晉皇不必勞分別, 大抵皆私豈有公?

①妄:『冠陽集』에는 忘으로 되어 있는데, 필사할 때의 잘못으로 보인다.

---

2) 진(晋)나라~없으니 : 여기서 진나라 황제는 서진의 혜제(惠帝)를 가리킴. 혜제는 사
리에 어두워서 개구리가 우는 소리를 듣고 저것은 관(官; 公과 같은 의미)인가 사(私)
인가 하고 물었는데, 어떤 자가 관지(官池)에 있는 것은 관이 되고, 사지(私池)에 있는
것은 사가 된다고 하였다. 그가 제위에 있을 때 백성들이 온통 굶어죽고 세상이 혼란
에 빠졌다.
3)『冠陽集』卷1, 61ab에「蛙二首」라는 제목으로 실려 있다.

박손경_{朴孫慶}의 그윽하고 깨우침을 주는 시

73

옮김譯 영남지방은 풍기가 질박하고 순후해서 퇴계선생 이후로 오로지 경술(經術)을 숭상하며 시학(詩學)을 좋아하지 않았다. 그런 까닭으로 백여 년 이래 성률에 깊이 들어간 자가 없었는데, 오직 남야선생(南野先生) 박손경(朴孫慶, 1713~1782)[1]이 재주가 높고 기품이 고아(古雅)해서 가장 운치가 있었다.

---

1) 박손경(朴孫慶) : 본관은 함양(咸陽). 자는 효유(孝有). 성옥(成玉)의 아들로, 남야(南野)는 그의 호이며, 대대로 경상북도 예천군(醴泉郡) 용문리(龍門里) 금곡(金谷)에 거주하였다. 아들인 한동(漢東)이 지은 「行狀」(『南野先生集』 부록)과 정범조(丁範祖)의 묘갈명(『南野先生集』 및 『海左集』 卷28)에 따르면, 그는 과거를 준비하지 않고 성리학에 힘썼으며, 부친이 돌아간 후에는 노년에 이르기까지 계모를 극진히 모셨다. 여러 차례 벼슬을 제수 받았으나 부임하지 않았으며 평생 후진 양성에 힘을 썼다. 문장을 잘 하여, 남들이 입언(立言) 하기를 권하면, 이미 주자와 퇴계가 할 말을 다해서 굳이 자신이 글을 지을 필요가 없다며 거절했다고 한다. 시와 서발 등을 모은 『南野先生集』 8卷 4冊이 전하며, 여기에 「朱書講錄刊補箚疑」 등을 덧붙여 10권 5책으로 증보한 본도 전한다.

그의 「비 온 뒤 귀민암[龜珉菴雨後]」2) 시는 이러하다.

그늘진 고목은 아직 다 마르지 않았거늘
제비집엔 새끼 크고 바위 위엔 창포 자라네.
비 내리자 잠에서 깨어나니
숲에 가득 소슬한 기운, 강호인가 싶어라.

「용문 서암에서 느낀 대로[龍門西菴卽事]」3)

고목 천 그루 맞은 편 언덕에 빗겨 있고
상방(上房)의 쇠북소리 옅은 안개 걷히네.
텅 빈 숲 여울 기운, 맑기가 새벽 같거늘
때때로 그윽한 향 솔솔 나도 꽃은 안 보이네.

「시월 국화[十月菊]」

초옥이 소슬하여 언덕 위에 외로운데
하룻밤 맑은 서리 찬 기운이 옷깃에 스미네.
시월이라 창문 앞에 향기가 갓 피어나니
올해는 노란 국화 절조 더욱 높아라.4)

「재종제
승경을 기다려도 오지 않아 벽 위에 쓰다[待再從弟承慶不來題壁上]」5)

동풍 불고 해 저물자 갈까마귀 깃드는데

---

2) 『南野先生集』卷1, 8b에 같은 제목으로 실려 있다.
3) 『南野先生集』卷1, 16b에 같은 제목으로 실려 있다.
4) 『南野先生集』卷2, 5a에 「十月始見菊」이라는 제목으로 실려 있다.
5) 『南野先生集』卷1, 9a에 「待再從弟仲胤承慶不來題壁上」이라는 제목으로 실려
  있다.

깊은 마을 사립문은 반쯤 열려 있구나.
저 하늘가 떠난 나그네 어느 날이나 돌아올까
벽에 등잔 밤 깊도록 불꽃[燈花][6] 일지 않는구나.

「전부사(田婦辭)」[7]

농가의 봄철에는 부세 독촉 다급하여
아낙은 머리 빗을 겨를조차 없다네.
물레질 밤새도록 하느라
아이 울어도 쉬지를 못하네.
우는 아이 어찌 가엾지 않으리오만
남편이 갇힌 지 삼일이나 되었다오.

그의 시는 편편이 그윽하고 깨우침을 주는 바가 있어 읽어보면 사람의 비루한 심사를 깨끗이 씻겨준다. 그런데 평소 시인으로 이름 얻기를 바라지 않아 지은 글을 버리고 거두어 두질 않았다. 그의 아들 감역(監役) 박한동(朴漢東)이 친구분이나 문생들로부터 한두 시구나 편지들을 모아서 문집을 엮어 세상에 전하게 되었다.

 嶺南風氣質厚, 自退翁以後, 專尙經術, 不屑於詩學. 故百餘年來, 無深於聲病者, 惟朴南野先生孫慶, 才高氣雅, 最有韻趣. 其「龜珉菴雨後」曰:

陰陰老木未全癯, 巢燕成雛石長蒲.
山雨欲來殘睡罷, 滿林凄氣似江湖

---

6) 불꽃[燈花]: 등잔의 심지가 타다 꽃 모양으로 되는 것을 가리키는데, 이것이 생기면 좋은 소식이 온다는 말이 있다.
7) 『南野先生集』 卷1, 4a에 같은 제목으로 실려 있다.

「龍門西菴卽事」曰：

　古木千章對岸斜, 上方①鍾午散晴霞.
　空林潤氣淸如曉, 時度幽香不見花.

「十月菊」曰：

　草屋蕭蕭逈出皐, 淸霜一夜冷侵袍.
　牕前十月香初動, 黃菊今年節更高.

「待再從弟承慶不來, 題壁上」曰：

　東風吹送暮棲雅, 深巷柴扉掩牛斜.
　天際行人歸幾日, 壁燈今夜又無花.

「田婦辭」曰：

　田家春賦急, 田婦不梳頭.
　繰車竟夜鳴, 兒啼殊未休.
　兒啼豈不憐? 夫壻三日囚.

　篇篇幽雅警省, 讀之令人鄙吝皆消, 而平生不欲以此自名, 輒棄不收, 其子監役漢東, 因朋友門生, 得其片語尺牘, 彙成一集, 傳於世.

　　①上方：『南野先生集』에는 上房으로 되어 있다.

박손경_{朴孫慶}의 저절로 천취_{天趣}에 부합한 시

74

박남야(朴南野) 선생은 평소에 지성이 있어 어머니를 섬김에 효성이 극진하였다. 천거를 받아 침랑(寢郎:능참봉)에 제수되었으나 부임하지 않았으며, 또 동몽교관(童蒙敎官)에 제수를 받았으나, 역시 부임하지 않았다. 그의 학문은 말을 앞세우지 않고 몸소 실천하여 깊이 자득한 곳이 있었으며, 그의 시는 염락풍(濂洛風)[1]을 배우지 않았으되 저절로 천취(天趣)에 부합하였다. 그의 「혼자 걸어 시내에 다다라[獨行至小溪]」라는 제목의 고시가 있는데 이러하다.

산 기운 개이기를 기다리는데
한낮이 되어서야 물가가 환해지네.

---

1) 염락풍(濂洛風) : 시의 한 경향을 가리키는 말. 북송시대 도학의 중요한 인물인 주돈이(周敦頤)는 원래 염계에서 살았고, 정호(程顥)·정이(程頤) 형제가 낙양에서 살았던 때문에 염락풍은 도학자의 시풍을 가리키는 말로 되었다. 송대 도학자들의 시를 모은 『濂洛風雅』라는 시선집도 편찬되어 조선시대에 널리 읽혀졌다.

물가는 그윽하고 맑으니
바위와 어울려 숨었다 나타났다 하네.
봄물은 날마다 불어나서
많은 물줄기 크고 작음 다투누나.
노니는 물고기들 서로서로 어울리거늘
사슴이 물 마시러 오는 것을 누가 막으랴?
산새들 저마다 시절을 알아서
사뿐히 날다가 가볍게 재잘거리네.
문득 약초 씻는 객을 만나고
또 바구니 든 아낙들도 보네.
어린 새싹 이름은 모르겠으나
연한 뿌리 달콤해 먹을 만하네.
어린 싹 제 몸도 못 이길 듯한데
음양의 기운 저절로 이슬이 맺히네.
어여쁘다! 너는 쌓인 눈 속에서
어떻게 이처럼 잎이 돋아날 수 있었느냐?
양(陽)의 기운 샘솟듯 솟아오르니
추위가 어찌 감히 너를 막으랴?
나의 마음 저절로 동심(童心)이 되어
좋아서 오래도록 우두커니 서 있네
묵묵히 맹자님 말씀 생각해 보니
은미한 말씀 적실히 느껴지네.
비로소 알았노라, 우리 마음속에
진실로 무엇이 들어 있는가를.
봄을 찾는 이들에게 말하노니
자연의 조화는 그대들에게 숨김이 없다네.[2]

이와 같은 시편은 송(宋)나라 학자들의 문집에서 찾는다 해도 많이 얻

---

[2] 『南野先生文集』 卷1, 3b~4a에 「明日獨行至小溪, 續成古詩」라는 제목으로 실려
있다.

을 수는 없을 것이다. 참으로 어질고 의로운 분의 말씀은 온화(溫和)하다
는 것을 알겠다.3)

 朴南野先生素有至性, 事母極孝. 以薦除寢郎, 不就. 又除童
蒙敎官, 亦不就. 其學, 不言而躬行, 深有自得處, 其詩, 不師
濂洛而自合天趣. 其「獨行至小溪」古詩曰 :

山氣待晚霽, 午日明小渚.
小渚幽且淸, 隱見互岩嶼.
春水日以至, 百道爭細巨.
魚游自相親, 鹿飮誰能拒?
禽鳥各知時, 輕飛復輕語.
忽逢洗藥客, 因之提筐女.
芽嫩不卞①名, 根脆甘可咀.
暖草不勝弱, 氤氳氣②微湑.
憐爾積雪下, 何得葉如許?
陽和迸如瀉, 輕寒詎敢禦?
吾心自冲稚, 感之久延竚.
默念鄒夫子, 微言的有緖.
始知方寸裡, 藹然本自貯.
寄語尋春子, 造化不隱汝.

如此詩, 求之宋儒集中, 亦豈多得? 信乎! 仁義之言藹如也.

① 卞 : 『南野先生文集』에는 辨으로 되어 있다.
② 氣 : 『南野先生文集』에는 露로 되어 있다.

---

3) 한유(韓愈)는 「이익에게 답하는 글[答李翊書]」에서 "어질고 의로운 사람은 그 말이
   온화하다[仁義之人, 其言藹如也]"고 하였다.

영조(英祖)가 방외사로 일컬은 김진상(金鎭商)

75

참찬(參贊) 김진상(金鎭商, 1684~1755)[1]은 호가 퇴어당(退漁堂)인데, 일찍이 경종(景宗)이 자기의 생모 장씨(張氏)를 개장할 때 망곡(望哭)의 예를 행하는 것이 부당하다고 논하였다. 대개 장씨가 죄를 짓고 죽은 때문이다. 옥당(玉堂) 권세항(權世恒, 1665~1725)[2]이 논박하기를 "옛날에 익훈(益勳)이 죽었을 때, 그의 아들 만채(萬埰)는 곡을 했던가, 곡을 하지 않았던가"라고 하였다.[3] 이에 김진상은 자기의 아버지와 할아버지에

---

1) 김진상(金鎭商) : 본관은 광산. 자는 여익(汝翼). 할아버지는 참판 익훈(益勳), 아버지는 만채(萬埰)이다. 1712년 정시문과에 급제하여, 설서·지평 등의 관직을 두루 역임하였다. 1716년 병신처분(丙申處分) 뒤 윤선거(尹宣擧)의 서원과 문집목판을 훼철할 것을 청하였으며, 1719년에는 희빈 장씨(禧嬪張氏)의 묘를 이장할 때 동궁이 망곡(望哭)하려는 것을 막는 등 과격한 노론의 입장을 고수하였다. 문집으로 『退漁堂遺稿』 7卷이 있다.

2) 권세항(權世恒, 1665~1725) : 본관은 안동. 자는 여구(汝久). 정랑 이경(以經)의 아들. 1693년 문과에 급제. 벼슬은 경주부윤에 이르렀다.

3) 김익훈(金益勳, 1619~1689)은 김진상의 할아버지이고, 김만채는 그의 아버지이다. 김익훈은 친조카인 만기의 딸이 숙종의 왕비가 되어 어영대장 등 숙종의 외척으로 권

게 욕을 끼쳤다 하여 스스로 단속하여 벼슬을 하지 않고 이름난 산수를
찾아 두루 돌아다니며, 초연히 세상의 속태를 벗어난 모습이 있었다. 여
러 차례 부제학(副提學)·대사헌(大司憲)에 제수를 받고 의정부사재(議政府
四宰: 右參贊)에까지 이르렀으나, 끝내 출사하지 않았다. 영종[英祖]께서
일찍이 그의 벼슬을 버리고 물러난 뜻을 가상하게 여기어 그를 방외사
(方外士)라 일컫기도 하셨다. 그가 강가에 살면서 배를 타고 오르내리며
지은 시가 있다.

> 한강물 얼음이 녹아 풀리니
> 가벼운 배 한 길로 통하는구나.
> 산 그림자 속에 고기들 뛰놀고
> 햇빛 가운데 물새가 떠 있구나.
> 동구 앞 버드나무 안개에 푹 젖었고
> 모래톱 쌓인 눈은 반 너머 녹았구나.
> 취하여 눈에 가득 시(詩)가 들어와
> 봄날의 홍겨움을 어옹(漁翁)에게 묻노라.[4]

일찍이 관북 지방을 유람할 적에 부제학(副提學)을 제수받았다는 소식
을 들었는데, 뒤에 관동 지방을 유람할 적에 또 같은 벼슬을 제수받았
다는 소식을 듣고서 지은 시가 있다.

> 북관과 관동을 마음껏 오가는데
> 세 해 동안 두 번이나 시종신(侍從臣)에 명하셨네.
> 성은(聖恩)이 기왕에 방외에 노닒을 허락하시고
> 또다시 맑은 직함 산수간에 내리셨구나.[5]

력을 잡았다가 기사환국으로 남인이 집권하게 되자 귀양을 가서 죽임을 당하였다.
4)『退漁堂遺稿』卷1, 29b에 「泛舟沿洄, 次輞川漢江臨帆韻」이라는 제목으로 실려 있다.
5)『退漁堂遺稿』卷3, 24a에 「出山知有副學新命」이라는 제목으로 실려 있고, 원주(原
 註)에 "乙卯北遊時, 始叨是職, 今又有是命"이라 하였다.

金參贊鎭商, 號退漁, 嘗論景宗於私親張氏改葬時, 不當望哭, 盖以張氏罪死故也. 玉堂權世恒駁之曰 : "昔者益勳[1]之死也, 其子萬垛哭耶? 不哭耶?" 鎭商以貽辱父祖, 自靖不仕, 遍遊名山水, 瀟然有出塵之想. 屢除副學·憲長, 至議政府四宰, 終不出. 英宗嘗嘉其恬退, 至或稱方外士. ≪其在江居, 泛舟沿洄, 賦詩曰 :

江漢氷初坼, 輕舟一道通.
魚跳山影內, 鷗泛日光中.
村柳煙全潤, 汀沙雪半空.
醉來詩滿眼, 春興問漁翁≫[2]

嘗遊關北, 聞副學除命, 後遊關東, 復除是官, 有詩曰 :

北塞東關任往還, 三年再忝侍臣班.
聖恩旣許游方外, 更借淸銜到海山

① 勳 : 원문에는 熏으로 되어 있으나 바로잡았다.
② ≪≫ 안은 본래 삭제하려는 의도가 있는 듯하나, 그대로 놓아두었다.

이만유李萬維와 천금환千金換의 사랑[1]

76

학사(學士) 이만유(李萬維)[2]가 일찍이 관서막(關西幕)[3]에 보좌로 있을 적에 평양 기생 천금환(千金換)과 가까이 지냈다. 그 후 태천(泰川)군수로 나가게 되자, 천금환은 안사(按使: 監司의 별칭)의 사랑을 독차지하게 되었다. 한번은 안사가 관아 수령들과 연광정(鍊光亭)에서 연회를 베풀기로 정하여 이학사 또한 참여하게 되었다. 여악(女樂)을 크게 벌려 미인들이 구름 같았으나 천금환만은 나오지 못하도록 하였다. 천금환은 장막을 사이에 두고 노래를 불렀는데, 그 가사에 '일편단심(一片

---

1) 『滄海詩眼』卷上에도 이 일화가 전하는데, 그 끝에 "시는 너무 염체(艶體)로 흘러서 문집에는 싣지 않았다[詩則以爲流於艶體, 不載集中]"고 하였다.
2) 이만유(李萬維, 1674~1735): 본관은 연안(延安), 자는 지국(持國). 1705년 문과에 급제, 예조참판을 지낸 이옥(李沃)의 아들로, 식산(息山) 이만부(李萬敷, 1664~1732)는 그의 형이다. 문집으로 『恩庵遺稿』가 『鹽州世稿』에 전하고, 이밖에 그의 부친이 아들 및 제자들과 수창한 시문을 엮은 『眉山酬唱錄拾遺』가 전한다.
3) 관서막(關西幕): 관서는 평안도를 가리키고, 평안도 감사가 관찰사를 겸하여 행정과 병사의 임무를 관장하였기에 막이라는 용어를 사용한 것이다.

丹心)·약수삼천리(弱水三千里)'라는 말이 들어 있었다. 이학사는 곧바로 그녀를 불러 앞에 나오게 하여 "시를 받아라!" 하고 말하니, 천금환은 즉시 자신의 홍금단(紅錦段) 치마를 풀어 펼쳐 놓았다. 드디어 일필휘지로 시를 써 내려갔는데, 그 중 두 연(聯)이 다음과 같았다.

> 무산(巫山)은 옛 모습 그대로라
> 신녀(神女)도 지금껏 아름답겠지.
> 밝고 밝은 단심 한결같거늘
> 머나 먼 약수(弱水) 몇 천리나 가로막혔는가?4)

대개 그녀가 부른 노래의 사연을 시로 표현한 것이다. 이학사는 시를 다 쓰고 나서 말을 달려 50리를 가서야 머물러 숙박을 하였다. 이윽고 천금환이 뒤따라 이르렀다. 대개 안사가 그녀를 자기가 타는 말에 실어 보낸 것이다. 세상에 이 이야기가 풍류승사(風流勝事)로 전해진다.

李學士萬維, 嘗佐關西幕, 眄平壤妓千金換者. 其後宰泰川, 則按使寵之矣. 按使約守宰宴鍊光亭, 學士亦赴焉. 大張女樂, 粉黛如雲, 而不許千金換出. 換隔帳唱歌, 有"一片丹心, 弱水三千"之語, 學士遽呼之, 至前, 曰:"受詩!" 換卽解其紅錦段裙鋪之, 遂一揮成詩, 其二聯曰:

> 巫山依舊色, 神女至今姸.
> 皎皎丹心一, 迢迢弱水千.

盖用其歌語也. 題畢, 起馳, 至五十里止宿. 已而換追至, 盖按使以其所騎馬載送也. 傳以爲風流勝事.

---

4) 『滄海詩眼』에는 이 시가 전부 실려 있다. "醉後雕鞍興, 回頭淚幕年. 巫山依舊色, 神女至今姸. 皎皎丹心一, 迢迢弱水千."

77

여항인閭巷人 오희창吳喜昌[1]

옮김 譯

오희창(吳喜昌)[2]은 여항인인데 시를 잘 하며 성격이 강개하여 기절이 있었다. 일찍이 관서 지방으로 유락(流落)하여 의관도 갖추지 못하고 굶주림을 견디기 어려운 형편이 되었다. 마침 약천(藥泉) 상국(相國) 남구만(南九萬)[3]이 북경에 사신으로 가는 길에 평양에 당도하여 연광정에 올라가서 관원에게 "이곳에 시를 잘하는 사람이 있는가?" 하고 물었다. 관원은 오희창으로 대답하였다. 약천은 평소에 그의 명성을 들

---

1) 원문에는 "이 항목은 정리하지 말라[此條勿謄]"이라 되어 있으나, 참고로 들어 두었다. 이 항목은『滄海詩眼』卷中에서 취한 것으로 보인다.

2) 오희창(吳喜昌, 1656~?) : 자는 경백(慶伯). 본관은 보성(寶城). 사헌부 감찰(監察)을 지낸 전(烇)의 아들이다. 숙종 16년(1690) 진사(進士)에 급제하였다. 그의 문집인『栗里笑方』에 쓴 권이진(權以鎭)의 서(序)에 따르면, 산문은『莊子』와『史記』를 매우 좋아하고 깊이 체득하여 기건(奇健)하였다고 하며, 시는 스스로 이백(李白)을 추종(追蹤)한다고 표방하였다 한다.

3) 남구만(南九萬, 1629~1711) : 본관은 의령, 자는 운로(雲路), 호는 약천(藥泉). 1656년 문과에 급제. 벼슬은 영의정에 이름. 숙종 연간에 기복이 심했던 정국에서 소론의 영수로 지목을 받았다. 저서로『藥泉集』,『周易參同契註』등이 있다.

었던 터라 즉시 맞아 와서 이야기를 나누었다. 곧, "자네는 나를 위하여 송별시를 지어주겠는가?" 하고 청하였다. 오희창은 이렇게 대답하였다. "예전에 월사(月沙: 李廷龜)께서 연경에 가실 적에 높은 벼슬아치들이 저마다 시를 능라(綾羅)에 써와서 작별함에 다다라 증정하였습니다. 최후로 간이(簡易)[4]는 좋지 않은 종이에다 시 한 편을 써 왔는데 월사는 이 시를 제일 위에 놓았답니다. 대감께서 만약 월사의 고사처럼 행하신다면 응당 시를 짓겠거니와 그렇지 않으면 짓지 못하겠습니다. 어떻게 하시겠습니까?" 약천은 "자네의 시가 간이(簡易)와 같다면 응당 자네 말처럼 해주겠네"라 대답하였다.

오희창은 흔연히 시를 읊었는데,

누가 묻거든 동해가 마를 때라고 말해 주고
황혼에는 모름지기 수양산을 지나시리라.[5]

라는 구가 들어 있었다. 약천은 크게 감탄하며 이 시를 또한 첫머리에 올려놓았다.

원문 吳喜昌, 閭巷人也. 善爲詩, 慷慨有氣節. 嘗流落關西, 衣冠不具, 飢餓不堪. 適會藥泉南相國(九萬)赴燕, 到平壤, 登鍊光亭, 問吏曰: "此有能詩者否?" 吏以吳對, 藥泉素聞其名, 卽邀之, 入與相酬, 仍曰: "子幸爲我作別詩." 吳曰: "昔月沙之赴京也, 公卿皆題詩於

---

4) 최립(崔岦, 1539~1612): 간이(簡易)는 그의 호. 본관은 통천(通川). 자는 입지(立之). 1559년 문과에 급제. 1577년과 1581년에는 주청사(奏請使)의 질정관(質正官)으로, 1594년에는 주청부사(奏請副使)로 명나라에 다녀왔다. 저서에 『簡易集』이 전하고, 편서로 『十家近體詩』와 『漢史列傳抄』 등이 있다.
5) 『栗里笑方』卷1, 17a에 「統軍亭奉贈南相國赴燕之行」이라는 제목으로 실려 있다. "星車北渡燕雲寒, 鶴野茫茫幾日還? 客至第言東海渴, 黃昏須過首陽山." 수양산(首陽山)은 주(周)나라의 신민이 되기를 거부한 백이(伯夷)와 숙제(叔弟)가 고사리를 캐먹으며 살다가 굶어 죽은 곳이다. 인용된 두 구절은 청(淸)의 지배를 마음속으로는 끝내 인정하지 않는 조선의 태도를 읊은 것으로 보인다.

綾羅, 相贈別, 最後簡易, 以劣紙書一詩來, 月沙置之上頭. 大監若如月沙故事, 則當有作, 否則無作, 可乎?" 藥泉曰 : "子之詩如簡易, 則當如子言." 吳卽欣然賦之, 有

有問爲言[1]東海渴, 黃昏須過首陽山

之句. 藥泉大加歎賞, 亦置之上頭.

[1] 有問爲言 : 『栗里笑方』에는 客至第言으로 되어 있다.

옮김譯 삼연(三淵)은 일찍이 산수가 아름다운 곳에서 어떤 사람을 만난 적이 있었다. 그 사람은 머리에 평량자(平涼子 : 패랭이)를 쓰고 옹기 그릇 한 짐을 지고 있는데, 외모가 속되어 보이지 않았다. 삼연이 지은 시를 보고 그는 은근히 "누가 김창흡(金昌翕)이 시를 잘 한다고 말했던가?"라고 하였다. 삼연은 깜짝 놀라 대등한 관계로 대하고 시를 지어보도록 청했다. 그 사람은 즉시 절구 한 수를 썼는데 이러하다.

시냇가에 바위가 없으면 시냇물이 속되고
바위에 시냇물 없으면 바위도 기이하질 않네.
여기는 시냇물 있고 바위도 있으니
하늘은 조화를 남겼고 나는 시를 남기노라.

---

1) 이 항목은 『滄海詩眼』 卷中에서 취한 것으로 보인다.

그 사람은 바로 떠나서 더 말을 붙여보지 못했다.

三淵, 嘗於水石佳處, 遇一人, 頭戴平凉子, 挑一擔陶器, 形貌
不俗. 見三淵所爲詩, 微哂曰 : "誰謂金昌翕能詩?" 三淵大驚,
與之抗禮, 因請賦詩, 其人卽書一絶曰 :

有溪無石溪還野, 有石無溪石不奇.
此地有溪兼有石, 天留造化我留詩.

遂去, 不復與言.

 이광사(李匡師, 1705~1777)[1]의 「유배지에서 여러 가지 일들을 읊음[謫居雜詠]」[2]은 이러하다.

외로운 등불 적막한 밤에
아득히 만리를 생각하노라.

---

1) 이광사(李匡師, 1705~1777) : 본관은 전주, 자는 도보(道甫), 호는 원교(圓嶠)·원교(員嶠)·수북(壽北)·원구(圓丘). 석문(石門) 이경직(李景稷)의 현손인데, 가문이 학문과 청렴으로 이름있었다. 당쟁의 여파로 폐족이 되었다. 첫 부인은 안동 권씨인데 사별하고, 문화 유씨를 맞아 그 사이에 2남 1녀를 두었다. 첫째가 연려실(燃藜室) 긍익(肯翊), 둘째가 신재(信齋) 영익(令翊)이다. 1755년 나주괘서 사건에 연루되어 함경도 부령(富寧)으로 유배되었다가, 다시 전라도의 신지도(薪智島)로 이배되어 전후 23년 간 유배생활을 하다가 적소에서 생을 마쳤다. 정제두로부터 양명학을 전해받았으며, 윤순(尹淳)에게 필법을 익혀, '원교체'라는 독특한 필법을 완성하였다. 문집으로 『圓嶠集』과 『斗南集』이 남아 있고, 서법에 관계되는 것으로 『圓嶠書訣』이 전한다.
2) 아래의 시들은 『斗南集』 卷2, 43a~46a에 「雜詠」이라는 제목으로 실려 시들을 뽑은 것이다.

바람 없는데 산은 저절로 울고
돌이 많아 물은 항상 바쁘구나.
땅 밑으론 편지도 닿을 수 없거늘
하늘 가운데 달은 높이 떠오르네.
정다운 사람들 아무도 안 보이는데
물고기와 산새들만은 나를 꺼리지 않네.3)

저 아래 평원으로 구름이 일어나니
지세가 높은 줄을 알겠노라.
하루 종일 마음은 늘 급하고
첩첩 산 헤매는 꿈을 수고롭게 안 여기네.
거센 여울 거슬러 오르는 물고기 재빠르고
바람 부는 나무에 새 깃들어 시끄럽네.
이 띠집이 마음에 안 들지는 않아서
한적하게 숲 언덕을 바라보네.4)

고요함 지극하여 천기는 온전한데
시름이 와서 또다시 고달파지네.
산 안개 해를 맞아 엷어지고
낙수물에 마음도 함께 매달리네.
해오라기에 놀라 물고기는 돌 틈에 숨고
사람을 엿보며 산새들 밭으로 날아드네.
어찌하면 날랜 말 잡아타고
머나먼 길에 한번 채찍을 휘두를까?5)

응제(鷹祭)의 계절 산 숲이 그윽한데
가을 매미 날 새기도 전에 우네.6)

---

3) 병자년(丙子年, 1756) 7월 4일 지음.
4) 병자년(丙子年, 1756) 7월 5일 지음.
5) 병자년(丙子年, 1756) 7월 10일 지음.
6) 응제(鷹祭)의~우네 : 『禮記』「月令」에 의하면, 음력 7월이 되면 바람이 서늘해지고

거울 속 나의 늙어 추한 모습
꿈속 분명한 딸의 얼굴.
별은 서쪽 다락에 큼직하게 걸렸고
가을 되자 북녘 물이 맑아라.
풍인(風人)이 만약 이곳에 있다면
시가 어찌 마음을 상하게 하지 않았으랴?7)

경전과 예문(禮文)으로 가학을 이었더니
변방의 산하로 유배 온 신세가 되었구나.
도성에서 멀어 백성들 법이 간소하고
저자 없어 풍속이 순후하구나.
비가 내려 사흘 동안 퍼붓더니
고향 편지 석 달이나 막혔도다.
돌아갈 생각은 부질없는데
방으로 들어간들 누구를 바라볼까?8)

李匡師「謫居雜詠」:

寂莫孤燈夜, 遙遙萬里懷.
不風山自響, 多石水常催.
地下無書到, 天中有月來.
情親皆不見, 魚鳥獨無猜.

백로(白露)가 내리며, 한선(寒蟬)이 울고, 매가 제사지낸다고 한다(『禮記』「月令」: "孟
秋之月 …… 凉風至, 白露降, 寒蟬鳴, 鷹乃祭鳥, 用始行戮."). '한선'은 매미보다 약간
작고, 몸빛은 푸른 기가 도는 붉은 색이다(『爾雅』「釋蟲」). 매는 물가에서 새를 잡아
사방에 늘어놓는데, 세상에서는 이것을 '제조(祭鳥)'라고 부른다. 시에서 '응제(鷹祭)'
와 '양선(凉蟬)'을 거론한 것은 초가을을 표현하기 위해 끌어들인 것이다.
7) 병자년(丙子年, 1756) 7월 11일 지음.
8) 병자년(丙子年, 1756) 7월 13일 지음.

又曰:

下原雲觸起, 地位占知高.
終日心常急, 千山夢不勞.
悍湍魚上敏, 風木鳥棲騷.
茅齋非不適, 蕭散對林皐.

又曰:

靜極天機全, 愁來復弊然.
山煙迎日薄, 檐溜與心懸.
畏鷺魚依石, 窺人鳥下田.
何由乘快馬, 長道一揮鞭.

又曰:

鷹祭山林邃, 涼蟬未曉鳴.①
鏡中吾老醜, 夢裡女分明.
星掛西樓大, 秋歸北渚淸.
風人如在此, 詩得不傷情?

又曰:

經禮傳家學, 關河去國身.
遠都民易法, 無市俗如淳.
山雨淫三日, 鄕書阻九旬.
思歸亦徒爾, 入室見何人?

① 鳴:원문에는 明으로 되어 있는데, 『斗南集』에 의거하여 바로잡았다.

딸이 보낸 수박씨에 답한 시 : 이광사(李匡師) 2

 이광사가 유배지에 있으면서 「딸이 보낸 수박씨에 답한 시[答
女兒西瓜子]」[1]가 있는데 이러하다.

변방이라 계절 더뎌 과일도 늦게 나니
칠월이 되어서야 앵도 붉게 익는데,
관북에는 무산(茂山) 땅에 수박이 난다지만
금년에는 장마로 다 썩어 버렸구나.
이곳 사람들 손을 들어 두 주먹 합치며
"큰 놈은 이만하다"고 자랑하기에,
늘 술항아리만한 수박을 보아온 터라
듣자마자 머금은 밥알이 뿜어졌구나.
평소에 나는 수박씨 먹기를 좋아하여
양조(羊棗)[2]와 비슷하다 혼자 웃었지만,

---

1) 『斗南集』 卷1, 15b~16a에 같은 제목으로 실려 있다. 을해년(乙亥年, 1755) 9월 23일 지음.

수박 구경도 못했으니 씨야 말해 무엇하리
여름 내내 속절없이 내 이빨만 심심했네.
서울서 온 아이가 수박씨 한 봉지를 가지고 와
어린 누이가 멀리서 보내드린 것이라 하기에,
즐겁게 이빨로 까서 껍질을 뱉어내고
홍색 백색으로 널려진 모습을 보는구나.
네가 이걸 고이 담아 보낼 적에
나를 그리며 눈물 줄줄 흘렸겠지.
먹을 때마다 씨 모으느라 얼마나 마음 썼으며
아침이면 내어 말리느라 얼마나 번거로웠을까?
늘 지켜서 계집종이 못 훔쳐 먹도록 했고
갈무리할 땐 새언니에게 부탁하곤 했으리니,
예전에 무릎 위에 널 앉히고 함께 먹었거늘
오늘 이렇게 헤어져 있을 줄 어찌 알았으랴?
이 아이 늦둥이로 얻어 끔찍이도 사랑했으니
두 눈썹 그린 듯이 귀여웠고,
병든 어미를 간호함에 뜻을 잘 맞추어
응대에 민첩하여 번거롭게 가르친 적 없었었지.
부모는 너를 세상에서 진귀한 보배로 여겨
자랑하느라 입에 침이 말랐으며,
좋은 배필을 골라 노경에 낙 삼고자 했더니
뉘 알았으랴, 나이 여덟에 부모와 헤어질 줄.
생이별한 나는 애간장이 끊어지는 듯한데
네 어미 너 버리고 차마 어찌 떠났을까!3)
땅 밑에서도 두 눈 감지 못하리니

---

2) 양조(羊棗): 감나무과에 속하는 고욤나무의 열매를 말한다. 빛깔은 노란색이나 어두
운 자줏빛이 나며, 한방에서는 이를 말린 것을 군천자(君遷子)라 하여 소갈이나 번열
증에 쓴다. 『孟子』「盡心下」에 '증자는 일찍이 자기 아버지 증석이 양조를 좋아한 까
닭에 자신은 양조를 먹지 않았다[曾晳嗜羊棗, 而曾子不忍食羊棗]'는 말이 있다.
3) 1755년 이광사가 나주괘서 사건에 연루되어 그의 백부 이진유(李眞儒)는 추시(追施)
되고, 이광사는 친국을 받게 되었다(『英祖實錄』 卷83 「31년 3월 6일 을유」). 이때 그가
참형을 받을 것이라는 소문을 듣고, 유씨부인은 자결하였다 한다.

가슴을 터놓고 말하려다 문득 그만 두노라.

在謫, 「答女兒西瓜子」詩曰:

邊城暖遲時物晚, 七月櫻桃紅始慣.
西瓜云出茂山境, 今歲積雨皆爛幻.
邑人擧手合兩拳, 誇說大者或幾然.
常時厭見如甕壜, 聽此噴飯遽堆前.
平生愛嚼西瓜子, 自笑嗜癖羊棗似.
西瓜不見子暇論? 一夏公然負吾齒.
兒來自京携一封, 謂言小妹勤遠供.
訢然剝食吐其殼, 頻仰紅白相縱橫.
仍憶糊裹寄託時, 知汝戀我淚如絲.
案案收聚勞手脚, 朝朝出曝費心思.
顧眄頻防婢兒竊, 藏置每囑兄嫂說.
前年抱膝同噉食, 豈道今日此相別?
此女晚出我絶愛, 雙眉如畫多竗態.
扶護病母能適意, 應待①敏給無煩誨.
父母寶若希世珍, 相矜口角雙流津.
儗選佳婿娛晚景, 誰謂八齡訣兩親?
我今生離腸寸毀, 汝母何忍棄汝死!
泉下之目應不閉, 欲說攤胸遽自止.

① 應待:『斗南集』에는 應對로 되어 있다.

81

옮김譯 이광사(李匡師)는 자를 도보(道甫)라 하며, 을해년(1755)에 부령으로 귀양갔다가, 후일 제주로 이배되었다.[1] 자호를 원교(員嶠)라 했으며 따로 수북(壽北)이란 호를 쓰기도 하였다. 특히 필법이 절묘해서 천고에 전하지 않는 묘법을 얻은 것으로 자부했다. 세상에서는 그가 글씨를 잘 쓰는 것만 알고 있을 뿐 시문에 있어서도 또한 명가가 되기에 부족함이 없음을 모르고 있다. 그가 부령(富寧)에 있을 때 고향을 그리며 지은 시가 있는데 이러하다.[2]

---

1) 이광사(李匡師)는~이배되었다 : 이광사는 부령으로 귀양을 가 7년 동안 머물렀고, 뒤에 전라도의 신지도(薪知島)로 옮겨서 16년 동안 귀양살이를 하다가 그곳에서 생애를 마쳤다. 여기서 제주로 이배되었다고 하는 것은 착오인 듯하다.

2)『斗南集』卷1, 16b~17a에「靜坐二首」라는 제목으로 실려 있는데, 그 중 첫 번째 수이다. 그 둘째 수는 이러하다. "靜坐不窺牖, 豈知欄外情? 水碓何如狀, 時傳瀉水聲." 을해년(乙亥年, 1755) 10월 1일 지음.

일도 없고 말도 없이 책상 앞에 앉았으니
부령(富寧) 산들 높고 낮게 울타리 향해 뻗어 있네.
저 산 너머 겹겹 산이 가로막은 줄 잘 알지만
그래도 산에 올라 고향 한번 바라봐야지.

그의 「효사(曉思)」3) 시는 이러하다.

새벽 꿈 깨고 보니 생각이 많기도 해
창문 밀고 동녘이 밝아오길 기다리니,
머언 곳 하늘에는 희미한 달빛
깊숙한 숲에는 두견새 소리로다.

시상이 참으로 고고(高古)하여 원망을 품은 선비의 시름겨운 뜻이 담
겼으니, 글자 하나마다 눈물이라 하겠다.

李匡師, 字道甫, 乙亥謫富寧, 後配濟州, 自號員嶠, 又號壽北.
筆法妙絶, 常自以爲得千古不傳之妙. 世皆知其善書, 而殊不
知其詩文, 亦自名家. 其在富寧思鄕曰 :

無事無言守一床, 寧山高下對籬長.
明知山外千山隔, 猶意登山一望鄕.

其「曉思」曰 :

曉夢醒多思, 推①窓耿候明.
遠天微月色, 深樹杜鵑聲.

---

3) 『斗南集』 卷2, 31a에 「曉夢」이라는 제목으로 실려 있다. 병자년(丙子年, 1756) 5월
26일 지음.

思致高古, 眞有怨士愁人之致, 可謂一字一淚.

①推:『斗南集』에는 排로 되어 있다.

교군꾼을 읊은 시

 사천(槎川 : 이병연)이 일찍이 화비령(火飛嶺)[1]을 넘어가다가 교군 꾼들이 노고하는 것을 목격하고 시를 지었는데, 이러하다.[2]

남여(藍輿)[3]에 앉아 고개 마루를 넘자니
폐 끼치는 저 백성들, 내 마음이 부끄러워라.
산은 험하여 쉴 곳이 멀고
해는 높이 떠 땀을 자주 닦네.
어떻게 짐승 수고를 대신하는 이 노릇 그만두랴

---

1) 화비령(火飛嶺) : 『新增東國輿地勝覽』 卷44 「강릉대도호부」의 「山川」조에, "화비현 (火飛峴) : 부 남쪽 35리에 있다. 영(嶺)의 흙이 검어서 불에 탄 것 같은 까닭에 화비(火 飛)라 이름했다"라 하고 있다.

2) 『槎川詩抄』 卷下 42b에 「哀輿夫」라는 제목으로 두 수가 실려 있는데 여기에 인용 된 시는 그 첫 수이다. 둘째 수는 다음과 같다. "日出擡夫集, 日晡官不來. 橫輿在林 下, 帶索立溪隈. 好得耕牛歇, 空聞布穀催. 腹飢村亦近, 可畏吏嗔哉!"

3) 남여(藍輿) : 수레의 일종으로 뚜껑이 없이 의자처럼 된 것으로, 간편하게 산길을 가 는데 쓰인다.

누구나 제 몸 편하기를 도모할 뿐인데.
저 벼랑길을 바라다보니
지팡이 짚은 한 노인이 가는구나.

내가 조령을 지나가다가 들으니, 교군꾼들이 허다히 남의 삯을 받고 일을 하는데 관역(官役)이 가장 고달파서, 왕래하는 관인들에게 매를 맞는 일도 종종 있다는 것이다. 드디어 시를 지어 그들의 정상을 표현해 보았다.

고갯길의 교군꾼들
가마 매는 일 하루에 몇 번이나 하는가?
관의 부역에 응하다가 허다히 생업도 잃어버리고
값이라고 받아 보았자 수고에 당치도 않네.
걸음을 대신하는데 말보다 높이 오르고
위험한 길 타는데 원숭이처럼 재빠르구나.
가장 서글픈 일, 오고가는 높은 분들
흰 소리 치며 영웅호걸인양 우쭐대는 것4)

이 또한 사천이 미처 다하지 못한 뜻을 보충한 것이라 하겠다.

槎川嘗踰火飛嶺, 見輿夫勞苦, 作詩曰 :

藍輿坐踰嶺, 勞逸愧斯民.
山峻息肩遠, 日高揮汗頻.
何能辭代畜, 莫不自便身.
瞻彼遵崖路, 扶黎有老人.

---

4) 『三溟詩集四篇』, 4a에 「憫輿夫」라는 제목으로 실려 있다.

余過鳥嶺, 聞輿夫多爲人賃舁, 最苦官役, 往往見搾於往來使星. 遂作
詩以達其情曰：

　　嶺上肩輿者, 肩輿日幾遭.
　　應官多失業, 受直不言勞.
　　代步高於馬, 乘危捷若猱.
　　所悲來往客, 吆喝謾雄豪.

亦可以補槎川未盡之意歟!

옮김譯 청주 사람 노긍(盧兢, 1737~1790)[1]은 자를 여림(如臨)이라 한다. 어려서부터 기특한 재주가 있어, 문장을 지을 때 고인의 규모를 답습하지 않고 따로 솜씨 부리기를 힘썼는데, 그의 장점도 여기에 있고 단점도 여기에 있다. 그의 시는 자못 첨신(尖新)하여 식견 있는 사람은 이를 병통으로 생각하였다. 그의 「제야(除夜)」[2] 시를 보면 이러하다.

어둠 속에서 봄 새벽을 기다리는데

---

1) 노긍(盧兢, 1737~1790) : 본관은 교하(交河), 호는 한원(漢源), 고향은 청주, 부친은 『東稗洛誦』의 저자인 노명흠(盧命欽). 부자가 대를 이어 홍봉한 가에 숙사(塾師)로 있었으며, 진사시에 합격한 바 있다. 홍봉한이 정치적으로 몰리게 되자 그는 과문(科文)을 팔았다는 죄목에 걸려 1777년 평안북도 위원(渭原)으로 귀양을 가게 되었다. 특히 과시로 유명했으며, 그의 유고로 후손인 노재영(盧載榮)이 엮은 『漢源文集』이 전한다. 노명흠·노긍 부자와 홍봉한 집안의 관계에 대해서는 林熒澤, 「『東稗洛誦』 硏究」, 『韓國漢文學硏究』 23, 韓國漢文學會, 1999에 자세하다.
2) 『漢源文集』, 38면에 같은 제목으로 실려 있다.

사위어가는 등불은 이 밤을 보내는 마음.
닭 울음소리 만고를 깨우는 듯한데
앉아서 한 평생을 헤아려 보네.
성현은 지금 어디 계시는가
건곤(乾坤)은 스스로 맑아지려는데.
의관(衣冠)은 귀신의 뜻을 따를 수밖에 없거늘
근심과 즐거움 하나 되려 한다네.

뒤에 위원(渭原)으로 유배를 갔는데 눈병에 걸려 지은 시가 있다.

변방이라 약재의 군신(君臣)³)이 다 부족하니
눈병 나도 손 못 쓰고 정신까지 상하누나.
눈 어두워도 태식(胎息)⁴)에는 무방하니
빛 보게 되더라도 다시는 외물에 끌리지 않으리라.
흑백 분간 못하니 시세와 잘 합하고
곱고 미움 안 따지니 만물과 친화하네.
딱 한 가지 안타까울 손, 이 강산 안개 속에
금년 봄을 잃어버리는 일이로다.⁵)

이 두 편은 그의 시 작품들에서 가장 순정(純正)에 가까운 것이라 하겠다.

노긍은 일찍이 정승 홍봉한(洪鳳漢)⁶)의 집에 출입하여 홍낙인(洪樂仁)⁷)

---

3) 군신(君臣) : 한의학상의 용어로, 약재에 있어서 군(君)은 주재료, 신(臣)은 보조 재료를 가리킨다.
4) 태식(胎息) : 도교의 수련법으로, 복식호흡과 비슷한 호흡법을 가리킨다.
5) 『漢源文集』, 120면에 「次韻」이라는 제목으로 실려 있으며, 더러 명백한 오자가 보이는데, 『삼명시화』를 통해서 바로잡을 수 있다.
6) 홍봉한(洪鳳漢, 1713~1778) : 본관은 풍산(豊山). 자는 익여(翼汝), 호는 익익재(翼翼齋). 1743년 딸이 세자빈[惠慶宮洪氏]으로 간택되어 사도세자(思悼世子)의 장인이 되었다. 이후 문과에 급제, 영의정에 이르렀다. 왕실의 외척으로, 1762년 세자가 폐서인(廢庶人)이 되고 죽음을 당할 때 방관적인 태도를 보였다는 비판을 당했으며, 영조 계비인 정순왕후(貞純王后)의 친정인 경주 김씨와 정치적으로 대립되는 관계에 있었다.

형제와 교분이 깊었다. 후일 매문(賣文)8)한 것으로 죄를 얻어 평안도 지
방으로 귀양을 갔다가 6년 만에 풀려서 돌아왔다.

清州盧兢, 字如臨, 少有奇才. 爲文章, 不襲古人規矩, 務別出
機杼, 所長在此, 所短亦在此. 其詩頗尖新, 識者病之. 然其「除
夜」詩曰:

> 暗裏春期曉, 殘燈送夜情.
> 鷄鳴醒萬古, 人坐默平生.
> 賢聖今安在? 乾坤自信淸.
> 衣冠聽神鬼, 憂樂欲相幷.

後謫渭原, 有眼疾, 詩曰:

> 邊城藥料乏君臣, 阿睹生蓄坐損神.
> 向晦不妨胎息事, 回光非復外淫人.
> 無分黑白應時合, 少撿姸媸與物親.
> 只惜江山煙霧裏, 當前又失一季春.

此最其近醇者也. 兢嘗遊洪相鳳漢家, 與洪樂仁兄弟交最深, 後以賣
文得罪, 謫西塞, 六季始宥還.

저술로는 『수의편』·『正史彙鑑』·『翼翼齋漫錄』 2冊 등이 있다. 시호는 익정(翼靖).
7) 홍낙인(洪樂仁, 1729~1777): 본관은 풍산(豊山). 자는 대유(大囿), 호는 안와(安窩).
　 1761년 문과에 급제하고 교리를 거쳐 이조참판에 이르렀다. 저서에 『安窩遺稿』가 있다.
8) 매문(賣文): 조선조 후기에 이르러 과거시험이 문란해지면서 과장에서 대신 글을 지
　 어주고 글씨를 써 주는 불법적인 일이 사실상 널리 행해졌다. 대개 과장에서 대신 글
　 을 지어주고 돈을 받는 것을 '매문(賣文)'이라 일컬었다. 글을 대신 지어주는 것으로
　 유명한 사람을 '거벽(巨擘)', 대신 글씨를 써 주는 사람을 '서수(書手)'라고 일컬었다.

경덕왕_{景德王}이 어떤 노인의 꿈에 나타나 읊은 시

84

소문국(韶文國)[1]은 의성현(義城縣) 동남쪽 빙산(氷山)[2] 아래에 있었다. 궁궐의 옛터가 그대로 남아 있고, 거친 수풀 가운데 구릉이 여기저기 보이는데, 모두 옛날 군왕의 묘라고 한다. 한 야옹(野翁)의 꿈속에 높은 관을 쓰고 수염이 하얀 사람이 나타나 시를 읊었는데, 그 시는 이러하였다.

금릉(金陵)[3]의 옛 사적을 뉘와 함께 논할 건가
천 년 세월 지났어도 경덕왕릉 남았도다.

---

1) 소문국(韶文國) : 지금 경상북도 의성군 지역에 있었던 고대국가. 『三國史記』 卷2 「新羅本紀」에 의하면 185년에 신라가 소문국을 정벌한 사실이 나온다. 동 「지리지」에, "문소군(聞韶郡)은 본래 소문국이었는데, 경덕왕이 그 이름을 고쳤고, 지금(고려)의 의성부(義城府)이다"라고 나와 있다.
2) 빙산(氷山) : 의성고을에 있는 산 이름. 빙산은 의성현의 동남쪽 40리에 있으며 이 산의 큰 바위에 빙혈(氷穴)이 있다고 한다.
3) 금릉(金陵) : 여기서는 경주(慶州)의 별칭으로 쓴 것이다.

비봉곡(飛鳳曲) 흩어지고 아무도 안 보이는데
소문금(昭文琴)4) 사라져서 아득히 들을 길 없네.

노인은 깜짝 놀라 꿈에서 깨어나 이 이야기를 세상에 전했다. 이로부터 그곳에 경덕왕릉(景德王陵)5)이 있는 줄 알게 되었다.

 韶文國, 在義城縣東南氷山下, 宮闕遺址尙在, 丘陵累累於黃林宿莽中, 皆當時君王之墓也. 有一野翁, 夢見白鬚峩冠者, 贈詩曰 :

金陵往事與誰論? 千載猶存景德墳.
飛鳳曲亡人不見, 昭文琴去杳難聞.

翁驚覺, 傳誦於人. 自此始知爲景德王陵.

---

4) 비봉곡(飛鳳曲)·소문금(昭文琴) : 비봉곡과 소문금이 따로 있었는지는 미상이다. 의성의 비봉산이라는 지명과 그 옛 이름인 소문(昭文)과 관련해서 시적(詩的)인 흥취를 주기 위해 붙여진 것이 아닌가 한다.
5) 의성에 있다는 경덕왕릉은 전설이다. 현재 경주에 경덕왕릉이라고 알려진 왕릉이 있으나, 역사학계에서 이 능이 정말 경덕왕릉인지는 여부는 확실치 않다고 한다.

정종로鄭宗魯의 평담平淡한 시세계

85

입재(立齋) 정선생(鄭先生)[1]은 젊어서부터 학문에 뜻을 두어 경전과 사서(史書)에 통달하였다. 제자들과 문답을 함에 있어 아무리 어려운 글이나 깊은 뜻이라도 처음부터 선뜻 대답이 나와 마치 메아리가 울리는 것 같았다. 윤화정(尹和精)이 이순심득(耳順心得)의 경지에서 자기 말을 외우는 듯이 했다[2]는 것도 이보다 낫다고 할 수 없을 것이다. 정종(正宗 : 正祖) 때 천거를 받아서 남대(南臺)[3]가 되었는데 연령이

---

1) 정선생(鄭先生) : 정종로(鄭宗魯, 1738~1816). 본관은 진주(晋州). 입재(立齋)는 그의 호. 이상정(李象靖)의 문하에 나아가 영남학파의 학통을 계승하여 평생을 성리학 연구와 강학·저술에 힘썼다. 강준흠은 그를 찾아가 학문에 대해 묻고 시를 지어 올린 적이 있다. 문집으로 『立齋集』이 전한다.
2) 윤화정(尹和精)이~했다 : 윤화정은 북송시대 학자 윤돈(尹焞)으로, 학문이 높고 경전을 깊이 체득해서 육경(六經)의 내용이 귀에 저절로 들어오고 마음에 스스로 얻은 듯해서, 육경의 내용이 마치 자기의 말인 듯했다 한다.
3) 남대(南臺) : 사헌부의 지평(持平) 장령(掌令). 주로 재야 학자로서 은일(隱逸)로 추천받아 하는 경우를 가리키는 말로 쓰였다.

많고 덕이 높아 실로 '산남(山南 : 영남)의 제일인(第一人)'이란 일컬음을 받
았다. 시 또한 평담(平淡)하여 성정에서 저절로 흘러나왔는데 그의 「만귀
(晚歸)」4) 시는 이러하다.

　　누런 소 올라타고 술에 취해 졸다 보니
　　목동 길 나무꾼 길 가는 대로 맡겼노라.
　　동구(洞口)에 다다라서 아이 소리 문득 깨니
　　석양 벌써 첩첩한 산 서쪽에 걸렸구나.

　　또한 오언고시도 잘했는데 지금 기억하지 못하겠다. 선생은 이름이
종로(宗魯)로 자를 사앙(士仰)이라 하고 상주(尙州)의 우복동(愚伏洞)에 은
거하였다.

立齋鄭先生, 少而志學, 貫穿經史. 弟子問難, 雖深文奧旨, 初
不經意, 酬答如響. 尹和精之耳順心得, 如誦己言者, 不是過
矣. 正宗朝用薦者爲南臺, 年高德邵, 實爲山南第一人. 詩亦平淡, 流出
性情,「晚歸」詩曰 :

　　醉跨黃牛睡欲迷, 牧蹊樵徑任高低.
　　忽到山門①兒喚覺, 夕陽已在亂峰西.

　　又善於五古, 今不能記. 先生名宗魯, 字士仰, 隱居於尙州愚伏洞.

　　① 山門:『立齋集』에는 柴扉로 되어 있다.

---

4)『立齋集』卷1, 3ab에「山行暮歸」라는 제목으로 실려 있다.

으뜸가는 재야 시인 이희사

86

이희사(李羲師, 1728~1811)[1]는 자를 덕중(德中), 호는 취송(醉松)이라 하며, 시는 두보(杜甫)를 배웠는데, 근래 산야시(山野詩)에 있어 제일이라는 평가를 받고 있다. 그의 시편을 들어본다.

「반딧불을 노래함[詠螢]」[2]

들 빛이 찬 나무에 스며
반딧불 하나하나 생겨나네.

---

1) 이희사(李羲師): 본관은 전의(全義), 자는 덕중(德中), 호는 취송(醉松)이며 또 다른 호는 갈산처사(葛山處士). 소북계통의 인물로 양근(楊根: 楊平에 속한 고을)에서 살았다. 그의 문집으로는 『醉松詩稿』가 전한다. 그의 제자인 조언림(趙彦林, 1784~1856)이 지은 시화인 『二四齋記聞錄』에서는 그의 시가 근세의 종장(宗匠)이었다고 평하고 있다. 趙彦林 輯, 安大會 校勘標點, 『二四齋記聞錄』, 『문헌과해석』 창간호, 문헌과해석사, 1997, 211면 참조
2) 『醉松詩稿』 卷1, 1b에 「螢」이라는 제목으로 실려 있다.

깊은 밤에 발자취 숨기지 않으니
네 마음 광명한 줄 알겠구나.
사라진 듯 다시 풀숲으로 돌아오고
희미해졌다 먼 성에서 반짝이네.
빛을 내도 환한 것은 제각각이니
저 하늘 별들과는 다투지 말라.

「돛단배[風帆]」3)

강어귀에 서풍이 일어
장삿배 줄줄이 지나가누나.
가을물 양양한데 돛 높이 다니
우뚝 선 돛대에는 석양이 아름다운데
재빠른 기세로 물결을 갈라서
신묘한 공능으로 쌀과 소금 운반하누나.
높은 누각 청명한 날 나의 시아(視野)는
너를 따라 은하수로 향해가노라.

「산촌(山村)」4)

산촌의 민호(民戶)들 궁핍한 생계
띠로 얽은 집들 모양새가 엇비슷하네.
시내 따라 문들이 향해 있고
눈을 쓸어 오솔길은 통해 있네.
지켜주고 돌보기는 오고가는 인정이요
밭 일군 뒤에는 일한 양을 견주어보네.
세모에 밥 짓는 연기 성근데
이 산속까지 부세 독촉 나왔구나!

---

3) 『醉松詩稿』 卷1, 7b에 같은 제목으로 실려 있다.
4) 『醉松詩稿』 卷2, 2b에 같은 제목으로 실려 있다.

「여종이 달아남[失婢]」5)

　　가난한 집 두 종년이
　　밤을 틈타 원숭이처럼 달아났구나.
　　그들이 어찌 의리를 알겠는가
　　주인이 은혜를 베풀지 못해 부끄러울 뿐.
　　길쌈일 폐해야 할 지경이요
　　물긷고 불때기도 마을 사람 기다려야 하네.
　　소영사(蕭穎士)는 시(詩)가 어떠하였기에
　　창두(蒼頭)가 맹세코 집을 지켰던고?6)

「산골로 돌아가는 길[峽中歸路]」7)

　　여로(旅路)에 봄은 일찍 찾아왔는데
　　지나가는 구름이 비를 살짝 뿌리네.
　　벌판의 다리가엔 저자가 성글고
　　산골 집들 마을을 못 이루네.
　　한식날이라 까마귀 좋아하고
　　동풍(東風) 불자 풀과 나무 생기 도네.
　　쌍령(雙嶺) 밖의 가난한 집
　　다다를 때면 아마도 황혼이겠지.

「나뭇가지를 쳐내며[剪落樹枝]」8)

---

5) 『醉松詩稿』 卷2, 4b에 같은 제목으로 실려 있다.
6) 소영사(蕭穎士)는~지켰던고 : 소영사는 중국 당나라의 문인, 자는 무정(茂挺). 『事文類聚』에 다음과 같은 일화가 소개되어 있다. "소영사에게는 어떤 하인이 있었는데, 소영사를 섬긴 10년 동안 매질을 너무나도 가혹하게 당하였다. 어떤 이가 그 하인에게 도망갈 것을 권하자 그 하인은 '내가 도망을 못가는 것이 아니라, 소영사의 재주를 사랑하기에 도망가지 않는 것이다'라고 대답하였다[蕭穎士有奴, 事穎士十年, 笞楚嚴慘, 或勸其去, 曰非不能去, 愛其才]."
7) 『醉松詩稿』 卷2, 11b에 같은 제목으로 실려 있다.
8) 『醉松詩稿』 卷2, 14a에 같은 제목으로 실려 있다.

누각 앞쪽 나뭇가지 쳐내니
강가의 산들이 날아서 들어오네.
이전에는 내 시야 막혔었지만
나라에 어찌 간신을 용납하랴?
지는 해 비로소 빗겨 들고
청풍은 아낌없이 불어오네.
도끼를 어찌 경솔히 휘두르리오
좋은 재목이 될 나무들도 그 가운데 있나니.

「감찰9) 아우 희성10)에게[贈監察弟義星]」11)

국가를 위함에는 문무(文武)가 따로 없나니
공을 이루고 보면 한결같이 영광이라.
왕명으로 특별히 오부(烏府)12)의 중임을 맡아
궁정의 청직(淸職)인 압반(押班)13)이 되었구나.
장군과 상신은 신수(身手)를 살펴보고
군왕께선 성명을 물으셨구나.
이제부턴 험난과 평온을 가리지 말지니
감히 안락을 취해서야 되겠는가?

---

9) 감찰(監察): 사헌부의 정6품직. 조하(朝賀: 조정에서 임금님께 하례하는 일) 때나 동
   가(動駕: 임금님의 수레가 궐 밖으로 거동하는 일) 때에는 압반(押班)이 되고, 제향(祭
   享)에는 제감(祭監)이 되었으며, 과거시험장에서는 감독관이 되었다. 기강을 세우고 풍
   속을 바로잡는 일을 맡아보았다.
10) 이희성(李義星, 734~1798): 자는 은춘(殷春). 무과(1766) 출신으로 하동부사(河東府
    使)를 역임하였다. 이희사의 사종제이다.
11) 『醉松詩稿』 卷1, 14b에 같은 제목으로 모두 두 수가 실려 있는데, 그 중에서 첫 번째
    수이다. 『醉松詩稿』 원주(原註)에서 "이때 감찰로 엄정히 뽑으라는 왕명이 내렸으며, 임
    금이 (이희성에 대해) 특별히 물어보시니, 상신과 장신이 모두 쓸 만하다고 천거하였다[時
    飭峻選監察, 且自上特垂諦問, 而相臣將臣交薦可用]"라 하고 있다.
12) 오부(烏府): 사헌부의 별칭. 오대(烏臺), 상대(霜臺) 등으로 일컬어지기도 한다. 조선
    초의 「霜臺別曲」은 바로 사헌부에 관한 노래이다.
13) 압반(押班): 임금 앞에서 조회를 할 때 백관이 서는 자리를 정리하는 일을 맡은 관리
    를 가리키는데, 대개 감찰이 이 일을 맡았다.

「벽란 나루에서 배를 타고[碧瀾渡乘潮]」14)

　　물가에 망망히 밀려드는 조수
　　돛대 위로 펄럭펄럭 나부끼는 깃발 한 쌍.
　　천지는 저절로 차고 이우는 이치가 있고
　　강해(江海)는 나가고 물러나는 뜻을 아는 듯.
　　황량한 염호(塩戶)는 갯벌에 의지해 살고
　　뱃사람들 흐리고 맑은 날씨 잘도 맞추네.
　　도중에 누군가 저편 기슭 절을 가리키는데
　　노송에 석양 비쳐 영롱하구나!

「청명일에 취하여 읊음[淸明日醉題]」15)

　　절기는 바삐 지나 우로지감(雨露之感)16) 새롭고
　　인생은 총총히 흘러 상전벽해 이루겠네.
　　동풍이 며칠 불어 구름이 음습한데
　　온 마을 한식이라 불기운이 싸늘해라.
　　언덕의 양지에는 풀과 꽃이 피어나고
　　맥반(麥飯) 뿌린 산속에는 새들이 바쁘구나.17)
　　시름겨워 문을 나서 다시금 서 있자니
　　늘어진 버들가지, 흐트러진 머리칼 무엇이 더 긴가?

「느낀 대로[漫述])」18)

　　탁주 병 잡고 서성이는 세월

---

14) 『醉松詩稿』 卷1, 6b에 같은 제목으로 실려 있다.
15) 『醉松詩稿』 卷1, 21b에 같은 제목으로 실려 있다.
16) 우로지감(雨露之感) : 돌아가신 부모를 생각하는 것을 말한다.
17) 맥반(麥飯)~바쁘구나 : 한식날이 되면 조상의 묘에 맥반을 놓아두어 새들이 먹도록
　　하는 풍속이 있었다.
18) 『醉松詩稿』 卷1, 29a에 「逍遙」라는 제목으로 실려 있다.

강 언덕의 띠집에 몸을 붙였노라.
보리 심은 밭엔 가을 내 비 안 오고
해진 통발 고기잡이 밤하늘엔 별이 총총.
외로운 선비라 글은 실의에 젖었고
촌사람 생애라 육신이 고달플 수밖에.
잠 못 이루고 타는 거문고 누가 들으랴?
맑은 물소리 푸르른 산과 어울리도다.

李義師, 字德中, 號醉松, 詩學少陵, 爲近來山野詩中第一.

「詠螢」曰:

埜色沈①寒樹, 秋螢箇箇生.
不欺深夜跡, 方信寸心②明.
乍失還幽草, 微分忽遠城.
光暉③有深淺, 莫與衆星爭.

「風帆」曰:

江口西風起, 商帆次第過.
高懸秋水④濶, 逈立夕陽多.
迅勢開波浪,⑤ 神功運米醝.
危樓晴日眼, 隨汝近天河.

「山村」曰:

氓戶生涯薄, 茅茨制度同.
帶溪門向背, 掃雪徑交通.
守望爲情義, 菑畬較事功.

疎煙對暮歲, 徵斂到山中.

「失婢」曰 :

　　家貧二婢子, 乘夜走如猿.
　　賤者寧知義? 主人慚少恩.
　　桑麻行廢業, 水火坐須村.
　　穎士詩何似? 蒼頭矢守門.

「峽中歸路」曰 :

　　客路春猶早, 游雲雨乍痕.
　　埜橋稀聚市, 峽屋不成村.
　　寒食烏鴉樂, 東風草木魂.
　　蓽門雙嶺外, 及到定黃昏.

「剪落樹枝」曰 :

　　剪落樓頭樹, 飛來江上山.
　　向吾⑥多見蔽, 有國豈容奸?
　　夕景斜初徹, 清風度不慳.
　　斧斤敢輕下, 桐梓在中間.

「贈監察弟義星」曰 :

　　報國無文武, 功成一體榮.
　　勑掄烏府重, 班押紫宸清.
　　將相看身手, 君王問姓名.
　　自今夷險內, 不敢有平生.

「碧瀾渡乘潮」曰：

涯決茫茫潮水生, 船檣獵獵颭雙旌.
乾坤自有盈虛理, 江海如知進退情.
塩戶荒凉資瀉鹵, 舟人容易測陰晴.
中流背指江西寺, 松檜玲瓏返照橫.

「清明日醉題」曰：

節序紛紛新雨露, 人生忽忽足滄桑.
數日東風雲沮洳, 一村寒食火荒凉.
向陽原上草⑦花發, 洒麥⑧山中⑨烏鳥忙.
愁極出門還獨立, 柳絲顚髮較誰長.

「漫述」曰：

時日逍遙濁酒瓶, 江皐棲托白茅亭.
石田種麥秋無雨, 弊筍收魚夜有星.
匹士文章多失意, 野人生理合勞形.
琴絃耿耿要誰聽, 流水泠泠虛翠屛.

① 沈 : 원문은 侵인데, 『醉松詩稿』에 의거하여 바로잡았다.
② 寸心 : 『醉松詩稿』에는 片心으로 되어 있다.
③ 光暉 : 원문에는 炎暉로 되어 있으나, 『醉松詩稿』에 의거하여 바로잡았다.
④ 秋水 : 『醉松詩稿』에는 春水로 되어 있다.
⑤ 開波浪 : 『醉松詩稿』에는 凌鼂鶴으로 되어 있다.
⑥ 吾 : 『翠松詩稿』에는 時로 되어 있다.
⑦ 草 : 원문에는 빠져 있는 것을 『醉松詩稿』에 의거하여 보입하였다.
⑧ 洒麥 : 『醉松詩稿』에는 灑飯으로 되어 있다.
⑨ 中 : 『醉松詩稿』에는 前으로 되어 있다.

이희사李義師의 명구名句

87

 이희사는 오로지 두보를 배웠던 까닭에 그의 시는 종종 활달하지 못하고 난삽한 면이 있다. 그렇지만 법도가 있고 근엄해서 그 사람을 상상해볼 수 있다. 그의 시구들을 다음에 들어본다.

「가을 밤[秋夜]」1)

산에 서리 내리면 승냥이는 짐승 잡아 제사지내고2)
강호에 물이 마르면 게는 벼이삭을 운반한다네3)

---

1) 『醉松詩稿』卷1, 38a : "池舘秋風荷葉黃, 招搖西指夜蒼凉. 片心兀兀終誰合, 白髮蕭蕭只許長. 山木霜飛豺祭獸, 江湖水落蟹輸芒. 靜觀天地屬收斂, 漫卷詩書何處藏?"
2) 승냥이는~제사지내고[豺祭獸] : 승냥이가 짐승을 잡아 제사를 지내듯 늘어놓은 후에 사냥을 한다(『禮記』「王制」에 "獺祭魚, 然後虞人入澤梁, 豺祭獸, 然後田獵"라 하였다).
3) 게는~운반한다네[蟹輸芒] : 게는 벼가 익을 무렵에 이삭 하나를 가지고 그네들의 우두머리에게 바치고 나서 자기 갈 곳으로 간다는 전설이 있다(『酉陽雜俎』「鱗介」篇).

「정경휘가 기약보다 먼저 돌아가며 지은 시에 답함[訓鄭景輝留期徑歸]」4)

　　　책 말리는 뜨락에는 가을이라 비 안 오고
　　　낚싯줄 거둔 강호에는 밤에 서리 내리도다.

「문을 닫고[閉門]」5)

　　　기다리는 손님 오질 않고 꽃만 절로 지는데
　　　구름 보니 걷혀 가고 새만 높이 날아오르네.

「선죽교에서 느낌이 있어[善竹橋感懷]」6)

　　　강상(綱常)은 옛 나라를 빛냈으며
　　　문학(文學)은 새 왕조를 열었도다.

「이웃들의 계모임[隣族修稧]」7)

　　　여염의 사람들도 읍양(揖讓)의 예를 행하고,
　　　아이들 또한 문장을 이야기하도다.

「추수를 감독하며[檢穫]」8)

---

4) 『醉松詩稿』 卷1, 28b : “懶拙不能裁短長, 行藏敢道信穹蒼. 曬書庭院秋休雨, 收釣
　江湖夜有霜. 稚子謾除黃菊逕, 故人徑返白雲庄. 南溪纖月重生影, 安得聽歌更命觴.”
　原註 : “歷抵時事, 故言之.”
5) 『醉松詩稿』 卷1, 27a : “庭院清冷暑氣逃, 水光山色閉門牢. 可能一日居無竹, 未必
　移家去種桃. 待客不來花自墜, 看雲欲盡鳥還高. 披裘垂釣者誰子, 今古優閑見汝曹.”
6) 『醉松詩稿』 卷1, 6b : “正氣瞻喬嶽, 高名仰斗杓. 綱常光舊國, 文學啓新朝. 土碧萇
　弘血, 天陰豫讓橋. 千秋滄海左, 堂陛賴昭昭.”
7) 『醉松詩稿』 卷1, 7a에 「與宗族及隣近同志者, 修稧以月朔若望, 誦經書若干, 行製
　古文程文各一篇齊會」라는 제목으로 실려 있다. “結社依諸勝, 橫經即小堂. 閭閻還揖
　讓, 童稚話文章. 氷雪梅生意, 乾坤日欲長. 有生湏職業, 半世枉顚狂.”
8) 『醉松詩稿』 卷1, 5a : “檢穫霜郊外, 開茵返照間. 鎌綯村力聚, 鷄黍木盤還. 斗斛心

한 말 한 곡도 마음 써서 세밀히 따지면서도
단풍 숲에 한가롭게 앉았는 듯.

「뜻 가는 대로[遣意]」9)

소는 줄풀 아래서 졸고
학은 벼꽃 속을 걷는구나.

「새 집을 짓고[新搆]」10)

따비밭엔 봄 일이 바쁘고
울타리에는 한낮에 구름이 이네.

이들 시구는 모두 청경(淸警)하고 법도가 있어 동인(東人)의 구기(口氣)
와는 같지 않다.

 李義師, 專心學杜. 故其詩, 往往局澁, 然其典則謹嚴, 可以想
見其人. 如

山木霜飛豺祭獸, 江湖水落蟹輸芒.

晒書庭院秋休雨, 收釣江湖夜有霜.

待客不來花自墜, 看雲欲盡鳥還高.

猶細, 楓林坐似閒. 防奸衰世事, 一笑看秋山.”
9)『醉松詩稿』卷1, 36a : “夕風吹雨斷, 雲日透殘紅. 映圃淸溪枉, 依林白屋同. 牛眠菰
葉下, 鶴步稻花中. 老子農商外, 吟哦竟底功?”
10)『醉松詩稿』卷1, 29b~30a에 「會許汝楫宅拈杜韻共賦」라는 제목으로 실려 있다. “新
搆精仍敞, 淸園見勝聞. 畬畲春事火, 籬落晝生雲. 有酒能輕世, 爲詩故要群. 奕碁宜竹
檻, 最覺子聲分.”

「善竹橋感懷」曰:

綱常光舊國, 文學啓新朝.

「隣族修稧」曰:

閭閻還揖讓, 童稚話文章.

「檢穫」曰:

斗斛心猶細, 楓林坐似閒.

「遣意」曰:

牛眠菰葉下, 鸛步稻花中.

「新搆」曰:

菑畬春事火, 籬落晝生雲.

皆淸警有法, 不類東人口氣.

자신의 뜻을 표현한 시 : 이광려(李匡呂) 1

88

참봉 이광려(李匡呂, 1720~1783)[1]는 근세의 고결한 선비이다. 넓은 옷자락에 커다란 띠를 매었으며 기상이 원대하여 도가 높은 사람으로 여겨졌다. 일찍이 여름철에 출타를 하는데, 발에 미투리를 착용하고 손에 나막신을 들고 가다가, 진흙길을 만나면 나막신으로 바꿔 신었다. 길가는 사람들이 손가락질하며 비웃어도 전혀 개의치 않았다. 시 한 편을 들어보면 이러하다.

> 서방(西方)의 성인(聖人)을 나는 아직 못 만났으니
> 주처하육(周妻何肉)[2] 또한 인연대로 따르리라.

---

1) 이광려(李匡呂) : 본관은 전주(全州). 자는 성재(聖載), 호는 월암(月巖) 또는 칠탄(七灘). 문장과 학행이 뛰어나 천거를 받아 참봉이 되었다. 조엄(趙曮)이 대마도로부터 고구마를 들여오자 그것을 실제로 재배하였는데, 강필리(姜必履)가 여기서 영향을 받아 고구마재배에 성공을 거두었다고 한다. 『李參奉集』이 전한다.
2) 주처하육(周妻何肉) : 인간으로서 피하기 어려운 식색(食色)의 욕망을 뜻하는 말. 『南

선이건 악이건 마음속에 안 두려 하니
발 닿는 곳 따라가면 이것이 곧 선(禪)이로다.[3]

바로 그 자신이 마음속에 품은 바라 하겠다.

원
문 李參奉匡呂, 近世高士也. 裒衣偉帶, 氣度沖遠, 類有道者. 嘗
於暑月出行, 足着麻鞋, 手持木屐, 遇泥則着之, 路人指笑不
卹也. 有詩曰:

西土聖人吾未見, 周妻何肉且隨緣.
不敎善惡留方寸, 着處提撕便是禪.

卽其所存也.

齊書』「周顒傳」에 "주옹(周顒)은 청빈하고 욕심이 적어 종일토록 나물을 먹고 ,처자
가 있음에도 홀로 산사에 머물러 있었다. 이때 하윤(何胤)이 또한 불도에 정진하며 처
첩이 없었다. 태자가 주옹에게 묻기를, '경의 전진하는 것이 하윤과 비교해 어떠한가?'
라고 물으니, 주옹은 '삼도팔난(三塗八難)은 누구나 면할 수 없는 것입니다. 그러나 저
마다 얽매이는 것이 있지요'라고 하였다. 태자는 '각기 얽매인 것이 무엇인가?' 하니
주옹은 '주처하육(周妻何肉)입니다'라고 하였다"고 나와 있다. 여기서 주옹은 처자에
얽매임이 있고, 하윤은 고기를 좋아하는 얽매임이 있다는 의미이다.
3)『李參奉集』卷1, 17b에 「西土」란 제목으로 실려 있다.

영종대왕英宗大王을 애도한 시[1] : 이광려李匡呂 2

89

이참봉은 일찍이 판서 정상순(鄭尙淳, 1723~?)[2]을 위해서 「영종대왕국만(英宗大王國輓)」[3] 10수를 대신 지어 주었다. 정종이 이 시를 보고서 연신(筵臣)들에게 "누가 지은 것인가?"라고 묻자, "이광려(李匡呂)가 지은 것입니다"고 아뢰었다. 이에 임금은 "근세에는 이런 작품을 찾아 볼 수 없다"고 칭찬을 하였다. 후일에 여러 신하들에게 명하여 『무원록(無冤錄)』[4]을 다시 편수하도록 하면서, "들건대, 이 모(某)가 이

---

1) 이만수(李晩秀)의 「李參奉集序」와 『滄海詩眼』 卷下에 이와 관련된 내용이 보인다.
2) 정상순(鄭尙淳) : 본관은 동래(東萊). 자 돈보(敦父). 영조 때 문과에 급제하여 벼슬은 이조판서에 이르렀다. 정조 연간에 사신으로 중국에 다녀왔다.
3) 『李參奉集』 卷2, 28a~29b에 「英宗大王挽詞」라는 제목으로 실려 있다.
4) 『무원록(無冤錄)』 : 원래 중국 원(元)나라의 왕여(王與)가 지은 책으로 주로 살인 옥사의 처리방법을 다루었다. 우리나라에서는 세종 때 『新註無冤錄』을 간행한 바 있으며, 영조는 옛 주해본의 잘못된 곳을 바로잡고 빠진 곳을 보충하게 하였다. 정조는 그것을 검토한 후 형조판서 서유린(徐有隣)에게 당시의 법률 전문가들과 함께 내용을 더욱 보완하여 한글로 번역하게 하였다.

책을 해석한 것이 고인의 뜻을 얻었다 한다. 이를 채록해 싣는 것이 좋
겠다"고 하였다. 포의로써 밝은 임금에게 인정을 받은 것이라, 이 이야
기를 듣는 자들은 모두 영광스러운 일이라고 하였다.

「국만(國輓)」의 제9수는 이러하다.

> 안가(晏駕)5)에 의장 행렬 늘어서니
> 만백성 오로지 통곡하는 소리로다.
> 여염에는 자녀들 그대로 남아 있고
> 성궐(城闕)은 평소와 다름없구나.
> 종묘를 지날 적에 더디어지는 걸음
> 대문에 다다름에 정기(旌旗)는 줄을 지었네.
> 강사(絳紗)에 비치는 천 자루 촛불
> 새벽 바람에 눈물이 종횡으로 흐르네.

위의 시에서 "평소와 다름없구나[若平生]"의 세 글자는 대개 사조(謝
朓)6)의 "보장(寶帳)은 난간에 나부끼는데, 술동이는 평소와 같구나[繐帷飄
井幹, 樽酒若平生]"7)라는 구절과, 왕발(王勃)8)의 "군왕은 아무데도 보이지
않는데, 누대와 정자 평소와 같아라[君王無處所, 臺榭若平生]"9)에 근원을
두고 있다. 그럼에도 의미가 간절하여 사람들이 따서 쓴 것임을 알지
못하였다.

---

5) 안가(晏駕) : 원문은 '宵駕'로 나와 있는데 '晏駕'와 같은 말로, 제왕의 죽음을 일컫는
   말이다.
6) 사조(謝朓) : 남북조시대 제의 문인. 선성 태수(宣城太守)를 지낸 바 있어 사선성(謝
   宣城)으로 일컬어진다.
7) 이 구절은 「銅雀臺妓詩」의 일부이다. "繐幃飄井幹, 尊酒若平生. 鬱鬱西陵樹, 詎聞
   歌吹聲. 芳襟染淚跡, 嬋媛空復情. 玉座猶寂寞, 況乃妾身輕."
8) 왕발(王勃) : 당나라 초기의 문인. 양형(楊炯)·노조린(盧照隣)·낙빈왕(駱賓王)과 함
   께 초당사걸(初唐四傑)로 일컬어진다.
9) 이 구절은 「銅雀妓」의 일부이다. "金鳳隣銅雀, 漳河望鄴城. 君王無處所, 臺榭若平
   生. 舞席紛何就, 歌梁儼未傾. 西陵松檟, 冷誰見綺羅情."

李參奉, 嘗爲鄭判書尙淳製「英宗大王國輓」十首. 正宗覽之,
問筵臣曰 : "誰所爲也?" 對曰 : "李匡呂所撰也." 上曰 : "近世
無此作." 後命諸臣, 修『無寃錄』, 上曰 : "聞李某釋此書, 得古人意云,
可採而載之." 以布衣受知明主, 聞者榮之. 其國輓第九曰 :

宵駕紛儀衛, 萬人唯哭聲.
閭閻遺子女, 城闕若平生.
過廟遲遲躑, 臨門冉冉旌.
絳紗千柄燭, 風淚①曙縱橫.

其"若平生"三字, 盖本於謝眺"繐帷飄井幹, 樽酒若平生." · 王勃"君
王無處所, 臺榭若平生." 而辭意懇至, 人不識其襲用也.

①淚 : 원문에는 漏로 되어 있으나, 『李參奉集』에 의거하여 바로잡았다.

이민구李敏求와 목만중睦萬中이 노승들에게 준 시[1]

옮김譯 이동주(李東州 : 李敏求)가 관동지방을 순찰하면서 금강산에 들렸을 때 의형장로(義瑩長老)란 여든아홉 살의 늙은 스님을 만났다. 이 스님에게 다음과 같은 시를 지어주었다.

절집에서 형상인(瑩上人)을 다시 만나니
옛 정신 수월(水月)처럼 의연히 그대로구려.
명년에 또 유마실(維摩室)[2]을 찾게 되면
정히 선문의 구십춘광(九十春光) 아니겠소?[3]

이때 명고(鳴皐)[4]가 동주와 동행을 했는데 옆에서 보고 "선생은 내년

---

1) 이 항목은 『餘窩集』(國立中央圖書館本) 卷1, 50b에 실린 「楡岾當頭老釋 ……」에서 취한 것이다. 또 『星湖僿說』 卷28, 20ab의 "二李金剛詩"에도 관련 일화가 실려 있다.
2) 유마실(維摩室) : 불승이 거처하는 곳. 유마는 유마힐(維摩詰)의 준말. 유마힐은 재가승(在家僧)으로 석가여래에게 불도를 닦았다고 한다. 불교 경전에 『維摩經』이 있다.
3) 『東州集』 「前集」 卷7, 7b~8a에 「義瑩長老今年八十九」란 제목으로 실려 있다.

의 시를 미리 지으니 무슨 일입니까?" 하고 드디어 이 시에 차운을 하였는데,

옆 사람이 만약 스님 나이 묻는다면
아흔 해에서 한 봄이 부족하다오.

라는 구절이 들어 있었다. 두 시편이 모두 빼어나서 애송할 만하기에 오늘에 이르도록 전하여 시단의 아름다운 칭송을 받고 있다.

목여와(睦餘窩 : 睦萬中)가 금강산을 유람하다가 유점사(楡岾寺)에서 당두노석(當頭老釋)[5]을 만났는데 나이가 또한 여든아홉 살이었다. 드디어 앞 시의 운을 써서 노석에게 한 편의 시를 주었는데 이러하다.

재반(齋飯) 앞자리의 옛스러운 스님
누렇고 주름진 얼굴 금신(金神)과 닮았어라.
팔순에 몸소 심은 뜰 앞의 나무
가지와 잎이 아홉 해째 봄을 맞았네.

서로 처한 상황은 같았지만, 시어를 엮은 것이 더욱 새롭게 되었다.

 李東州行部關東, 入金剛山, 遇義瑩長老, 時年八十九. 贈
詩曰:

---

4) 명고(鳴皐) : 이계(李烓, 1603~1642). 본관은 전주. 자는 희원(熙遠), 명고는 그의 호. 광해군 13년(1621) 문과에 급제한 뒤 여러 벼슬을 지냈다. 선천부사(宣川府使)로 있을 때 명(明)나라 상선과 교통한 것이 청(淸)나라에 발각당한 것이 빌미가 되어 처형당했다. 이민구(李敏求), 조문수(曹文秀), 양유인(梁有仁), 목장흠(睦長欽), 이명한(李明漢), 이경석(李景奭), 신익성(申翊聖) 등과 교유하였으며, 특히 이민구(李敏求)를 추종했던 것으로 알려져 있다. 이계의 시와 그가 차운한 원시를 수록한 『忘名律會』가 규장각에 소장되어 있다. 『忘名律會』에 대해서는 『奎章閣所藏語文學資料 文學篇解說』 1(서울대학교 규장각, 2001), 67~68면에 실린 김동준의 해제 참조.
5) 당두(當頭) : 절에서 가장 높은 지위에 있는 사람을 가리킨다.

蕭寺重逢瑩上人, 依然水月舊精神.
明年再叩維摩室, 政是禪門九十春.

時鳴皐偕行見之曰 : "先生預賦明年詩, 何也?" 邃次之曰 :

旁人若問僧年紀, 九十前頭少一春.

兩詩俱警絶可誦, 至今傳爲詞林雅號.
睦餘窩遊金剛, 見楡店①當頭老釋, 年亦八十九. 邃用其韻, 贈之曰 :

齋飯當頭古貌人, 皺黃幾欲類金神.
八旬手植庭前樹, 柯葉如今九改春.

所遇雖同, 而造語更新.

① 楡店 : 원래 楡岾寺이므로, 여기서 楡店은 楡岾의 잘못으로 생각된다.

청량리_{淸凉里} 은자_{隱者}의 시

91

청량리(淸凉里) 은자(隱者)[1]는 어떠한 사람인지 자세히 알 수 없다. 그의 「유선사(游仙詞)」[2]는 다음과 같다.

태을선인(太乙仙人)[3] 비로소 옥액단(玉液丹)[4]을 만듦에
한알 한알 둥글어서 자줏빛 서릿발 이네.
옥잔에 받들어 동황(東皇)[5] 앞에 올리고
물러나와 여러 신선의 맨 앞자리에 섰노라.

세 번이나 냇물 넘듯 창해(滄海)를 건넜으며

---

1) 청량리(淸凉里) 은자(隱者) : 여기서 어딘지 확실히 알 수 없으나 당시 동대문 밖의 마을이었던 '청량리'로 생각된다. 그의 시가 『風謠續選』 卷7에 4수 실려 있다.
2) 『風謠續選』 卷7, 23ab에 같은 제목으로 실려 있다.
3) 태을선인(太乙仙人) : 도교에서 일컫는 신의 하나.
4) 옥액단(玉液丹) : 도교에서 연단술로 만든 약의 일종.
5) 동황(東皇) : 도교에서 봄을 주관하는 신을 가리킨다.

한 생애 길이 옥경(玉京)6)으로 들어가 노니네.
머리 돌려 구점(九點)7)의 속세를 굽어보며
팽조(彭祖)8)의 백발(白髮)을 비웃는구나.

봉래산 신선이 하늘 위로 조회를 가니
학가(鶴駕)며 운거(雲車)가 구문(九門)에 늘어섰네.
백옥루(白玉樓) 머리에서 자조(紫詔)9)를 선포할 제
장수(莊叟 : 莊子) 불러 말 많음을 경계하노라.

清凉里隱者不知何人. 其「游仙詞」曰 :

太乙初成玉液丹, 團團一粒紫霜寒.
瓊杯跪進東皇案, 退立羣仙第一班.

又曰 :

三度滄溟作細流, 一生長入玉京遊.
回看九點靑煙裏, 却笑彭郞雪滿頭.

又曰 :

---

6) 옥경(玉京) : 도교에서 최고의 신인 옥황상제가 있는 곳. 일명 백옥경(白玉京)이라고
도 한다.
7) 구점(九點) : 하늘 위에서 내려다보면 지상의 구주(九州)가 아홉 개의 작은 점처럼 조
그맣게 보인다는 말. 당의 시인 이하(李賀)의 「夢天」에 "遙望齊州九點煙, 一泓海水杯
中瀉"라는 구절이 있다.
8) 팽조(彭祖) : 중국 고대의 전설적인 인물로 800세를 살았다고 하는데, 『莊子』「逍遙
遊」에 그의 이름이 보인다.
9) 자조(紫詔) : 황제의 조서를 이르는 말. 황제의 조서는 붉은빛 진흙으로 봉(封)했다는
데서 유래하였다. 여기서는 옥황상제의 조서를 표현하고 있다.

蓬萊仙子上朝元, 鶴駕雲車列九門.
白玉欄頭宣紫詔, 却招莊叟戒多言.

영향당影響堂 한씨韓氏의 시

92

임천(林川) 여자 한씨(韓氏)[1]는 호를 영향당(影響堂)이라 하였는데, 「강상의 신부를 슬퍼하는 노래[哀江上新婦詞]」[2]가 있다.

묻노라 강물이여 물 위에 뜬 배
먼 옛날부터 지금까지
몇 번이나 어린 신랑 신부를 실었던고?

들어보지 못했으리라,
붉은 명정(銘旌) 앞세우고 신부는 소교(素轎)[3]를 타고 따르니
홍안 신부에 백골 신랑이로다.

---

1) 한씨(韓氏) : 미상.
2) 『風謠續選』 卷7, 26ab에 같은 제목으로 실려 있다.
3) 소교(素轎) : 장례를 지내기 전 신위를 모시려고 흰색으로 꾸민 의자처럼 생긴 교의 (交椅).

강상(江上)의 배 돌아가는 길 더디게 말라,
내 들으니
십 년 청상으로 고생고생 고아(孤兒)를 길러낸 어머님 계시다네.

강상의 뜬 배여 돌아가는 길 재촉 말라,
어린 서방님 혼령
아직 동상(東床)⁴)에 서성거리고 있으니.

시비(侍婢)는 뱃머리에서 곡하며 이르기를
저 물가의 원앙새
저 물가의 원앙새
물안개 속에 쌍쌍이 날아서 오락가락 하는데
산기슭과 물가에서.

한씨의 다른 시는 전하지 않아 어떤지 알 수 없으니 안타깝다.

林川女子韓氏, 號影響堂.

「哀江上新婦詞」曰 :

問爾江上水水上船,
古往今來載得幾個成親少年新嫁娘?
從未聞丹旐在前素轎隨後, 紅顏新婦白骨郎.
江上船歸莫遲!
聞有十年孀閨辛苦養孤兒之萱堂.
江上船歸莫速!

---

4) 동상(東床) : 동상(東床)은 손님을 접대하는 자리를 의미하는 동상(東牀)이나, 정방(正
房) 동편에 있는 방을 뜻하는 동상(東廂)과 함께 사위를 가리키는 말로 쓰인다. 여기서
는 죽은 신랑이 있던 곳을 의미하는 듯하다.

小郞兒魂靈猶自倚東床.
侍婢船頭哭且語, 彼洲渚有鴛鴦, 彼洲渚有鴛鴦,
煙雨裏兩兩飛去飛來, 山之北水之陽.

惜其他詩不傳, 未知如何.

김이곤金履坤의 봉록체鳳麓體

이사천(李槎川 : 李秉淵) 이후 그 뒤를 이어 일어난 시인은 현령(縣令) 김이곤(金履坤, 1712~1774)[1]이 있었다. 그가 강가의 정자에서 지은 시가 있는데 이러하다.

> 서호(西湖) 술에 살짝 취해서
> 높은 정자 삿자리에 누우니 시원하구나.
> 물은 쉼 없이 그저 흘러가고
> 달은 지려할 때 더욱 밝은데,
> 배 안의 말소리는 울타리 너머로 들려오고
> 고기잡이 불은 축대 둘러 생겨나누나.
> 풍광이 더없이 한적하고 시원하여

---

1) 김이곤(金履坤) : 본관 안동. 자는 후재(厚哉), 호는 봉록. 음직으로 세자익위사(世子翊衛司) 시직(侍直)이 되고 후일 신계현령에 제수받은 바 있다. 문집에 『鳳麓集』이 전한다.

외로운 성 등지고 거처를 마련했노라.[2]

「동루취우(東樓驟雨)」는 이러하다.

한낮에 빗소리 급하여
높은 정자에서 낮잠 깨었네.
옷깃을 헤친 채로 난간에 다가가서
머리를 돌려보니 무더위 사라졌는데,
텅 빈 산 나무들은 고요히 서있고
백 줄기 시냇물은 다투어 우는구나.
문득 생각나네, 황협(黃峽)의 밤에
여울을 거슬러 가는 배에 있었던 때.[3]

　시구를 꾸미고 시어를 빚어낸 것이 초초(楚楚)하여 자못 좋으므로 후진의 젊은이들이 그것을 '봉록체(鳳麓體)'라고 일컬었다. '봉록'이란 김이곤의 자호(自號)이다.

　李槎川以後, 接武興者, 有金縣令履坤. 其在江榭有詩曰 :

薄醉西湖酒, 高樓枕簟淸.
無停水空逝, 欲墮月猶明.
船語侵籬過, 漁燈繞砌生.
風煙極瀟洒, 卜築背孤城.

其「東樓驟雨」曰 :

2) 『鳳麓集』 卷1, 3b에 「薄醉」라는 제목으로 실려 있다.
3) 『鳳麓集』 卷2, 9a에 같은 제목으로 실려 있다.

白日雨聲急, 高樓驚午眠.
披襟當曲檻, 回首失炎天.
靜立空山木, 爭鳴百道泉.
忽思黃峽夜, 身在逆灘船.

粧句鑄詞, 楚楚自好, 後生少年, 稱之爲"鳳麓體", 鳳麓者, 履坤自號也.

낙화시落花詩

옮김譯 영조 때의 수보(首輔 : 영의정) 홍봉한(洪鳳漢)은 한 몸에 장상(將相)을 겸하여 세력이 조야(朝野)에 떨쳤다. 이에 한 시대의 문사들이 많이 출입하여 그의 아들들과 교유하였다. 홍봉한의 아들인 낙인(樂仁)·낙임(樂任)·낙신(樂信)과 이봉환(李鳳煥, 1710~1770)[1]·노긍(盧兢)이 어울려서 함께 「낙화시(落花詩)」[2]를 지었다.

이봉환의 낙화시는 이러하다.[3]

---

1) 이봉환(李鳳煥) : 자는 성장(聖章), 호는 서정(西汀)·제암(濟庵)·우념재(雨念齋). 본관은 전주(全州)로, 체소(體素) 이춘영(李春英)의 후손인데, 신분이 서족에 속했다. 문학적 재능이 빼어나서 널리 교유하였는데, 특히 첨신한 시풍을 주도한 까닭에 이들의 시가 초림체(椒林體)라 일컬어지기도 하였다. 사도세자와 관련한 일로 영조의 노여움을 사서 고문을 받다가 죽었으며 순조 9년에 이르러서야 신원되었다. 아들인 이명오(李明五)가 금릉취진자(金陵聚珍字)로 간행한 『雨念齋詩文鈔』가 전한다.

2) 「落花詩」의 배경에 대해서는 뒤에 붙인 이봉환의 「落花詩序」 참조. 또, 이들이 읊은 「落花詩」에 대해서 申翼澈, 「李鳳煥의 椒林體와 落花詩에 대하여」, 『韓國漢文學研究』 24(韓國漢文學會, 1999.10)에서 전반적으로 고찰한 바 있다.

3) 『雨念齋詩文鈔』 卷5, 19a~20a에 「暮春與洪叔道諸人賦落花」라는 제목으로 여덟

꽃은 천잎 만잎으로 흩어져 어지러워도
둥치와 가지는 예전처럼 굳게 그림자 드리웠네.
알겠다, 동황(東皇)께서 돌아가시는 길을 위해
대지 위로 향그런 꽃잎 두루 뿌린 줄을.
바람 불고 비올 때마다 늘 마음 쓰였고
제비와 꾀꼬리들도 번갈아 조바심 냈네.
절대 가인 위해서는 조시(弔詩) 써야 마땅한데
어떤 재자(才子) 있어서 아름다운 글 토해낼까?

떨어진 꽃 남은 향기 너무도 서글퍼라
뉘라서 눈부신 햇살을 마음껏 펼치도록 하였나?
신선이 단약을 만들고서 그대로 버려둔 듯
한번 놓인 바둑돌처럼 부귀야 다시는 안 오겠지.
달밤에 나부끼며 한원(漢院)으로 들어가고4)
아침 구름에 춤추며 형대(荊臺)로 흩어졌나?5)
붉은 시름 보랏빛 한(恨) 연지(臙脂)처럼 변한 흙을
속절없이 처마 밑 제비들이 물고 가게 둘 수밖에.

외로운 따오기는 나란히 날다 저녁놀인가 놀라는데
떠나가는 꽃 그림자 뉘라서 막으리오?
하늘 나는 농옥(弄玉)이 깁을 나부끼는 것인가6)

수가 실려 있으며, 여기 나오는 시들은 첫 번째, 세 번째, 일곱 번째, 여덟 번째 수이다.
4) 달밤에~들어가고: 한원(漢院)은 한나라의 궁전을 뜻하는 말로 보이며, 이 구는 한무
제(漢武帝)가 사랑했던 이부인(李夫人)의 고사와 관련된 것인 듯하다.『漢書』「外戚列
傳」의 「孝武李夫人傳」에 따르면, 무제가 총애하던 이부인이 젊어서 죽자 방사(方士)를
불러 초혼(招魂)하도록 하니, 촛불 아래 장막 너머로 어렴풋이 미인이 보였지만 더 이상
다가오지 않자 무제가 "참이냐, 거짓이냐? 서서 바라보니, 어쩌면 그리도 나긋나긋 오는
것이 더디느냐[是邪, 非邪? 立而望之, 偏何姍姍其來遲!]"라는 노래를 지었다고 한다.
5) 아침 구름에~흩어졌나?: 형대(荊臺)는 초(楚)나라 회왕(懷王)이 무산(巫山) 신녀(神
女)를 만나 사랑을 나누었다는 양대(陽臺)를 가리킨다. 형(荊)은 초나라의 다른 이름이
라 형대라고 한 것이다(宋玉,「高唐賦」).
6) 하늘 나는~나부끼는 것인가: 농옥(弄玉)은 전설적인 여선(女仙)의 이름. 전설에 진
(秦)나라 목공(穆公)의 딸로 퉁소를 잘 부는데 소사(蕭史)의 아내가 되어 어느 날 밤에

냇물가 서시(西施)가 비단인양 빠는 것인가?[7]
부서진 꽃잎 저마다 향기 머금어 나풀나풀
서성거리며 스스로 좋아라고 춤을 너울너울.
신령스런 마음 슬기로운 자태 어느 곳에 의탁할까
시인이 아니라면 아마도 화가이겠지.

피어날 때 벌써 시들 줄을 알았으니 무슨 한이 있으랴
붉은빛 바래고 푸른빛 반 너머 펼쳐짐을 보노라.
조화(造化)의 과정을 여기 다 드러냈으니
문명의 운화(運化), 한번 이지러짐도 당연한 이치리라.
맑고 아름다운 바탕 부서지기 쉽고
눈부시게 빛나고 화려하면 필경 비애로 끝나는가?
연꽃과 국화는 그래도 석과(碩果)[8]를 남기지만
마땅한 맺음말로 낙화시를 끝맺을 길 없구나.

英廟時首輔洪鳳漢, 身都將相, 勢傾朝野. 一時文士, 多出入
子舍, 洪子樂仁・樂任・樂信, 與李鳳煥・盧兢共賦「落花詩」.

李鳳煥詩曰 :

分身散去億千忙, 依舊枝株影木强.
定識東皇將返駕, 先教大地盡鋪香.
風風雨雨關終始. 鶯鶯鸞鸞遞踽涼.
絶代佳人宜作誄, 有誰才子錦爲腸?

남편과 함께 봉황을 타고 퉁소를 불며 하늘로 올라갔다 한다(『列仙傳』).
7) 냇물가~빠는 것인가? : 서시(西施)는 중국 춘추시대 미인의 이름. 원래 월(越) 땅의
   인물로 완사계(浣紗溪)에서 빨래를 하던 중에, 범려(范蠡)의 눈에 들어 발탁이 되었다
   고 한다.
8) 석과(碩果) : 큰 과일을 이르는 말. 중대한 이익이나 결과를 이르는 말로도 쓰인다(『周
   易』 「剝」 : "上九 : 碩果不食, 君子得輿, 小人剝廬.").

又曰:

墜粉餘香徹底哀, 誰敎麗旭盡情開?
神仙丹熟仍抛去, 富貴某①翻不再來.
夜月悠揚移漢院, 朝雲飛舞散荊臺.
紅愁紫恨臙脂土, 空遣雕樑燕拾回.②

又曰:

孤鶩齊飛訝落霞, 離魂去影復誰遮?
憑空弄玉紛鋪③錦, 臨水西施誤浣紗.
破碎各留香片片, 徘徊自④喜舞斜斜.
靈心慧態憑何所?⑤ 除是詞家或⑥畫家.

又曰:

開無遺恨⑦已知衰, 看到紅渝綠半披.
造化全功渠盡露, 文明一運理宜虧.
淸韶體質多生累, 照爛繁華畢竟悲.
蓮菊尙能存碩果, 無將了語了花詩.

①某:『雨念齋詩文鈔』에는 碁로 되어 있다.
②回:『雨念齋詩文鈔』에는 迴로 되어 있다.
③鋪:『雨念齋詩文鈔』에는 飄로 되어 있다.
④自:『雨念齋詩文鈔』에는 猶로 되어 있다.
⑤所:『雨念齋詩文鈔』에는 處로 되어 있다.
⑥或:『雨念齋詩文鈔』에는 卽으로 되어 있다.
⑦恨:『雨念齋詩文鈔』에는 憾으로 되어 있다.

노긍(盧兢)의 시는 이러하다.9)

날리는 꽃 만 조각 떨어지기 바쁘니
문 열었다 얼른 닫고 사나운 바람 원망하노라.
윤회가 무상함에도 부끄럽게 눈물 흘리며
공계(空界)10)에서 그래도 가시지 않은 향기를 맡노라.
한식(寒食)·청명(淸明) 삼월도 저무는데
무대(舞臺)·가원(歌院) 하루아침에 쓸쓸해졌구나.
지금 바로 이별하면 영영 그만이라
철석간장(鐵石肝腸) 아니라면 혼백도 녹으리라.

이렇듯 갓 피었다가 이렇듯 떨어지다니
꾀꼬리도 돈오(頓悟)하여 공(空)을 말하네.
치회(痴懷)에 사로잡힌 나, 중년의 낙(樂)을 선망했는데
혜업(慧業)11)의 너, 겨우 십 일밖에 붉지 못하누나.
두견새 돌아가라 재촉해서 그런 것은 아닐 텐데
동풍에 흉한 점괘라도 얻은 적 있었느냐?
환면(幻面)은 그려내기 참으로 어렵거늘
그리움만 털어 놓다가 네 모습 잃을까 두렵구나.

일 년 사이에 피고 짐을 슬퍼하지 말지니
만 년 살면 틀림없이 만 번 핌을 보리라.
산가(山家)의 구석화(九錫花)12)는 날 때부터 귀하였고

---

9) 『漢源文集』, 179~182면에 「與聖章諸人賦落花八首」라는 제목으로 실려 있다. 여기
   에 인용된 시는 첫 번째, 세 번째, 다섯 번째, 일곱 번째 수이다.
10) 공계(空界) : 본래는 불교용어로, 공대(空大)라고도 하며, 육계(六界)의 하나이다. 육
   계는 일체의 만상(萬象)을 만드는 여섯 가지의 근본 실체를 말하며, 지(地)·수(水)·화
   (火)·풍(風)·공(空)·식(識)이 있다. 여기서는 그냥 '허공'이나 '허무한 세계' 정도의
   의미로 쓰인 것으로 보인다.
11) 혜업(慧業) : 불교 용어로 지혜(智慧)의 업연(業緣)을 말한다.

육여(六如)의 금게(金偈)[13]는 맑은 인연으로 왔도다.
붉은 빛 씻어낸 빈 술잔으로 물가에 있으려니
밝음 빼앗긴 달이 대(臺) 위로 오르려 하네.
가지런히 난다 한들 어디가 머물 곳인가
하관(下官)은 끝내 인연·윤회 믿지 않네.

화각(畫閣) 동쪽으로 노을이 가없이 펼쳤는데
발을 걷어 올리매 길은 막힘없구나.
연단(錬丹)하는 신선이 새벽에 진홍(眞汞)을 걷고
아름다운 여인이 한밤에 비단옷을 벗는 듯.
스스로 뽐내질 않아 나는 모습 잔망스럽진 않지만
요염함에 익숙해져 비껴서만 가는구나.
차가운 밤 온몸으로 바람 이슬 받으며
사흘이나 술 익는 집에서 묵었네.

盧兢詩曰:

萬片花飛着底[①]忙, 開門還閉罵風强.
多生恥下想思淚, 空界[②]猶聽[③]未了香.
寒食淸明三月暮, 舞臺[④]歌院[⑤]一時涼.

---

12) 구석화(九錫花): '구석(九錫)'은 본디 천자가 제후와 대신에게 하사하는 아홉 가지의
귀한 물건을 가리키는데, '구석화'는 아홉 가지의 귀한 대우를 받는 꽃. 도곡(陶穀)의
『淸異錄』卷2에는 나규(羅虬)의 「花九錫」이 실려 있는데, "가래개로 바람을 잘 막아
주는 것[重頂帷障風], 금착도(金錯刀)로 가지를 쳐 주는 것[金錯刀剪折], 감천(甘泉)
으로 적셔 주는 것[甘泉浸], 옥 항아리에 넣어 주는 것[貯玉缸], 무늬를 아로 새긴 대
좌(臺座)에 놓아 주는 것[彫文臺座安置], 그림으로 그려 주는 것[寫圖畫], 아름다운
노래로 불러 주는 것[艷曲翻], 좋은 술을 마시며 감상하는 것[美醑賞], 새로 시를 지어
읊어 주는 것[新詩詠]"을 말한다 하였다. 일반적으로는 귀한 꽃을 가리키기도 한다.
13) 육여(六如)의 금게(金偈): 육여(六如)는 육유(六喩)라고도 하며, 불교에서 꿈[夢]·허
깨비[幻]·거품[泡]·그림자[影]·이슬[露]·번개[電] 등으로 일체 사물의 무상함을
비유한다. 금게(金偈)는 부처가 말씀한 게송(偈頌)을 가리킨다.

黯然銷^⑥魂別已矣, 除是人間鐵^⑦作腸.

又曰 :

如是初開如是終, 鶯兒頓悟說成空.
痴懷我羨^⑧中年樂,^⑨ 慧業渠纏十日紅.
未必催歸緣杜宇, 何曾占各賴東風.
白描幻面眞難事, 遍^⑩道情^⑪時恐不同.

又曰 :

一年興歇莫須哀, 萬歲應^⑫看萬遍開.
九錫山家生貴得, 六如金偈淨緣來.
浣紅虛爵方臨水, 奪素圓蟾欲上臺.
試道齊飛那有定, 下官終不信因^⑬廻.

又曰 :

畫閣東頭一望霞, 葦^⑭簾鉤下^⑮路無遮.
癯仙曉鼎^⑯收眞汞, 睡女宵衣卸絳紗.
微自矜持飛不妄, 慣成妖冶去全斜.
滿身風露冷然^⑰夜, 三宿遲回酒熟家.

①低: 『漢源文集』에는 處로 되어 있다.
②空界: 원문에는 空裏로 되어 있는데, 『漢源文集』에 의거하여 바로잡았다.
③猶聽: 『漢源文集』에는 惟聞으로 되어 있다.
④舞臺: 『漢源文集』에는 舞垉로 되어 있다.
⑤歌院: 『漢源文集』에는 歌榭로 되어 있다.
⑥銷: 『漢源文集』에는 消로 되어 있다.
⑦鐵: 『漢源文集』에는 鐡로 되어 있다.

⑧ 羨：『漢源文集』에는 善으로 되어 있다.

⑨ 樂：원문에는 惡으로 되어 있는데,『漢源文集』에 의거하여 바로잡았다.

⑩ 遍：『漢源文・集』에는 偏으로 되어 있다.

⑪ 情：『漢源文集』에는 晴으로 되어 있다.

⑫ 應：『漢源文集』에는 能으로 되어 있다.

⑬ 因：『漢源文集』에는 回로 되어 있다.

⑭ 葦簾：『漢源文集』에는 華簾으로 되어 있다.

⑮ 下：『漢源文集』에는 捲으로 되어 있다.

⑯ 鼎：『漢源文集』에는 竈로 되어 있다.

⑰ 冷然：『漢源文集』에는 盈盈으로 되어 있다.

홍낙인(洪樂仁)의 시는 이러하다.14)

시드는 꽃 무엇이 그리도 바빠
화사한 자태가 열흘밖에 못 가는가?
공중에 나부껴서 너울너울 춤추다가
땅 위에 버려져도 은은한 향 전해 오네.
활짝 피어나서 그리도 찬란하더니
순식간에 날아가서 서글픔 더하구나.
명년이면 기약대로 다시 볼 줄 알건만
다시금 꽃가지 보고 슬픈 마음 쏟아내네.

시름겨워라 광풍이 유난히 불어
꽃잎이 이리저리 어지럽게 날리누나.
날려가 진흙탕에 빠져 곤욕 치르기도 하고
어느 댁 비단 방석에 올라앉기도 하겠지.
아득한 환영(幻影)은 묻히거나 현달하거나
남은 정(情)은 시고 단 열매에 부쳤노라.
상전벽해(桑田碧海) 같은 변화에 내 깨달았거니
색상(色相) 모두 공허(空虛)한즉 너는 서글퍼 마라.

꾀꼬리 노래 제비 지저귐 슬프게만 들리니
이젠 그만이다, 피어난 꽃 모두가 허사구나.
바람 타고 버들개지에 이끌려 떠나가다
하늘에서 지는 노을 만나 내려오누나.
연연히 사랑하던 내 마음은 시석(詩席)에 남아 있고
은은한 너의 향기 무대(舞臺)에 부쳤구나.
아아! 방신(芳神)이여 네 죽음을 슬퍼마라

---

14) 『安窩遺稿』 卷3, 1a~4a에, 「次詩社諸君賦落花韻」이라는 제목으로 열여섯 수가 실
려 있으며, 여기 나오는 시들은, 첫 번째, 일곱 번째, 아홉 번째, 열네 번째 수이다.

궁신전화(窮薪傳火)[15]하듯 저절로 윤회하리니.

거센 바람 들이 불어 붉은 노을 흩어지니
급박한 그 형세를 한 손으로 막을쏘냐?
족자에 붙어 그림 꽃과 진가(眞假)가 헛갈리더니
떠나고 머무름에 사창(紗窓) 걷고 슬퍼하노라.
공공연히 땅을 차서 빛깔 온통 깨어지고
홀연히 공중에 솟자 그림자 다시 빗겼더라.
서쪽으로 향해 가서 낙조를 보고자 하여
한결같이 정한(情恨)을 시인에게 부치노라.

洪樂仁詩曰:

零粉殘紅有底忙? 韶華纔得一旬强.
翻空宛作婆娑舞, 委土猶傳黯淡香.
盡意開來何照爛, 轉頭飄去便悲凉.
極知明歲如期見, 且向枝邊瀉恨腸.

又曰:

愁殺狂風特地嚴, 橫飛斜走亂纖纖.
飄來幾處泥塗困, 散入誰家錦席添.
幻影蒼茫身顯晦, 餘情付與子酸恬.
海桑同變吾方悟, 色相俱虛爾莫嫌.

又曰:

---

15) 궁신전화(窮薪傳火): 땔나무가 다 타버려도 불은 다른 사물로 옮겨가기 때문에 결코
　꺼지지 않는다는 말이다(『莊子』「養生主」: "指窮於爲薪, 火傳也, 不知其盡也.").

鴑歌 鶯語聽堪哀, 已矣其開若未開.
風外牽連飄絮去, 空中邂逅落霞來.
依依宿戀餘詩席, 黯黯遺香寄舞臺.
嗟汝芳神休怛化, 窮薪傳火自輪廻.

又曰:

剛風陣陣破紅霞, 急勢何由隻手遮?
眞贋依微交簇畫, 去留惆悵捲窓紗.
公然蹴地光全破, 忽若騰空影更斜.
欲向西邊觀落照, 一般情恨付騷家.

 〔붙임〕 이봉환(李鳳煥), 「낙화시서(落花詩序)」[16]

대언(代言) 홍숙도(洪叔道)[17]가 「낙화시」를 읊었는데, 처음부터 여러 편을 지으려는 뜻이 있었던 것은 아니었다. 우연히 붓 가는 대로 오늘 한 편을 짓고, 내일 또 한 편을 짓다가 잇달아 여덟 편에 이르렀다. 이에 "팔괘의 숫자가 이루어졌다"고 말하고 드디어 거기서 멈추었다. 시사(詩社)의 동인(同人)들이 그 운자를 따라 시를 지어 마침내 예순네 편이 되었다. 추후로 이것을 보고 들은 사람들이 많이 차운을 하여 오래도록 그치지 않았다. 비록 이로 말미암아 이끌리고 펼쳐져서 삼백예순다섯 편에 이르더라도 또한 괴이할 것이 없겠다.[18]

나는 어느 동산의 꽃이 피어서 시와 만나 자기의 의태(意態)를 드러냈는지 알지 못하며, 또 어떤 사람의 시가 부딪혀서 꽃과 더불어 어울려 자기의 재조(才調)를 발휘했는지도 알지 못한다. 요컨대, 어제는 꽃이 있었다가 오늘 홀연히 꽃이 졌으며, 어제는 시가 없었는데 오늘 홀연히 시가 이루어진 것이다. 은연히 상수(象數)와 기기(氣機)가 있어, 그 사이에서 만났다 헤어지고 이루어졌다 이지러진다[離合成虧]. 그런데 잠깐 둘러

---

16) 『雨念齋詩文鈔』 卷7, 17b~18a. 이 글은 본래 『삼명시화』에는 실리지 않은 것이지만, 위에 실린 「낙화시」를 이해하는 데 많은 도움을 받을 수 있으므로 여기 덧붙여 역주하였다.

17) 홍낙임(洪樂任, 1741~1801) : 본관은 풍산(豊山). 자는 숙도(叔道), 호는 지가(遲稼). 1769년(영조 45) 정시문과에 장원으로 급제하여 여러 벼슬을 거쳐 승지(承旨)에 이르렀다. 본문의 대언(代言)은 승지를 말한다. 정조가 승하하고 신유박해가 일어나자 천주교도로 몰려 제주도로 유배되었다가 사사(賜死)되었다.

18) 우연히~없겠다 : 『周易』의 괘는 우선 양효(陽爻)인 ―과 음효(陰爻)인 ――를 합쳐서 건(乾, ☰), 태(兌, ☱), 리(離, ☲), 진(震, ☳), 손(巽, ☴), 감(坎, ☵), 간(艮, ☶), 곤(坤, ☷)의 팔괘(八卦)를 만드는 데, 이를 소성괘(小成卦)라 하며, 소성괘를 둘 씩 합쳐서 육십사괘(六十四卦)를 만드는데, 이를 대성괘(大成卦)라 한다. 『周易』은 이 육십사괘의 점괘를 풀이한 책이다. 한편, 육십사괘의 효의 숫자는 모두 384개가 되는데, 본문에서 385라는 숫자가 나온 것은, 홍낙임이 지은 원래 시 한 수와, 그 뒤에 지어진 다른 시들을 합해서 말하기 위한 것으로 보인다.

보는 사이에 문득 묵은 자취로 바뀌는 데에는, 꽃과 시가 동일한 느낌일 것이다.

홍숙도가 나에게 그 시축(詩軸)에 붙이는 말을 써 달라고 하는데, 꽃의 의태(意態)는 시에서 남김없이 표현했고, 시의 재조(才調)는 평(評)에서 다 드러냈으니, 내가 덧붙일 말이 무엇이겠는가! 그렇지만, 나는 일찍부터 조화(造化)[19]의 묘 중에서 없어도 해롭지 않지만 끝내 없을 수 없는 것이 꽃이요, 문장의 교묘함 중에서 없어도 해롭지 않지만 끝내 없을 수 없는 것이 시라고 생각하였다. 꽃이란 조화의 시요, 시란 문장의 꽃이다. 그러나 천지 사이에 꽃을 늘 피게 하여 떨어지지 않도록 한다면, 그런 이치가 있지 않을 뿐만 아니라, 또한 어찌 꽃이라 할 수 있겠는가! 오직 생생(生生)을 거듭하여 다함이 없고, 새롭고 새롭게 되어 이어져서, 저절로 피었다가 저절로 지는 것이 바야흐로 자연의 천기(天機)라 할 수 있다. 이렇지 않다면 조화의 묘는 종식될 것이다. 꽃이 꽃 됨은 일조일석(一朝一夕)에 이루어지는 것이 아니요, 쌓이고 모여들어 때가 오고 운이 다다라, 자연스럽게 피고 자연스럽게 떨어지는 것이다. 자연스럽게 피므로, 꽃은 기뻐하지 않고, 자연스럽게 지므로 꽃은 슬퍼하지 않는다. 핀다고 해서 어찌 자랑할 만하겠으며, 진다고 해서 어찌 슬퍼할 것이 있겠는가? 다만 그것을 보는 자가 자신의 처지에 따라 거기에 정을 옮길 뿐이다. 소자(邵子)처럼 고결하고 활달한 분도 반쯤 핀 꽃을 보기 좋다고 하여 꽃을 감상하는 편의(便宜)로 삼았다.[20] 아! 이 또한 국한된 견해이다. 세상에 어찌 반쯤 핀 채로 활짝 피지 않는다거나, 활짝 피었다가 떨어지지 않는 꽃이 있겠는가!

세상만사 하나하나가 다 꽃이다. 그 지는 것을 보고 바야흐로 궁극적

---

19) 조화(造化) : 여기서는 자연의 운행을 말한다.

20) 소자(邵子)처럼~삼았다 : 소자(邵子)는 북송(北宋) 때의 도학자인 소옹(邵雍, 1011~1077)을 말한다. 그의 「安樂窩中吟」에 "좋은 술 마셔서 잠깐 취한 뒤에, 예쁜 꽃 반쯤 핀 걸 보누나[美酒飮敎微醉後, 好花看到半開時]"는 시구가 있으며(『擊壤集』卷10), 이밖에 그의 다른 시에서도 반쯤 핀 꽃이 자주 나온다.

인 법[究竟法]을 삼으니, 어찌 꽃의 양능(良能: 본래부터 타고난 능력)이 다하고 본분이 끝난 것이 아니겠는가? 빛깔로 모습[相]을 나타내고, 향기로 성품[性]을 쌓는다. 그 핀 것도 자기 마음대로 하는 것이 아니고, 그 지는 것도 자기 마음대로 하는 것이 아니다. 오늘 어느새 핀 것을 보면 내일 갑자기 질 것을 알 수 있고, 올해 갑자기 진 것을 보면 내년에 어느새 필 것을 알 수 있다. 금(金)과 화(火)가 상승(相乘)하고, 붉은 빛과 흰 빛이 각각 전담하여, 꽃잎을 나누고 꽃받침을 모아, 오려내고 새긴 것이 실수가 없으면, 빛깔 있는 모습과 향긋한 성품이 언제고 그렇지 않음이 없으나, 비바람 몰아치면 공(空)과 환(幻)으로 돌아가는 것 또한 언제고 그렇지 않음이 없다. 그러나 신정(神情)과 의태의 깊고 얕음은 마침내 사인(詞人)과 묵객(墨客)에게 맡겨져서 묘사되게 된다. 이로써 논한다면, 조화의 시는 다하지 않고 늘 있으며, 문장의 꽃은 계속 이어져서 지는 날이 없다고 해도 안 될 것이 없다. 그렇다면, 조금 전에 말한 잠깐 사이에 문득 지난 자취가 된다는 것은, 보통 사람의 마음으로는 유감스럽겠지만, 달관(達觀)한 사람이 보면 유감스러워할 만한 것이 못 되는구나!

洪代言叔道賦「落花詩」, 始非有聯篇累幅之意, 偶爾信手, 今日成一疊, 明日又成一疊, 牽連而至於八, 乃曰 : "卦數成矣." 遂止焉. 同社諸人, 各步其韻, 居然爲六十四. 追後聞而見而和之者甚衆, 久而未已. 雖由此, 引而伸之, 至於三百八十五, 亦無怪也.

余未知何園之花邂逅, 而與詩遇, 進其意態, 亦未知何人之詩振觸, 而與花値, 發其才調. 而要之, 昨日有花, 而今日忽然花落, 昨日無詩, 而今日忽然詩成. 隱然有象數氣機・離合成虧於其際, 而若其俛仰之間, 便成陳迹, 則花與詩, 同一感也.

叔道俾余題其軸, 花之意態, 詩幾盡, 而詩之才調, 評亦馨焉, 顧余何言哉! 然余嘗謂造化之妙, 無之而可以無傷, 而終不可無者, 花也; 文章之工, 無之而可以無害, 而終不能無者, 詩也. 花者, 造化之詩也, 詩者, 文章之花也. 然使天地有常存而不落之花, 則非但無是理, 亦安用花乎哉! 惟其生生不窮, 新新相續, 自開而自落, 方是自然之機, 不如是, 造化之妙息矣. 花之爲花, 非一朝一夕之故, 積累翕聚, 時至運到, 自然而開, 自然而落. 自然而開, 花不以爲喜, 自然而落, 花不以爲悲. 開何足夸? 落何足諱? 特觀之者, 各以榮悴, 移其情耳. 雖以邵子之高曠, 乃以好看半開, 爲觀花之便宜. 噫! 亦局矣! 世豈有半開而不盡開, 盡開而不盡落者哉!

世間萬事, 事事皆花, 旣觀乎其落, 方爲究竟法, 豈不以花之良能畢, 而本分盡歟? 以色而現相, 以香而蘊性. 其開也, 不得自由, 其落也, 亦不得自由. 觀今日忽然而開者, 則明日之忽然而落者, 可知也. 觀今年忽然而落者, 則明年之忽然而開者, 可知也. 金火相乘, 紅白各顯, 分瓣湊蔕, 剪刻無差, 則色相香性, 無世不然, 風打雨撲, 掃空歸幻, 亦無世不然. 而神情意態, 淺深疎密, 乃歸之於詞人墨客, 任其描寫. 以此論之, 雖謂之造化之詩, 不窮而常存, 文章之花, 相續而不落, 亦無不可也. 然則向所謂俛仰之間, 便成陳迹者, 常情以爲可感, 而達觀以爲不足感也歟!

『매사오영_{梅社五詠}』

95

 재상 조재호(趙載浩)1)는 영조 갑술년(1754)에 병을 칭탁하고 벼슬을 그만 두기를 구하였다. 조카인 조유진(趙維鎭) 및 이봉환(李鳳煥)·채희범(蔡希範)·남옥(南玉) 등과 함께 분매(盆梅)를 감상하는 모임을 가졌다. 그리하여 처음 피어날 때[始吐], 반개할 때[半坼], 활짝 폈을 때[全開], 시들려고 할 때[向衰], 다 졌을 때[盡落]로 나누어 일곱 차례 모임을 가져서 시 200편을 얻었다. 『매사오영(梅社五詠)』2)이라 이름짓고, 묶여진

---

1) 조재호(趙載浩, 1702~1762). 본관은 풍양(豊壤), 자는 경대(景大), 호는 손재(損齋). 좌의정 문명(文命)의 아들. 1739년 우의정 송인명(宋寅明)의 천거로 세자시강원에 등용되었으며, 그 뒤 춘당대시(春塘臺試)에 급제, 승정원승지로 특진되었다. 이어 경상도관찰사·이조판서 등을 거쳐 1752년 우의정을 지내면서 계비(繼妃)의 책립을 반대한 죄로 임천으로 귀양갔다가 이듬해 풀려나 춘천에 은거하였다. 1762년 임오화변(壬午禍變)으로 장헌세자(莊獻世子)가 화를 입게 되자 그를 구하려고 서울로 올라왔으나, 오히려 역모로 몰려 종성으로 유배, 사사되었다가 1775년 신원되었다. 저서로 『損齋集』이 전한다.
2) 『매사오영(梅社五詠)』: 현재 이 책은 1부가 국립도서관에 소장되어 있다. 필사본 1

시집을 각기 자기 집에 간수하였다.
　조재호의 시는 다음과 같다.

　　황초불 밝아 서로 비추니
　　비단 휘장 걷자 비로소 가지런하구나.3)

　　세상을 빛내기 위해 정력을 오롯이 했고
　　양(陽) 기운 부양하느라 온힘을 다했다네.4)

　　맑은 향기 살짝 풍겨도 외려 원기 느껴지고
　　추위 속 꽃망울 더디 열림은 이 또한 고심(苦心)이라.5)

　　세상을 큰 눈으로 보아 함께 쓴웃음 짓고
　　조촐한 벗 짝하여 산림으로 일찍 돌아가고 싶구나.6)

　　선천(先天)7)의 뒤에 천기(天機) 벌써 새나갔거늘

　책(50장)으로 수록된 시는 모두 200수이다. 시편 각각에 대한 평점 및 평어가 붙어 있
는데, 첫머리에 "四人詩聖章評, 聖章詩農谷評"이라 하였는바, 이봉환이 네 사람의 시
를 평하고, 이봉환의 시는 조재호가 평한 것임을 알 수 있다. 권두에 조재호의 기(記)
와 채희범의 서(序)가 있고, 권말에는 조유진·남옥·이봉환의 발(跋)이 차례대로 수록
되어 있다. 沈慶昊, 「黨伐의 場에 핀 梅花－趙載浩의『梅社五詠』」,『한국 한시의 이
해』, 태학사, 2000 및 신익철, 「梅社 동인의 매화시 창작과 비평」,『한국문학연구』3,
고려대 한국문학연구소, 2002 참조.
3)『梅社五詠』, 13b, 「靑橋臘八夜拈韻賦梅」: "蠟燭明相照, 紗帷捲始齊. 枝斜還愛直,
　花重不嫌低. 方訝縞衣幻, 翻思翠羽棲. 客來同細看, 脈脈暗香迷."
4)『梅社五詠』, 38ab, 「臘之卄四夜與持卿拈韻賦落梅, 以諸君不至, 無聊而罷, 翊日始
　成三疊, 各示要和」 중 제3수: "繁英遺愛在, 飛雪轉頭過. 華世專精苦 扶陽盡瘁多.
　香膚隨物化, 芳壽惜天和. 來夜良朋至, 窺龕意若何?"
5)『梅社五詠』, 11a, 「追次」(原韻은 「夜會賦花盛用杜律"冷蕊疎枝半不禁"韻」－역주):
　"梅上天機有淺深, 窺龕坐到曉鐘侵. 淸香微動猶元氣, 冷蕊遲開亦苦心. 東閣詩盟思
　再晤, 北隣花會阻同吟. 還慚虛在調鹽地, 林下歸情正不禁."
6)『梅社五詠』, 18b~19a, 「又疊前韻」(前韻은 「靑橋臘之小望拈韻賦梅」－역주) 총2수
　중 제1수: "繁華妄想已知微, 素分梅林共布衣. 一點河圖猶是妙, 萬花春信不全稀. 大
　觀人世同孤笑, 淨伴山林欲早歸. 秖幸吾曹閒自在, 良宵淸賞願無違."
7) 선천(先天): '선천'은 여러 가지 뜻이 있는데, 여기서는 우주의 본체, 만물의 본원을

태초의 소박(素朴)을 온전히 간직하다니!8)

일찍이 눈꽃과 더불어 밝은 빛을 다투더니
지금 달을 따라 함께 이지러지는구나.9)

해묵은 뿌리는 꿈틀꿈틀 용이 서린 듯
흩어지는 꽃잎은 나비가 가볍게 춤추는 듯.10)

趙相載浩, 當英宗甲戌稱病求免, 與其侄維鎭·李鳳煥·蔡希
範·南玉賞盆梅會飲. 自始吐·半坼·全開·向衰·盡落, 凡
七會而得詩二百篇, 名曰『梅社五詠』, 各藏于家.
趙相詩曰:

蠟燭明相照, 紗帷捲始齊.

華世專精苦 扶陽盡瘁多.

淸香微動猶元氣, 冷蕊遲開亦苦心.

大觀人世同孤笑, 淨伴山林欲早歸.

天機①已洩先天後, 素樸能全太始初.

가리키는 것으로 보인다.
8)『梅社五詠』, 22ab, 「臘之十七夜拈韻賦梅」 총2수 중 제2수 : "高標宜近不宜疎, 背臘
猶憐伴索居. 一室澹成連榻話, 數枝淸潤滿床書. 玄機已洩先天後, 素樸能全太始初.
看到夜闌魂欲冷, 萬緣消盡覺襟虛."
9)『梅社五詠』, 35b, 「朝見閣梅頓衰, 拈韻又賦寄諸君」 총2수 중 제1수 : "疎疎凋瓣隙
如期, 浮世堪悲物盛衰? 曾與雪花明較色, 今隨月魄缺同時. 百昌早晚終歸土, 餘藥低
佪尙戀枝. 水北回頭人又病, 芳華漸落起何遲?" 原註 : "時韞有病, 故落句云."
10)『梅社五詠』, 43b, 「又拈別韻」 : "半瓣皼時已可驚, 全花歸盡若爲情! 老根無賴龍蟠
在, 飛片虛疑蝶舞輕. 不是勁風深處動, 何曾長笛一聲橫? 春心喚起功猶大, 殿後將看
百卉榮."

曾與雪花明較色, 今隨月魄缺同時.

老根無賴龍蟠在, 飛片虛疑蝶舞輕.

① 天機:『梅社五詠』에는 玄機로 되어 있다.

조유진의 시는 다음과 같다.

섣달 기운이 생겨 절후를 알겠고
봄빛이 들어 흔적을 남겼구나.11)

분매 향기 세 번 맡다 숨을 죽이나니
남은 꽃잎 져 버릴까 저어해서라네. (기구)12)

趙維鎭詩曰 :

臘色來知候, 春光入有痕.

對^①龕三嗅^②息還微, 爲恐餘花吹更^③飛. (起句)

① 對 :『梅社五詠』에는 開로 되어 있다.
② 嗅 :『梅社五詠』에는 齅로 되어 있다.
③ 更 :『梅社五詠』에는 便으로 되어 있다.

---

11)『梅社五詠』, 7a~8a에「第二集拈杜韻賦梅」라는 제목으로 조유진의 시 1수, 남옥의
   시 2수, 채희범의 시 2수, 다시 조유진의 시 2수가 실려 있는데, 두 번째로 나오는 조유
   진의 시 2수 중에서 제2수의 함련이다. "應從居士貌, 蒼古老楂根. 臘色來知候, 春光
   入有痕. 終敎花映鬢, 能共客銷魂. 寄句同詩者, 相携數叩門."
12)『梅社五詠』, 40b~41a,「又成落梅詩三首, 各拈別韻」제2수 : "開龕三齅息還微, 爲
   恐餘花吹便飛. 高處零來中掛樹, 連痕割去共分輝. 骨皆成粉主恩報, 顔尙如生尸解
   歸. 問汝後身能幾度, 敢辭冬護幹天機?"

이봉환의 시는 다음과 같다.

얇은 사(紗) 너머 요조(窈窕)한 자태
촛불 따라 움직이는 그 그림자.13)

아름다움의 극치는 본디 담박하고
번화한 향기는 고상함을 못 가리리.14)

한기는 소소(蕭蕭)한 뼛골에 스며들고
봄은 담담한 혼에서 살아나네.15)

말없는 가운데 봄은 절로 들어와
꽃망울 다투어 터지면서 달도 함께 둥글구나.16)

꽃 활짝 핀 뒤에도 담박함은 여전하여
적적한 그 분위기 피기 전과 다름없네.17)

난만한 꽃 저마다 빙상(氷霜) 기운 머금었고

---

13) 『梅社五詠』, 13b, 「靑橋臘八夜拈韻賦梅」: "香色天機合, 淸和聖品齊. 隔紗身窈窕, 移燭影高低. 獨立從陰轉, 金開許月棲. 從公賦此樹, 江雪十年迷."

14) 『梅社五詠』 30b~31a: 「臘之二十一夜拈韻賦梅」 총2수 중 제1수: "政愁月稍缺, 仍與雪相遭. 絶艶元須淡, 繁香不掩高. 嚬知衰旺遞, 笑爲品題豪. 何處春風面, 神情許爾曹."

15) 『梅社五詠』, 15a~16a, 「追次諸韻」 중 「第二集韻」 총2수 중 제1수: "細吐嬋娟蕚, 深蒸碨磊根. 嗅香通有氣, 剪雪巧無痕. 寒逼蕭蕭骨, 春生澹澹魂. 有誰摹寫似? 纖月暝垂門."

16) 『梅社五詠』, 15a~16a, 「追次諸韻」 중 「臘吉韻」: "枕席香凝遠, 簾鉤雪縮寒. 無言春自在, 交吐月方團. 秪信孤芳潔, 那堪衆卉殘? 猶憐閤裏貯, 難及水邊看."

17) 『梅社五詠』, 22b~23a, 「臘之十七夜拈韻賦梅」 총2수 중 제2수: "愛爾別來開不疎, 忽疑引我化人居. 窺龕圓魄眞如畵, 入架奇香暗襲書. 澹素猶存方盛後, 寂寥還似未開初. 花如有識應相誚, 前夜玆遊幾度虛?" 단, 『梅社五詠』에는 이봉환이 아니라 채희범의 작품으로 실려 있다.

그림자 엇갈려서 전서(篆書)를 이뤘구나.18)

꽃은 천 잎 만 잎 모두 다 사라졌건만
향기는 허공에 머물러 비로소 끌어당기네.19)

어여뻐라, 그윽한 향기 마음 열어 다 펼치고
뼛골에 사무치는 청진(淸眞)함 길이 안고 돌아가다니.20)

 李鳳煥詩曰 :

隔紗身窈窕, 移燭影高低.

絶艶元須淡,① 繁香不掩高.

寒逼蕭蕭骨, 春生淡淡②魂.

無言春自在, 交吐月方團.

淡③素猶存方盛後, 寂寥還似未開初.

葩繁各保氷霜氣, 影落交成篆籕書.

---

18) 『梅社五詠』, 23ab, 「臘之十七夜拈韻賦梅」 총2수 중 제2수 : "仙佛之間契不疎, 眞陽
流動定中居. 葩繁各保氷霜氣, 影落交成篆籕書. 洩盡天機無隱爾. 句回春色却還初."
19) 『梅社五詠』, 42ab, 「次持卿落梅詩韻」 총3수 중 제1수 : "葩葩意倦摠堪憐, 短景何由
抵小年? 無奈崢嶸全樹出, 偶然飄瞥易枝懸. 身分百億團相化, 香駐虛空嗅始牽. 看到
離披那免此? 不須惆悵翠禽邊."
20) 『梅社五詠』, 42ab, 「次持卿落梅詩韻」 총3수 중 제2수 : "濃情誰遣日趨微? 繁處先看
觸手飛. 擁得虛槎蟠太古, 結留高蕚奮餘輝. 終憐馥郁開心盡, 永抱淸眞到骨歸. 衰旺
一場觀世眼, 往來空色只天機."

身分百億團相化, 香駐虛空嗅始牽.

終憐馥郁開心盡, 永抱淸眞到骨歸.

① 淡:『梅社五詠』에는 澹으로 되어 있다.
② 淡淡:『梅社五詠』에는 澹澹으로 되어 있다.
③ 淡:『梅社五詠』에는 澹으로 되어 있다.

 채희범의 시는 다음과 같다.

공효(功效)는 갈무리함 따라 드러나고
색채는 조촐함으로 인해 고고하구나.21)

처음엔 꽃망울 보고 대단찮게 여겼더니
홀연 가지에 가득 넘쳐 마음 있는 듯.22)

 蔡希範詩曰:

功因藏乃發, 色用淨爲孤.

始疑棲①藥難爲力, 忽漫盈枝若有心.

① 棲:『梅社五詠』에는 舒로 되어 있다.

---

21) 『梅社五詠』, 12ab, 「靑橋梅集後寄諸君」 총3수 중 제2수: "天未陽終喪, 玆花不可無. 功因藏乃發, 色用淨爲孤. 震剝寧隨物? 榮華獨有吾. 調鹽非所好, 託地想江湖."
22) 『梅社五詠』, 10ab, 「夜會賦花盛, 用杜律"冷藥疎枝牛不禁"韻」: "一點纔開識歲深, 數宵爛熳影相侵. 始疑舒藥難爲力, 忽漫盈枝若有心. 苦護幾尋澆水譜, 劇歡欲草賽神吟. 煩君每夜供家釀, 花未衰時醉不禁."

 남옥의 시는 다음과 같다.

유동하는 하얀 빛 태초의 원기 같고
앞서거니 뒷서거니 꽃망울 제각기 마음 있는 듯.23)

가지에 기댄 모습 아직 양화(陽和)의 힘 느껴지나
난만한 모습은 끝내 피어날 때와 다르구나.24) (꽃이 시든 모습)

지는 꽃잎 저마다 아쉬운 향 토해내고
마지막 가면서도 끝까지 조각마다 환하구나.25) (꽃이 지는 모습)

오늘 밤 응당 달이 뜰 것이니
외로운 학은 어찌 그대 아니랴?26) (결구)

 南玉詩曰 :

流通素液元同氣, 先後繁英各有心.

扶將①尙是陽和力, 圓滿終非少好時. (花衰)

---

23) 『梅社五詠』, 10b,「夜會賦花盛用杜律"冷蘂踈枝半不禁"韻」: "小閣濛濛花霧深, 寒
樽細細晚香侵. 流通素液元同氣, 先後繁英各有心. 劇盛殊非前夜對, 未衰能費幾時
吟? 上枝無數方吞蕊, 一半餘春更不禁."
24) 『梅社五詠』, 37b~38a :「翌日東閣, 又寄花衰韻二疊, 病中謹次」 중 제1수: "人與梅
花歲暮期, 人今臥病花宜衰. 扶持尙是陽和力, 圓滿終非少好時. 恨影裹個將落月, 離
心眷顧半空枝. 孤淸濁界元難久, 竟臘相看亦已遲."
25) 『梅社五詠』, 41b~42a,「次持卿落梅詩韻」 총3수 중 제2수: "密閣纖紗力不微, 東風
何人打敎飛? 虧殘各吐零零馥, 死去終持寸寸輝. 尺土緣深埋骨寄, 前塵限滿潔身歸.
飄魂莫散依根在, 來世還舒未了機.
26) 『梅社五詠』, 44b,「又拈別韻」: "久病還相對, 殘香尙可聞. 粹姿陳漸脫, 全靨皶微
分. 別影疑晨宿, 歸痕悵暮雲. 今宵應有月, 孤鶴詎非君?"

虧殘各吐零零馥 死去終持寸寸輝. (花落)

今宵應有月, 孤鶴詎非君? (結句)

① 扶將: 『梅社五詠』 扶持로 되어 있다.

이들 여러 사람의 시편들은 경어(警語)가 있어 볼만 하긴 하지만, 편법(篇法)이 원만한 경우는 드물다. 유독 이봉환과 남옥 두 사람의 시는 짜임새가 전혀 옹색하지 않다. 이봉환의 칠언율시는 이러하다.

양(陽) 기운 처음 뚫고 나오니 도심(道心)이 희미하고
아름다운 그 모습은 옷자락이 흰 눈에 비친 듯.
봄의 조화는 마음대로 기교를 다하는데
하늘을 배회하는 달은 온전히 둥글 때 드물구나.
해마다 쌓인 근골(根骨) 찬 서리 밀치고 정기를 펴서
세상에서 빼어난 아름다움, 그림자와 함께 돌아오네.
유달리 홀로 서려는 마음 있어서가 아니어서
뭇 꽃들과 기색(氣色) 서로 어긋남을 괴로워하네.27)

남옥의 시는 이러하다.

차가운 달빛 아래 다리 남쪽 외줄기 길 희미한데
동지철 외로운 나그네 추위에 옷도 없네.
성 안 어디에서 조촐한 이 모습 구해볼 수 있을까?
눈 속에 누운 고상한 자취28) 함부로 나타나지 않으리라.
그윽히 피어 있는 분매 바라보며 시름하는 길손
물가에서 근심 젖어 돌아갈 날만 생각하네.
고향을 한껏 봐도 산 넘어 온 산 다 저무는데
꽃가지 꺾어 보내려 해도 역사(驛使)와 어긋났네.29)

---

27) 『梅社五詠』, 21a~22b, 「追次」(原韻은 「靑橋臘之小望拈韻賦梅」 –역주)」 총4수 중 제3수.

28) 눈 속에 누운 고상한 자취 : 원문은 '와설고종(臥雪高蹤)'. 삼국시대 위나라의 초선(焦先)이란 사람이 안빈낙도(安貧樂道)하는 생활태도를 표현한 데서 유래한 말이다(皇甫謐, 『高士傳』 「焦先」: "後野火燒其廬, 先因露寢, 遭冬雪大至, 先袒臥不移, 人以爲死, 就視如故.").

29) 『梅社五詠』, 19b~20a, 「又疊前韻」(前韻은 「靑橋臘之小望拈韻賦梅」 –역주) 총2수 중 제2수.

매화시가 이루어져 한 권의 책자로 만들어지자 남옥은 꽃 한 송이를 가리키며 "우리들이 지은 수십 편의 시는 이 꽃의 참되고 오롯함만 같지 못하군요"라고 말했다. 좌중에 있던 모든 사람들이 사리에 맞는 말이라고 하였다. ≪조상국은 차고 있는 명소패(命召佩 : 의정이나 장수들이 국왕의 명을 받고 입궐할 때 착용하던 패찰)를 어루만지며 크게 한숨을 내쉬고 말하기를 "나는 어떻게 하면 이걸 벗어 던지고 자네들과 함께 청평산의 띠집으로 돌아가 서로 바라보며 소를 타고 다니면서 이 모임을 이어갈 수 없을까?"라고 하니, 채희범이 "좋습니다. 정말 그러신다면 우리들은 장차 공을 따라 동쪽으로 가겠습니다"라고 응답하였다.≫ 그로부터 얼마 지나지 않아 조상국은 벼슬을 버리고 춘천으로 돌아갔는데, 거기서 여덟 해를 지내다가 임오년에 화를 입었다.

諸人皆有警語可觀, 而篇法圓滿者盖少. 獨李鳳煥(七律) :

稚陽透露道心微, 多少娉婷雪映衣.
刻鏤春應如意巧, 徘徊月自盡輪稀.
積年根骨排寒正, 度世芳菲護影歸.
不是有心成獨立, 羣花氣色苦相違.

南玉(七律) :

寒月橋南一徑微, 昭陽孤旅冷無衣.
圍城潔貌何求在? 臥雪高蹤漫出稀.
閤裏深深愁見客, 水邊悄悄苦思歸.
鄕園極目^①千峰暮, 欲折瓊枝驛使違.

二詩邊幅最爲不窘. 詩旣成卷, 南玉指一瓣花曰 : "吾輩屢數十篇, 不如一花之眞而專" 滿座以爲知言. ≪趙相撫其所佩命召, 太息曰 : "吾安得解此, 與君輩入淸平山茅茨, 相望騎牛往來, 共續此會乎?" 蔡希範曰 : "善! 然則吾將從公而東."≫[2] 未幾, 趙罷相歸春川, 居八年, 及於壬午之禍.

① 極目 : 『梅社五詠』에는 目極으로 되어 있다.
② ≪ ≫은 삭제하라는 표시를 해 놓았으나, 참고로 제시해 둔다.

〔붙임〕 조재호(趙載浩), 「매사오영기(梅社五詠記)」[30]

　내가 병으로 앓아누운 지 한 해가 넘었는데, 손님을 사절하고 편안히 거처하면서 마땅히 무료함을 달랠 것이 없었다. 분매(盆梅) 한 본을 구해서 합(閤)에 두고 비단으로 보호하고, 합 안에 금으로 달을 그리게 하였으며, 매일 아침 동복(僮僕)에게 물을 주고 꽃을 돌보라 하였다. 꽃이 피었으나, 다만 처지가 불편했으므로 운사(韻事)가 마침내 끊어졌고, 뜻은 홀연히 더욱더 즐겁지 않았다.

　하루는 종질인 지경(持卿 : 趙維鎭)이 와서 「매화창수시(梅花唱酬詩)」 십수 편을 보여 주었다. 지경 또한 매화 한 분이 있었는데, 이미 섣달 전에 꽃을 피워 날마다 채경홍(蔡景洪 : 蔡希範)과 남시온(南時韞 : 南玉) 등을 끌어들여 시사(詩社)를 맺고 시를 지었으니, 그 즐거움이 매우 전일(專一)하였다. 혹은 각자 통(筒)을 전해 번갈아 차운하였으니, 편축(篇軸)이 날마다 어지럽고 조사(藻思)가 날마다 새로웠으니, 모두 볼 만한 것들이었다. 내가 이미 그 시를 보고 또 그 일을 아름답게 여기어, 한번 참여하려고 하였으나, 병 때문에 가지 못하였다.

　이때 경홍과 시온은 모두 벼슬살이로 객지 생활을 하고 있었는데, 다리의 남북쪽으로 가까이 살아서, 걸어서 오갈만 하였다. 또 일찍이 나와 더불어 시주(詩酒)의 모임을 가졌던 터라 교분이 자못 두터웠다. 이에 매우 은근하게 초청하니, 두 사람은 성기(聲氣)에 동하였던지 사양하지 않았다. 섣달 초길일(初吉日 : 초하루)에 비로소 밤을 정해 술자리를 마련하고, 운(韻)을 골라 매화를 읊었으며, 이로부터 밤에 만날 기약을 하였다. 그 여드레에는 이성장(李聖章 : 李鳳煥)도 모임에 참여하였으나, 경홍(景洪)이 상방(尙方)에서 숙직을 하느라 오지 못하였다. 소망(小望)에는 겨우 지

---

30) 이 글은 『梅社五詠』의 맨 앞에 실려 있다. 본래 『삼명시화』에는 실려 있지 않지만, 위에 실린 매화시를 이해하는 데 많은 도움을 받을 수 있으므로 여기 덧붙여 역주하였다.

경과 시온이 약속을 지켜 왔고, 열이레에 이르러서야 비로소 다섯 사람이 합석을 하여, 술을 마시고 시 읊는 것이 더욱 흥성하였다. 스무하룻날에는 세 사람이 나란히 도착하였으나, 시온이 병으로 사양하였고, 또 스무나흘에는 유독 지경하고만 매화를 감상하고 함께 술을 마시다가 운을 고르고 파하였다. 그 다음날 각자 세 수를 지었고, 세 사람 역시 여기에 차운하였다. 스물이레는 곧 매화 구경하는 마지막 날이었으나, 경홍이 숙직이라 오지 못하여, 네 사람만 시를 읊으니 서로 돌아보며 서운해 하였다.

모임을 가진 것은 모두 일곱 번이었는데, 나와 지경이 남북 매사(梅社)의 주인이 되었다. 그러므로 기약한 날이 되면 마주하지 않은 적이 없었으나, 다른 세 사람이 모두 모인 날은 딱 하루뿐이다. 그러나 시를 지으면, 모두 그 운에 따라 차운하였으니, 다섯 사람이 다 모이지 못했어도, 지은 시를 서로 보여 주었는데, 앞뒤로 지은 시들은 모두 매화를 읊는 것으로 주지(主旨)를 삼았다. 처음에 꽃이 활짝 피었을 때부터 시작해서, 꽃이 시든 때를 지나 꽃이 진 것에까지 미쳤으니, 또한 ≪매화에 대해서≫ 남김없이 다 읊었다 하겠다. 나와 성장은 나중에 지경 등이 초길(初吉) 이전에 지은 시들을 차운하였다. 다섯 사람의 작품을 헤아려 보니, 지경과 시온은 오언율시 스물한 편, 칠언 율시 열아홉 편을 지었고, 나와 경홍과 성장은 오언율시와 칠언율시를 각각 스무 편을 지어서, 모두 합해 이백 편이 된다. 아! 많이도 지었구나!

지난 무오년 원춘에 내가 서호(西湖)로부터 마호(麻湖)에 와서 지경 및 그의 형인 의진 의경(宜鎭 義卿), 이성장, 이명계 자문(李命啓 子文), 홍우필 순거(洪禹弼 舜擧)와 함께 매화를 읊는 것을 낙으로 삼았던 기억이 난다. 지금 열여덟 해가 지났는데, 의경과 순거는 이미 고인이 되었고, 자문은 지금 해서 지방에서 역승(驛丞) 노릇을 하고 있고, 나는 티끌세상의 재상이 되어 성시(城市)를 배회하고 있다. 지경과 성장을 마주하고 강호의 지난 일을 함께 이야기하다 보면, 문득 개연히 한숨이 나온다. 지금

다행히 매화 모임을 다시 갖게 되었고, 경홍과 시온 두 사람이 또 참여하게 되었다. 아! 매화가 활짝 피었다 지는 것은 사람의 이합존몰(離合存沒)과 한 가지 이치라, 그 또한 운수가 있으니, 마음에 느꺼울 따름이다.

시는 모두 다섯 부인데, 『매사오영(梅社五詠)』이라 이름 하였다. 다섯 사람이 각각 한 부씩 가지고 갔으니 뒷날 다시 살펴보기 위함이다. 지경의 이름은 유진(維鎭)이고, 경홍의 이름은 희범(希範)이며, 성장의 이름은 봉환(鳳煥)이며, 시온의 이름은 옥(玉)이다.

을해년(1755) 설날 아침 농곡병부(農谷病夫) 풍양(豊壤) 조재호 경대(趙載浩 敬大)는 기록한다.

余病廢已逾年, 謝客燕居, 無以自適, 置盆梅一本, 藏于閤而護以紗, 以泥金畵月于閤之內, 每朝使僮澆水眷花. 花且發, 而顧地處不便, 韻事遂絶, 意忽忽愈盆不樂.

一日從侄持卿來示「梅花唱酬詩」十數篇, 盖持卿亦有梅一盆, 已自臘前賞花, 日引蔡景洪・南時韞輩, 結社賦詩, 其樂甚專. 或各自傳筒迭和, 篇軸錯落, 藻思日新, 俱可觀也. 余旣見其詩, 又嘉其事, 思欲爲之一赴, 而病未能焉.

時景洪・時韞, 皆以旅宦, 近在橋南北, 可筇屢來往, 且曾與余爲詩酒會, 契好頗篤. 於是邀甚勤, 二人者聲氣所感, 不以蹤跡辭. 臘之初吉, 始卜夜設飮, 拈韻詠梅, 自是以夜爲期. 其八日李聖章亦同會, 而惟景洪直尙方未來. 其小望, 秪有持卿・時韞赴約. 至十七日, 五人始合席, 觴詠尤淋漓. 二十一日, 三人齊到, 以時韞辭以病. 又二十四日, 獨與持卿賞梅共飮, 選韻而罷. 其翊日, 各成三疊, 三人亦追赴. 二十七日, 卽梅會終筵, 而景洪又在職未赴, 四人詠詩, 相顧悵然.

凡約會者七, 余與持卿爲南北梅社主人, 故至其期, 未嘗不相對, 而三人則畢來惟一日. 然有詩, 必盡步其韻, 五人俱未會焉, 則輒以詩相示, 而前後詩, 全以梅爲旨. 始自花盛, 至于花老, 及花落, 亦皆發揮無餘. 余與聖章, 則追次持卿輩初吉以前諸詩. 計五人所作, 持卿·時韞, 五律二十一篇, 七律十九篇, 余暨景洪·聖章, 五七律各二十篇, 合爲二百篇. 噫! 其富也!

記昔戊午元春, 余自西湖, 往會于蔴湖, 與持卿及其兄宜鎭義卿·李聖章·李命啓子文·洪禹弼舜擧, 賦梅以爲樂. 今十八年矣, 而義卿·舜擧已作古人, 子文方爲丞于海西, 余亦爲塵埃宰相, 遲回城市. 對持卿·聖章共道江湖往事, 輒慨然太息. 今幸復成梅會, 而景洪·時韞二人又與焉. 嗚呼! 梅之盛衰開落, 人之離合存沒, 同一理也, 而亦有數存焉, 其可感也.

詩凡五卷, 名之曰『梅社五詠』. 五人各置一卷, 而備來後之考覽焉. 持卿名維鎭, 景洪名希範, 聖章名鳳煥, 時韞名玉.

歲乙亥元朝, 農谷病夫豊壤趙載浩敬大記.

우리나라와 중국의 회방연回榜宴

96

 우리나라의 과거제도는 당송시대와 같지 않으니 생원 진사를 가리켜 소과(小科)라 하고, 전시급제(殿試及第)를 가리켜 대과(大科)라 한다. 소과에 합격하면 그대로 유건(儒巾)을 착용하며, 대과에 급제한 연후에라야 통적(通籍)[1]을 허용한다. 이는 고금에 없는 제도이다. 무릇 소과나 대과에 합격한 사람이 합격 육십 주년을 맞게 되면 회방(回榜)이라 부르는데, 임금이 불러 보고 백패(白牌)나 홍패(紅牌)를 하사하고(소과는 백패, 대과는 홍패—원주) 처음 등과할 때와 같은 의식을 거행한다. 그리고 나면 물러나 자기 집에서 문희연(聞喜宴)을 개최하고 사람들에게 시문을 구해서 그 기쁨을 표현한다. 이것이 마침내 하나의 풍속을 이루었는데, 중국도 이런 풍속이 있는지 알지 못했었다. 건륭(乾隆, 1736~1795) 연간에 복주(福建) 여자 임씨(林氏)가 지은 「황신전이 거듭 녹명연에 참가한 것을

---

1) 통적(通籍) : 처음 벼슬하는 것을 가리키는 말. 원래 조정 관인의 명부가 있어 거기에 오른다는 뜻에서 붙여진 말이다.

축하하며(賀黃莘田重赴鹿鳴)」[2]란 시를 보았는데, 그 시는 다음과 같다.

> 계수나무[3] 꽃 피고 육십 년 지난 지금
> 선관(仙官)된 사람이 광한전(廣寒殿) 올라 노니누나.
> 항아(嫦娥)는 자세히 보고서야 전에 만난 사람임을 알아보니
> 예전에 왔던 그 사람이 백두(白頭)로 다시 왔구나.

이를 보면 중국 사람들도 회방(回榜)을 중시했음을 알겠으니, 우리나라만 그러한 것은 아니었다.

원문

國朝科制, 與唐宋不同, 以生員·進士, 謂之小科, 以殿試及第, 謂之大科. 中小科, 尙着儒巾, 中大科, 然後始許通籍, 此古今所無也. 凡中小大科者, 遇其回年, 則謂之回榜, 自上召見, 賜白紅牌(小科則白牌, 大科則紅牌), 一如初登科時. 退而設聞喜宴, 徵詩文志喜, 遂成國俗, 獨未知中國有此否也. 乾隆間, 有福建女子林氏,「賀黃莘田重赴鹿鳴」詩曰:

> 丹桂花開六十秋, 振衣人到廣寒遊.
> 嫦娥細認曾相識, 前度人來竟白頭.

乃知華人亦重回榜, 非獨我國爲然.

---

2) 황신전이~축하하며 : 황신전은 복건(福健) 영복(永福) 사람인 황임(黃任)이며 신전(莘田)은 그의 자이다. 호는 향초재(香草齋)·십연재(十硯齋)라 하였다. 『淸史稿』「列傳」에 행적이 올라있으며, 저서로 『香草齋集』·『秋江詩集』 등을 남겼다. '녹명(鹿鳴)'은 원래 『詩經』「小雅」에 있는 편명인데, 본래 임금과 신하가 잔치를 벌일 때 쓰던 노래라 전한다. 녹명연(鹿鳴宴)은 과거에 급제한 사람을 위해 베푸는 잔치를 말한다.
3) 계수나무 : 과거에 급제하는 것을 "계수나무 한 가지를 꺾는다[折桂]"고 한 데서 유래하여 계수나무는 과거에 합격하여 현달하게 되는 것을 상징하는 의미로 쓰였다.

소응천(蘇凝天)의 사랑[1]

 처사 소응천(蘇凝天, 1704~1760)[2]은 어려서부터 신동으로 일컬어 졌고 장성해서는 방외(方外)에서 놀았다. 일찍이 부여(扶餘) 백마 강에서 유람하다가 시를 읊어

  강물은 흘러 흘러도 원한을 씻지 못하는가

라고 하자, 문득 강 언덕의 대숲 속에서 들리는 소리가

---

1) 이 항목의 내용은 『滄海詩眼』卷中에서 취한 것으로 보인다.

2) 소응천(蘇凝天) : 본관은 진주. 자는 일혼(一渾), 호는 춘암(春菴)·문거당(問渠堂). 지 금 전라북도 익산의 금마 출생으로 벼슬을 하지 않고 당대 기사(奇士)로 이름이 있었 다. 또한 시를 잘하여 오달운(吳達運, 1700~1747), 이언근(李彦根, 1697~1764)과 호남 에서 문명을 얻어 '오소리(吳蘇李)'로 일컬음을 받았다. 그에 관련한 이야기들이 만들 어져서 전하기도 하는데, 안석경이 쓴 「劍女」는 대표적인 것이다. 저서로 『春庵遺稿』 7冊이 필사본으로 전한다. 그의 문집에는 홍양호(洪良浩)가 쓴 서문과 묘갈명, 홍경모 (洪敬謨)가 쓴 「소처사전」이 실려 있다.

달은 부소산(扶蘇山)에 떠오르고 원숭이 소리 구슬퍼라

라고 읊는 것이었다. 소처사는 깜짝 놀라 또 읊기를

산에 핀 꽃 다 지고 봄은 흔적도 없거늘

이라고 하니, 다시 화답하여

물귀신 울며 돌아가니 눈물 흔적 남았더라

라 하였다. 이어 소처사가

꽃은 만발한데 석양 받으며 중 홀로 돌아가고

라고 하니, 응답하기를

세상사 빗긴 다리에 한 마리 새 지저귀는 소리

라고 하였다. 소처사는 또

몇 곡조 죽지사(竹枝詞) 소리는 찢어질 듯한데

라고 하니, 이에 응답하여,

고성(古城) 기슭에 조각배를 옮겨 매노라[3]

라고 하였다.

___

3) 洪萬宗, 『時評補遺』 下篇, 28ab에는 「題古都」라는 제목으로 소옹천이 혼자 지은 것
   으로 실려 있다.

처음에 소처사는 귀신인가 의심했다가 다시 고사(高士) 아니면 도사인 것으로 생각하고, 대숲 속으로 들어가서 위 아래로 두루 찾아보았다. 그윽한 곳에 몇 칸의 초옥(草屋)을 발견하고 그 집으로 들어가 보니, 사람은 없고 당시(唐詩) 몇 권이 놓여 있을 뿐이었다. 숲 속을 온통 찾아보았으나 끝내 만나지 못하고 몹시 서운한 마음으로 돌아왔다.

그로부터 삼 년 후 소처사는 상경하였다. 하루는 갑자기 비를 만나서 어느 여염집에 들어갔는데, 규모가 굉장한 집이었다. 그 집의 마루에 올라가 잠깐 쉬는데, 벽에 바로 전에 주고받았던 시구들이 걸려 있지 않은가. 소처사는 매우 괴이하게 여겨, "어디서 이 시를 얻어 벽에 걸어 놓았습니까?"라고 물었다. 주인은 묻는 말을 듣고 흐느껴 울며 다음과 같이 대답하는 것이었다.

"손님이 이 시에 대해 물어보는 것을 보니, 시를 지은 분이로군요. 이 늙은이에게 오직 여식 하나가 있었는데, 용모와 재주가 세상에 절등한 데다 시 짓기를 좋아했더랍니다. 아이가 장성하여 혼처를 의논하는데, 여식은 '글 잘하는 선비를 만나 섬기겠습니다'라고 고집을 부리니 부모로서도 그 뜻을 어길 수 없었습니다. 몇 년을 두고 글 잘하는 선비를 찾던 중 여식과 함께 부여로 성묘를 갔는데, 여식은 백마강가의 대숲을 보고 좋아한 나머지 그곳에 집을 짓고 몇 년 동안 글을 읽겠다고 했습니다. 그래서 여식을 남겨두고 시종 몇을 딸려서 조석을 공궤하도록 했답니다. 얼마 후 여식이 이제 집으로 돌아오겠다고 하더니, 집에 와서는 이 시를 보이며 '저의 짝을 찾았습니다. 원하옵건대 이 시를 지은 사람을 찾아서 결혼시켜 주십시오'라고 하는 것이었습니다. 그래서 저것을 벽에 써놓고 두루 찾았으나 끝내 그 사람을 만나지 못했지요. 여식은 마침내 병을 얻어 한 해 남짓 있다가 죽었습니다."

소처사는 깜짝 놀라고 탄식하며 전후의 사실을 모두 이야기하고 영전에 나아가 술잔을 올리고 떠났다.

 蘇處士凝天, 幼有神童之稱, 長而游方之外, 嘗遊扶餘白馬江
有吟曰:

　江流不得滌煩寃

忽自岸傍竹林中, 應聲對曰:

　月上扶蘇聽夜猿

蘇大驚又吟曰:

　山花落盡春無跡

又應曰:

　水鬼啼歸淚有痕

蘇曰:

　繁華返照孤僧去

應曰:

　世事橫橋一鳥喧

蘇曰:

　數曲竹枝聲欲裂

應曰：

　　扁舟移纜古城根

　蘇初疑爲鬼, 復疑高人道流, 入竹林上下求之. 至深處, 有草屋數椽, 室中無人, 只有唐詩數卷. 大索林中, 終無所遇, 怊悵而歸.

　後三年入京, 避急雨閭家, 家舍甚鉅麗, 登軒小憩, 壁上有此詩. 蘇怪之, 問 : "何處得此詩揭壁乎?" 主人聞之, 嗚咽曰：

　"客問此詩, 其賦此詩者歟! 老夫只有一女, 容色才藝絶世, 且喜爲詩, 及長議婚, 女曰 : '願得文章士事之.' 父母不敢違, 求士數年, 與之省墓於扶餘, 女見江上竹林樂之, 請結屋爲數年讀書計, 故留女, 使數人供其朝夕. 未幾請還, 還卽示以此詩曰 : '得我匹矣, 願求作此詩者嫁我.' 遂書壁訪之, 終不遇其人. 女遂成疾, 歲餘死矣."

　蘇大加驚歎, 具言其事, 入靈座酹觴而去.

유한모兪漢謨의 염사艶事[1]

98

옮김 譯 판서 정경순(鄭景淳, 1721~1795)[2]이 서원(西原 : 청주의 옛 이름—원주)에 목사로 있을 때의 일이다. 마침 유한모(兪漢謨, 1734~1816)[3]가 율봉(栗峯)[4] 찰방으로 와서 서원의 한 기생을 좋아하였다. 정판서는 유찰방에게 어른뻘이었다. 그래서 감히 정판서가 이 사실을 눈치 채지 못하

1) 이 항목의 내용은 『滄海詩眼』 卷中에서 취한 것으로 보인다.

2) 정경순(鄭景淳) : 본관은 동래(東萊), 자는 시회(時晦), 호는 수정(修井). 정태화(鄭太和, 1602~1673)의 현손. 영조 20년(1744) 진사에 합격하고, 음직으로 형조판서를 지냈다. 과시로 이름이 났고 글씨를 잘 썼다. 저서로는 『修井遺稿』가 전한다.

3) 유한모(兪漢謨) : 본관은 기계(杞溪), 초명은 한경(漢敬), 자는 여직(汝直). 실록에 따르면 사간원 대사간, 개성유수를 거쳐 형조판서에 올랐다. 시호는 효정(孝靖)이다. 소론으로 대사헌을 역임한 조명교(曺命敎)의 외손자이다. 홍양호(洪良浩)와 송재도(宋載道)가 주축이 된 난사(蘭社)에 참여하기도 하였다(陳在教, 『耳溪 洪良浩 文學 硏究』, 成均館大學校, 大東文化硏究院, 1999, 64~74면 참조). 그런데, 본문에서는 실록의 기록과 달리 '유참판'으로 표현해서 참판까지 지낸 것으로 되어 있고, 방목에도 최종직을 참판으로 기록해 놓고 있다. 왜 이런 착오가 났는지는 미상이다.

4) 율봉(栗峯) : 역 이름. 현재 청주시에 율량동이란 지명으로 남아 있다.

게 하여, 매양 저녁종이 울리기를 기다려 그녀를 몰래 역마에 태워 와서
함께 지내다가 새벽이면 실어 보내는 일이 상례처럼 되었다. 정판서가
이 사실을 알고서 절구 한 수를 지은 다음, 시사(詩士) 채득순(蔡得淳, 1717
~?)[5]과 노긍(盧兢)에게 각기 절구 한 수씩을 짓도록 해서 그 기생의 치마
허리에 매고 유찰방에게 가져다주라고 했다.

정경순의 시는 이러하다.

    서원의 역마길 이슬이 내렸는데
    깊은 병풍 속엔 자야가(子夜歌)[6] 애끊는 소리.
    눈 내린 다락에 새벽 달 희미한데
    작진(鵲津)[7]의 비단버선 가는 물결 일어나네.

채득순의 시는 이러하다.

    서원의 아리따운 일등 미녀
    눈썹 사이의 점, 옥의 티라 할까?
    눈썹이며 눈이며 교태가 남아돌아
    아황(鵝黃)[8]으로 살짝 가릴 필요도 없어라.

노긍의 시는 이러하다.

---

5) 채득순(蔡得淳) : 본관은 평강(平康), 자는 중화(仲和), 호는 기기재(奇奇齋)·낙와(樂
  窩). 정조가 문체 문제를 거론할 때, 순정한 문체로 일가(一家)를 이루었다고 평가받던
  인물이다.
6) 자야가(子夜歌) : 악부시(樂府詩) 제목. 동진(東晉)의 '자야(子夜)'라는 여인이 지은
  오언사구(五言四句)의 노래. 진나라 이후 시인들이 이 가곡을 본받아 지은 노래가 악
  부시집에 '자야가(子夜歌)'·'자야사시가(子夜四時歌)'라는 제목으로 실려 있는데, 이
  는 모두 남녀의 만남이나 부부가 이별하는 심정을 노래하였다.
7) 작진(鵲津) : 나루 이름. 『新增東國輿地勝覽』에 따르면 청주 서쪽 20리에 작원(鵲院)
  이 있었다고 하므로 그 근처가 아닌가 생각된다.
8) 아황(鵝黃) : 아황은 거위 새끼의 털이 노란빛이 돈다고 해서 붙여진 말로, 엷은 황색
  을 가리킨다. 여자들이 발랐던 누런색의 분을 일컫기도 하였다.

간드러진 노래 귀 기울여 듣거늘
나는 미인에게 줄 비단이 없어라.
계등(稽藤)9) 한 폭에 시를 써서 보내니
돈 생각하여 시를 받지 않을까 두려워라.

채득순의 시는 그 기생의 용모를 읊은 데 불과하고 노긍의 시는 더욱 속되다 하겠으니, 정판서 시의 청경(淸警)하여 방탕하거나 음란하지 않는 것만 못하다.

鄭尙書景淳, 守西原(淸州古號)也, 兪參判漢謨爲栗峯丞, 私西原一妓. 鄭於兪, 丈人行也, 不敢使鄭知, 每候夕鍾, 以駔騎潛載來會, 趁曉載送以爲率. 鄭覺之, 作一絶, 使詩士蔡得淳·盧兢, 各賦一絶, 繫妓裙帶, 送與兪丞.

鄭詩曰:

西原驛路露華斜, 唱斷深屛子夜歌.
歸趁雪樓殘月色, 鵲津羅襪動微波.

蔡曰:

窈窕西原第一娥, 額間瘢點玉爲瑕.
自餘眉眼渾嬌態, 不用鵝黃半貼遮.

盧曰:

裊裊歌前側耳遲, 我無紅錦美人貽.
稽藤一幅題將去, 多恐憐錢不受詩.

蔡詩不過詠妓容色, 盧尤俚俗, 不若鄭之淸警不流不淫矣.

---

9) 계등(稽藤): 종이의 종류를 지칭하는 것 같으나 자세한 것은 미상이다.

신광수申光洙의 시를 보고 벼슬길을 점친 채제공蔡濟恭

99

 승지(承旨) 신광수(申光洙, 1712~1775)는 호를 석북이라 했는데 영월(寧越) 부사로 있을 때 지은 시편들을 이름하여 『청견록(聽鵑錄)』이라 붙이고, 두자미(杜子美 : 杜甫)의 기주(夔州) 이후 작품1)에 견주었다. 그 가운데

백조(白鳥)는 안개 속에 사라지고,
청산(靑山)은 물결 가운데 보기 좋아라.2)

---

1) 두자미(杜子美 : 杜甫)의 기주(夔州) 이후 작품 : 두보(杜甫)는 54세 때, 고향으로 돌아갈 뜻을 품고 중국 사천성(四川省) 기주부(夔州府) 양수(瀼水)의 근처에 초가집을 빌려 2년 간 살았다. 이때부터 그의 시는 간결하고 평이하며, 순수하고 익숙하여 시구를 다듬은 흔적이 없다는 평을 받는다. 따라서 두보의 기주 이후의 작품이란 간결 평이하면서도 높은 경지에 다다른 시를 지칭하게 되었다.
2) 현행 『石北文集』에는 『聽鵑錄』이 따로 묶여 있지 않고, 이때 지은 시들은 卷9에 실려 있다. 그 양이 얼마 되지 않으며, 이 시구도 찾을 수 없는 것으로 보아, 여기 실린 작품들은 상당량이 중간에 일실되거나 문집에 간행될 때 실리지 못한 것으로 보인다.

라는 한 연이 사람들 입에 회자되었다. 평강(平康) 상공3)은 이 시구를 듣고서 "이 어른은 겨울 고과(考課)에서 하등에 놓일 것이다"라고 말하였다. 옆에 사람이 왜 그런가 하고 물으니 "이 두 구는 모두 허(虛)하고 실(實)이 없다. 그래서 이것으로 알 수 있는 것이다"라고 대답하였다. 그해 겨울 고과에서 과연 아래 등급에 놓였다.

 申承旨光洙, 號石北, 爲寧越府使, 名其所著詩曰『聽鵑錄』, 自擬子美夔州以後作, 其

　　　白鳥煙中失, 靑山水底多.

一聯, 頗膾炙. 平康相聞之曰 : "此令冬考必居下". 人問其故, 曰 : "此句虛而不實, 是以知之". 其冬果考下.

---

3) 평강(平康) 상공 : 채제공(蔡濟恭)을 가리킴. 채제공은 본관이 평강이기 때문에 이렇게 부른 것이다. 석북 신광수와 채제공은 같이 남인에 속하며 가까운 사이였다. 신광수의 대표작인 「關西樂府」는 채제공이 평안도 관찰사로 있을 때 환갑을 맞아 이를 축하해서 지은 작품이다.

반농재半聾齋 이병연李秉延의 명시

100

 이병연(李秉延, 1732~1769)[1]은 자가 이보(彝甫)이며, 재주와 시상이 기특하고 빼어나 연화(煙火)의 기운[2]이 없었다. 그의 「송경(松京)」 시에 이런 시구가 있다.

> 저 달은 고려조의 그 달이요
> 만월대엔 벌써 천 년이나 서리가 내렸구나.
> 풀밭에는 운혜(雲鞋)[3]가 차갑고

---

1) 이병연(李秉延) : 본관은 연안(延安), 왼쪽 귀가 들리지 않았기 때문에 반농(半聾)이라 자호하였으며, 또 속아여선(俗兒餘仙·행하(杏下)란 호를 쓰기도 하였다. 식산(息山) 이만부(李萬敷)의 손자이다. 문집으로는 『半聾齋遺稿』가 전하는데, 이만유(李萬維)의 『恩庵遺稿』, 이승연(李承延)의 『剛齋遺稿』와 함께 근래 후손들이 영인한 『鹽州世稿』(1972) 卷11~12에 수록되었다.
2) 연화(煙火)의 기운 : 연화는 음식을 익혀 먹는 데서 유래한 말로, 인간의 세속적인 분위기를 가리키는 말이다.
3) 운혜(雲鞋) : 여자들이 신었던 신발의 한 가지. 앞 코에 구름무늬가 수 놓여 있어 붙여진 이름이다.

밭가는 노래에 옥전(玉殿)이 거칠더라.[4]

또 이런 시구도 있다.

길고 짧은 시를 지어 나무꾼과 함께 부르는데
나그네 길 석양이 고려 땅에 가득하네.[5]

이들 시구는 사람들이 서로 전하며 읊었다. 어떤 사람이 그의 시집에
쓰기를

창해(滄海)에 달이 밝아 구슬이 눈물을 머금고
남전(藍田)[6] 햇살 따스하니 옥에 연기가 일어나네.[7]

라고 하여, 군자들은 사리에 맞는 말이라고 일컬었다. 얼마 지나지 않아
이병연은 불행히도 단명으로 세상을 떠났다.

李秉延, 字彝甫, 才思警逸, 無煙火氣. 其「松京」詩曰 :

---

4) 『鹽州世稿』 卷12, 25b에 「滿月臺」라는 제목으로 실려 있다. “麗王在時月, 臺上已
千霜. 草色雲鞋冷, 耕謳玉殿荒. 廢興元物理, 今古且彷徨. 嗚咽餘溝水, 客愁相與長.”
5) 『鹽州世稿』 卷12, 25b에 「洮淵道中」이라는 제목으로 실려 있다. “啼鴉兩箇黃出浦,
橫柳一枝靑揷籬. 長短吟詩與樵唱, 客程斜日滿高麗.”
6) 남전(藍田) : 중국의 서안(西安) 근교에 있는 지명. 옥의 생산지로 유명하다.
7) 이 시구는 원래 당나라 시인 이상은(李商隱)의 「錦瑟」에서 따온 것이다. “錦瑟無端
五十絃, 一絃一柱思華年. 莊生曉夢迷蝴蝶, 望帝春心託杜鵑. 滄海月明珠有淚, 藍田
日暖玉生煙. 此情可待成追憶, 只是當時已惘然.”『鹽州世稿』 卷11의 앞쪽에 정리자
가 “時有白衣而操文衡之權者, 題其卷曰 : ‘滄海月明珠有淚, 藍田日暖玉生煙.’ 當時
以爲知言”이라는 말을 전하고 있다. 그런데 당시 남인 중에서 백의(白衣)로 문형을 쥐
었다는 평가를 받을 만한 사람은 이용휴(李用休)밖에 없다(丁若鏞,『與猶堂全書』第1
集 卷15, 「貞軒墓誌銘」: “身居布衣之列, 手操文苑之權者三十餘年.”). 아마도 이용휴
가 높이 평가해 주었으나, 그의 아들인 이가환(李家煥)이 신유옥사(辛酉獄事) 때 고문
을 받다 죽었기 때문에 이름을 드러내기를 꺼린 것으로 보인다.

麗王在時月, 臺上已千霜.
草色雲鞋冷, 耕謳玉殿荒.

又曰:

長短吟詩與樵唱, 客程斜日滿高驪.[1]

聞者傳誦. 有人題其卷曰:

滄海月明珠有淚, 藍田日煖玉生煙.

君子以爲知言, 未幾彝甫不幸短命.

[1] 高驪:『鹽州世稿』에는 高麗로 되어 있다.

옮김譯 태학사(太學士) 오재순(吳載純, 1727~1792)[1]은 성품이 부드럽고 조용하며 욕심이 적었다. 지난 임금[正祖]이 즉위한 초년에 홍국영(洪國榮)이 조야(朝野)에 권세를 부려 사람들이 모두 그에게 달라붙었으나, 공은 홀로 문을 닫고 수졸(守拙)[2]의 태도를 지키며, 공사(公事)가 아니면 바깥출입을 하지 않았다. 일찍이 지은 시에

백화(百花) 만발한 곳 때때로 혼자 걷고
뭇 새들 지저귐 속 홀로 말 안 한다네.[3]

---

1) 오재순(吳載純) : 본관은 해주(海州). 자는 문경(文卿), 호는 순암(醇庵)·우불급재(愚
不及齋). 문학에 이름이 있었고, 학문에도 해박하여 특히 『周易』 연구에 깊었다. 영조
때 문과에 급제, 대제학에 이르렀다. 시호는 문정(文靖)이다. 『醇庵集』이 전한다. 태학
사로 호칭한 것은 대제학으로 문형의 자리에 있었기 때문이다.
2) 수졸(守拙) : '졸(拙)'은 명리를 구하거나 기교를 일삼는 것과 반대되는 의미. 즉 수졸
은 순박하고 우직한 삶의 태도를 가리킨다. 도연명의 「歸園田居」에 "開荒南野際, 守
拙歸園田"이라는 구절이 있다.

라고 하였는데, 이는 그 자신을 표현한 것이다. 이 밖의 여러 편들 또한
한가롭고 담박하여 외울 만하다.

새벽 모래톱에 외로운 달이 지고
가을 물에 별 하나 깊이 박혔네.4)

비가 그치자 비둘기 서로 부르고
꽃 피려 하니 바람 또 쌀쌀하네.5)

높은 산봉우리 안개 걷혀 가는데
만 그루 나무들 아침 햇볕에 서있구나.6)

눈 쌓인 처마에는 개인 날에 비 내리고
검갑(劍匣)에는 대낮에도 별이 번쩍이네.7)

소나무 위로 더디 오르는 해를 바라보고
누각에서 먼 산을 사랑하노라.8)

길 떠난 행인은 필마로 청산(靑山) 너머 달려가고
먼 곳 나그네는 낙목(落木) 속에서 외론 등불 마주하리.9)

---

3) 『醇庵集』卷1, 9b~10a,「暮春」: "度盡春光靜掩門. 萋萋芳草滿東園. 千花影裏時孤
往, 百鳥聲中獨不言. 風拂斷皐微轉韻, 雲垂古井淡留痕. 天時物象心融會, 佳興新年
第一番."

4) 『醇庵集』卷1, 7a,「曉渡銅津」: "倚杖搴篷坐, 凄凄風露侵. 曉沙孤月墜, 秋水一星
深. 村犬吠空渚, 漁歌來遠陰. 悠然發長嘯, 幽興滿江心."

5) 『醇庵集』卷1, 12b~13a,「五陵早春次志齋」: "靑嶂當書九, 齋居不似官. 眞如高吏
隱, 猶着舊儒冠. 已雨鳩仍喚, 欲花風更寒. 山中留滯久, 新荣見登盤."

6) 『醇庵集』卷1, 13a :「朝起」: "曙色天仍霽, 前軒起攬衣. 高峰披宿霧, 萬木立朝暉.
濯去纖塵翳, 呈來衆象微. 凝神聊一望. 心境不相違."

7) 『醇庵集』卷1, 20b,「閒居」: "書帙盈寒屋, 經旬少出局. 雪簷晴有雨, 劍匣晝飜星.
試筆窓暉淨, 調琴畵嶂青. 那能斷詩興? 梅萼自噴馨."

8) 『醇庵集』卷1, 22a,「午」: "暫起臨風步, 聊開睡意濃. 向陰苔色活, 過午鳥聲慵. 松
上看遲日, 樓中愛遠峰. 方池空碧水, 何處發芙蓉?"

산허리 먼 성(城)은 먹구름을 머금었고
찬 연못가 외로운 나무는 잎이 점점 붉어지네.10)

한밤중 성문에는 천 리의 달이요
북풍 천지에 한 가지 매화로다.11)

또 통신사를 송별한 시가 있는데 이러하다.

넘실대는 파도 넘어 이역(異域)에 다다라서
하늘의 별자리가 똑같음에 놀라리라.12)

붕새는 쌍돛 밖에서 변화를 일으키고
오토(烏免)13)의 뜨고 짐은 한 물 안에 있으리라.14)

위의 시구들은 모두 당조(唐調)를 잃지 않았다.

---

9) 『醇庵集』 卷1, 28b~29b 「送持卿後, 不禁惆悵, 與內兄崔種五(禊)共賦」 3수 중 제1
수 : "評畵吟詩誰與同? 世間離合歎飛蓬. 行人疋馬靑山外, 遠客孤燈落木中. 絶峽愁
時催歲色, 故園歸日近春風. 應看雪裏寒梅發. 醉夢軒頭思不窮."

10) 『醇庵集』 卷1, 41a, 「待君晦」 : "蕭蕭拂石竹林風. 爲待歸人望遠空. 飛鴈相尋踈雨
外, 淸砧散起夕陽中. 遙城半嶺含雲黑, 獨樹寒塘浸葉紅. 吾弟靑驢驃何處至? 琴書可
得數宵同."

11) 『醇庵集』 卷2, 3ab, 「次克卿」 2수 중 제1수 : "幽園昨日故人廻, 高閣牕臨萬戶開. 半
夜城闉千里月, 北風天地一枝梅. 劍藏古匣龍應吼, 松老空壇鶴欲來. 功德文章俱寂
寞, 無端白髮莫相催."

12) 『醇庵集』 卷2, 6a, 「送三從兄敬緝(載熙)通信佐幕之行」 : "文武吾兄兩美全, 行人幕
府屬才賢. 秋高倚劍霜鯨伏, 夜靜懸弓海月圓. 歷盡波濤方異域, 忽驚星斗尙同天. 定
知扶木東風早, 釜浦明春好泊船."

13) 오토(烏兎) : 해와 달을 가리킨다. 전설에 해에는 까마귀가 살고, 달에는 토끼가 산다
고 하여 '오토(烏兎)'가 '일월(日月)'을 지칭하게 되었다.

14) 『醇庵集』 卷2, 6b, 「送李仲能克培通信使幕之行」 : "隔年離恨去留同, 況復長程碧
海東. 旅夜歸心看太白, 樓船行色信高風. 鵬魚變化雙帆外, 烏兎昇沈一水中. 歷覽歸
墟天極處, 羨君眞不負桑蓬."

太學士吳公載純, 性恬靜寡欲. 當先朝初年, 洪國榮勢傾朝野, 人皆附離, 公獨閉門守拙, 非公故未嘗出入. 嘗有詩曰:

千花影裏時孤往, 百鳥聲中獨不言.

卽其自道也. 外此諸詩, 亦多閒淡可誦.

曉沙孤月墜, 秋水一星深.

已雨鳩仍喚, 欲花風更寒.

高峰披宿霧, 萬木立朝暉.

雪簷晴有雨, 劍匣晝飜星.

松上看遲日, 樓中愛遠峰.

行人疋馬青山外, 遠客孤燈落木中.

遙城半嶺含①雲黑, 獨樹寒塘浸葉紅.

半夜城闉千里月, 北風天地一枝梅.

其送通信使幕曰:

歷盡波濤方異域, 忽驚星斗尙同天.

鵬魚變化雙帆外, 烏兔昇沈一水中.

皆不失唐調.

---

① 含 : 원문에는 侵으로 되어 있으나, 『醇庵集』에 의거하여 바로잡았다.

<h1 style="text-align:center">함흥_{咸興}의 명기_{名妓} 가련_{可憐}과 이광덕_{李匡德} [1]</h1>

102

 함흥(咸興) 기생 가련(可憐)은 자(字)를 최애(最愛)라 하고, 타고나기를 총명하고 슬기로웠으며 재주도 출중했다. 고금의 역사를 논함에 있어서는 물이 흐르듯 그침이 없었으며, 민생의 문제와 국방에 대해서까지 밝아서 대를 쪼개듯 분명했고, 입에 비속한 말이나 문란한 일을 올리는 법이 없었다. 일찍이 안찰사 권흠(權歆, 1644~?)[2]을 위하여 수절을 하며 뜻을 고치지 않았다. 평소 「출사표」 외우기를 좋아하여, 매양 가을에 청명하고 달이 밝게 뜬 때를 당하면 낙민루(樂民樓)에 올라가 긴 다리를 내려다보면서 한번 낭송을 하는데, 그 비장하고 격렬한 기운이 위로 하늘까지 뚫을 듯했다. 또한 「하청(河淸)」이란 노래 한 곡을 스스로 짓기도 했다. 영조가 회갑을 맞았을 때에 그녀는 나이가 팔십삼

---

1) 이 항목은 『滄海詩眼』 卷下에서 취한 것으로 보인다.
2) 권흠(權歆) : 자는 자형(子馨), 호는 학산(鶴山), 본관은 안동(安東). 숙종 때 문과에 급제하여 벼슬은 대사성에 이르렀다.

세웠는데 「제천락(齊天樂)」 한 편을 지어 성덕을 노래하였다.

문형을 지낸 관양(冠陽) 이광덕(李匡德, 1690~1748)이 북쪽 변방으로 귀양을 가서 걸음이 경성(鏡城)에 다다랐다. 절도사・통판(通判)・평사(評事)들이 그를 위해 모여 연회를 베풀었는데 가련을 그 자리에 초대했다. 가련이 당도하자 「출사표」를 낭송하도록 하여 "선제께서 신의 초려(草廬)에 세 번 찾아주셨다"[3]는 대목에 이르렀을 때, 이관양은 목이 메어 눈물을 흘렸다. 그리고 곧 부채에다 절구 한 편을 써서 가련에게 주었다.

> 남관의 여협(女俠)은 이미 백발 되었는데
> 취해서 소리 높여 전후 「출사표」 읊는구나.
> '삼고초려(三顧草廬)' 대목을 소려 높여 읽으니
> 쫓겨난 늙은 신하 만 줄 눈물 흘리누나.

이에 가련은 "영감께선 군신간의 만남에 아쉬운 바가 있는 것 같습니다"라고 말하니, 관양은 듣고 더욱 서글픈 표정을 지었다.

원문 咸興妓可憐, 字最愛. 性聰明慧悟, 姿才出類, 談論古今, 滾滾不已. 生民利病, 關防要害, 曉如破竹, 口不道俚語淫媟之事. 嘗爲權按使歆, 守節不改. 平生喜誦「出師表」, 每當秋天寥落, 明月揚輝, 登樂民樓, 俯瞰長橋, 朗詠一通, 悲壯激烈之氣, 上徹雲霄, 且自製「河淸」一関. 英廟周甲, 年八十三, 作「齊天樂」一関, 歌誦聖德.

冠陽李文衡匡德之謫北塞也, 行至鏡城, 節度使・通判・評事相會宴餞, 招可憐至, 令誦「出師表」, 讀至"先帝三顧臣於草廬之中", 李悽咽泣下, 仍書一絶於便面以贈曰:

---

3) 선제께서~찾아주셨다: 이 구절은 제갈량이 지은 「출사표」에 선제(先帝) 유비가 제갈량을 기용하기 위해 세 번이나 찾았던 사실을 회고한 대목(先帝不以臣卑鄙, 猥自枉屈, 三顧臣於草廬之中)이다.

南關女俠鬢如絲, 醉後高歌兩出師.
唱到草廬三顧地, 逐臣淸淚萬行垂.

可憐曰 : "令監有感於際遇之不足者乎!" 李聞盆愀然.

이복원(李福源)이 꿈에서 지은 시

 쌍계(雙溪) 정승 이복원(李福源, 1719~1792)[1]이 일찍이 상중에 있으면서 꿈에 지은 시가 있었는데 이러하다.

봉황이 날개 활짝 펴고 날면서 우니
태사 기(夔)는 경쇠 치고[2] 악공은 생황을 연주하네.
운문곡(雲門曲)[3] 소리에 천하가 태평하고

---

1) 이복원(李福源) : 자는 수지(綏之), 본관은 연안(延安). 쌍계(雙溪)는 그의 호 1738년(영조 14)에 사마시에 합격, 벼슬이 이조참판을 거쳐 좌의정에 이르렀다. 문장에 능하였으며, 특히 사명(詞命)에 뛰어났다. 시호는 문정(文靖)이다. 저서로 『雙溪遺稿』가 전한다.

2) 태사~치고 : 기(夔)는 순임금 때 음악을 담당했던 인물(『書經』 「舜典」: "帝曰 : '夔, 命汝典樂, 敎胄子, 直而溫, 寬而栗, 剛而無虐, 簡而無傲, 詩言志, 歌永言, 聲依永, 律和聲, 八音克諧, 無相奪倫, 神人以和.' 夔曰 : '於予擊石拊石, 百獸率舞.'").

3) 운문곡(雲門曲) : 주(周)나라 여섯 악무(樂舞)의 하나였던 '운문(雲門)'을 가리킨다. 천신(天神)에게 제사지낼 때 사용되는 것이다(『周禮』 「春官」 「大司樂」, "大司樂, 掌成均之法以治建國之學政而合國之子弟焉. …… 以樂舞敎國子, 舞雲門大卷大咸大韶大夏大濩大武".).

수많은 신들 너울너울 뜰에 가득하네.
하늘 문에 해가 뜨자 군영(羣英)이 모여들어
인의(仁義)를 논하되 병법(兵法)은 말 안하네.
군자가 만 년을 다스리어 태평성대 이뤘으니
하늘 모양 청명하고 땅의 도가 편안하다.4)

그 후 얼마 있지 않아 정조 임금을 만나 지위가 태보(台輔)5)에 이르렀
다. 두 아들 시수(時秀)와 만수(晩秀)는 모두 높은 벼슬에 이르렀는데 사
람들이 이 시에 이러한 조짐이 있었다고 하였다.

雙溪李相國福源, 嘗居憂, 有夢作曰 :

鳳凰舒翼翔且鳴, 師夔擊磬伶吹笙.
雲門①曲奏天下平, 百神洋洋降其庭.
閶闔日出會羣英, 談說仁義不言兵.
君子萬年治化成, 天象淸明地道寧.

其後未幾遭遇正廟, 位至台輔, 二子時秀・晩秀, 俱至大官, 人謂此
詩爲之兆.

①雲門 : 원문에는 雲中으로 되어 있으나, 『雙溪遺稿』에 의거하여 바로잡았다.

___

4)『雙溪遺稿』 卷1, 49b에 「夢作」이란 제목으로 실려 있는데,『雙溪遺稿』 卷1의 뒷부
분에는 유독 꿈에서 지은 작품이 많이 실려 있다.
5) 태보(台輔) : 임금을 돕고 백관을 통솔하는 대신을 뜻하는 것으로 정승을 지칭한다.
태재(台宰), 태형(台衡), 태필(台弼)로도 쓴다.

영조 갑자년(영조 20, 1744)에 정언(正言) 이언세(李彦世)[1]가 전의 직함을 가지고 영상(領相) 김재로(金在魯), 좌상(左相) 송인명(宋寅明), 우상(右相) 조현명(趙顯命)을 탕평(蕩平)의 명분을 빙자하여 권세를 잡고 있다고 배척하는 상소를 올렸다. 임금께서 그를 불러 보고 그 상소를 읽어보도록 한 다음 조목조목 따져 물으니 그는 조금도 겁내는 기색이 없이 하나하나 진술했다. 임금은 그를 귀양 보내 경성(鏡城)에 안치토록 하고 곧이어 가극(加棘)[2]하도록 하였다. 이때 참판 윤심형(尹心衡)[3]이 경

---

1) 이언세(李彦世) : 자는 미중(美仲), 본관은 공주(公州). 영조 때 문과에 급제, 탕평책에 반대하는 상소를 올린 때문에 유배를 갔고, 그 후 다시 기용되지 못했다.
2) 가극(加棘) : 위리안치(圍籬安置)와 같은 말. 죄가 무거운 유배죄인의 출입을 막기 위하여 가시울타리를 둘러 막는 형벌.
3) 윤심형(尹心衡) : 1698~1754 자는 경평(景平), 호는 임재(臨齋), 본관은 파평(坡平). 경종 때 문과에 급제, 영조 때 벼슬이 예조참판에 이름. 노론에 속하는 인물로 영조의 탕평책에 비판적인 입장이었다.

성 원으로 부임하여 날마다 위리안치된 곳으로 찾아갔다. 윤참판이 시
한 수를 지어주었는데 이러하다.

  초조하여 누각에 기대 북극성을 바라보며
  변방에서 돌아가지 못해 시름겨운 사람이로다.
  어리석은 이언세여 몸에 병도 많구나
  하늘에 하소연하고 싶어도 말할 길이 없어라.
  교외의 고향집 돌아가는 꿈
  티끌 속에 정국은 몇 번이나 뒤바뀌는고?
  함께 우리 도(道)로 들어가 천 년을 기약하여
  만나도 기쁨이 없고 헤어져도 서글퍼 않기를.

이에 이언세는 다음과 같이 화답하였다.

  굴원(屈原)은 「이소(離騷)」에서 감히 임금을 원망 않고
  아득히 서방의 미인을 그리워했다네.4)
  아홉 번 죽어도 마음으로 후회하지 않으리니
  일생에 영화와 조락은 정해진 인연이 있다네.
  가시밭이 열려서 길이 익숙한데
  연잎으로 지은 옷5) 새롭기 그지없어라.
  홍주(鴻州)의 학력 더욱 힘써야할 터이니
  연우 만풍(蜒雨蠻風)6) 또한 관계치 않네.

---

4) 굴원(屈原)은~그리워했다네 : 굴원은 원래 초나라의 귀족인데 당시 초나라 왕인 회
  왕이 실정과 과오를 거듭하므로 이에 굴원이 간언을 하였으나 간신의 참소로 그의 바
  른 말이 받아들여지지 않았다. 그리고 도리어 추방을 당했는데, 그는 자신의 괴로운
  심정과 나라를 걱정하는 뜻을 「離騷」라는 작품으로 표현하였다. 거기서 군왕의 모습
  을 미인으로 나타냈던 것이다.
5) 연잎으로 지은 옷 : 굴원은 「離騷」에서 자신의 고결한 삶의 모습을 나타내기 위해
  "연잎으로 옷을 지어 입는다[製芰荷以爲衣兮, 集芙蓉以爲裳]"고 표현한 바 있다.
6) 연우만풍(蜒雨蠻風) : '연(蜒)'은 남방의 수상에 사는 인종을 가리키는 말이고, '만
  (蠻)'은 남방의 종족 일반을 가리키는 말이다. 여기서 연우만풍이란 남쪽 변방의 풍토
  를 뜻하는바, 변방의 귀양살이 하는 땅을 비유한 것이다. 蘇軾,「十一月二十六日松風

얼마 지나지 않아서 다시 또 붙잡혀 올라가 무슨 화를 당할지 헤아릴
수 없었다. 마침내 종성(鍾城)으로 유배를 갔다가 몇 년 후 풀려서 집으
로 돌아갔다.

英廟甲子, 李正言彦世以前銜, 訴斥領相金在魯·左相宋寅
明·右相趙顯命, 憑藉蕩平之名, 把握威權. 上引見, 命讀其
疏, 逐條下詢, 彦世指陳, 無少懾. 命安置鏡城, 尋又加棘. 時尹參判心
衡出補鏡倅, 逐日往來於棘中, 贈詩曰:

　　悄倚危樓望北辰, 邊州愁絶未歸人.
　　痴思彦世身多病, 誠欲箋天語莫因.
　　郭外田廬歸去夢, 塵中棋局幾番新?
　　共將吾道期千古, 逢未歡欣別未嚬.

彦世答曰:

　　離騷未敢怨明辰, 渺渺西方企美人.
　　九死心腸無後悔, 一生榮悴有前因.
　　荊棘開來行路熟, 芰荷製出佩衣新.
　　鴻州學力宜加勉, 蠻雨蠻風也不嚬.

未幾就拿, 禍將不測, 竟配鍾城, 數年放還.

亭下梅花盛開」: "豈知流落復相見, 蠻風蜒雨愁黃昏."

신륵사神勒寺에서 노닐며 : 신광수申光洙와 정범조丁範祖

105

 신석북(申石北 : 申光洙)과 정해좌(丁海左 : 丁範祖)가 여주(驪州)의 벽사(甓寺)[1] 동대(東臺)에서 노닐었는데, 석북은 이렇게 시를 지었다.

눈 그친 동대(東臺)에 환한 달이 강물 위에 떠오르니
수정궁이 정월 대보름에 열렸구나.
추위가 매서워지자 백탑은 삼경에 솟아나고
하늘이 맑게 개어 청산이 강 언덕으로 다가오네.
지난 시대의 문장은 이제 적막하니
천지 사이에 몇 사람이나 예서 배회했나?
어찌하면 복사꽃 떠 오는 물에 노 저어 가서
그대와 이끼 긴 바위 위에서 낚시를 드리울까?[2]

---

1) 벽사(甓寺) : 신륵사(神勒寺) 안에 벽돌로 된 탑이 있어서 '벽사(甓寺)'라고도 일컬었다.
2) 『石北集』卷5, 12b~13b에 「東臺」라는 제목으로 모두 세 수가 실려 있는데, 그 중 두 번째 수이다.

해좌의 시는 아래와 같다.

툭 트인 강 하늘도 맑은 백 척 언덕
푸른 산 밝은 달 절집 문이 열렸구나.
얼어붙은 강 한쪽이 어렴풋이 올라서고
늙은 소나무 동쪽으로 완곡히 돌아오네.
서해의 시선(詩仙)을 모시고 이틀을 묵다가
오늘 보름날 밤 함께 배회하누나.
이 세상에 비로소 여주의 모임이 있어
삼성(參星) 빗겨 있는 시각에 푸른 이끼 위에 앉았노라.3)

해좌는 돌아가서 석북에게 시를 지어 보냈는데 이러하다.

잠깐 만났다가 손을 들어 작별하니
말 한필에 시름만 잔뜩 싣고 돌아왔다오.
함께 보던 그 달이 차츰 이지러지는데
전에 함께 묵던 옛 산은 아득해지오
이름이 병세(幷世)에 일컬어짐 부끄러워
시는 실정대로 산삭해야 옳으리니,
미치광이 같은 태도를
완락(宛洛)4)에 전하지 않아야 하리다.5)

석북은 이 시에 다음과 같이 화답하였다.

여강(驪江) 눈 쌓인 곳에 스님 한 분이
글을 가지고 백리 길을 찾아왔구려.

---

3) 위의 시 뒤쪽에 덧붙여 실려 있다.
4) 완락(宛洛) : 지금 중국의 하남성에 있는 지명. 낙양과 낙양 근방에 있는 완현(宛縣)을
   가리킴. 이곳은 예로부터 유명한 문인들이 많이 살아서 문화수준이 높은 곳으로 일컬어
   졌다.
5)『石北集』卷5, 19b에 아래의 시 뒤쪽에 덧붙여 실려 있다.

그대는 외로운 학처럼
때때로 육오산(六鰲山)6)에 깃드는 모양이라.
도가 맞으면 멀리 있다 방해될 것이며
시는 경지 높아 깎아내지 못하겠구려.
다래 넝쿨 사이 비친 이릉(二陵)7)의 달
길이 백운 사이로 다다랐도다.8)

申石北與丁海左, 游驪州甓寺東臺. 石北詩曰:

明月空江雪後臺, 水晶宮殿上元開.
寒多白塔三更出, 霽盡靑山兩岸來.
異代文章還寂寞, 幾人天地與徘徊?
何當鼓枻桃花水, 與爾垂竿石上苔?

海左詩曰:

岸潤煙空百尺臺, 碧山明月寺門開.
氷江一面瞳曨上, 風檜東邊宛轉來.
西海詩仙成信宿, 今宵元夜與徘徊.
人間始有驪州會, 直到參橫坐綠苔.

海左歸後遺石北詩曰:

乍逢翻解手, 一馬載愁還.

---

6) 육오산(六鰲山) : 중국 고대신화에서는 대여(岱興)·원교(員嶠)·방호(方壺)·영주(瀛
  洲)·봉래(蓬萊)의 다섯 선산(仙山)이 바다에 떠 있는데, 이를 다섯 마리의 큰 자라가
  등에 지고 있다고 전한다.
7) 이릉(二陵) : 여주에 있는 영릉(英陵 : 세종)과 영릉(寧陵 : 효종)을 가리킨다.
8) 『石北集』卷5, 19b에 「次法正來韻」이라는 제목으로 실려 있다.

稍缺同看月, 全迷舊宿山.
名慚並世得, 詩擬用情刪.
莫以顚狂態, 流傳宛洛間.

石北和之曰:

一衲驪江雪, 持書百里還.
君如孤鶴影, 時住六鰲山.
道合何妨遠? 詩高不能刪.
藤蘿二陵月, 長到白雲間.

신광수申光洙가 목만중睦萬中에게 지어 준 시

106

석북(石北 : 申光洙)이 여와(餘窩 : 睦萬中)에게 준 시는 다음과 같다.1)

단봉문(丹鳳門)2) 앞에 직소를 두고 있으니
달관(達官)의 거마(車馬) 지나다니는 옆이라.
삼 년 계옥(桂玉)3)에 조복(朝服)만 남아 있고
봉래(蓬萊)는 지척인데 어향(御香)이 막혔도다.
오늘날에 걸출한 인재들 많기도 한데
밝은 세상 문장 어찌 귀하지 않으랴?
이 몸은 늙었는데 훌륭한 글 그대로부터 나와

---

1) 『石北集』 卷5, 20b~21a에 「贈睦幼選(萬中)」이란 제목으로 실려 있다.
2) 단봉문(丹鳳門) : 궁궐의 문 이름. 창덕궁 돈화문 동쪽에 있는 조그만 소문이다. 대궐에서 숙직하는 관원들은 주로 이 문을 통과하였다.
3) 계옥(桂玉) : 식량과 땔감을 가리키는 말. 원래 계수나무보다 비싼 장작과 옥보다 귀한 밥이라는 데서 유래한 말이다.

일찍이 현가(絃歌)에 올라서 성왕(聖王)께 바쳐지리라.

두 번째 시는 이러하다.

시부(詩賦)로 헛된 이름 누린 지 사십 년에
백두(白頭)로 향화(香火)4) 받드니 주위가 쓸쓸하네.
북쪽의 구름 하늘 바라봐도 본디 길이 없고
동쪽으로 산수(山水)를 찾아옴이 실로 인연 있음이라.
꽃이 피면 신륵사로 나갈 것이요
달 밝은 밤이면 목란선(木蘭船) 타고 놀리라.
다섯 되 녹봉에도 이 몸 외려 넉넉하고
늙어 신선 되었다고 그대에게 자랑하네.5)

세 번째 시는 이러하다.

청문(靑門)6)에서 작별한 뒤 새봄이 돌아오니
북두성(北斗城) 옆 매양 진(秦)7)을 바라보노라.
두 왕릉 늙은 솔에 쌓인 눈은 막 녹아내리고
큰 강의 봄기운에 유빙(遊氷)이 흐르는데.
이때 내 마음은 남국을 그리워하여
지난달에 보내준 시, 친구를 생각하네.
동풍이 실컷 불기를 우리 함께 기다리니
북영(北營)의 화류(花柳) 구경, 자주 시를 읊으리라.

---

4) 향화(香火) : 향불을 가리키는 말. 여기서 향화는 시인 자신이 영릉(寧陵)의 참봉으로
있어 제사를 받드는 데 관계되는 일에 종사하기 때문에 쓴 표현으로 생각된다.
5) 『石北集』의 원주(原註)에 "진나라・송나라 연간의 사람들은 스스로를 '身'이라 일컬
었다[晉宋間人, 自謂曰身]"라 하고 있다.
6) 청문(靑門) : 흥인지문(興仁之門), 곧 동대문의 별칭. 청(靑)은 오행(五行)에서 동방(東
方)을 가리킨다.
7) 진(秦) : 한양을 가리킨다. 당(唐)나라의 수도인 장안(長安)이 옛날 진(秦)나라 지역이
었으므로, 당시(唐詩)에서 진(秦)은 수도와 그 일대를 가리키는 말로 자주 쓰였다.

원문　石北贈餘窩詩曰 :

丹鳳門前借直房, 達官車馬往來傍.
三年桂玉餘朝服, 咫尺蓬萊隔御香.
才子如今①多偃蹇, 明時非不貴文章.
吾衰大雅須君作, 早被絃歌奏聖王.

其二曰 :

詞賦虛名四十年, 白頭香火地蕭然.
雲霄北望元無路, 山水東來實有緣.
花發定遊神勒寺, 月明多在木蘭船.
五升官俸身猶足, 蕭洒誇君老作仙.

其三曰 :

靑門別後歲華新, 北斗城邊每望秦.
寒木初消二陵雪, 流澌欲下大江春.
此時心動②憶南國, 前月詩來憐故人.
共待東風吹盡意, 北營花柳賞吟頻.③

① 如今 : 『石北集』에는 如何로 되어 있다.
② 動 : 『石北集』에는 折로 되어 있다.
③ 頻 : 원문에는 新으로 되어 있으나, 『石北集』에 의거하여 바로잡았다.

윤흡尹熻의 시

 윤흡(尹熻)[1]은 하헌(夏軒 : 尹鑴)의 손자인데, 박문강기(博聞强記)로 큰 학자라는 일컬음을 받았다. 일찍이 강가에 나갔다가 시를 지었는데 이러하다.

여주로 돌아가는 나그네 광주에 다다르니
바람 잔 긴 모래톱에 물은 질펀히 흐르는구나.
까마귀 울음 우는 왕자의 옛 집
고운 꽃 만발한 상공(相公)의 누정.
천지 사이에 백 년을 떠도는 길손
강호 삼월에 두둥실 배 탔노라.
나의 집 서울에 있는 것도 아니건만
서울을 떠날 때면 언제나 시름겹네.

---

1) 윤흡(尹熻) : 호는 동이(東坨).

충군애국(忠君愛國)의 뜻이 담겨 있음을 볼 수 있다.

尹燧夏軒之孫也. 博聞强記, 號稱大儒. 嘗江行有詩曰 :

驪陵歸客廣陵頭, 風宿長洲水濶流.
落落烏啼王子宅, 艷陽花發相公樓.
百年天地悠悠客, 三月江湖泛泛舟.
不是吾家京洛住, 每離京洛便生愁.

其忠君愛國之意, 可見矣.

민정리(閔庭鯉)가 딸에게 부친 시

108

민정리(閔庭鯉)는 곤궁하게 살면서 독서를 하여 저술이 자못 볼 만하였다. 일찍이 환갑을 맞아 모씨에게 출가한 딸이 술을 보내 와서 이에 시를 지어 부쳤다.

얼음 서리 속에 온갖 시름 찾아드는데,
누가 춘풍을 담아 보내 내 시름을 씻어주나?
술동이 열어 보니 오석(五石)이나 담겼고
가는 글씨 편지 위에 가득하니 천금에 값하도다.
육순 회갑 맞이하여 병도 많은데
삼 년이나 지나도록 근친(覲親)의 뜻 못 이루었구나.
숲에서 깍깍대는 까마귀 소리 들어보니
너를 여증자(女曾子)라 불러도 괜찮다 하는구나.

閔庭鯉窮居讀書, 著述多可觀. 嘗於回甲日, 女某氏婦送酒,
遂付詩曰 :

氷霜界裡百憂侵, 誰遣春風洒我襟.
大酒開樽容五石, 細書盈牘抵千金.
六旬回甲仍多病, 三歲歸寧未遂心.
試聽林鳥啼啞啞, 不妨呼汝女曾參.

목만중睦萬中이 안경을 읊은 시

지중추부사(知中樞府事) 여와(餘窩) 목만중(睦萬中, 1727~1810)은 어려서부터 신동으로 일컬어졌다. 젊어서 문과에 급제, 벼슬을 하여 항시 나가고 물러가는 사이에 있었다. 나이 82세에 이르러 생을 마쳤다.[1] 문장 또한 높은 경지에 이르러 온갖 문체에 걸쳐 두루 잘했는데 특히 시에 빼어났다. 그가 열두 살 때 조부 진사공[2]이 안경이란 제목으로 시를 지어보도록 시키자, 말이 떨어지기가 바쁘게 읊는 것이었다.

남국의 벽옥(碧玉) 안경
고당(高堂)의 나이 드신 할아버지.

---

1) 나이~마쳤다 : 목만중이 죽은 것은 강준흠이 지은 「신도비명」에 의하면 84세 경오년 (1810)인 것으로 되어 있다. 여기서 82세라고 한 것은 착오가 있는 것 같다.
2) 조부 진사공 : 목경연(睦慶衍)을 가리킴. 『사마방목』에는 아들 조우(祖禹)가 1738년 식년 진사에 2등으로 합격한 것으로 되어 있고, 아버지 목경연은 학생(學生)으로 나와 있다.

등불을 향하면 더욱 또렷해지고
갑에서 나오자 다시 고와라.
흐릿한 너머로 천지는 커 보이고
눈썹 사이로 일월(日月)이 달려 있는 듯.
책상에 놓여 있는 만권의 책
노안은 온통 너의 힘을 빌려야지.3)

이에 비로소 세상의 문장은 반드시 천부의 재주에 달려 있는 것이지 인공(人工)에 의해서 도달하는 것이 아님을 알았다.

餘窩睦知樞萬中, 幼有神童之号, 少登科第仕宦, 常在隱現間. 壽至八十二, 乃終. 故文章極其所至, 百體俱工, 尤長於詩. 方其十二歲, 祖進士公以眼鏡命題令賦, 卽應聲曰 :

南國碧玉鏡, 高堂白髮年.
向燈逾歷歷, 出匣更娟娟.
膜外乾坤大, 眉間日月懸.
床頭萬卷在, 老眼爾多權.

始知間世文章, 亦必由天品, 非獨人工所至也.

---

3) 『餘窩先生集』(國立中央圖書館 所藏本) 卷1, 1a에 「眼鏡」이라는 제목으로 실려 있으며, 원주에 "무오년(1738) 열두 살 때 작품[戊午十二歲作]"이라 하였다.

목만중睦萬中의 고기잡이 노래

110

여와(餘窩)는 유년 시절을 계양(桂陽 : 지금 부평부(富平府)—원주)에
서 보내 바닷가에서 살았다. 바닷가의 백성들이 고기잡이로 생
업을 삼고 있는 것을 보고, 「고기잡이 노래[漁謳] 아홉 장(章)」[1]을 지었다.

「조수 맞기[迎潮]」

닭 울음소리 듣고 동무를 깨워
조수를 맞으려 강가로 나가네.
새벽잠이 어찌 달지 않으리오마는
오늘 아침 고기 못 잡으면 저녁 끼니 마련할 길 없다네.
밤이 깊어 밥을 재촉해 먹고 나가
배를 불러 강가로 내려가네.

---

1) 『餘窩集』(修綆室 所藏本) 卷1, 5a~6b에 같은 제목으로 실려 있다.

밤잠이 어찌 달지 않으리오마는
오늘밤 고기 못 잡으면 여름살이 마련할 길 없다네.
한 해의 먹고 입는 것, 고기잡이에 달렸으니
조수를 맞으려 아침저녁 나가누나.

「밥 재촉[催飯]」

해가 떠서 조수 방향 바뀌는데
보리밥은 아직 익질 않았구나.
보리쌀은 익는데 시간이 걸리거늘
조수는 급하여 붙잡을 길 없구나.
머리를 긁적이며 부엌에 대고 소리치네
"오늘은 밥이 왜 이리 더디 되나.
내 배가 고파서가 아니고
오늘 고기 못 잡을까 걱정되서라네."

「비나리[祭神]」

선왕(船王)[2]께 제사를 올리는데
돼지다리 한 짝에다 술 한 병.
머리를 굽신굽신 혼자 속으로 말하며
두 손을 모으고 비나리를 하는데,
"그저 바람도 비도 순조롭게만 해 주시면
돼지며 술병을 신령님께 속속 바치겠나이다."

「닻줄 풀기[解纜]」

------

2) 선왕(船王): '서낭', '선령(船靈)'이라고도 하며 조수가 들 때 선주가 색옷을 입힌 여
자 인형을 돛 밑의 선실 한쪽 벽에 상자를 짜서 모신다. 선왕을 모신 뒤에는 설날, 상
원, 추석 등 큰 명절 때마다 돼지머리, 술, 해물을 차려 바친다.

유월이라 부두는 조수와 통하는데
하늘에 맞닿아 물결이 거울 같구나.
낚싯대 들고 배에 오르니
바람이 잔잔하여 돛은 평평히 걸려 있네.
노래 한 곡 마치기도 전에
가벼운 배 벌써 만경창파를 지나누나.

「여울 거슬러 오르기[泝灘]」

석탄(石灘)을 거슬러 오르니 여울이 정말 험하여라
삿대로 돌 뿌리를 버티고 장대로 마름을 헤치느라,
입이 바빠서 노래도 잘 나오지 못하고
바람이 급하여 깃발은 저절로 펄럭이네.
이물에선 팔을 걷어 부치고 고물에선 정강이를 드러내고
협곡이 다하자 평지가 점점 열리네.
머리 돌려 뒤에 따라오는 배를 돌아보니
짧은 노 긴 노 빠르게도 들락거리네.

「그물 내리기[下網]」

바다에 그물을 내리는데
바다는 천 길이요, 그물은 열 자라.
그물 내릴 적에 교룡의 굴엔 가까이 마라
비바람이 거세질까 두렵구나.

「돌아오는 배[回船]」

오량도(五兩島) 무풍도(舞風島) 까맣게 보이는데
먼 하늘의 빗줄기 구름이 어지럽구나.
조수 따라 항산(缸山) 앞바다에 다다르자

키를 들어 배 돌리고 돛 올리기 바쁘다네.

「어부들의 대화[相問]」

　　간밤에 풍우가 사나워
　　닻줄을 강 언덕에 묶어 놓았네.
　　멀지 않은 곳에 배가 있는 줄 알겠으니
　　갈대 꽃 만발한 사이로 어부의 노랫소리 들리누나.
　　배를 저어 가까이 다가가 말을 주고받기를
　　"고기를 얼마 못 잡아 가슴이 답답하구나.
　　아침결에 관가에서 신역(身役)을 독촉하던데
　　고기를 못 잡았으니 이를 어쩔거나?"

「생선 팔기[賣魚]」

　　고기를 짊어지고 장터를 지나는데
　　장터 사람들 고기를 먹게 되었다고 자랑하네.
　　짐을 받쳐놓고 장터 사람들에게 웃으며 말하기를
　　"당신들 먹는 고기 내가 잡은 것이라오."

이 시편들 역시 여와가 열두 살 때 지은 것이다.[3] 편편이 옛 뜻[古意]을 지니고 있다.

시를 잘한다는 명성이 자자해서 하정(荷亭) 처사 이덕주(李德胄, 1695~1751)[4]가 듣고서 찾아갔다. 하정 처사가 운자를 내어 그의 재주를 시험

---

3) 이 시편들~지은 것이다 : 『餘窩集』(修綆室 所藏本) 卷1에 있는 시의 원주(原註)와 배열 순서로 볼 때, 이 작품은 경신년(1440)에 지은 작품이므로, 열네 살 때 지은 것이 맞다.

4) 이덕주(李德胄) : 본관은 전주(全州). 자는 직심(直心), 호는 하정(荷亭). 이수광(李睟光)의 5대손이다. 문학에 빼어났으며 예학에도 밝았다. 『荷亭集』 8권 4책을 남겼으며, 따로 형제간과 사촌의 시문을 함께 엮은 『嘉林四稿』가 전한다.

해 보니 그는 즉시 시를 지어 읊는 것이었다.

> 강호로 가득한 땅 동남방이 아득한데
> 나그네 이별 노래에 역마도 떠날 차비 갖추었네.
> 외로운 여관서 술 깨고 보니 가을밤도 짧아라,
> 산에 걸린 북두성도 셋만 남았구나.5)

하정 처사는 아이의 이마를 어루만지며 그 재주에 놀라고 기쁜 나머지 "풍아(風雅)의 도(道)는 응당 이 아이가 이을 것이다"라고 하였다.

 餘窩幼時, 長於桂陽(今富平府), 居濱海, 海民以捕魚爲業, 公爲「漁謳九章」.

其「迎潮」曰:

> 鷄鳴蹴伴歸, 迎潮立江干.
> 曉眠豈不安? 今朝不漁無夕餐.
> 夜深催飯出, 招舟下江側.
> 夜寢豈不安? 今夕不漁無夏綌.
> 一年衣食在捕魚, 迎潮朝復夕.

其「催飯」曰:

> 日出潮欲倒, 炊麥未成飯.
> 麥硬未①易熟, 潮急不可挽.
> 搔頭回向廚②中語, "今日飯何晚?
> 不是我腸飢, 或恐今日失漁販."

---

5) 이 시는 『餘窩集』(國立中央圖書館 所藏本) 卷1, 1ab에 「隨韻口號上芐亭李先生」이라는 제목으로 실려 있다.

其「祭神」曰:

祭船王, 一豚蹄壺酒兼.
低頭獨心語, 叉手暗口占.
“但今無風又無雨, 豚蹄壺酒何難爲神續續添!”

其「解纜」曰:

六月港通潮, 連天波似鏡.
持竿上釣舟, 風微一帆正.
歌一曲尙未終, 輕橈忽已過萬頃.

其「泝灘」曰:

泝石灘灘正險, 篙撑石脚梃撥菱芡.
口忙歌難發, 風急旗自颭.
前者袒後者襃, 高峽盡平地漸.
回頭更見後來舟, 短棹長橈出沒奄.

其「下網」曰:

下網在海中, 海水千尋網十尺.
下時莫近蛟龍窟, 或恐風雨惡.

其「回船」曰:

五兩舞風島嶼黑, 遙天雨脚雲狼藉.
隨潮劣到缸山前, 捩柁開頭忙掛席.

其「相問」曰:

夜來風雨急,③ 繫纜依江阿.
隣舟不知遠, 蘆花滿④處起漁歌.
移舟相近爲相問, 謂⑤言"得魚苦無多.
朝來官府催身役, 得魚無多可奈何?"

其「賣魚」曰:

荷魚市中過, 市人相誇食有魚.
拄杖笑語市中人, "君食魚自我漁."

此亦公十二歲所作, 而篇篇有古意.
聲名藉甚, 芐亭處士李德冑, 聞而訪之, 命韻以試. 公卽口占以對曰:

江湖滿地渺東南, 游子離謌已秣驂.
孤館酒醒秋夜短, 山含北斗但餘三.

芐亭, 撫頂驚喜曰:"風雅之道, 當屬此子矣."

①未:『餘窩集』에는 不로 되어 있다.
②廚:『餘窩集』에는 屋으로 되어 있다.
③急:『餘窩集』에는 惡으로 되어 있다.
④滿:『餘窩集』에는 深으로 되어 있다.
⑤謂:『餘窩集』에는 爲로 되어 있다.

여항인閭巷人 황택후黃宅厚

111

황택후(黃宅厚, 1689~1737)[1]는 여항(閭巷)의 인물로, 어려서부터 최곤륜(崔昆侖)[2]에게 배워 시를 잘한다는 명성을 얻었다. 그의 「환성(歡城)으로 가는 친구를 작별하며[送人之歡城]」[3]라는 시는 이러하다.

밝은 달은 오늘밤부터 둥글 터인데

---

1) 황택후(黃宅厚): 초명(初名)은 택중(宅中). 자는 자화(子和), 호는 화곡(華谷), 본관은 창원(昌原). 금위영(禁衛營)의 서리(書吏)를 지낸 바 있다. 문집으로 『華谷集』 4권이 전하며, 『昭代風謠』와 『風謠續選』에 그의 시가 뽑혀 실려 있다.
2) 최곤륜(崔昆侖): 최창대(崔昌大, 1669~1720). 자는 효백(孝伯), 곤륜(昆侖)은 그의 호. 본관은 전주이며 영의정을 지내고 학자로서 이름 높은 최석정(崔錫鼎)의 아들이다. 최 창대 또한 문학으로 이름이 높았으며 제자백가(諸子百家)와 경서(經書)에 두루 밝았 다. 숙종 때 문과에 급제, 벼슬은 대사성(大司成)에 이르렀다. 문집으로 『昆侖集』이 전 한다.
3) 『華谷集』 卷1, 2a와 『風謠續選』 卷1, 2ab에 「奉別竹里崔公之歡城」이라는 제목으로 실려 있다. 천안(天安)의 옛 이름이 환주(歡州)인 것으로 보아 환성(歡城)은 천안 또는 성환(成歡) 지역을 가리키는 듯하다.

옛 친구 도리어 이 날에 떠나다니.
차가운 날씨 수국(水國)에는 날아오는 기러기도 없고
머나먼 강남(江南) 땅 저문 구름 가로막혔구나.
중년의 병든 이 몸 작별하기 어렵고
자고로 시인은 벗들과 헤어지길 싫어했네.
알겠노라, 눈서리 치는 동헌(東軒)의 밤에
푸른 등불 마주하고 함께 글 짓던 적 회상하겠지.

「적유령(狄踰嶺)」4)은 이러하다.

층층 첩첩 산마루는 하늘 높이 닿아 있어
꼭대기엔 봄 늦게까지 흰 눈이 덮였도다.
깊은 골짝엔 곰이나 범을 만날까 두렵고
봉우리에선 몸이 두우(斗牛) 사이로 솟는구나.
황막한 평원 비풍(悲風) 앞에 칼을 뽑아들며
높은 초소 석양에 홀로 고향을 그리노라.
우습다, 시인으로 기개를 지니고 있어
창을 베고 변경을 지킬 뜻을 품었으니.

그가 죽자 오천(梧川) 이상국(李相國)5)은 제문을 지어 애도하였다.

黃宅厚閭巷間人, 少從崔昆侖學, 有詩名.
其「送人之歡城」曰 :

明月正①從今夜滿, 故交還向此時分.

---

4)『華谷集』卷3, 7ab와『風謠續選』卷1, 3a에 같은 제목으로 실려 있다. 적유령(狄踰
嶺)은 평안북도 희천(熙川)과 강계(江界) 사이에 있는 높은 고개이다.
5) 오천(梧川) 이상국(李相國) : 이종성(李宗城, 1692~1759). 자는 자고(子固), 오천(梧川)
은 그의 호. 백사(白沙) 이항복(李恒福)의 5대손이다. 영조 때 문과에 급제, 벼슬이 영
의정에 이르렀다. 문집으로『오천집(梧川集)』이 전한다.

天寒澤國無來鴈, 地闊江南隔暮雲.
病客中年難作別, 詞人自古怨離羣.
懸知風雪郡齋夜,[2] 獨對靑燈憶會文.

「狄踰嶺」曰 :

層巒疊嶂逼穹蒼, 絶頂深春覆雪霜.
暗谷心猜熊虎窟, 中峰身出斗牛傍.
悲風大漠頻看劒, 落日危譙獨[3]望鄕.
却笑詞人猶膽氣, 枕戈志欲守邊疆.

及歿, 梧川李相國, 哭之以文.

① 正 : 『華谷集』에는 政으로 되어 있다.
② 夜 : 『華谷集』에는 夕으로 되어 있다.
③ 獨 : 『華谷集』에는 一로 되어 있다.

최광태(崔光泰)의 시

112

 참판(參判) 최광태(崔光泰, 1744~?)[1]는 칠곡(漆谷)의 가산산성(架山山城)[2]을 유람하고 지은 시가 있다.

만 길의 외로운 성 초연(超然)히 앉았으니

---

1) 최광태(崔光泰) : 본관은 전주. 자는 사룡(士龍).『朝鮮王朝實錄』과『內閣日曆』에 의하면, 최광태는 정조 18년(1794)에 초계문신(抄啓文臣)으로 뽑혀『朱書百選』등의 편찬에 관여하였으며, 순조(純祖) 초엽에 충주목사(忠州牧使) 및 승지(承旨)를 지낸 기록이 있다. 강준흠과는 함께 성균관에서 공부하고 같이 초계문신에 뽑힌 인연이 있다. 「정조 037 17 / 02 / 09(임신) / 인정전에서 도기 유생의 제술 시험을 보이고, 희정당에서 초계 문신의 친시 등을 거행하다」(원전 46, 376)에 따르면, 정조가 성균관 유생들에게 제술 시험을 보였는데, 그때 장원을 차지한 사람이 최광태였고, 강준흠은 그 다음이었다. 본래 1등을 한 사람은 바로 전시(殿試)에 응시할 수 있는 특혜가 주어졌는데, 최광태(崔光泰)는 그 전의 응제시(應製試)에서도 이미 장원을 하여 직부전시(直赴殿試)하라는 명을 받았으므로, 차점자인 강준흠에게 혜택이 돌아갔다고 한다.

2) 가산산성(架山山城) : 지금의 경북 칠곡군(漆谷郡) 가산(架山)에 있는 산성. 가산은 높이가 9백 미터에 이르는데 이 지형을 이용하여 둘레 6백여 미터에 이르는 성을 축조한 것임. 1640년 경상도관찰사 이명웅(李命雄)의 발의로 처음 축성이 되었다.

아래로 영남 칠십 고을 진무(鎭撫)하는 듯.
땅 위의 신선은 관부(官府)에 임하였고
구름 사이 닭과 개, 곧 사람 사는 마을이라.
산방(山房)에는 병기가 삼엄하게 진열되고
우묵한 석굴에선 음악 소리 나오누나.
갑자기 안개 만나 방향 알 수 없게 되니
이 몸이 아득하게 태초 세상 들었는가?

산성 아래로 삼십 인 정도 앉을 수 있는 널따란 바위가 있어 그 가운데로 굴(窟)이 뚫려 있는데 풍악을 울리면 소리가 땅 밑에서 위로 울려 나온다고 한다. 그래서 제6구에 '음악소리 나오누나'라고 쓴 것이다.

崔參判光泰, 遊漆谷架山山城, 有詩曰 :

孤城萬仞坐超如, 下撫南州七十餘.
地上神仙在官府, 雲中鷄犬卽村閭.
山房森肅兵連架, 石窟穹窿樂出虛.
忽値煙嵐迷遠近, 此身疑是混荒初.

山下有大石盤陀, 可坐數三十人, 中通爲窟, 鼓樂則聲從地底出故也.

나열羅烈 · 나걸羅杰 형제의 시

113

 나걸(羅杰) 나열(羅烈) 형제[1]는 시학에 공력을 들여 깊이 노두(老杜:杜甫)의 지취(旨趣)를 터득했다. 그리하여 스스로 기축(機軸)[2]을 얻어 근세(近世)의 명가(名家)로 일컬음을 받았다. 나열의 「전가(田家)시」는 이러하다.

---

1) 나걸(羅杰) 나열(羅烈) 형제 : 본관은 안정(安定), 나만갑(羅萬甲)의 5대손으로, 교관(教官)을 지낸 나삼(羅蔘)의 두 아들이다. 형 나열(羅烈, 1731~1803)은 자가 자회(子晦), 호는 주계(朱溪)로 벼슬은 도정(都正)을 지냈다. 동생 나걸(羅杰, 1735~1780)은 자가 중흥(仲興)이다. 형제가 나란히 시문(詩文)으로 문단에 이름을 나란히 하였으며, 글씨도 잘 썼다. 이규상(李奎象)이 지은 『幷世諸彦錄』·『文苑錄』에 이들에 관한 기록이 보인다. 이들의 저작으로 나열의 『海陽詩鈔』와 나걸의 『筆經』이 전한다. 또 朴趾源, 『熱河日記』의 「避暑錄」에 나걸의 인품과 생애에 대해 간단히 소개한 뒤 시 세편을 싣고 있으며, 아울러 "창건침울(蒼健沈鬱)하여 격력(格力)이 두보와 같다"는 중국인의 평도 전하고 있다(이가원 역주, 『국역 열하일기』 2, 민족문화추진회, 1968, 188~192면 참조).
2) 기축(機軸) : 사물의 가장 중요한 부분을 뜻하는 관건(關鍵)과 동의어로 쓰이기도 하는데, 여기서는 시문(詩文)을 잘 구사해서 하나의 품격(品格)을 이룬 것을 뜻함.

들사람 농사철을 중히 여겨서
첫새벽에 일어나 사립문 열고 나서네.
맑은 안개에 산봉우리 반쯤 솟고
새벽별에 까치들은 짝지어 나네.
삼이며 벼는 다투어 잘 자랐고
처자들 모두 오손도손하다네.
들판의 풀 살짝 움직이더니
메뚜기 뛰어 옷자락에 가득하네.3)

羅杰羅烈兄弟, 力攻詩, 深得老杜之趣, 自成機軸, 爲近世名
家. 羅烈「田家」詩曰 :

野人重農節, 早起開柴扉.
淸①霧半峰出, 晨②星雙鵲飛.
禾麻爭彧彧, 妻子共依依.
乍動田中草, 阜螽跳滿衣.

①淸 : 『海陽詩鈔』에는 晴으로 되어 있다.
②晨 : 『海陽詩鈔』에는 殘으로 되어 있다.

---

3) 『海陽詩鈔』卷1, 1a에 「躛人」이라는 제목으로 실려 있다.

박제가(朴齊家)가 귀뚜라미를 읊은 시

114

정종(正宗 : 正祖) 초년에 규장각(奎章閣)을 창설하고, 규장각 학사(學士)는 당대 최고의 인물로 선발하였다. 아울러 서류(庶流)[1] 가운데서 문명(文名)이 높은 사람들을 뽑아 검서관(檢書官)으로 임명하였는데, 박제가(朴齊家)·이덕무(李德懋)·유득공(柳得恭) 같은 인물은 실로 검서관(檢書官) 중에 교초(翹楚)[2]라 할 만하였다. 그런데 그들의 문체(文體)가 가볍고 순정하지 못해, 문풍이 거의 온통 변하게 되었다. 박제가(朴齊家)

---

1) 서류(庶流) : 서자(庶子) 신분의 사람들을 일컫는 말. 양반의 정실 소생을 적자라 하는 데 대해서, 첩의 소생을 서자라 하여 사회적으로 차별 대우를 하였다. 첩 가운데 천첩이나 노비 신분의 몸에서 태어난 경우는 얼자(孽子)라고 하여 이들을 아울러 서얼이라 일컫기도 하였다. 정조가 규장각을 설치하고 특히 명망이 높고 글을 잘하는 관인들을 배치하였는데 이들을 각신(閣臣)이라 일컬었으며 따로 검서(檢書)라는 관직을 두어 서족 가운데에서 가려 뽑아 보임했던 것이다.

2) 교초(翹楚) : 본래 뭇 나무 가운데 높이 솟은 나무라는 뜻인데, 도드라지게 뛰어난 인재를 비유하여 쓰임. 『詩經』「周南」, 「漢廣」의 "翹翹錯薪, 言刈其楚"에 대한 정현(鄭玄)의 箋에, "楚, 雜薪之中尤翹翹者"라 했음.

의 「촉직(促織)3)을 읊다[詠促織]」는 이러하다.

> 오동잎은 큼직하고 섬돌에는 안개가 흐르는데
> 귀뚜라미 우는 빈집은 더욱더 애처롭네.
> 은하수(銀河水) 건너지 못해 시름하거늘
> 견우성(牽牛星) 옆에 뜬 반달, 쪽배일런가?4)

이 시는 당시 사람들의 입에 전하여 읊어졌다.

원문 正宗初元, 刱奎章閣, 閣中學士, 極一代之選, 而又選庶流有文名者, 爲檢書官, 朴齊家·李德懋·柳得恭數人, 實爲檢書中翹楚. 然文體輕靡不醇, 風俗幾乎一變. 朴齊家「詠促織」曰:

> 梧桐葉大砌流煙, 促織虛堂更可憐.
> 咫尺銀河愁不渡, 牽牛星畔月如船.

爲時傳誦.

---

3) 촉직(促織): 귀뚜라미 울음소리를 형용한 말. 직녀의 베 짜기를 재촉한다는 의미도 함께 담고 있다.
4) 『貞蕤閣詩集』 卷1에 「效馮定遠意」라는 제목으로 실려 있는 총3수 중의 제1수이다 (『貞蕤集(附北學議)』, 國史編纂委員會, 1961, 46면).

이덕무李德懋가 궁중에서 숙직하며 지은 시

115

이덕무(李德懋)는 검서(檢書)들 중에서 가장 지식이 해박하다고 일컬어졌고 사람됨이 또한 청고(淸苦)하였다. 일찍이 밤에 날씨가 추워 잠을 이루지 못한 나머지 『논어(論語)』 한 질을 가져다가 바람이 들어오는 곳을 막고, 『한서(漢書)』를 이불에 줄줄이 덮었다. 그의 친구가 조롱하여 말하기를 "누가 그대를 가난하다 말하는가? 『논어』 병풍과 『한서』 이불이야말로 금장취피(錦帳翠被: 비단 휘장과 물총새 무늬로 꾸며진 이불)에 맞먹을 것이오"1)라고 하였다.

그의 「이문원에서 붓 가는 대로[摛文院信筆]」2)라는 시는 이러하다.

---

1) 그의 친구가~맞먹을 것이오: '『論語』 병풍'과 '『漢書』 이불'에 대한 이야기는, 『青莊館全書』 卷48, 1ab에 실린 「耳目口心序」의 제1칙 참조.

2) 『青莊館全書』 卷12(『雅亭遺稿』 卷4), 2b~3a에 실려 있다. 총4수로 되어 있는데, 여기 뽑힌 것은 두 번째 수와 네 번째 수이다. 이문원은 창덕궁 내에 있는 기구로 원래 어진(御眞)·어서(御書)·어필(御筆) 등을 보관하던 곳이었다. 정조 때 규장각과 합쳐지게 되었는데, 이곳에서 규장각 소속의 신하들이 숙직을 하게 되었다. 나머지 시는

후원(後苑)에서 옹용(雍容)히 표직(豹直)3)을 하는데
밀랍지 맑은 창에 햇살 붉게 드는구나.
손수 교감(校勘)한 책들은 을람(乙覽)4)을 거치니
이 직함이 미남궁(米南宮)보다 좋은 것 같네.

미불(米芾, 1051~1107)5)이 화학박사(畵學博士)를 역임했기 때문에 끝 구
절에 쓴 것이다.

≪그 두 번째 수는 이러하다.6)

오척(五尺)7)의 천광(天光)은 석거각(石渠閣)8)에 가깝고
표낭상질(縹囊緗帙)9)의 장서는 화려한 옷깃에 비추누나.
소신이 몸을 용납할 곳을 넉넉히 얻었으니
즐겨 서고 속의 책벌레로 살아가리라.≫

다음과 같다. 첫 번째 수: "吾生四十笑吾涯, 被酒年年臥落花. 始識明時無棄物, 從今
日月屬官家", 세 번째 수: "惻惻春寒穀雨天, 靜如室女寂如禪. 忽聞學士金牌導, 磬
折南廊幔子前."(原註 : 學士入院, 諸檢書具帽帶肅迎)
3) 표직(豹直) : 궁정에서 여러 날 숙직을 서는 것을 가리키는 말. 복표(伏豹)라고도 하
  는데 이는 다른 관원들은 모두 나가서 쉬는데 홀로 숙직을 하는 것이 표범이 엎드려
  있는 것과 같다는 뜻에서 붙여진 말이라고 한다.
4) 을람(乙覽) : 임금이 책을 읽는 것을 말함. 『杜陽雜編』에 "당문종(唐文宗)이 '만약 초
  저녁까지 정사를 보지 않고 을야(乙夜)에 책을 읽지 않는다면 어찌 임금이 될 수 있으
  랴?' 하였다"는 기록에서 연유한다.
5) 미불(米芾) : 자는 원장(元章), 호는 해악(海嶽). 송(宋)나라 때의 인물로 특히 그림에
  빼어났음. 소식(蘇軾)과 친하여 남긴 일화가 많다. 휘종(徽宗) 때 화학박사(畵學博士)
  를 지낸 바 있으며 문집으로 『寶晉英光集』이 전한다.
6) 두 번째 수는 원문에 삭제하라는 표시가 되어 있으나, 참고로 들어 두었다.
7) 오척(五尺) : 아주 가까운 거리를 가리키는 말. 즉 임금으로부터 가까운 거리에 있다
  는 뜻에서 쓴 표현이다.
8) 석거각(石渠閣) : 한(漢)나라 때 궁전에 있던 도서관. 유향(劉向)이 이곳에서 경전(經
  傳)을 연구했다는 말이 전함.
9) 표낭상질(縹囊緗帙) : 표낭은 옥색 비단으로 만들어 책을 넣어둔 자루, 상질은 담황
  색으로 만든 책갑을 가리킨다. 서책을 잘 정돈하여 쌓아둔 모양을 말한 것이다.

李德懋, 在諸檢書中, 冣稱博洽, 爲人亦淸苦. 嘗夜寒不能寐, 以『論語』一部, 積置當風處, 『漢書』鱗次覆于衾, 其友嘲之曰: "孰謂子貧?『魯論』屛·『漢書』衾, 可抵錦帳翠被."

其「摛文院信筆」曰:

雍容豹直禁林中, 蠟紙晴窓日射紅.
手勘羣書經乙覽, 官啣勝似米南宮.

米芾爲畫學博士故云.

≪其二曰:

尺五天光近石渠, 縹囊緗帙映華裾. 小臣赢得容身地, 甘作書堆老蠹魚.≫[1]

[1] ≪ ≫ 안은 삭제하라는 표시가 되어 있으나, 참고로 들어 두었다.

이덕무李德懋가 선연동嬋娟洞을 읊은 시

116

 이덕무(李德懋)의 「선연동(嬋娟洞)」[1]이란 제목의 칠언절구가 있
는데 이러하다.

> 선연동(嬋娟洞) 고운 풀빛, 비단치마와 다투는데
> 남은 분(粉) 향기가 고분(古墳)을 감도네.
> 오늘의 아가씨들 아름다움을 자랑마라
> 무덤 속 무수한 이들도 전에는 너희처럼 고왔단다.

선연동은 평양성 밖에 있는데 관기들이 묻힌 곳이다. 이 시를 읽는
사람들은 자기도 모르게 탄복하여 한 때 널리 전송되었다.

---

1) 『靑莊館全書』 卷10(『雅亭遺稿』 卷2), 5b에 실려 있다.

李德懋「嬋娟洞」七絶曰：

嬋娟洞草賽羅裙, 剩粉殘香暗古墳.
現在紅娘休詫艷, 此中無數舊如君.

洞在平壤城外, 官妓所葬之地. 覽此詩者, 不覺啓齒, 傳誦一時.

박제가_{朴齊家}에게 철보_{鐵保}가 보낸 시

117

박제가(朴齊家)는 검서관(檢書官)으로 왕명(王命)을 받들어 서책을 구하기 위해 네 차례나 연경(燕京)에 갔다. 그때 한족(漢族)이나 만족(滿族)을 불문하고 글을 잘하는 진신(搢紳)들과 사귀었고, 귀국해서도 자주 서신을 보내 소식을 나누었다. 예부상서(禮部尚書) 철보(鐵保)[1]는 만주인(滿洲人)으로, 답시(答詩)를 보내왔는데 이러하다.

천리 밖에서 접부채 한 자루를
멀리 예신(禮臣)에게 보냈구나.

---

1) 철보(鐵保, 1752~1824) : 자는 야정(冶亭), 호는 매암(梅庵)으로 만주(滿洲) 정황기인 (正黃旗人). 건륭(乾隆) 연간의 진사(進士)로, 벼슬이 양강총독(兩江總督)에 이르렀다. 어려서부터 시명(詩名)이 있었고, 특히 초서(草書)를 잘 썼다. 문집으로 『惟淸齋全集』 이 있다. 박제가는 「懷人詩」와 「續懷人詩」에서 철보에 대해 읊은 바 있다. 박제가가 철보(鐵保)에게 보낸 시들은 박제가의 아들인 박장암(朴長馣)이 편찬한 『호저집(縞紵 集)』 卷首1, 「鐵保」에 정리되어 있다(李佑成 編, 『楚亭全書』 下, 아세아문화사, 1992, 50~51면).

문자는 말기(末技)라고 부끄러워하되
모두들 성정(性情)이 참되다 좋아하네.
서법(書法)은 의발을 잊었고
시명(詩名)은 진신(搢紳)들을 무색케 하네.
오경(五更)에 숙직을 하다가 읊조려서
해동인(海東人)에게 답시로 부치노라.2)

朴齊家, 以檢書官, 承命購書, 四入燕京, 交滿漢搢紳能文者,
及歸, 又數寄書問訊. 禮部尙書鐵保, 滿州人也, 其答詩曰 :

千里聚頭扇, 遙遙贈禮臣.
自慚文字末, 輩①喜性情眞.
書法忘衣鉢, 詩名笑搢紳.
直廬吟五夜, 裁寄海東人.

① 輩 : 『縞紵集』에는 君으로 되어 있다.

<hr>

2) 철보(鐵保)가 박제가에게 보낸 시들은 『縞紵集』卷1(李佑成 編, 위의 책, 224~231면)
에 정리되어 있으며, 이 시는 「題朝鮮貢使詩冊, 並寄貞蕤居士」라는 제목으로 실린 두
수 중의 두 번째 시이다. 첫 번째 시는 다음과 같다. "東海乘王會, 星傳使者車. 圖書聯
屬國, 風物紀中華. 好句奚囊富, 遙情客路賒. 不須襄遠道, 中外久同家."

이인異人 이평량李平涼의 시

118

이평량(李平涼)[1]은 어떤 사람인지 알 수 없다. 그는 거짓으로 미친 척하여 세상을 내려다보았다. 항시 평량자(平涼子 : 패랭이)를 쓰고 다녔던 까닭에 사람들이 '이평량'이라고 일컬었다. 처자식을 버리고 사방으로 방랑을 하여 혹은 열흘 동안 먹지 않아도 굶주린 기색이 없었다. 또한 같은 날에 호남(湖南) 땅에서 만났다는 사람도 있고 해서(海西) 땅에서 만났다는 사람도 있어, 종적이 황홀하여 측량할 수 없었다. 그가 지은 「어떤 이에게 주다[贈人]」라는 시는 이러하다.

---

1) 이평량(李平涼) : 실체가 모호하다. 현재 알려진 자료로서 심능숙(沈能淑)의 기록에 의하면 이름이 이은(李巘)이고 자는 자산(子山), 호는 토암(土巖, 또는 土菴), 본관은 전주로, 세상에서 이폐양(李蔽陽)이라고도 불렸고, 바둑을 잘 두고 기이한 술법을 지녀 일화를 많이 남겼다고 한다(『後吾知可』의 『送辭外篇』 卷2, 「李巘傳」). 유본학(柳本學)의 기록에 의하면 이름이 이정해(李廷楷)로서 자는 군범(君範), 호는 토암(土菴)으로, 서울 흥덕리(興德里)에 살았고 득도하여 속세를 떠났다고 한다(『問菴文藁』 上冊, 「李廷楷傳」). 『大東詩選』 卷7, 56~57면에 이은(李巘)이라는 이름으로 「野鶴」 시 한 수가 실려 있다.

작년에 만났을 땐 달이 오동나무에 걸렸더니
금년에 눈이 길에 쌓였을 때 마주치는구려.
흰 구름 깊은 곳에 원기(園綺)2)를 찾을 수 없고
유락(流落)한 인간 세상에는 우우(友于)3)도 드물어라.

「제야(除夜)」는 이러하다.

여관에 모인 벗들 모두 잠을 못 이루건만
혼자서만 베개 안고 쓰러졌노라.
꿈에라도 어렴풋이 동쪽으로 가게 되면
서울에 다다라 묵은해를 보내리라.

「백로를 읊음[詠白鷺]」4)은 이러하다.

해질 무렵 우뚝이 서있으니
푸른 풀 맑은 모래 조는 것이 어울리네.
생각난 듯 문득 하얀 날개 펄럭이며 날아가니
푸른 산속 누구와 만날 기약 하였느냐?

「늙은 기생을 읊음[詠老妓]」은 이러하다.

화려한 누각 동쪽의 한 송이 시들은 꽃
바람과 비를 몇 번이나 겪었던가?
노닐며 날아들던 벌과 나비 소식이 끊어져서
적막한 가운데 봄날을 허송하누나.

---

2) 원기(園綺) : 한나라 고조 때 은자로 이름 높은 상산사호(商山四皓) 중에 동원공(東園
公)과 기리계(綺里季)를 가리키는 말. 여기서는 참다운 은자를 뜻하고 있다.
3) 우우(友于) : 형제 사이의 우애를 나타내는 말. 때로는 형제를 가리키기도 한다(『尙書』
「周書」「君陳」 : "王若曰 : '君陳. 惟爾令德孝恭. 惟孝, 友于兄弟, 克施有政. 命汝尹玆
東郊, 敬哉.'").
4) 『大東詩選』卷7, 56~57면에 「野鶴」이란 제목으로 실려 있다.

 李平涼, 不知何許人, 佯狂傲世, 常着平涼子, 故人稱李平涼.
棄妻子, 周流四方, 或旬日不食而無饑. 一日之間, 有遇於湖
南者, 又有遇於海西者, 蹤跡恍惚不可測.

其「贈人」詩曰：

去歲相逢月入梧, 今年邂逅雪盈途.
白雲多處無園綺, 流落人間少友于.

「除夜」詩曰：

旅館盎簪皆不眠, 唯吾撫枕獨頹然.
悠揚倘得東歸夢, 及到京華送舊年.

「詠白鷺」曰：

軒軒人立①夕陽時, 綠草晴沙倦睡宜.
意到倏然②飜雪去, 靑山影裏赴誰期?

「詠老妓」曰：

一片殘花畫閣東, 幾回經雨又經風?
游蜂戲蝶無消息, 虛送春光寂莫中.

① 人立：『大東詩選』에는 獨立으로 되어 있다.
② 倏然：『大東詩選』에는 忽然으로 되어 있다.

중국에서도 유명한 조수삼 趙秀三

119

 조수삼(趙秀三, 1762~1849)[1]은 자를 지원(芝園)이라 했으며, 양가 (良家) 출신으로 원리(院吏)[2]가 되어 상서(象胥 : 譯官)로 함께 참여하였다. 그리하여 누차 중국에 들어갔는데, 북경에 있으면서 지은 시가 있다.

철판교(鐵板橋)에 푸른 물결 비치는데
궁궐의 담장으로 서향화(瑞香花) 비스듬히 나왔네.
붉은 털모자 쓴 오랑캐 하인이
한가로이 몽고왕 흰 낙타를 씻기고 있네.[3]

---

1) 조수삼(趙秀三) : 본관은 한양(漢陽), 자는 지원(芝園)·자익(子翼), 호는 추재(秋齋)·
   경원(經畹). 개명은 경유(景濰)인데 음이 같아서 경유(慶濰)로도 혼칭된 듯함. 여항시인
   으로 시문에 능하여 송석원시사(松石園詩社)의 핵심인물로 활동하였다. 저서로 『추재
   집(秋齋集)』이 있다.
2) 원리(院吏) : 승정원이나 승문원 등의 서리를 가리키는 듯하다. 원래 서리와 역관은
   직분이 다르기 때문에 제도적으로 서리가 역관으로 진출할 수는 없었다.

드디어 이 시로 인해서 그의 이름이 중국에 알려졌다.

뒷날 그가 취송(醉松) 이희사(李羲師)에게 자기의 시편들을 바로잡아
주기를 청했는데, 취송이 그에게 준 시가 있다.[4]

초야에서 구슬피 노래하며 어초(漁樵)들과 살아가다
그대 시 얻어 보고 쓸쓸한 맘 위로하네.
어떻게 문장을 주옥처럼 지어내어
공연히 찬양하여 구름 위로 보내는가?
풍진(風塵) 세상 흘러흘러 몸은 벌써 늙었거늘
강한(江漢)은 머나멀어 꿈속 생각 쌓이누나.
버들은 물가에 비치고 꽃은 골짜기에 하늘거리니
가볍게 노 저어서 봄 물결 타고 가겠는가?

사대부들이 많이 조수삼을 칭찬하니 그 또한 재주를 믿어 스스로 고
결하게 놀았으며, 이름을 경유(慶濰)로 바꾸었다. 또한 의술을 공부하여
병을 치료하느라 재상가에 출입을 하였는데, 교만해져서 자신의 분수를
지키지 못한 나머지 어느 상공에게 머리채를 잡힌 일이 있었다고 한다.
안타까운 일이다.

趙秀三, 字芝園, 以良家爲院吏, 齒象胥, 屢入中國. 嘗在北京,
有詩曰 :

---

3) 『秋齋集』 卷2, 7b에 「鐵板橋」란 제목으로 실려 있다.

4) 『醉松詩稿』 卷4, 3b에 「答贈趙秀三」이라는 제목으로 모두 2수가 실려 있는데, 그
중 두 번째 수이다. 여기에는 조수삼에 대해, "字芝園, 以良家爲院吏, 齒象胥, 入中國
屢次. 嘗在皇都, 有詠云 : ‘鐵板橋頭映綠波, 宮墻斜出瑞陽花. 大紅氈帽蠻奴子, 閑洗
蒙王白橐駝.’ 遂以名中國. 盖善屬文, 邃字學"라 하였다. 따라서 이 항목은 『醉松詩
稿』에서 취한 것으로 보인다. 첫 번째 시는 다음과 같다. "往世揮毫鐵板橋, 風雲山岳
爲飛搖. 文章自此鳴中國. 歌頌須君煥聖朝. 早抱連城猶自遜, 不遺燕石遠相要. 卽今
才俊蒙收錄, 刀筆焉能屈趙堯?"

鐵板橋頭映綠波, 宮墻斜出瑞香花.[1]
大紅氈帽[2]蠻奴子, 閑洗蒙王白槖駝.

遂以名中國.
後以詩求正於醉松李義師, 李贈詩:

悲謌草澤狎漁樵, 自得君詩[3]慰寂寥.
寧有文章比珠玉, 枉煩吹獎送雲霄.
風塵冉冉形容老, 江漢迢迢夢思饒.
柳映洲沙花動峽, 肯縈柔櫓駕春潮.

士大夫多推詡秀三, 秀三亦恃才自高, 改名慶瀣. 學醫看病, 出入宰相家, 驕傲不能守分, 見摔於一相公云. 惜哉!

①瑞香花: 원문에는 瑞陽花로 되어 있으나, 위쪽에 "瑞陽花 陽疑香字"란 두주가 달려 있고, 『秋齋集』에도 瑞香花로 되어 있어 바로잡았다.
②帽: 『秋齋集』에는 笠으로 되어 있다.
③詩: 『醉松詩稿』에는 書로 되어 있다.

이병옥_{李秉玉}이 삯바느질을 읊은 시

120

 이병옥(李秉玉)은 빈궁하여 먹고 살 길이 없어, 그의 아내가 남의 삯바느질을 하였다. 그가 지은 시가 있는데 이러하다.

먹고살기 어려운 나의 졸(拙)함 안타까우니
삯바느질로 아내를 고생만 시키는구나.
재단하고 재봉함이 법수(法手)에 들어맞아
사람들 원하는 대로 마음에 들게 하네.
바늘구멍으로 세월이 흘러가서
등잔 심지에 홀로 새는 가을밤.
상자 속엔 비단이 없지 않건만
감히 자기 위해 쓸 생각은 전혀 못 하네.

자고로 삯바느질을 노래한 경우는 여기서 비롯되었다. 그래서 기록하거니와 그의 곤궁 또한 대단히 심했던 모양이다.

 李秉玉貧窮不能自食, 妻爲人傭針, 秉玉有詩曰:

艱食憐吾拙, 傭衣任婦愁.
裁縫稱手法, 寬窄協人求.
針孔流暉夕, 燈心獨夜秋.
非無箱裡帛, 未敢爲身謀.

自古賦傭衣者始此, 故錄之, 然其窮亦甚矣.

여항인 이단전李亶佃의 시

121

옮김譯 이단전(李亶佃, ?~1790)[1]은 여항인으로 호를 필한(匹漢)이라 했고, 어려서부터 기특한 재주가 있었다. 일찍이 관왕묘(關王廟)를 지나며 지은 시가 있는데 이러하다.

옛 사당 삼엄하여 햇빛도 차가운데
엄연한 관왕의 상(像) 한나라 의관(衣冠)이라.
그 당시 대업을 이루지 못해
적토마는 천 년토록 안장 풀지 못하누나.[2]

---

1) 이단전(李亶佃) : 자는 운기(耘岐), 호는 필재(疋齋)·필한(疋漢)·인재(因齋)·인헌(因軒). 본관은 연안(延安). 『風謠續選』에 시가 15수 실려 있는데, "亶佃, 字耘岐, 自號疋漢, 又號因軒, 延安人, 賤人也. 才思淸警, 見稱當世"라는 원주가 붙어 있다. 또 조희룡(趙熙龍)의 『壺山外記』에는 「李亶佃傳」이 실려 있는데 그의 시와 인품에 대해 언급하고 있다.
2) 『風謠續選』 卷7, 19a에 「關王廟」라는 제목으로 실려 있다.

평강상(平康相 : 蔡濟恭)이 대배(大拜)3)를 하는 날에, 그가 바친 시가 있는데 이러하다.

어제의 채병사가
오늘은 정사(鼎司)4)에 올랐도다.
임금의 교지가 처음 내리는 곳에
선악(仙樂)이 곧 따르는구나.
여항 사람들 모두 머리 들어 우러르고
조정은 드디어 의심이 풀렸도다.
하늘이 출장입상(出將入相)의 재목 내심에
오직 성명(聖明)으로 알아보시도다.

평강상은 이 시를 받아 보고 매우 기뻐하였다. 그런데 이단전의 다른 시편들은 모두 이에 미치지 못한다. 얼마 있지 않아 요절하였다.

李亶佃, 閭巷間人, 自號匹漢. 幼有奇才. 嘗過關廟賦詩曰 :

古廟陰森①白日寒, 儼然遺像漢衣冠.
當時未了中原事, 赤兎千年不解鞍.

平康相大拜, 亶佃獻詩曰 :

昨日蔡兵使, 今朝入鼎司.
御書初降處, 仙樂且隨之.
閭巷皆懸望, 朝廷遂釋疑.

---

3) 대배(大拜) : 정승을 임명하는 것을 가리키는 말. 채제공은 정조 12년(1788) 우의정에 제수되었는데, 실록의 2월 11일조에, 어필을 용정(龍亭)에 싣고 북치고 피리 부는 사람을 앞세우고 그 집에 가서 전하라는 하유가 있었다는 기사가 있다.
4) 정사(鼎司) : '정(鼎)'은 삼공을 비유한 말로, 정승을 가리키며, 정신(鼎臣)·정태(鼎台) 등의 말도 쓰인다(『後漢書』 「謝夷吾傳」, "宜當拔擢, 使登鼎司.").

天生將相器, 唯有聖明知.

平康相得此甚喜. 然其他詩皆不及此. 未幾歿.

① 陰森: 『風謠續選』에는 幽深으로 되어 있다.

초부(樵夫) 정봉(鄭鳳)의 시

122

 초부(樵夫) 정봉(鄭鳳)[1]은 양근(楊根)의 승지 여만영(呂萬永)[2]의 가노(家奴)이다. 어려서 주인을 위하여 날마다 나뭇짐을 지고 밤에는 시침(侍寢)을 하였는데, 곁에서 독서하는 소리를 듣고 곧바로 암기를 하였다. 주인이 기특하게 여겨 자제들과 함께 글을 읽도록 하였다. 학업이 빨리 성취하였으며 특히 과시(科試)를 잘하여 주인댁의 자제들이 그의 도움을 많이 받았다고 한다. 어떤 사람이 운자를 부르고 백로(白鷺)를 읊어보도록 하였는데, 운자가 떨어지자마자 시를 읊는 것이었다.

감호(鑑湖)의 가을 물은 쪽빛보다 푸르러

---

1) 정봉(鄭鳳): 『風謠續選』 卷5에 '정초부(鄭樵夫)'라는 이름으로 시가 두 편 실려 있고, 원주에서 "樵夫居楊根之月溪峽, 不知何許人, 不自道其名字, 常以小船販柴, 往來江湖間, 人號樵夫"라 하고 있다.

2) 여만영(呂萬永: 1730~?): 본관은 함양(咸陽), 자는 경뢰(景賴). 영조 47년(1771) 정시 문과에 급제. 『實錄』에 정조 11년(1787) 사간의 신분으로 상소를 올린 것이 보인다.

백조 두세 마리 더욱더 분명터니,
노 젓는 한 소리에 모두 다 날아가고
석양 산빛만 긴 못에 가득 찼네.3)

듣는 이들이 너나없이 좋다고 찬탄하였다.

樵夫鄭鳳, 楊根呂承旨萬永家奴也. 幼爲主, 逐日負樵, 夜則侍寢, 傍聽讀書聲, 輒能暗記. 主異之, 令與子弟讀書, 業驟進. 善於科詩, 主家子弟多賴其力. 客有呼韻使賦白鷺, 卽應口對曰:

鑑湖①秋水②碧於藍, 白鳥分明見兩三.
搖櫓③一聲飛去盡, 夕陽山色滿長潭④.

聞者莫不稱奇.

① 鑑湖 : 『風謠續選』에는 東湖로 되어 있다.
② 秋水 : 『風謠續選』에는 春水로 되어 있다.
③ 搖櫓 : 『風謠續選』에는 欸乃로 되어 있다.
④ 長潭 : 『風謠續選』에는 空潭으로 되어 있다.

___

3) 『風謠續選』 卷5, 30b~31a에 「東湖」라는 제목으로 실려 있다. 이 시에서 감호(鑑湖)
는 동호의 별칭으로 쓴 듯하다.

영락제_{永樂帝}에게 뽑혀간 조선 여자들

123

영락(永樂)[1] 연간에 우리나라 여자로 여씨(呂氏)·한씨(韓氏)·권씨(權氏)가 명나라로 뽑혀 가서 입시(入侍)하였다. 한씨는 여비(麗妃)로 봉을 받았는데, 그의 오라비인 한확(韓確, 1403~1456)[2]은 이로 인해서 중국에 가서 벼슬을 하여 광록시소경(光祿寺小卿)에 이르렀다. 후에 한확은 귀국하여 좌상(左相)에 이르렀다. 권씨는 풍만하면서 아름답고 소(簫)를 잘 불어 가장 은총을 받았으며 현비(賢妃)로 봉을 받았다. 현비의 사적은 『열조시집(列朝詩集)』에 실려 있는데, 관련된 시가 전한다.[3]

---

1) 영락(永樂): 영락은 명나라 제3대 황제 성조(成祖)의 연호(1403~1424). 영락제는 원래 제2대 황제인 건문제(建文帝)의 숙부로서, 조선에서 세조가 단종을 쫓아내고 왕위에 오르듯 건문제를 축출하고 황제의 위에 오른 다음 수도를 남경에서 북경으로 옮겼다.

2) 한확(韓確, 1403~1456): 본관은 청주(淸州). 자는 자유(子柔), 호는 간이재(簡易齋). 그가 좌의정이 된 것은 1455년의 일이며, 좌익공신 1등으로 서원부원군(西原府院君)에 봉해졌다. 시호는 양절(襄節).

3) 이 시는 『列朝詩集』 「乾集」 卷下, 3b에 실린 「宮詞一百七首」(錄七十首) 중 한 수인데, 명(明)의 영헌왕(寧獻王) 주권(朱權)의 작품이다. 그 주에 다음과 같은 내용이 있다.

홀연 하늘에서 옥소(玉簫) 소리 들려
꽃 아래로 천천히 거닐며 홀로 듣노라.
삼십육궁의 가을은 온통 한빛인데
어느 곳에 달이 유독 밝게 비칠까?

영락 8년(1410)에 성조(成祖)가 북정(北征)하는 것을 따라 나섰다가 임성(臨城)[4]에 이르러 세상을 떠났으며, 시호는 공헌(恭獻)이다. 그 후 역관 원민생(元閔生, ?~1435)[5]이 북경에 갔을 때 황제의 뜻을 받들어 왔는데, "황후가 죽은 이후 권비(權妃)로 하여금 육궁(六宮)의 일을 관리하도록 한 바, 여씨(呂氏)는 고려 내관(內官)에게 비상을 보내주도록 청하여 호두차에 함께 타서 권비에게 주어 죽게 하였다. 짐이 낙철(烙鐵)을 써서 심문하여 죽였다"라고 하였다.

永樂中我國女子呂氏·韓氏·權氏, 被選入侍. 韓氏封爲麗妃, 其兄確, 因此入仕中朝, 至光祿寺小卿. 後歸東至左相. 權氏豊艶, 善吹簫, 最承恩寵, 封爲賢妃, 事載『列朝詩集』. 有詩云:

忽聞天外玉簫聲, 花底徐行獨自聽.
三十六宮秋一色, 不知何處月偏明.

永樂八年, 侍成祖北征, 至臨城而薨, 謚曰恭獻. 其後譯官元閔生, 赴

"永樂間, 上寵幸高麗賢妃權氏, 穠粹善吹簫, 宮中爭效之, 故臞仙(朱權 晩年의 自號 —역주)「宮詞」, 有'天外玉簫' 及'美人猶自學吹簫'之句. 王司綵「宮詞」亦云: '贏得君王留步輦, 玉簫嘹喨月明中.' 皆紀實也." 위에 인용된 주권(朱權)의 작품과 주에 인용된 왕사채(王司綵)의 작품은 모두 『佩文齋詠物詩選』卷189의 '소류(簫類)'에 실려 있을 만큼 유명한 작품들이다.
4) 임성(臨城): 중국 하북성(河北城)에 있는 지명.
5) 원민생(元閔生): 본관은 원주(原州). 중국어에 능통하여 태종에서부터 세종 사이에 여러 차례 통사로 명나라에 다녀온 바 있다. 본문과 관련하여 실록에는 태종 14년(1414) 9월 19일(己丑)조에 원민생이 흠문기거사(欽問起居使)의 통사로서 명나라 황제의 성지(聖旨)를 받아온 것으로 되어 있으며, 그 내용에 사건의 전말이 자세하다. 이밖에 세종 6년(1424) 10월 17일(戊午)조에 그 뒤의 이야기가 자세히 나온다.

京欽承聖旨 : "自皇后崩後, 令權①妃管六宮事. 呂氏請于高麗內官借砒
礵, 和胡桃茶以與權妃致死, 朕用烙鐵, 訊呂氏殺了."

정세익(鄭世翼, 1784~1835)[1]의 「목대(木碓 : 디딜방아)」 시는 이러하다.

몸체는 쭉 곧다가 다리에서 둘로 나뉘니
양쪽의 버팀목은 나무다리인 듯하네.

---

1) 정세익(鄭世翼) : 자는 경수(景守), 호는 몽파(夢坡). 본관은 동래(東萊). 문음(門蔭)으
로 진안현감(鎭安縣監)과 배천(白川郡守) 등을 역임하였다. 조선 후기의 문장가인 연
천(淵泉) 홍석주(洪奭周)의 표종제(表從弟)로, 『淵泉集』 卷29에 「表從弟白川郡守鄭君
(世翼)墓誌銘」라는 제목으로 그의 묘지명이 실려 있다(鄭允容 編, 『東萊鄭氏家錄』
卷14, 16b~18b에도 수록되어 있다). 연천은 이 글에서 자신에게 자주 간언을 했던 그
의 강직한 성품과 죽는 순간까지도 백성들의 어려움을 잊지 못했던 어진 마음을 기리
고 있다. 강준흠의 『三溟詩集六編』, 8b~9a에 그의 시에 차운한 시가 있는데, 시의 내
용으로 미루어 보아도 큰 포부를 지녔던 인물임을 알 수 있다. 「次鄭景守(世翼)」:"百
有年來田制廢, 徵租獨萃小農家. 不知浦落川崩幾, 將奈軍須國計何! 磻谷遺書(역주
자-柳馨遠의 『磻溪隧錄』)虫半蝕, 箕城古井草交加. 知君早有經邦志, 莫把光陰費咏
哦."(『三溟集』(2), 114~115면)

돌구멍은 오목한 배처럼 받아들이고
겨가 벗겨짐에 장요(長腰)[2]가 드러난다.
동정(動靜)에 따라 허실(虛實)을 알겠고
한가롭고 바쁨에 아침저녁이 바뀌누나.
산을 향해 때때로 읍(揖)을 하자
뭇 새들은 자기들 부르는 줄 알고 모여드네.

 鄭世翼「木碓」詩曰 :

體直分雙尾, 交撐似彴橋.
石穿承凹腹, 糠褪露長腰.
動靜知虛實, 閒忙遞暮朝.
向山時拱揖, 禽鳥集如招.

---

2) 장요(長腰) : 쌀의 다른 이름(『書言故事』「米類」: "米曰長腰").

요절한 신동 행당동자杏堂童子의 시

행당동자(杏堂童子)는 안동 김필주(金弼周)의 아들이다.[1] 말을 배우기도 전에 글을 지었으며, 도학군자(道學君子)를 닮아서 어린 아이의 구기(口氣)와는 전혀 같지 않았다. 그의 시를 들어보면 이러하다.

봄바람 산들산들
봄 달도 밝아라.
바위 위에 꽃 예전처럼 피었는데
시냇물은······
길 위의 나귀와 구름 사이 새

---

1) 『杏堂冤稿』 卷1, 6b~31a에 백부(伯父)인 김홍보(金弘輔)가 지은 「遺事」가 부록으로 실려 있다. 행당동자(杏堂童子)의 본관은 평성(平城). 초명은 도길(都吉)이었는데, 그의 어머니가 너무 영오(穎悟)한 것을 보고 오래 살라고 '팔백(八百)'이라 고쳐 불렀다 한다. 나중에 정식으로 경림(景霖)이라 이름 짓고, 자를 택세(澤世)라 하였는데, '행당동자'는 스스로 일컬은 것이라 한다. 한편, 행당동자의 아버지는 필형(弼衡)이고, 자를 극부(克夫)라 하였다.

천기(天機) 흐르는 곳에 저절로 우네.[2]

온 고을이 신동으로 일컬었으나, 나이 겨우 아홉에 죽었다. 그의 누이
또한 재주가 특별하였는데, 열두 살에 죽었다. 동자가 죽었을 때에 그
누이가 말하기를, "동생이 일찍이 은행나무 아래서 놀다가 돌을 쌓아
공간을 만들고, 그 속에다가 지은 시문을 감추어 두고 말하기를, '나를
후세에 전할 것이 여기 있다'고 하였습니다"라 하였다. 이에 그의 부친
이 그곳을 찾아보니 『행당집(杏堂集)』 한 권이 나와서 함께 순장을 하였
다. 고을 사람들이 이 사실을 듣고 책이 없어지게 되는 것을 안타깝게
여겨 관을 열어 책을 꺼내서 간행하라고 권하였다. 그래서 간행이 되어
사우(師友)들 사이에 보급될 수 있었다. 박남야(朴南野 : 朴孫慶)는 이 책에
서문을 써서 전해지도록 하였다.[3]

 杏堂童子, 安東金弼周之子也. 未學語, 能屬文, 有類道學君
子, 絶不似髫年口氣. 其詩曰:

春風輕, 春月明.[1]
巖花依舊在,[2] 澗水□□□.[3]
路上之驢雲際鳥, 天機流處自然鳴.

一鄉稱以神童, 年纔九歲而殀. 其姊亦有異才, 十二亦殀. 童子之亡,
姊言 : "童子嘗游杏樹之下, 纍石爲室, 藏其所著詩文曰 : '吾傳後之資
在此.'" 其父發之, 有『杏堂集』一卷, 遂以殉葬. 鄉人聞之, 皆惜其泯沒,

---

2) 『杏堂寃稿』 卷1, 2a에 「春日偶成三五七言」이란 제목으로 실려 있는데, 중간 부분
   이 『삼명시화』에 실린 것과는 많이 다르다.
3) 『杏堂寃稿』는 당대에 목판본으로, 20세기 들어와서는 석인본으로 간행되었으며, 뒤
   에 그 누이의 시문을 모은 『杏堂殤姊寃稿』가 부록으로 수록되었다. 그 지역 유명 인
   사들의 서발문(序跋文)이 많이 실려 있는데, 서(序)를 쓴 것은 이상정(李象靖)이다. 박
   손경의 글은 「寃稿跋」이라는 제목으로 나와 있고, 또 『南野先生集』에는 卷6, 2b~3b
   에 「書金童子杏堂寃稿後」라는 제목으로 수록되어 있다.

勸其啓欑登梓, 因得印行士友間, 朴南野序而傳之.

① 春月明:『杏堂冤稿』에는 春物生으로 되어 있다.
② 依舊在:『杏堂冤稿』에는 有幽色으로 되어 있다.
③ 澗水□□□:『杏堂冤稿』에는 "野草不知名"으로 되어 있다.

 오약산(吳藥山 : 吳光運)은 영종(英宗 : 영조) 원년(1724)을 맞이하여 올린 춘첩자(春帖子)[1]에

진년(辰年)에 비로소 요천(堯天)의 위대함을 보고
인월(寅月)에 거듭 나라에 글을 올리노라.[2]

라 썼다. 원년이 갑진년(甲辰年)이었던 때문이다. 이 시에 임금이 몸소

---

1) 춘첩자(春帖子) : 여기서 춘첩자는 문관들에게 상서로움을 맞는 신년시[延祥詩]를 지어 올리게 한 것 중에서 채점하여 선정한 시구를 연잎이나 연꽃무늬를 그린 종이에 써서 대궐 안의 기둥이나 문설주에 붙이게 한 것이다.
2) 『藥山漫稿』 卷2, 13b에 「甲辰大殿春帖子」라는 제목으로 실려 있는데, 제목 아래 "장원을 차지하여 상현궁을 상으로 하사받았다[居魁, 賞賜上弦弓]"라는 원주가 있다. "蓬萊雪盡五雲低, 玉陛迎新彩仗齊. 華萼樓春飛並鶴, 長秋宮曉趁初鷄. 辰年始見堯天大, 寅月爭擎漢詔題. 講席邇英三接罷, 瑞暉移下午門西." 미련 뒤에 "세수에 농사를 권면하는 비망기를 내리셨다[歲首降勸農備忘記]"라는 원주가 있다.

관주(貫珠)를 쳤으며, 이로부터 특별한 관심을 받아 벼슬길에 빨리 올라
서 홍문관제학(弘文館提學)에 이르렀다.

 吳藥山, 當英宗初元, 進春帖曰:

辰年始①見堯天大, 寅月重②攀漢詔題.

以初元甲辰故也. 上親加批貫, 自是眷遇進塗, 遂間官弘文提學.

① 始:『藥山漫稿』에는 復로 되어 있다.
② 重:『藥山漫稿』에는 爭으로 되어 있다.

 약산(藥山)이 최석항(崔錫恒, 1654~1724)[1]을 애도한 만시(輓詩)는
이러하다.

신축년(1721)[2]에 나라를 한 손으로 부지하니
오경(五更) 삼점(三點)에 누수(漏水)는 쉼 없었네.
천지는 뒤흔들리자 문을 밀고 급히 나가고
별과 달이 삼삼한데 전각으로 천천히 내려갔네.
백 사람 백 말해도 자신을 돌보지 않음은 종사를 위함이요

---

1) 최석항(崔錫恒) : 본관은 전주(全州). 자는 여구(汝久). 호는 손와(損窩). 영의정 석정
(錫鼎)의 아우. 1680년 문과에 급제. 벼슬은 좌의정에 이름. 1721년부터 2년에 걸친 노
론과 소론 사이의 정쟁에서 소론이 승리하는 데 큰 역할을 하였으며, 1721년 10월 왕
세제(王世弟 : 뒤의 영조) 대리청정의 지시가 내렸을 당시 좌참찬으로서 그 부당성을
지적하여 그것을 철회시키기도 하였다. 당시 소론 4대신 가운데 한 사람으로 꼽혔기
때문에, 영조가 즉위한 뒤 관작이 추탈되었다가 복관되기도 하였다.
2) 신축년(辛丑年) : 경종(景宗) 원년. 이때 왕세제의 책봉 문제로 심각한 정치적 갈등이
일어났었다.

삼 년 동안 있는 힘껏 나라 은혜 갚은 일은 귀신도 알리라.
학가(鶴駕)가 문에 다다라 조문하심 보니3)
오히려 경전을 펴 놓고 공부하던 때 같구나.

 藥山輓崔錫恒詩曰 :

辛丑邦家隻手持, 五更三點漏垂垂.
乾坤震蕩排闥急, 星月昭森下殿遲.
百口忘生宗社在, 三年盡瘁鬼神知.
試瞻鶴駕臨門弔, 猶似橫經講肄時.

---

3) 학가(鶴駕)가~보니 : '학가(鶴駕)'는 왕세자가 타고 온 수레를 가리키는 말인데, 여기
서는 영조가 왕세제의 입장으로 최석항의 집에 문상 온 것을 뜻한다.

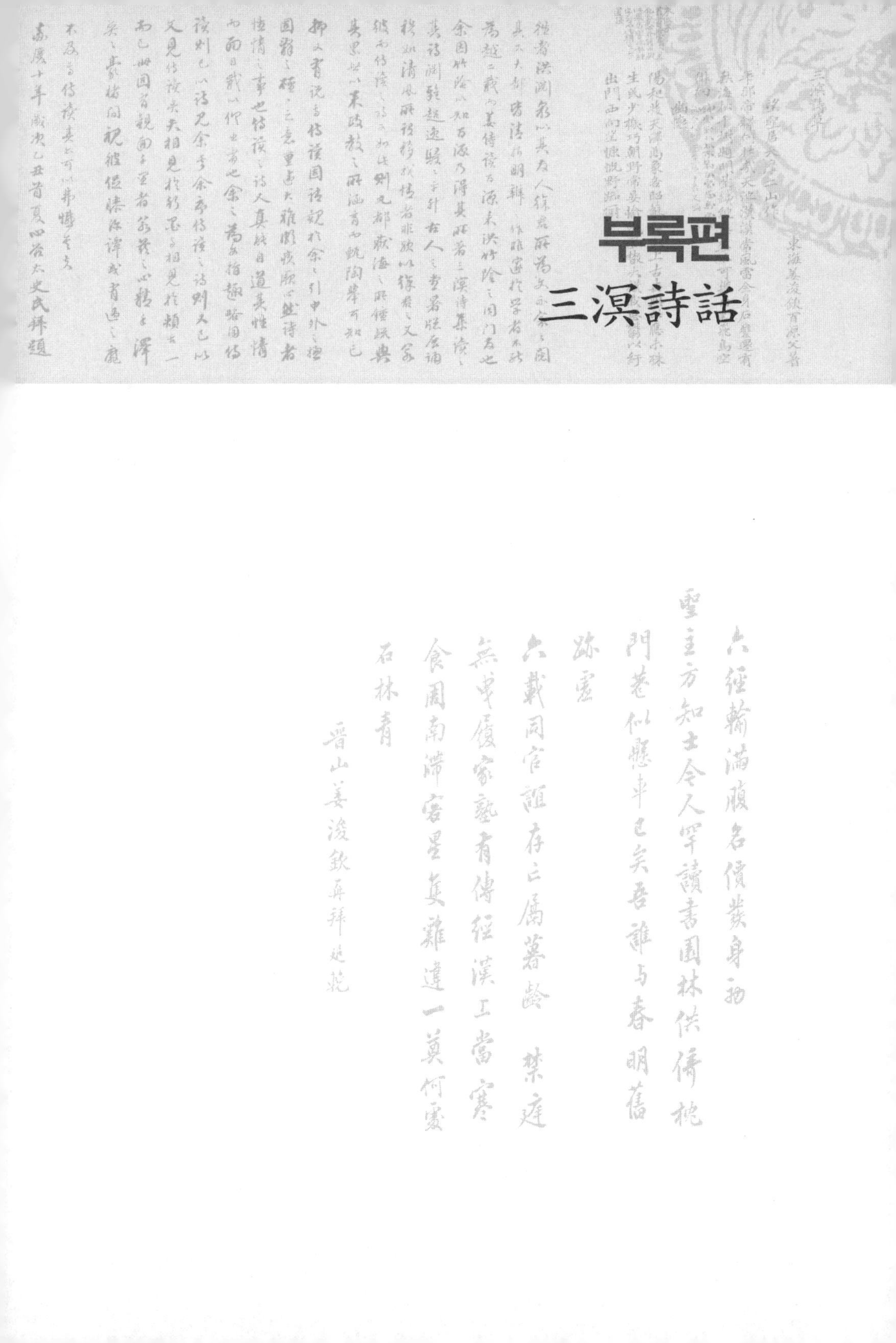

부록편
三溟詩話

강준흠(姜浚欽)과 『삼명시화(三溟詩話)』

이현일

1.

사람이 잊혀 지면 저작도 잊혀 진다. 조선 후기에 명멸했던 수많은 인물들 중에서 우리가 이름을 익숙하게 알고 있는 사람은 몇 명이나 되는가?

『삼명시화(三溟詩話)』의 저자 강준흠(姜浚欽, 1768~1833)은 우리에게 너무 낯선 이름이다. 그의 본관은 진주(晉州)이고 자(字)는 백원(百源)이며, 삼명(三溟)은 그의 호이다.[1] 그가 태어나서 자란 곳은 시흥(始興)의 난곡

[1] 지금까지 강준흠과 『삼명시화』에 대해 다룬 글은 다음과 같다. 姜東燁, 「三溟 姜浚欽論」, 『조선후기 한시 작가론』 2, 이회, 1998; 이현일, 「『삼명시화(三溟詩話)』로 본 18세기 한시사(漢詩史)」, 『민족문학사연구』 27호, 2005.4. 이밖에 李家源, 『朝鮮文學史』下, 태학사, 1997, 1304면 및 안대회, 『조선후기시화사』, 소명출판, 259면에서 각각 강준흠과 『삼명시화』의 존재를 언급하고 있다.

(蘭谷)으로, 그의 묘소도 여기 있는데, 바로 지금의 서울특별시 관악구 신림동 일대이다.

필자는 다산(茶山) 정약용(丁若鏞, 1762~1836)이 스스로 지은 자신의 묘지명(墓誌銘)에서 우연히 그의 이름을 처음 보았다. 다산의 술회에 따르면, 다산은 귀양 14년 만에 해배될 기회를 맞이하였는데, 강준흠이 상소를 올려 극렬히 반대한 탓에, 4년이나 귀양살이를 더해야 했다(『與猶堂全書』卷16「自撰墓誌銘(集中本)」). 그리고 얼마 뒤에는 다산의 문집 곳곳에서 강준흠에 대한 비난을 찾아 볼 수 있었고, 강준흠의 주변 인물이 다산에 대해 남긴 기록 역시 이에 못지않다는 것을 알게 되었다. 강준흠과 다산은 본래 같은 당파에 속하였을 터인데, 어떻게 이런 사이가 되었을까?

강준흠의 고조부인 석빈(碩賓, 1631~1691)은 남인(南人)의 중진으로 활동했으면서도 인현왕후(仁顯王后)가 폐위될 때 반대한 것으로 알려져 있다. 석빈은 대사성(大司成)에 오르고 진선군(晉善君)에 습봉되었지만, 증조인 학(㰒, 1662~1727)과 조부인 필득(必得, 1700~1771)은 모두 벼슬을 하지 못했으며, 부친인 세정(世靖, 1743~1818)도 현감(縣監) 벼슬에 그쳤다. 이처럼 다소 침체된 집안에서 어릴 적부터 집안의 기대를 한 몸에 받고 자라난 것이 강준흠이었다.

그는 어렸을 때부터 신동(神童)으로 유명하여, 열네 살 때 임금 앞에 불려 나가 정조(正祖)가 직접 보고 시를 지어 보게 하고 몹시 칭찬한 적이 있을 정도였다. 스물네 살 때인 정조 16년(1792)에 성균관에 들어가 공부하였다. 이 무렵 강준흠은 부친의 주선으로 당시 남인의 영수였던 채제공(蔡濟恭, 1720~1799)의 정치적 후계자로 지목받던 금대(錦帶) 이가환(李家煥, 1742~1801)의 문하에도 드나들었던 것으로 보인다. 이가환(李家煥)의 문집인 『금대시문초(錦帶詩文艸)』 권2에는 강준흠에게 써 준 글이 두 편 남아 있는데, 그 중 하나인 「답강생준흠서(答姜生浚欽書)」는 과거 시험을 보기 위한 공부가 참된 공부에 해가 되지 않을까 고민하는 강준흠에게 과거에 응시하도록 타이르는 내용이다. 이러한 충고가 도움이 되었는지는 알 수 없지만, 어쨌든 강준흠은 성균관에 입학하고 바로 두 해 뒤에 스물여섯의 나이로 정시 문과에 급제하고 곧바로 규장각(奎章閣) 초계문신(抄啓文臣)으로 선발된다. 이처럼 강준흠은 이미 이십대 중반에 이미 그 당시 누구나 선망하는 길을 걸어 나갔는데, 이 시기부터 1801년 순조가 즉위하기 전까지 6~7년 사이가 그의 삶에서 가장 득의(得意)한 때였다. 초계문신에 뽑힌 뒤에도 정조가 너무 총애하자 시기하는 사람이 있어 그를 헐뜯으니, 정조가 "아무는 양선(良善)한 사람이다"라고 감싸 주었다고 한다. 정조 23년(1799)에 벌써 특명으로 육품(六品)에 올라 사간원(司諫院) 정언(正言)과 사헌부(司憲府) 지평(持平)에 임명된다. 『삼명시집(三溟詩集)』의 일편(一編)과 이편(二編)에는 이 시기 정조의 권우(眷遇)를 받은 일을 읊은 시들이 다수 실려 있으며, 정조가 문체반정(文體反正) 이후 순정(醇正)한 문체를 진작시키기 위해 펴낸 『정시문정(正始文呈)』에도 강준흠의 배율(排律)이 실려 있다. 이때 정조에게 몹시 사랑을 받았던 터라, 훗날 정치적으로 소외되었을 때에는 정조가 나와 타이르는 꿈을 꿀 정도였다.

1801년 정조가 갑작스레 세상을 떠나고, 벽파(僻派)가 정국을 장악하게 되었을 때, 강준흠은 목만중(睦萬中, 1727~1810), 이기경(李基慶, 1756~1819) 등과 함께 공서파(攻西派)에 속하게 된 덕분에, 순조 5년(1805) 정순왕후(貞純王后)가 세상을 떠나던 무렵까지는 비교적 벼슬길이 순탄했었던 것으로 보인다. 순조 2년에는 『정종실록(正宗實錄)』의 기사관(記事官)으로 뽑히기도 하였고, 부교리(副校理)가 되어 동학교수(東學敎授)를 겸하기도 하였으며, 순조 5년에는 정순왕후의 부음을 알리기 위한 고부사(告訃使)의 서장관(書狀官)으로 연경(燕京)에 다녀오기도 하였다.

순조가 친정을 시작하고 정순왕후가 세상을 떠난 뒤 벽파가 정치적으로 몰락하고 시파(時派)의 김조순(金祖淳) 등이 정권을 장악하면서, 강준흠은 채제공 계열의 남인들로부터 비판의 표적이 되었던 것으로 보이며, 특히 순조 7년 이만영(李萬榮)의 상소 이후 한동안 벼슬에서 물러나

있었다.2)

순조 10년 복직한 뒤 이듬해 황해도 수안군수(遂安郡守)로 부임하여 기민(飢民)들을 구제하고, 홍경래의 난이 일어나자 요해처를 굳게 지켜 수안군을 잘 방비하였으며, 순조 13년(1813)에는 전폐(錢幣)를 개주(改鑄)하여 전황(錢荒)을 타개하자는 상소와 구체적인 시행 방안을 담은 별단(別單)까지 올렸으나 채택되지 않았다. 그 뒤로도 여러 청직(淸職)을 지냈으나, 여러 가지 정치적 사건과 부모의 상을 연달아 당해 10여 년 간을 의기소침한 채 지냈던 것으로 보인다.

그러던 중 순조 27년(1827) 효명세자(孝明世子)가 대리청정을 하면서 점차 장동 김씨 일문과 대립하게 되자 다시 중용된 것으로 보인다. 지제교(知製敎)에 뽑히고, 통례원(通禮院) 좌통례(左通禮)를 거쳐 이듬해 즈음에 동부승지(同副承旨)에 올랐는데, 이때가 되어서야 비로소 당상관으로 승진한 것으로 추정된다. 순조 30년 5월에 효명세자가 세상을 떠나자, 강준흠은 "삼삭을 밤낮으로 애도하면서 단 한 마디도 피곤하다는 말을 하지 않았다[三朔夙夜, 一不言病]"고 한다. 그 뒤 세상일에는 전혀 뜻이 없어 환로를 아주 단념하고 순조 32년(1832) 아들 시영(時永)이 고을 원으로 있는 은율(恩栗)로 갔다가 다음 해 정월에 생을 마친다.

아들인 강시영(姜時永)이 지은 「가장(家狀)」과 한 집안사람으로 정치적으로 같은 길을 걸었던 강세륜(姜世綸)이 지은 「묘지명」에 따르면, 그가 남긴 저작은 다음과 같으며, 모두 집안에 소장되어 있다고 했다.

　　『삼명집(三溟集)』 10권

---

2) 강준흠은 이러한 정치적 공세가 채제공의 제자였던 李益運과 관련이 있는 것으로 보고 있다. 강준흠, 「弘文館校理李公墓誌銘」: "時去辛酉寖久, 朝廷一變, 益運乘機圖進, 喉臺官李南圭反誣公(이기경을 가리킴—필자), …… 配雲山. 益運又嗾權似誣洪公(洪義運을 가리킴—필자), 遂李萬榮誣余. 自是闢異者相繼去國, 李益運進矣."(洪以燮, 「『闢衛編』纂集者 李基慶의 傳記資料」, 『崔鉉培 先生 還甲記念論文集』, 思想界社, 1954, 528면에서 재인용)

『시술편(時述編)』2권
『동국선현전(東國先賢傳)』1권
『유헌록(輶軒錄)』2권
『독서차기(讀書箚記)』

　지금 후손들이 영인하여 2책으로 간행한 『삼명집(三溟集)』은 규장각 소장본으로 『삼명시집일편(三溟詩集一編)』부터 『삼명시집팔편(三溟詩集八編)』까지 4책으로 된 『삼명시집(三溟詩集)』과 『동국선현전(東國先賢傳)』을 합본한 것이다. 이 『삼명시집』은 위에 나오는 『삼명집』의 일부로 판단되며, 『시술편』과 『유헌록』의 행방은 아직 알려지지 않았다. 『시술편』이 어떤 내용인지는 알 수 없으며, 『유헌록』은 순조 5년 고부사(告訃使)의 서장관(書狀官)으로 연행했을 때의 기록으로 추정되는데, 지금은 소장처가 분명치 않다. 『독서차기(讀書箚記)』는 원래 분량이 얼마인지는 알 수 없으나, 강경훈(姜景勳)에게 필사본 1책이 소장되어 있다. 한편, 규장각에는 정조의 명으로 편찬된 『영남인물고(嶺南人物考)』10권(본래 17권인데 7권은 落帙된 것으로 추정)이 필사본으로 남아 있는데, 그 중 권10을 이지영(李址永)과 함께 강준흠이 집필한 것으로 알려져 있다.

　강준흠은 시문(詩文)에 모두 조예가 깊었다고 하는데, 그와 정치적 운명을 함께 한 목만중(睦萬中)도 그의 시와 문이 모두 경지에 이르렀다고 인정하고 자신의 묘문(墓文)을 부탁하였다. 이밖에도 공서파의 거물들인 홍의호(洪義浩, 1758~1826)와 이기경의 비지문(碑誌文)을 도맡아 짓게 되었으며, 일가·친척의 비지문은 그의 손을 거친 것이 많다. 그와 동시대의 대가로 손꼽히는 신위(申緯, 1769~1847)도 그가 시학에 대한 감수성이 남다른 것을 높이 평가한 바 있으며, 고부사의 서장관으로 연경에 갔을 때는 옹방강(翁方綱)의 제자로 조선 시인들과 교분이 깊었고 당시 시로서 성가가 높았던 오숭량(吳崇梁)도 그의 시를 상찬하였다. 서법에도 일가견이 있어 초서(草書)와 해서(楷書)를 잘 썼다고 한다.

2.

『삼명시화』는 현재 알려진 바로는 망창창재(莽蒼蒼齋)에 소장된 것이 유일하며, 이 책은 불분권(不分卷) 1책으로 저자 친필의 초고본(草藁本)으로 판단된다. 저작 시기에 관한 기록은 아직 확인된 것이 없는데, 본문의 내용 중에 목만중의 죽음을 언급한 말이 있어, 목만중이 세상을 떠난 순조 10년(1810)에서 강준흠이 세상을 떠난 순조 33년 사이에 완성된 것이 분명하다는 것을 알 수 있다. 본문을 살펴보면, 차분하게 또박또박 씌여진 곳도 있고, 어지러운 행초(行草)로 되어 있는 곳도 있으며, 군데군데 지우고 가필한 흔적이 보이고, 가끔 첨지(籤紙)를 달아 내용을 보충하기도 하여, 이 책이 하루아침에 이루어진 것이 아니라는 것을 알 수 있다.

일반적으로 시화(詩話)는 시인들의 흥미 있는 일화(逸話)나 경구(警句), 당대에 회자(膾炙)되었던 시, 작품성은 우수한데도 일실된 작품들을 찾아 소개하고 있는바, 당시 사람들의 눈으로 본 당대 시인들의 모습과 시에 대한 취향을 살펴볼 수 있으며, 수많은 작가와 작품들 중에서 연구의 초점을 잡을 만한 단서를 제공해 주기 때문에 긴요하다.

『삼명시화』는 모두 127칙(則)인데,3) 한국 한시의 개산조(開山祖)라 할 수 있는 최치원(崔致遠)으로부터 시작하고 있다. 그리고 고려시대를 지나 조선시대로 내려오는데, 대체로 조선 중기까지 시인들에 대해서는 소략하고, 17세기 후반 이후에 활동했던 시인들이 주류를 이루고 있다.

그런데, 이 시기 이전의 시인들을 다루는 강준흠의 태도에서 무엇보다 흥미로운 점은, 15~17세기 한국 한시사의 주류를 차지한다고 할 수

---

3) 이현일, 위의 글에서는 모두 126칙이라고 하였는데, 최종 정리 과정에서 마지막에 있는 오광운(吳光運)에 대한 시화는 편찬자의 의도를 존중하여 두 칙으로 계산하는 것이 합당하다고 판단되어 최종적으로 127칙으로 고쳤다.

있는 노수신(盧守愼, 1515~1590), 정사룡(鄭士龍, 1491~1570), 황정욱(黃廷彧, 1532~1607) 등의 해동강서파(海東江西派) 시인들이나, 이달(李達, 1539~1612), 백광훈(白光勳, 1537~1582), 최경창(崔慶昌, 1539~1583) 같은 삼당시인(三唐詩人)은 물론, 권필(權韠, 1569~1612), 이안눌(李安訥, 1571~1637), 정두경(鄭斗卿, 1597~1673)처럼 당시에 비중 있었던 시인들에 대해서, 단 한 마디도 언급하고 있지 않다는 점이다. 오히려, 시인으로 그다지 알려지지 않은 수은(睡隱) 강항(姜沆, 1567~1618)의 『간양록(看羊錄)』에서 무려 18수나 뽑아서 싣고 있다. 그러나 이들 작품들은 허경(虛景)을 만들어내어 흥을 돋우는 작품이 아니라, 임진왜란 때 포로로 끌려가서 처절하고 절박한 상황을 겪으며 피눈물을 흘리며 지은, 공졸(工拙)을 따질 수 없는 작품들이기 때문에 그 사적과 함께 중시한 것으로 생각된다.

조선시대에 나온 시화 중에 제일 널리 알려진 것 중의 하나가 홍만종(洪萬宗, 1643~1725)이 엮은 『시화총림(詩話叢林)』일 터인데, 여기 실린 시화들에 나오는 인물들은 홍만종 당대의 작가들에서 끝난다. 이에 비해서 18세기 이후에 주로 활동했던 시인들을 다룬 시화는 아직 발굴되어 활발하게 이용되는 것이 많지 않다. 『삼명시화』는 주로 18세기 이후 활동한 남인계 시인들을 중심에 두면서도 노론이나 소북은 물론 서얼(庶孽) 및 여항인들에 대해서도 폭넓게 언급하고 있어, 17세기 말에서 18세기 후반에 이르기까지의 조선시대 한시사(漢詩史)를 조망하고 맥을 잡는 데 도움을 받을 수 있는 바가 많다고 판단된다.

『삼명시화』가 나오기 전에 18세기 후반기와 19세기 전반기 남인계 문사들이 남긴 시화로는 성섭(成涉, 1718~1788)의 『필원산어(筆苑散語)』와 이경유(李敬儒, 1750~1821)의 『창해시안(滄海詩眼)』 등이 중요한데, 『삼명시화』에는 이들 시화의 내용이 반영된 부분도 다소 있다. 그러나 같은 남인 계열의 문인들이 지은 시화라 하더라도, 앞의 두 저작이 영남 지방 재야 문사가 지은 시화임에 비해, 『삼명시화』는 당시 정치·경제·문화의 중심지였던 한양에서 활동하면서 오랜 기간 문한(文翰)의 책임을 맡은 인물이 지은 시화라는 데에서 차이가 난다. 참고할 만한 자료의 풍부함이나 기술하는 시각의 유연함에서 우위에 있을 수밖에 없는 점이 있는 것이다.

『삼명시화』에서 비중 있게 다루어지는 인물들은 역시 근기(近畿) 지역의 남인들이라 할 수 있는데, 강준흠은 18세기 시단(詩壇)에서 활동했던 남인계 시인들의 주요 인물들을 다음과 같이 정리하고 있다.

> 영조(英祖) 초기는 유명한 시인이 많았던 것으로 일컬어지고 있다. 청담(淸潭) 이좌랑(李佐郞 : 重煥－원주), 국포(菊圃) 강학사(姜學士 : 樸－원주), 모헌(慕軒) 강사서(姜司書 : 必愼－원주), 약산(藥山) 오참판(吳參判 : 光運－원주), 신절재(脣節齋) 이참판(李參判 : 仁復－원주) 등이 재기(才氣)로 우열을 다투어 서로 어울려 수창을 하였다. 그 중에서도 청담의 명성은 여러 사람들을 압도할 만하였다.
>
> —42. 이중환(李重煥)이 부석사(浮石寺)에서 지은 시

> 영조 초년에는 채팽윤(蔡彭胤)과 김창흡(金昌翕)이 시의 대가로 일컬어졌다. 그 뒤로는 강국포(姜菊圃 : 姜樸), 이사천(李槎川 : 李秉淵), 이청담(李淸潭 : 李重煥)이 명가요, 또 그 뒤로는 이간옹(李艮翁 : 李獻慶), 목여와(睦餘窩 : 睦萬中)가 대가이며, 정해좌(丁海左 : 丁範祖), 채급제(蔡及第 : 蔡濟恭)가 명가이니, 모두 손꼽을 만한 시인이다.
>
> —69. 인공(人工)이 난숙하여 묘처(妙處)에 다다르다 : 김창흡(金昌翕) 1

위에서 강준흠이 꼽고 있는 시인들은 김창흡과 사천(槎川) 이병연(李秉淵)을 제외하면 모두 남인계 시인들이다. 영조 초년의 상황을 말하는 위에서는 언급하지 않았지만, 그 밖의 다른 곳에서 17세기에 활동했던 이민구(李敏求, 1589~1670)와 채유후(蔡裕後, 1599~1660)를 비롯하여 이서우(李瑞雨, 1633~1709)를 거쳐 오상렴(吳尙濂, 1680~1707), 채팽윤(蔡彭胤, 1669~1731), 신광수(申光洙, 1712~1775), 정범조(丁範祖, 1723~1801), 박손경(朴孫慶, 1713~1782), 정종로(鄭宗魯, 1738~1816), 반농재(半聾齋) 이병연(李秉延, 1732~1769)

등이 주요 작가로 언급된다. 몇몇 인물들을 제외하면 대체로 채제공이
말한 '오당시맥(吾黨詩脈)'과 일치한다. 한편, 강준흠은 채제공 사후에 그
를 모함하였다고 공격받은 바 있고 이를 변명하는 상소를 올리기도 했
는데, 이 시화에서는 채제공에 대해서 긍정적인 언급이 많다. 주로 시의
아름다움보다는 어린 시절부터 비범했던 그의 기상을 높이 평가하고 있
다. 한편, 박손경·정종로·반농재 이병연(李秉延)처럼 주로 영남에 기반
이 있는 사람들도 언급된 것은 강준흠과의 개인적 인연 때문이다. 특히
『삼명시화』에 실린 박손경의 시는 여기 실린 같은 시기 시인들의 작품
과 매우 이질적인, 전형적인 염락풍(濂洛風)으로 파악되는바, 강준흠은 정
종로에게 문학(問學)한 적이 있는데, 박손경은 정종로의 스승이기 때문이
며, 반농재가 언급된 것은 상주에 자리 잡은 강박 후손들과의 관계에서
비롯된 것으로 생각된다. 또, 『삼명시화』에서 강박의 비중은 채제공의
언급과 비교해서 훨씬 더 중요하다. 강박에 대해서는 특히 다음과 같이
말하고 있다.

> 국포 강공은 시명(詩名)이 세상에 자자하였는데 벼슬은 삼사(三司)에 이르
> 렀다. 한 때의 문사들이 알고 모르고 간에 많이들 그에게 글을 가지고 와서
> 질정(質正)을 받아갔다. 그는 성품이 장중(莊重)하고 인정하기를 신중히 하니
> 그에게 조금이라도 칭찬을 들으면 곧바로 문명(文名)을 얻었다. 그래서 당시
> 사람들이 그를 방외문형(方外文衡)이라고 일컬었다. 사천(槎川) 또한 그에게
> 시축(詩軸)을 보내 바로잡아줄 것을 청하였다.
> ─60. 강박(姜樸)과 사천(槎川) 이병연(李秉淵)

정약용이 이용휴(李用休, 1708~1782)에 대해 "몸은 포의의 반열에 있었
으되, 손으로 문원(文苑)의 저울대를 잡은 것이 30여 년이었다[身居布衣之
列, 手操文苑之權者三十餘年]"(『與猶堂全書』第1集 卷15 「貞軒墓誌銘」)라 하여
영조 말년 문단에서의 그의 위치를 자리매김했듯이, 강준흠은 강박의
존재를 그렇게 부각시키고 있는 것이다. 더구나 김창흡 이후 18세기 전

반기 노론 시단의 맹주라 할 수 있는 사천(槎川)도 강박의 질정을 받았다고 하여 강박의 비중을 더욱 무겁게 하고 있다. 이것은 그만큼 사천의 존재를 크게 의식하고 있었다는 증거이기도 한데, 『삼명시화』에서 강박이 차지하는 위상은 『병세재언록(并世才彦錄)』의 「문원록(文苑錄)」에서 사천 이병연이 차지하는 위상과 같다고 할 수 있다.

위에서 강준흠이 영조 초년에 활동했던 시인들을 언급하는 가운데, 그동안 『택리지(擇里志)』의 저자로만 알려져 왔던 이중환을 동 시기 시인들 중에 단연 으뜸으로 꼽은 점은 상당히 이채로운데, 「50. 강박(姜樸)과 이중환(李重煥)이 시를 논함」에서는 '방외문형'인 강박과 '명성이 여러 사람들을 압도했던' 이중환이 시학에 대해서 의견을 교환한 내용이 실려 있어 상당히 주목할 만하다. 강준흠 스스로 "후학들의 지침이 될 만하다[可作後生指南]"고 밝히고 있듯이, 문학사적 전환기에 있었던 이 시기 남인계 시인들의 시론을 이해하는 데 중요한 단서가 되는데, 이들의 의론은 두 가지로 정리된다.

첫째, 시의 묘처는 '청광(淸曠)'에 있건만, 사람들이 이것을 이해하지 못하고 '웅건(雄健)'만을 추구하는데, 이는 두보(杜甫)를 잘못 배웠기 때문이다. 시를 지을 때는 마땅히 궁극적으로 그 안에 '웅건(雄建)'을 포괄하고 있는 '청광(淸曠)'을 구현해야 한다.

둘째, '청광'한 풍격으로 시를 지으려면 『시경(詩經)』과 「고시십구수(古詩十九首)」부터 익혀야 한다.

첫 번째 주장은 정두경(鄭斗卿)으로 대표되는 17세기 한시가 너무 양강(陽剛) 일변도로 치우친 것을 비판하고 지양하기 위해서, 웅건함을 포괄하는 '광(曠)'을 내세우면서도 이를 보완하는 '청(淸)'을 결합하여 청광(淸曠)을 표방한 것으로 판단된다. 두 번째 주장은 겉으로는 복고파 시인들의 주장과 유사한 점도 있는데, 이 문제는 학시(學詩)의 대상에서가 아니라, 실제로 창작한 구체적 작품에서 가려져야 할 문제라고 생각된다.4)

『삼명시화』에 실린 18세기 남인계 시인들의 시 중에서 가장 비중 있게 다루어진 작품들은 민풍(民風)을 읊은 기속시(紀俗詩)이다. 강박과 강필신의 「원조기속(元朝紀俗)」이 각각 20수, 두 사람의 「상원기속(上元紀俗)」이 각각 14수, 강박의 「한식기속(寒食紀俗)」 4수, 강필신의 「한식기속」이 5수가 실려 있어 두 사람의 기속시만 무려 77수가 수록되어 있고, 목만중의 「어구(漁謳)」 9장 역시 기속시로 본다면, 도합 86수가 되어 다른 남인계 시인들의 작품을 다 합친 것보다도 그 양이 훨씬 많고, 『삼명시화』에 실린 시들 중에서도 가장 많은 분량을 차지한다(이밖에 「51. 강석(姜㯽)이 지은 서울의 팔경시(八景詩)」에 나오는 그의 「한도팔경시(漢都八景詩)」도 넓은 의미에서 굳이 이러한 범주로 묶을 수도 있다). 도대체 이렇게 많은 작품들을 선록(選錄)하지 않고 일일이 다 기록한 까닭은 무엇인가? 강준흠은 이렇게 설명하고 있다.

> 서울에서 전해오는 풍속 가운데는 기록으로 남길만한 것이 많다. 이를 수집해서 시를 지은 예를 전에는 찾아볼 수 없는데, 국포(菊圃)와 모헌(慕軒 : 姜必愼―필자)의 기속시(紀俗詩)가 있어 『형초세시기(荊楚歲時記)』에 견줄 만하다. 후세에 국풍(國風)을 채집하는 자가 있으면 필시 이를 채택할 것이다.
>
> ―44. 강박(姜樸)이 설날 풍속을 읊은 시

이러한 기속시를 창작한 사람이나 채록한 사람은 모두 『시경』에 뿌리를 두고 있는데, 강준흠의 위와 같은 설명을 막연히 '동양의 전통'으로 모호하게 이해해서는 안 된다. 가령 의고악부는 중국 작품을 많이 익혀서 그 분위기에 젖어들은 뒤에 나름대로 시적 상상력을 발휘하면 잘 쓸 수 있지만, 일정한 주제를 가진 연작형(聯作型) 기속시들은 그렇게 쉽게 쓸 수 있는 것이 아니다. 무엇보다 대상이 되는 풍속을 꼼꼼하게 관찰하고 정리하는 것이 필수적이다. 단순히 시인의 머리 속에 있는 시상을 시

---

4) 그들이 표방한 '청광(淸曠)'의 의미에 대한 좀더 자세한 분석은 이현일, 위의 글, 53~66면을 참조하기 바란다.

로 표현하기 이전에 풍속에 대한 꼼꼼한 '취재활동'이 있어야 한다. 단순히 암송하고 있는 고전에만 의지할 수도 없고, 머리 속에서 허경(虛景)을 지어낼 수도 없기 때문이다. 그리고 당시의 풍속을 세밀하게 읊기 때문에 시인의 주석 없이는 제대로 이해할 수 없는 작품도 더러 끼여 있다. 특히 어떤 풍속을 읊던지, 아무런 참고 자료가 없는 상태에서 첫 번째로 시도한 사람은 무척 고심(苦心)해서 지었을 것이 분명할 것이다. 강박 역시 의고시를 많이 남겼다. 그러나 강준흠은 단 한 수도 취하지 않았다. 이는 『삼명시화』에서 강박의 선배라 할 수 있는 오상렴의 시에서 의고악부를 많이 취한 점을 생각해 본다면, 그 의도가 더욱 분명해진다. 온전히 자기 시 시세계를 이루지 못하고 요절한 오상렴은 그렇다 치더라도, 강박처럼 일가를 이룬 시인의 작품에서는 의고시를 굳이 거론할 필요가 없다고 생각한 것으로 보인다.

『시경』과 한위시(漢魏詩)를 시학의 근본으로 강조하는 것은 이 시기 남인 시인들이 계속 공유하던 생각으로 판단된다. 그러면서도, 의고시를 짓기보다는 우리 풍속을 읊고 현실을 직접적으로 기자(譏刺)하는 데 중점을 두어, 17세기의 의고풍과는 변별점을 보이고 있다. 이 작품들은 다른 기속시들과 비교해 보았을 때 시기적으로 상당히 이른 편에 속하는 것으로 판단되며, 『세시기(歲時記)』나 세시 풍속을 읊은 시가 족출(簇出) 하는 것은 18세기 후반 이후의 일이다. 물론, 그 이전 시기에도 우리 풍속을 읊은 작품들이 있었고, 의고악부도 얼마든지 현실풍자적 의미를 담을 수 있다. 그러나 이전의 어떤 시화도 『시경』의 정신에 근본을 두고 눈앞의 우리 민풍을 읊고 때로는 현실을 직접적으로 비판하는 작품들을 이렇게 중시한 적은 없었다. 또, 『삼명시화』에서 유독 남인계 시인들의 경우에만 이런 경향의 한시들이 많이 수록되어 있다는 점도 주목해야 할 것으로 보인다. 함께 실린 노론이나 중서층의 작품들은 이러한 경향을 띠고 있는 작품을 언급한 것이 거의 없는 것으로 보아, 강준흠 자신은 분명히 이러한 작품들을 남인 시맥의 중요한 흐름으로 인식하고 있었던 것으로 생각된다. 적어도 『삼명시화』에 수록된 내용 안에서만 논의한다면, 이러한 시관이나 창작 경향에 관한 한, 목만중·강준흠과 정약용·이학규의 거리는 정치적 거리처럼 멀리 떨어져 있지 않다고 판단된다.

『삼명시화』에서는 노론계 시인들 중에서 김창흡(金昌翕, 1653~1722)─사천(槎川) 이병연(李秉淵, 1671~1751)─김이곤(金履坤, 1712~1774)으로 이어지는 시맥의 계승 관계에 주목하고 있으며, 특히 김창흡과 이병연의 비중이 높다.

강준흠은 「69. 인공(人工)이 난숙하여 묘처(妙處)에 다다르다: 김창흡(金昌翕) 1」에서 삼연의 시를 소개할 때마다 "필세가 어쩌면 이다지 자유분방할 수 있을까!"(「여강(驪江)」에 대한 평), "사의(辭意)가 어쩌면 이다지 잘 다듬어져 있을까!"(「삼일포(三日浦)」에 대한 평), "말이 어쩌면 이다지 침통하고 절실할까!"(「망우령에서 굶어죽은 시체를 보고[忘憂嶺詠餓殍]」에 대한 평)라고 말하는 등 찬탄을 아끼지 않고 있으며, 마지막에 "인공(人工)이 난숙하여 각각 묘한 데에 다다른 것이다"라고 말한 것은 김창흡 시의 총평이라 할 만하다. 그리고 「58. 사천(槎川) 이병연(李秉淵)의 충담혼원(冲澹渾圓)한 시풍(詩風)」에서는 "사천(槎川) 이병연(李秉淵)은 자가 일원(一源)이며, 그의 시는 가장 성정에 가까워 충담혼원(冲澹渾圓)하니 쇠퇴한 세상의 소리와는 같지 않았다"고 평하면서 그의 여러 작품을 싣고 있다. 그리고 김이곤에 대해서는 다음과 같이 말하고 있다.

> 이사천(李槎川) 이후 그 뒤를 이어 일어난 시인은 현령(縣令) 김이곤(金履坤)이 있었다. (…중략…) 시구를 장식하고 시어를 주조한 것이 초초(楚楚)하여 자못 좋으므로 후진의 젊은이들이 그것을 '봉록체(鳳麓體)'라고 일컬었다. '봉록'이란 김이곤의 자호(自號)이다.
>
> ─93. 김이곤(金履坤)의 봉록체(鳳麓體)

『병세재언록』에서 사천 이병연 문하에 팔표기(八驃騎)가 있다고 하였는데, 그 중에서 김이곤을 지목하여 그의 시체를 봉록체(鳳麓體)라 일컬은 점은 팔표기 중에서도 그의 시적 성취를 제일 높게 평가한 것으로 보이며, 사천 이병연 이후의 노론계 시인들의 경향을 살피기 위해서는 눈여겨 볼 필요가 있다.

소론계 시인들 중에서 강준흠이 가장 관심을 가진 인물들은 강화학파(江華學派)의 이광사(李匡師, 1705~1777)와 이광려(李匡呂, 1720~1783)이다. 이들은 조선 후기의 손꼽히던 명문가 출신이었으나, 영조 즉위 이후 몰락하기 시작하여 1755년 을해옥사 이후 완전히 폐족이 된 인물들이다. 강준흠은 이광사가 글씨로만 알려져서 그 시문(詩文)의 가치가 주목받지 못한 것을 매우 안타까워하고 있는데, 여기 실린 이광사의 시들은 모두 유배 이후의 작품들로, 유배객의 외로움과 가족에 대한 사랑이 절절한 명편들이다. 이광려에 대해서도 그 사람됨을 높이 평가하고 있으며, 특히 영조에 대한 만시(輓詩)를 싣고 그 출전을 해설하고 있는 것은 다분히 함축하고 있는 바가 있다.

『삼명시화』에서 또 하나 놓칠 수 없는 것이 바로 18세기 서얼 시인들의 동향이다. 「94. 낙화시(落花詩)」에서는 영조 때의 권신 홍봉한(洪鳳漢)의 아들들과 이봉환(李鳳煥)·노긍(盧兢)이 어울려서 지은 「낙화시(落花詩)」를, 「95. 『매사오영(梅社五詠)』」에서는 재상 조재호(趙載浩)가 조카인 조유진(趙維鎭) 및 이봉환(李鳳煥)·채희범(蔡希範)·남옥(南玉) 등과 함께 분매(盆梅)를 감상하고 읊은 시를 모은 『매사오영(梅社五詠)』에 대해서 언급하고 있다.

이봉환과 남옥·채희범 등은 모두 대표적인 서얼 출신 시인들이고, 노긍은 서얼은 아니지만 역시 한미한 가문 출신으로 홍봉한 집안의 숙사(塾師)였다. 그들은 신분적 제약에서 비롯된 울분을 자신만의 독특한 시세계를 구축하는 것으로 풀었는데, 그들 시의 특징은 「83. 노긍(盧兢)의 독창적이고 첨신(尖新)한 시」에서 평한 바 "문장을 지을 때 고인의 규모를 답습하지 않고 따로 솜씨 부리기를 힘썼는데, 그의 장점도 여기에 있고 단점도 여기에 있다"는 말에 잘 요약되어 있다. 그들 시의 섬교(纖巧)한 점은 『병세재언록』에서도 누누이 지적되고 있는데, 특히 서얼들의 시체를 초림체(椒林體)라 일컬은 바 있다.

여기서 한 가지 주목해야 할 점은 이들이 이런 시를 자신들만 모여서 지은 것이 아니라, 홍봉한(洪鳳漢)이나 조재호(趙載浩)와 같은 당대의 벌열(閥閱)들의 후원 속에서 지었다는 사실이다. 실제로 이봉환 등이 홍봉한의 아들들과 창화한 시는 다시 수많은 사람들이 창화하게 되고, 이들의 시풍이 일세를 풍미하게 되는데, 이들의 시적 재능 이외에 벌열들의 후원이 없었더라면, 이 정도로 유행하기는 힘들었을 것이다.

그리고 『삼명시화』에서 포착한 서얼들과 벌열들의 문학적 교유관계는 단순한 시우(詩友) 이상의 의미가 있다. 서얼 출신 시인들은 자신의 사회적 지위를 확보하기 위해서 벌열들의 도움이 필요했고, 벌열들은 자신이 수행하는 공사(公私)의 여러 사업의 유능한 실무자를 확보할 필요가 있었기 때문이다. 실제로 이들은 벌열들 밑에서 여러 사업의 실무를 담당했는데, 그 관계는 대를 이어 지속되는 경우도 많았다. 18세기 전반기 서얼 시인들 중에서 가장 탁월했던 이봉환은 당색을 가리지 않고 여러 벌열들 밑을 드나들다가 나중에 사도세자의 지우(知遇)를 받게 되고, 세손에게 사도세자의 묘소에 절을 올리라는 상소를 초안한 혐의로 고문을 받다가 비명에 세상을 떠나게 된다. 그의 죽음은 당시 문학적 재능이 뛰어난 서얼들의 처신에 대해 상당히 상징적인 의미가 있다.

18세기 후반에 정조가 즉위하자 이러한 사정이 달라지는데, 『삼명시화』에서는 18세기 후반 시단에서의 검서(檢書)들의 활약을 빼놓지 않고 있다. 「115. 이덕무(李德懋)가 궁중에서 숙직하며 지은 시」, 「116. 이덕무(李德懋)가 선연동(嬋娟洞)을 읊은 시」, 「117. 박제가(朴齊家)에게 철보(鐵保)가 보낸 시」 및 아래의 기사가 대표적이다.

정종(正宗 : 正祖) 초년에 규장각(奎章閣)을 창설하고, 규장각 학사(學士)는 당대 최고의 인물로 선발하였다. 아울러 서류(庶流) 가운데서 문명(文名)이 높은 사람들을 뽑아 검서관(檢書官)으로 임명하였는데, 박제가(朴齊家)·이덕무(李德懋)·유득공(柳得恭) 같은 인물은 실로 검서관(檢書官) 중에 교초(翹楚)라 할 만하였다. 그런데 그들의 문체(文體)가 가볍고, 순정하지 못해 문풍이 거의 온통 변하게 되었다.

— 114. 박제가(朴齊家)가 귀뚜라미를 읊은 시

이처럼 서얼들의 시풍은 18세기 전반기의 초림체(椒林體)가 18세기 후반에는 검서체(檢書體)로 바뀌었다고 할 수 있는데, 초림체에서 검서체로의 전환은 여러 가지 사회·문화적 함의를 가지고 있다. 18세기 전반기의 서얼들이 여러 벌열들의 비서 역할을 하였고, 벌열의 후원 속에 자신들의 시풍을 확산시켰다면, 18세기 후반의 서얼 출신 시인들은 바로 임금의 비서였으며, 이러한 지위를 바탕으로 자신의 시세계를 구축해 나갔다. 이들이 늘 접할 수 있는 왕실 서고의 풍부한 서적들은 이들에게 선진적인 학문과 문화 및 문물제도에 대한 압도적인 정보의 우위를 가져다주었으며, 여러 분야에 대한 해박한 지식과 사물과 사회를 보는 참신한 시각을 바탕으로 중국 역대 시인들의 장점을 취사선택하여 자신들만의 시세계를 개척해가는 데 큰 도움이 되었던 것이다. 19세기에 들어오게 되자 이들이 개척한 시학과 창작 방향은 서얼들보다는 오히려 신위(申緯, 1769~1847)나 김정희(金正喜, 1786~1856) 같은 사대부들이 발전시켜 나가면서 시단의 주류를 형성하게 된다.

위에서 언급한 시인들 이외에 『삼명시화』에서는 소북의 시인으로 "정사(情思)가 암연(黯然)한 그 점이 또한 명가로 볼 수 있다"고 목만중이 평한(「65. 최성대(崔成大)가 임종 때 지은 시」) 최성대(崔成大, 1691~1761)와 "두보(杜甫)를 배워 근래 산야시(山野詩)에 있어 제일이라는 평가를 받고 있는" 이희사(李羲師, 1728~1811)가 주목받고 있으며, 그밖에 다양한 군소 시인들의 일화와 시들을 싣고 있다.

3.

『삼명시화』에서 주로 다루는 17세기 후반에서 18세기 중·후반까지
는 우리 역사에서 정치적 파란이 심했던 시기라고 할 수 있는데, 강준
흠은 『삼명시화』에서 이러한 말을 남기고 있다.

> 우리 조정은 당화(黨禍)가 생긴 이래로 충신과 번갈아 들어, 나라는 그로
> 인해 병이 들었다. 영조 초년에 깊이 탕평책에 마음을 썼는데, 벼슬아치들 사
> 이에서는 탕평을 주장하는 자가 있었고 탕평을 공격하는 자가 있어, 또 이 때
> 문에 싸움이 계속되어 분란이 그치질 않았다.
> —72. 이광덕(李匡德)이 당쟁을 풍자한 시

실상 위에서 언급한 『삼명시화』에 나오는 중요한 시인들은 직간접적
으로 당쟁의 참화를 겪은 사람들이 많다. 대북(大北) 출신의 이서우는 허
목(許穆)과 함께 노론에 대항하는 선봉장이었으나, 그의 서자들이 이인
좌(李麟佐, ?~1728)의 난에 가담하여 집안이 몰락하는 단서를 제공하기도
하였다. 오상렴은 남인의 명문가에서 태어났으나, 역시 백부인 오시수
(吳始壽, 1632~1681)가 당화로 사약을 받음으로써 집안이 기울었으며, 강
박 역시 이인좌의 난에 연루되어 벼슬길을 단념해야 했다. 소론의 명가
(名家)들에게 궤멸적인 타격을 입힌 을해옥사로 폐족이 된 강화학파의
이광사와 이광려는 말할 것도 없고, 당쟁의 최종적 승자라 할 수 있는
노론의 인물들도 참혹한 일을 겪은 것은 마찬가지이다. 김창흡은 아버
지인 김수항(金壽恒, 1629~1689)과 큰 형인 김창집(金昌集, 1648~1722)이 차
례로 당쟁에 희생되는 것을 목격해야 했고, 백부인 김수흥(金壽興, 1626~
1690) 역시 유배지에서 최후를 마쳤다. 사천 이병연 역시 투옥과 유배,
심지어 위리안치(圍籬安置)까지 겪어야 했다. 또 이봉환은 사도세자를 옹
호하는 운동을 하다 비명에 갔고, 노긍은 홍봉한 집안과의 친분 때문에

큰 곤욕을 치렀으며, 박제가 역시 말년에 정치적 음모에 말려들어 고문을 받다 불구가 된 채 유배를 떠나야 했다.

강준흠이 언제부터 적극적인 공서파(攻西派)가 되었는지, 어떻게 해서 이가환이나 정약용과 뜻이 맞지 않게 되었는지는 각자의 정치적 입장에 따라 진술이 엇갈린다. 다만, 이가환이 정치적으로 몰리고 채제공이 목만중·홍의호 등과 대립하기 시작한 즈음에는 확실히 결별한 것이 아닐까 추정할 뿐이다. 그리고 어느 시점 이후 그는 공서파의 대표적인 인물 중 하나로 지목된 것은 분명하며, 당연히 이 일은 그의 일생은 물론 집안 대대로 깊은 영향을 끼쳤던 것으로 보인다. 강준흠의 큰 아들인 시영(時永)은 역시 공서파의 대표적 인물인 이기경의 딸과 혼인하였으며, 앞에서 언급했듯이 이기경의 묘지문을 지은 것도 강준흠인데, 이기경은 바로 신랄한 천주교 비판서인 『벽위편(闢衛編)』의 원저자로 알려져 있다. 다산이 유배에서 풀려날 기미가 보이자, 강준흠이 상소문을 올려 통렬하게 논박한 것도 단순히 사적 감정 때문만은 아니었다. 이익운(李益運, 1748~1817)으로 대표되는 채제공 계열의 인물들이 벽파의 몰락 이후 공서파 계열의 인물들을 지속적으로 견제하고 공격한 데 대한 반격으로 해석된다.[5]

당시 사람들의 관점으로 보자면, 천주교를 공격한 것을 무조건 비판할 수는 없겠으나, 과연 공서파 인사들이 순수하게 종교적인 문제 때문에 이러한 태도를 취했는지는 분명히 논란의 여지가 있을 것이다. 다만, 남인들의 경우 자신의 정파 안에 국시(國是)를 어긴 사람들이 있어서 언제든지 반대파에게 공격의 빌미를 줄 수 있었기 때문에, 정치적 소수파로서 거의 정신적 공황상태에 빠질 수밖에 없었던 점을 간과해서는 안

---

5) 강준흠, 「弘文館校理李公墓誌銘」: "甲戌(1814)命給牒, 朝意寢欲用公(李基慶을 가리킴-필자), 益運聞之, 復嗾章漢(趙章漢을 가리킴-필자)詣臺請還收, 仍爲若鏞停啓. 臺諫之顯肆扶抑, 前此未有也. 余從散秩陳疏, 請治章漢扶邪害正之罪."(洪以燮, 앞의 글)

된다. 이는 단순히 자신의 안위와 출세만 걸린 문제가 아니라 집안과 당파 전체의 명운이 걸린 문제이기도 하기 때문이다. 아울러 숙종대 후반 이후 늘 정치적으로 수세에 몰렸던 남인의 상황도 염두에 두어야 할 것이다.

강준흠의 경우 이러한 성향 때문에 최근까지도 천주교사를 연구하는 일부 학자 이외에는 주목을 받지 못했으며, 이는 목만중이나 홍의호 같은 인물들 역시 마찬가지였다고 할 수 있다.

우리 한시사에서 18세기는 대단히 역동적이고 다채로운 시기로 평가받고 있다. 위에서 살펴본 것처럼 우리는 『삼명시화』한 권을 통해서 18세기 한시사의 중요한 흐름을 전반적으로 조망할 수 있었다. 그만큼『삼명시화』는 내용이 다채롭고 시각이 폭넓다고 할 수 있으며, 이 시기에 우리 한시사는 보편적인 정서를 고전적인 시어로 표현하는 시대에서 개별적인 경물을 사실적이고 개성 있는 시어로 표현하는 시대로 발전하고 있다는 점은 분명히 엿볼 수 있다고 생각한다. 물론『삼명시화』에 실린 작품들이 얼마나 당시 시풍을 정확하게 반영했는지는 좀더 폭넓은 연구가 필요할 것이다. 다만, 『삼명시화』에서 거론된 작품들만 대상으로 논한다면, 가령 『시경』에 근원을 둔 민풍을 즐겨 읊는 남인계 시인들의 시와 깔끔하면서도 담박한 여운을 추구하는 노론계 시인의 시와 기궤첨신(奇詭尖新)한 개성적인 시세계를 고집한 서얼들의 시는 대단히 선명하게 구별된다. 비록『삼명시화』에서 18세기 남인 시인들 중에서 가장 탁월한 성취를 보인 것으로 평가받는 이용휴와 이가환 부자에 대해서는 정치적 입장의 차이로 배제될 수밖에 없었지만, 그 내용의 충실함이나 비평의 공정함 및 시화 전체의 품격은 우리 시화 중에서 높은 편에 속한다고 할 수 있다.

지금까지 남인계 시인들의 경우 주로 이용휴(李用休)－이가환(李家煥)－정약용(丁若鏞)－이학규(李學逵)로 이어지는 시인들이 집중적인 조명을 받았다. 얼마 전부터 연구자들이 시야를 조금 넓혀 18세기 전반의 남인계

시인들에 대해서도 연구가 시작되었는데, 『삼명시화』가 좀더 널리 이용
된다면, 이러한 흐름이 더 탄력을 받을 것이며, 아울러 이들과 같은 뿌리
에서 나왔다고 할 수 있는 공서파(攻西派) 계열의 인물들에게까지 관심의
영역이 확장되리라 생각된다.

총괄하면 지난번에 한문분과에서 역주하여 소개한 이규상(李奎象, 1727
~1799)이 지은 『병세재언록』의 「문원록」이 주로 노론계 시인들을 중심
으로 동시대의 시인들을 정리했다면, 『삼명시화』는 남인을 중심으로 하
면서도 동시대의 유명·무명의 시인과 작품들을 소개하고 있어 서로를
보완하는 역할을 할 수 있다.

姜　樸, 『菊圃集』, 驪江出版社, 1991.

姜浚欽, 『三溟集』, 探究堂, 1991.

姜必愼, 『慕軒集』, 國立中央圖書館 所藏本(刊本 / 稿本).

姜　沆, 『睡隱集』, 『韓國文集叢刊』73, 民族文化推進會, 1991.

金景霖, 『杏堂宽稿』, 國立中央圖書館 所藏本.

金履坤, 『鳳麓集』, 國立中央圖書館 所藏本.

金鎭商, 『退漁堂遺稿』, 『韓國文集叢書』615, 景仁文化社, 1987.

金昌協, 『農巖集』, 『韓國文集叢刊』161~162, 民族文化推進會, 1996.

金昌翕, 『三淵集』, 『韓國文集叢刊』165~167, 民族文化推進會, 1996.

羅　烈, 『海陽詩鈔』, 延世大學校 中央圖書館 所藏本.

南九萬, 『藥泉集』, 『韓國文集叢刊』131~132, 民族文化推進會, 1994.

南龍翼, 『壺谷集』, 『韓國文集叢刊』131, 民族文化推進會, 1994.

盧　兢, 盧載榮 編, 『漢源文集』, 1976.

李匡德, 『冠陽集』, 『韓國文集叢刊』209, 民族文化推進會, 1998.

睦萬中, 『餘窩先生集』, 國立中央圖書館 所藏本; 『餘窩集』, 修綆室 所藏本.

朴孫慶, 『南野先生集』, 成均館大學校 尊經閣 所藏本.

朴　誾, 『挹翠軒遺稿』, 『韓國文集叢刊』21, 民族文化推進會, 1988.

朴齊家, 『貞蕤集(附 北學議)』, 國史編纂委員會, 1961; 李佑成 編, 『楚亭全書』(全3
　　　冊), 亞細亞文化社, 1992.

朴趾源, 『燕巖集』, 『韓國文集叢刊』252, 民族文化推進會 2000; 이가원 역주, 『국
　　　역 열하일기』1~2, 민족문화추진회, 1968.

徐居正, 『四佳集』, 『韓國文集叢刊』10~11, 民族文化推進會, 1988.

＿＿＿ 外, 『東文選』(全4冊), 民族文化推進會, 1999.

申光洙, 『石北集』, 『韓國文集叢刊』231, 民族文化推進會, 1999.

申　昉, 『屯菴集』, 申義澈 編, 『平山申氏文集』5, 平山申氏大宗中, 1985.

申維翰, 『青泉集』, 『韓國文集叢刊』200, 民族文化推進會, 1997.

吳光運, 『藥山漫稿』, 『韓國文集叢刊』210~211, 民族文化推進會, 1998.

吳尙濂, 『燕超齋遺稿』, 國立中央圖書館 所藏本(活字本 / 筆寫本).

吳載純, 『醇庵集』, 『韓國文集叢刊』242, 民族文化推進會, 2000.

吳喜昌, 『栗里笑方』, 國立中央圖書館 所藏本.

李敬儒, 『滄海詩眼』, 後孫家 所藏本.

李匡呂, 『李參奉集』, 『韓國文集叢刊』 237, 民族文化推進會, 1999.

李匡師, 『圓嶠集』, 『韓國文集叢刊』 221, 民族文化推進會, 1999.
　　　　『斗南集』, 奎章閣 所藏本.

李奎象, 민족문학사연구소 한문분과 역, 『18세기 조선인물지[幷世才彦錄]』, 창작
　　　　과비평사, 1997.

李德懋, 『靑莊館全書』, 『韓國文集叢刊』 257~259, 民族文化推進會, 2000.
　　　　『국역 청장관전서』(全13冊), 民族文化推進會, 1978.

李德壽, 『西堂私載』, 成均館大學校 尊經閣 所藏本.
　　　　『韓國文集叢刊』 186, 民族文化推進會, 1997.
　　　　『西堂先生集』, 全義李氏淸江公派花樹會, 2000.

李秉延, 『半聾齋遺稿』, 『鹽州世稿』, 1972.

李秉淵, 『槎川詩抄』, 韓山文獻叢書編纂委員會 編, 『韓山文獻叢書』 2, 農經出版社,
　　　　1981.

李福源, 『雙溪遺稿』, 『韓國文集叢刊』 237, 民族文化推進會, 1999.

李鳳煥, 『雨念齋詩文鈔』, 奎章閣 所藏本.

李　穡, 『牧隱藁』, 『韓國文集叢刊』 3~5, 民族文化推進會, 1990.

李瑞雨, 『松坡集』, 延世大學校 中央圖書館 所藏本, 成均館大學校 尊經閣 所藏本.

李昭漢, 『玄州集』, 『韓國文集叢刊』 101, 民族文化推進會, 1993.

李　植, 『澤堂集』, 『韓國文集叢刊』 88, 民族文化推進會, 1992.

李熊徵, 『黔州詩集』, 國立中央圖書館 所藏本.

李仁老, 『破閑集』, 『高麗名賢集』 2, 成均館大學校 大東文化研究院, 1973; 高麗大
　　　　學校附設 民族文化研究所 譯註, 『國譯 破閑集・慵齋叢話』, 高麗大學校
　　　　出版部, 1964.

李重煥, 『擇里志』, 朝鮮光文會, 1912.

李　滉, 『退溪集』, 『韓國文集叢刊』 29~31, 民族文化推進會, 1989.

李羲師, 『醉松詩稿』, 個人 所藏本, 奎章閣 所藏本.

林　悌, 『林白湖集』, 『韓國文集叢刊』 58, 民族文化推進會, 1990; 신호열・임형택
　　　　역주, 『역주 백호전집(譯註 白湖全集)』, 창작과비평사, 1997.

張志淵 編, 『大東詩選』, 新文館, 1916.

鄭景淳, 『修井遺稿』, 國立中央圖書館 所藏本.

丁範祖, 『海左集』, 『韓國文集叢刊』 239~240, 1999.

鄭麟趾 外, 『高麗史』(全3冊), 延禧大學校 出版部, 1955.

鄭宗魯, 『立齋集』, 『韓國文集叢刊』 253~254, 民族文化推進會, 2000.

趙秀三, 『秋齋集』, 林熒澤 編, 『(李朝後期) 閭巷文學叢書』 3, 驪江出版社, 1986.

趙彦林 輯, 安大會 校勘標點, 『二四齋記聞錄』, 『문헌과해석』 창간호, 문헌과해석사, 1997.

趙云仡, 『三韓詩龜鑑』; 金甲起 譯註, 『國譯 三韓詩龜鑑』, 이화문화출판사, 2002.

趙載浩, 『損齋集』, 『韓國文集叢刊』 220, 民族文化推進會, 1998.

______ 外, 『梅社五詠』, 國立中央圖書館 所藏本.

蔡裕後, 『湖洲集』, 『韓國文集叢刊』 101, 民族文化推進會, 1993.

蔡濟恭, 『樊巖集』, 『韓國文集叢刊』 235~236, 民族文化推進會, 1999.

蔡彭胤, 『希菴集』, 『韓國文集叢刊』 182, 民族文化推進會, 1997.

千壽慶 外, 『風謠續選』, 林熒澤 編, 『(李朝後期) 閭巷文學叢書』 8, 驪江出版社, 1991.

崔成大, 『杜機詩集』, 奎章閣 所藏本.

崔 滋, 『補閑集』, 『高麗名賢集』 2, 成均館大學校 大東文化研究院, 1973; 朴性奎 譯註, 『國譯 補閑集』, 啓明大學校 出版部, 1984.

崔 澱, 『楊浦遺稿』, 國立中央圖書館 所藏本.

河謙鎭, 『東詩話』.

許 格, 『滄海集』, 奎章閣 所藏本.

洪樂仁, 『安窩遺稿』, 成均館大學校 尊經閣 所藏本.

洪萬宗, 『詩話叢林』, 亞細亞文化社, 1973; 洪贊裕 譯註, 『譯註 詩話叢林』, 通文館, 1993.

______, 『小華詩評』, 延世大學校 中央圖書館 所藏本; 安大會 譯註, 『對校譯註 小華詩評』, 國學資料院, 1995.

______, 『詩評補遺』, 慶一印刷所, 1938.

洪奭周, 『淵泉集』, 『韓國文集叢刊』 293, 民族文化推進會, 2002.

黃宅厚, 『華谷集』, 『韓國文集叢刊』 209, 民族文化推進會, 1998.

黃 屎, 『漫浪集』, 『韓國文集叢刊』 103, 民族文化推進會, 1993.

찾아보기

내용